2019年 农业农村法律法规及文件汇编

2019 NIAN NONGYE NONGCUN FALÜ FAGUI JI WENJIAN HUIBIAN

农业农村部法规司　编

中国农业出版社
北　京

目　　录

四、农业农村部规章和规范性文件

一、党内法规

中国共产党农村工作条例

第一章　总　　则

第一条　为了坚持和加强党对农村工作的全面领导，贯彻党的基本理论、基本路线、基本方略，深入实施乡村振兴战略，提高新时代党全面领导农村工作的能力和水平，根据《中国共产党章程》，制定本条例。

第二条　党的农村工作必须高举中国特色社会主义伟大旗帜，坚持以马克思列宁主义、毛泽东思想、邓小平理论、“三个代表”重要思想、科学发展观、习近平新时代中国特色社会主义思想为指导，增强政治意识、大局意识、核心意识、看齐意识，坚定道路自信、理论自信、制度自信、文化自信，坚决维护习近平总书记党中央的核心、全党的核心地位，坚决维护党中央权威和集中统一领导，紧紧围绕统筹推进“五位一体”总体布局和协调推进“四个全面”战略布局，坚持稳中求进工作总基调，贯彻新发展理念，落实高质量发展要求，以实施乡村振兴战略为总抓手，健全党领导农村工作的组织体系、制度体系和工作机制，加快推进乡村治理体系和治理能力现代化，加快推进农业农村现代化，让广大农民过上更加美好的生活。

第三条　农业农村农民（以下简称“三农”）问题是关系国计民生的根本性问题。坚持把解决好“三农”问题作为全党工作重中之重，把解决好吃饭问题作为治国安邦的头等大事，坚持农业农村优先发展，坚持多予少取放活，推动城乡融合发展，集中精力做好脱贫攻坚、防贫减贫工作，走共同富裕道路。

第四条　党的农村工作必须遵循以下原则：

（一）坚持党对农村工作的全面领导，确保党在农村工作中总揽全局、协调各方，保证农村改革发展沿着正确的方向前进；

（二）坚持以人民为中心，尊重农民主体地位和首创精神，切实保障农民物质利益和民主权利，把农民拥护不拥护、支持不支持作为制定党的农村政策的依据；

（三）坚持巩固和完善农村基本经营制度，夯实党的农村政策基石；

（四）坚持走中国特色社会主义乡村振兴道路，推进乡村产业振兴、人才振兴、文化振兴、生态振兴、组织振兴；

（五）坚持教育引导农民听党话、感党恩、跟党走，把农民群众紧紧团结在党的周围，筑牢党在农村的执政基础；

（六）坚持一切从实际出发，分类指导、循序渐进，不搞强迫命令、不刮风、不一刀切。

第二章　组织领导

第五条　实行中央统筹、省负总责、市县乡抓落实的农村工作领导体制。

第六条　党中央全面领导农村工作，统一制定农村工作大政方针，统一谋划农村发展重大战略，统一部署农村重大改革。党中央定期研究农村工作，每年召开农村工作会议，根据形势任务研究部署农村工作，制定出台指导农村工作的文件。

第七条　党中央设立中央农村工作领导小组，在中央政治局及其常务委员会的领导下开展工作，对党中央负责，向党中央和总书记请示报告工作。

中央农村工作领导小组发挥农村工作牵头抓总、统筹协调等作用，定期分析农村经济社会形势，研究协调“三农”重大问题，督促落实党中央关于农村工作重要决策部署。

中央农村工作领导小组各成员单位应当加强对本单位本系统农村工作的领导，落实职责任务，加强部门协同，形成农村工作合力。

中央农村工作领导小组下设办公室，承担中央农村工作领导小组日常事务。

第八条　省（自治区、直辖市）党委应当定期研究本地区农村工作，定期听取农村工作汇报，决策农村工作重大事项，召开农村工作会议，制定出台农村工作政策举措，抓好重点任务分工、重大项目实施、重要资源配置等工作。

第九条　市（地、州、盟）党委应当把农村工作摆上重要议事日程，做好上下衔接、域内协调、督促检查工作，发挥好以市带县作用。

第十条　县（市、区、旗）党委处于党的农村工作前沿阵地，应当结合本地区实际，制定具体管用的工作措施，建立健全职责清晰的责任体系，贯彻落实党中央以及上级党委关于农村工作的要求和决策部署。县委书记应当把主要精力放在农村工作上，深入基层调查研究，加强统筹谋划，狠抓工作落实。

第十一条　县级以上地方党委应当设立农村工作领导小组，省市级农村工作领导小组一般由同级党委副书记任组长，县级农村工作领导小组由县委书记任组长，其成员由党委和政府有关负责人以及相关部门主要负责人组成。

第十二条　加强各级党委农村工作部门建设，做好机构设置和人员配置工作。各级党委农村工作部门履行决策参谋、统筹协调、政策指导、推动落实、督导检查等职能。

第十三条　各级党委应当完善农村工作领导决策机制，注重发挥人大代表和政协委员作用，注重发挥智库和专业研究机构作用，提高决策科学化水平。

第三章　主要任务

第十四条　加强党对农村经济建设的领导。巩固和加强农业基础地位，实施藏粮于地、藏粮于技战略，严守耕地红线，确保谷物基本自给、口粮绝对安全。深化农业供给侧结构性改革，构建现代农业产业体系、生产体系、经营体系，促进农村一二三产业融合发展，发展壮大农村集体经济，促进农民持续增收致富。坚决打赢脱贫攻坚战，巩固和扩大脱贫攻坚成果。

第十五条 加强党对农村社会主义民主政治建设的领导。完善基层民主制度，深化村民自治实践，健全村党组织领导的充满活力的村民自治机制，丰富基层民主协商形式，保证农民依法实行民主选举、民主协商、民主决策、民主管理、民主监督。严厉打击农村黑恶势力、宗族恶势力，严厉打击各类违法犯罪，严厉打击暴力恐怖活动，保障人民生命财产安全，促进农村社会公平正义。坚决取缔各类非法宗教传播活动，巩固农村基层政权。

第十六条 加强党对农村社会主义精神文明建设的领导。培育和践行社会主义核心价值观，在农民群众中深入开展中国特色社会主义、习近平新时代中国特色社会主义思想宣传教育，建好用好新时代文明实践中心。加强农村思想道德建设，传承发展提升农村优秀传统文化，推进移风易俗。加强农村思想政治工作，广泛开展民主法治教育。深入开展农村群众性精神文明创建活动，丰富农民精神文化生活，提高农民科学文化素质和乡村社会文明程度。

第十七条 加强党对农村社会建设的领导。坚持保障和改善农村民生，大力发展教育、医疗卫生、养老、文化体育、社会保障等农村社会事业，加快改善农村公共基础设施和基本公共服务条件，提升农民生活质量。建立健全党委领导、政府负责、社会协同、公众参与、法治保障、科技支撑的现代乡村社会治理体制，健全党组织领导下的自治、法治、德治相结合的乡村治理体系，建设充满活力、和谐有序的乡村社会。

第十八条 加强党对农村生态文明建设的领导。牢固树立和践行绿水青山就是金山银山的发展理念，统筹山水林田湖草系统治理，促进农业绿色发展，加强农村生态环境保护，改善农村人居环境，建设生态宜居美丽乡村。

第十九条 加强农村党的建设。以提升组织力为重点，突出政治功能，把农村基层党组织建设成为宣传党的主张、贯彻党的决定、领导基层治理、团结动员群众、推动改革发展的坚强战斗堡垒，发挥党员先锋模范作用。坚持农村基层党组织领导地位不动摇，乡镇党委和村党组织全面领导乡镇、村的各类组织和各项工作。村党组织书记应当通过法定程序担任村民委员会主任和村级集体经济组织、合作经济组织负责人，推行村“两委”班子成员交叉任职。加强村党组织对共青团、妇联等群团组织的领导，发挥它们的积极作用。健全村党组织领导下的议事决策机制、监督机制，建立健全村务监督委员会，村级重大事项决策实行“四议两公开”。各级党委特别是县级党委应当认真履行农村基层党建主体责任，坚持抓乡促村，选优配强村党组织书记，整顿软弱涣散村党组织，加强党内激励关怀帮扶，健全以财政投入为主的稳定的村级组织运转经费保障制度，持续加强基本队伍、基本活动、基本阵地、基本制度、基本保障建设。

各级党委应当推动全面从严治党向基层延伸，深入推进农村党风廉政建设，加强农村纪检监察工作，把落实农村政策情况作为巡视巡察重要内容，建立健全农村权力运行监督制度，持续整治侵害农民利益的不正之风和群众身边的腐败问题。

第四章　队伍建设

第二十条 各级党委应当把懂农业、爱农村、爱农民作为基本要求，加强农村工作队伍建设。

各级党委和政府主要负责人应当懂“三农”、会抓“三农”，分管负责人应当成为抓

“三农”的行家里手。加强农村工作干部队伍的培养、配备、管理、使用，健全培养锻炼制度，选派优秀干部到县乡挂职任职、到村担任第一书记，把到农村一线工作锻炼、干事创业作为培养干部的重要途径，注重提拔使用实绩优秀的农村工作干部。

农村工作干部应当增强做群众工作的本领，改进工作作风，深入基层，认真倾听农民群众呼声，不断增进与农民群众的感情，坚决反对“四风”特别是形式主义、官僚主义。

第二十一条 各级党委应当加强农村人才队伍建设。建立县域专业人才统筹使用制度和农村人才定向委托培养制度。大力提高乡村教师、医生队伍素质。加强农业科技人才队伍和技术推广队伍建设。培养一支有文化、懂技术、善经营、会管理的高素质农民队伍，造就更多乡土人才。

第二十二条 各级党委应当发挥工会、共青团、妇联、科协、残联、计生协等群团组织的优势和力量，发挥各民主党派、工商联、无党派人士等积极作用，支持引导农村社会工作和志愿服务发展，鼓励社会各界投身乡村振兴。

第五章 保障措施

第二十三条 各级党委应当注重发挥改革对农业农村发展的推动作用。以处理好农民和土地的关系为主线推动深化农村改革，坚持农村土地农民集体所有，坚持家庭经营基础性地位，坚持保持土地承包关系稳定并长久不变，健全符合社会主义市场经济要求的农村经济体制，把实现好、维护好、发展好广大农民的根本利益作为出发点和落脚点，与时俱进推动“三农”理论创新、实践创新、制度创新，调动亿万农民的积极性、主动性、创造性，不断解放和发展农村社会生产力。

第二十四条 各级党委应当注重发挥投入对农业农村发展的支撑作用。推动建立“三农”财政投入稳定增长机制，加大强农惠农富农政策力度，完善农业支持保护制度，健全商业性金融、合作性金融、政策性金融相结合的农村金融服务体系，拓宽资金筹措渠道，确保“三农”投入力度不断增强、总量持续增加。

第二十五条 各级党委应当注重发挥科技教育对农业农村发展的引领作用。深入实施科教兴农战略，健全国家农业科技创新体系、现代农业教育体系、农业技术推广服务体系，把农业农村发展转到创新驱动发展的轨道上来。

第二十六条 各级党委应当注重发挥乡村规划对农业农村发展的导向作用。坚持规划先行，突出乡村特色，保持乡村风貌，加强各类规划统筹管理和系统衔接，推动形成城乡融合、区域一体、多规合一的规划体系，科学有序推进乡村建设发展。

第二十七条 各级党委应当注重发挥法治对农业农村发展的保障作用。坚持法治思维，增强法治观念，健全农业农村法律体系，加强农业综合执法，保障农民合法权益，自觉运用法治方式深化农村改革、促进农村发展、维护农村稳定，提高党领导农村工作法治化水平。

第六章 考核监督

第二十八条 健全五级书记抓乡村振兴考核机制。地方各级党委和政府主要负责人、农村基层党组织书记是本地区乡村振兴工作第一责任人。上级党委和政府应当对下级党委和政府主要负责人、农村基层党组织书记履行第一责任人职责情况开展督查考核，并将考核结果作为干部选拔任用、评先奖优、问责追责的重要参考。

第二十九条 各省（自治区、直辖市）党委和政府每年向党中央、国务院报告乡村振兴战略实施情况，省以下各级党委和政府每年向上级党委和政府报告乡村振兴战略实施情况。

第三十条 实行市县党政领导班子和领导干部推进乡村振兴战略实绩考核制度，将抓好农村工作特别是推进乡村振兴战略实绩、贫困县精准脱贫成效作为政绩考核的重要内容，由上级党委统筹安排实施，考核结果作为对市县党政领导班子和有关领导干部综合考核评价的重要依据。

第三十一条 地方各级党政领导班子和主要负责人不履行或者不正确履行农村工作职责的，应当依照有关党内法规和法律法规予以问责；对农村工作履职不力、工作滞后的，上级党委应当约谈下级党委，本级党委应当约谈同级有关部门。

第三十二条 中央和地方党政机关各涉农部门应当认真履行贯彻落实党中央关于农村工作各项决策部署的职责，贴近基层服务农民群众，不得将部门职责转嫁给农村基层组织。不履行或者不正确履行职责的，应当依照有关党内法规和法律法规予以问责。

第三十三条 各级党委应当建立激励机制，鼓励干部敢于担当作为、勇于改革创新、乐于奉献为民，按照规定表彰和奖励在农村工作中作出突出贡献的集体和个人。

第七章　附　　则

第三十四条 各省（自治区、直辖市）党委可以根据本条例，结合本地区情况制定实施办法。

第三十五条 本条例由中央农村工作领导小组办公室负责解释。

第三十六条 本条例自 2019 年 8 月 19 日起施行。

中国共产党农村基层组织工作条例

第一章 总 则

第一条 农村工作在党和国家事业全局中具有重要战略地位，是全党工作的重中之重。为了认真贯彻落实新时代党的建设总要求和新时代党的组织路线，坚持和加强党对农村工作的全面领导，深入实施乡村振兴战略，推动全面从严治党向基层延伸，提高党的农村基层组织建设质量，为新时代乡村全面振兴提供坚强政治和组织保证，根据《中国共产党章程》，制定本条例。

第二条 乡镇党的委员会（以下简称乡镇党委）和村党组织（村指行政村）是党在农村的基层组织，是党在农村全部工作和战斗力的基础，全面领导乡镇、村的各类组织和各项工作。必须坚持党的农村基层组织领导地位不动摇。

第三条 党的农村基层组织必须高举中国特色社会主义伟大旗帜，坚持以马克思列宁主义、毛泽东思想、邓小平理论、“三个代表”重要思想、科学发展观、习近平新时代中国特色社会主义思想为指导，坚决维护习近平总书记党中央的核心、全党的核心地位，坚决维护党中央权威和集中统一领导，牢固树立“四个意识”，坚定“四个自信”，做到“四个服从”，坚持党要管党、全面从严治党，以提升组织力为重点，突出政治功能，努力成为宣传党的主张、贯彻党的决定、领导基层治理、团结动员群众、推动改革发展的坚强战斗堡垒。

第二章 组织设置

第四条 乡镇应当设立党的基层委员会。乡镇党委每届任期 5 年，由党员大会或者党员代表大会选举产生。

第五条 以村为基本单元设置党组织。有正式党员 3 人以上的村，应当成立党支部；不足 3 人的，可以与邻近村联合成立党支部。党员人数超过 50 人的村，或者党员人数虽不足 50 人、确因工作需要的村，可以成立党的总支部。党员人数 100 人以上的村，根据工作需要，经县级地方党委批准，可以成立党的基层委员会，下设若干党支部；村党的委员会受乡镇党委领导。

村党的委员会、总支部委员会、支部委员会每届任期 5 年，由党员大会选举产生。党员人数 500 人以上的村党的委员会，经乡镇党委批准，可以由党员代表大会选举产生。

第六条 县以上有关部门驻乡镇的单位，应当根据党员人数和工作需要成立党的基层组织。这些党组织，除党中央另有规定的以外，受乡镇党委领导。

第七条 农村经济组织、社会组织具备单独成立党组织条件的，根据工作需要，可以成立党组织，一般由所在村党组织或者乡镇党委领导。在跨村跨乡镇的经济组织、社会组织中成立的党组织，由批准其成立的上级党组织或者县级党委组织部门确定隶属关系。

村改社区应当同步调整或者成立党组织。

村及以下成立或者撤销党组织，必须经乡镇党委或者以上党组织批准。

第八条 乡镇党委一般设委员7至9名，其中书记1名、副书记2至3名，应当设组织委员、宣传委员，纪委书记由党委委员兼任。党委委员按照乡镇领导职务配备，应当进行合理分工，保证各项工作有人负责。

村党的支部委员会一般设委员3至5名，其中书记1名，必要时可以设副书记1名；正式党员不足7人的支部，不设支部委员会。村党的总支部委员会一般设委员5至7名，其中书记1名、副书记1名、纪检委员1名。村党的委员会一般设委员5至7名，最多不超过9名，其中书记1名、副书记1至2名、纪委书记1名。

第三章 职责任务

第九条 乡镇党委的主要职责是：

（一）宣传和贯彻执行党的路线方针政策和党中央、上级党组织及本乡镇党员代表大会（党员大会）的决议。

（二）讨论和决定本乡镇经济建设、政治建设、文化建设、社会建设、生态文明建设和党的建设以及乡村振兴中的重大问题。需由乡镇政权机关或者集体经济组织决定的重要事项，经乡镇党委研究讨论后，由乡镇政权机关或者集体经济组织依照法律和有关规定作出决定。

（三）领导乡镇政权机关、群团组织和其他各类组织，加强指导和规范，支持和保证这些机关和组织依照国家法律法规以及各自章程履行职责。

（四）加强乡镇党委自身建设和村党组织建设，以及其他隶属乡镇党委的党组织建设，抓好发展党员工作，加强党员队伍建设。维护和执行党的纪律，监督党员干部和其他任何工作人员严格遵守国家法律法规。

（五）按照干部管理权限，负责对干部的教育、培训、选拔、考核和监督工作。协助管理上级有关部门驻乡镇单位的干部。做好人才服务和引进工作。

（六）领导本乡镇的基层治理，加强社会主义民主法治建设和精神文明建设，加强社会治安综合治理，做好生态环保、美丽乡村建设、民生保障、脱贫致富、民族宗教等工作。

第十条 村党组织的主要职责是：

（一）宣传和贯彻执行党的路线方针政策和党中央、上级党组织及本村党员大会（党员代表大会）的决议。

（二）讨论和决定本村经济建设、政治建设、文化建设、社会建设、生态文明建设和党的建设以及乡村振兴中的重要问题并及时向乡镇党委报告。需由村民委员会提请村民会议、村民代表会议决定的事情或者集体经济组织决定的重要事项，经村党组织研究讨论后，由村民会议、村民代表会议或者集体经济组织依照法律和有关规定作出决定。

（三）领导和推进村级民主选举、民主决策、民主管理、民主监督，推进农村基层协商，支持和保障村民依法开展自治活动。领导村民委员会以及村务监督委员会、村集体经济组织、群团组织和其他经济组织、社会组织，加强指导和规范，支持和保证这些组织依照国家法律法规以及各自章程履行职责。

（四）加强村党组织自身建设，严格组织生活，对党员进行教育、管理、监督和服务。负责对要求入党的积极分子进行教育和培养，做好发展党员工作。维护和执行党的纪律。加强对村、组干部和经济组织、社会组织负责人的教育、管理和监督，培养村级后备力量。做好本村招才引智等工作。

（五）组织群众、宣传群众、凝聚群众、服务群众，经常了解群众的批评和意见，维护群众正当权利和利益，加强对群众的教育引导，做好群众思想政治工作。

（六）领导本村的社会治理，做好本村的社会主义精神文明建设、法治宣传教育、社会治安综合治理、生态环保、美丽村庄建设、民生保障、脱贫致富、民族宗教等工作。

第十一条　党员人数较多的村党支部，可以划分若干党小组。党小组在支部委员会领导下开展工作，组织党员学习和参加组织生活，检查党员履行义务、行使权利和执行支部委员会、党员大会决议的情况，反映党员、群众的意见。

第四章　经济建设

第十二条　党的农村基层组织应当加强对经济工作的领导，坚持以经济建设为中心，贯彻创新、协调、绿色、开放、共享的发展理念，加快推进农业农村现代化，持续增加农民收入，不断满足群众对美好生活的需要。具体任务包括：

（一）坚持以公有制为主体、多种所有制经济共同发展的基本经济制度，巩固和完善农村基本经营制度，坚持农村土地集体所有，坚持家庭经营基础性地位，坚持稳定土地承包关系，走共同富裕之路。

（二）稳定发展粮食生产，发展多种经营应当同支持和促进粮食生产相结合。

（三）推动乡村产业振兴，推进农村一二三产业融合发展，让农民合理分享全产业链增值收益。

（四）坚持绿水青山就是金山银山理念，实现农业农村绿色发展、可持续发展。

（五）领导制定本地经济发展规划，组织、动员各方面力量保证规划实施。

（六）组织党员、群众学习农业科学技术知识，运用科技发展经济。吸引各类人才到农村创业创新。

第十三条　党的农村基层组织应当动员和带领群众全力打赢脱贫攻坚战，如期实现脱贫目标，巩固发展脱贫攻坚成果、防止返贫，组织发展乡村致富产业，推动农民就业创业，教育引导农民既“富口袋”又“富脑袋”，依靠自己的辛勤劳动创造幸福美好生活。

第十四条　党的农村基层组织应当因地制宜推动发展壮大集体经济，领导和支持集体经济组织管理集体资产，协调利益关系，组织生产服务和集体资源合理开发，确保集体资产保值增值，确保农民受益。

第五章　精神文明建设

第十五条　党的农村基层组织应当组织群众学习习近平新时代中国特色社会主义思想，培育和践行社会主义核心价值观，开展中国特色社会主义和实现中华民族伟大复兴的中国梦宣传教育，爱国主义、集体主义和社会主义教育，党的路线方针政策教育，思想道德和民主法治教育，引导农民正确处理国家、集体、个人三者之间的利益关系，培养有理想、有道德、有文化、有纪律的新型农民。

党的农村基层组织应当加强群众培训，通过新时代文明实践中心（所、站）、农民夜校等渠道，深入宣传教育群众，用中国特色社会主义文化、社会主义思想道德牢牢占领农村思想文化阵地。

第十六条　党的农村基层组织应当改善农村人居环境，倡导文明健康生活方式。传承发展提升农村优秀传统文化，保护传统村落，加强农村文化设施建设，开展健康有益的文体活动。改善办学条件，普及义务教育。开展文明村镇、文明家庭创建活动，破除封建迷信和陈规陋习，推进移风易俗，弘扬时代新风。

第十七条　党的农村基层组织应当加强和改进思想政治工作。宣传党组织和党员先进事迹，宣传好人好事，弘扬真善美，传播正能量。了解群众思想状况，帮助解决实际困难，引导群众自觉听党话、感党恩、跟党走。

第十八条　党的农村基层组织应当加强对党员、群众的无神论宣传教育，引导党员、群众自觉抵制腐朽落后文化侵蚀，弘扬科学精神，普及科学知识。做好农村宗教工作，加强对信教群众的工作，管理好宗教活动场所，依法制止利用宗教干涉农村公共事务，坚决抵御非法宗教活动和境外渗透活动。必须在意识形态上站稳立场，旗帜鲜明反对各种错误观点，同一切歪风邪气、违法犯罪行为作斗争。

第六章　乡村治理

第十九条　党的农村基层组织应当加强对各类组织的统一领导，打造充满活力、和谐有序的善治乡村，形成共建共治共享的乡村治理格局。

村党组织书记应当通过法定程序担任村民委员会主任和村级集体经济组织、合作经济组织负责人，村“两委”班子成员应当交叉任职。村务监督委员会主任一般由党员担任，可以由非村民委员会成员的村党组织班子成员兼任。村民委员会成员、村民代表中党员应当占一定比例。

村级重大事项决策实行“四议两公开”，即村党组织提议、村“两委”会议商议、党员大会审议、村民会议或者村民代表会议决议，决议公开、实施结果公开。

第二十条　党的农村基层组织应当健全党组织领导的自治、法治、德治相结合的乡村治理体系。深化村民自治实践，制定完善村规民约，建立健全村务监督委员会，加强村级民主监督。推广新时代“枫桥经验”，推进乡村法治建设，提升乡村德治水平，建设平安乡村。

依法严厉打击农村黑恶势力、宗族恶势力、宗教极端势力、“村霸”，严防其侵蚀基层干部和基层政权。坚决惩治黑恶势力“保护伞”。

第二十一条 党的农村基层组织应当加强农村生态文明建设，组织党员、群众参与山水林田湖草系统治理，加强污染防治，保护生态环境，建设美丽乡村。

第二十二条 党的农村基层组织应当保障和改善民生，努力解决入园入托、上学、就业、看病、养老、居住、出行、饮水等群众最关心最直接最现实的利益问题，加强对贫困人口、留守儿童和妇女、老年人、残疾人、“五保户”等人群的关爱服务。投放农村的公共服务资源，应当以乡镇、村党组织为主渠道落实，保证有资源、有能力为群众服务。

注重运用现代信息技术，提升乡村治理智能化水平。

第七章 领导班子和干部队伍建设

第二十三条 农村基层干部应当认真学习和忠实践行习近平新时代中国特色社会主义思想，学习党的基本理论、基本路线、基本方略，学习必备知识技能。懂农业，掌握“三农”政策，熟悉农村情况，有能力、有措施、有办法解决实际问题；爱农村，扎根农村基层，安身安心安业，甘于奉献、苦干实干；爱农民，对农民群众充满感情、始终放在心上，把农民群众的利益摆在第一位，与农民群众想在一起、干在一起，不断创造美好生活。

各级党组织应当注重加强农村基层干部教育培训，不断提高素质。县级党委每年至少对村党组织书记培训1次。

第二十四条 加强农村基层干部队伍作风建设。坚持实事求是，不准虚假浮夸；坚持依法办事，不准违法乱纪；坚持艰苦奋斗，不准奢侈浪费；坚持说服教育，不准强迫命令；坚持廉洁奉公，不准以权谋私。坚决反对形式主义、官僚主义、享乐主义和奢靡之风。

严格农村基层干部管理监督，坚决纠正损害群众利益行为，严厉整治群众身边腐败问题。

第二十五条 乡镇党委领导班子应当由信念坚定、为民服务、勤政务实、敢于担当、清正廉洁，善于结合实际开展工作的党员干部组成。乡镇党委书记还应当具备一定的理论和政策水平，坚持依法办事，具有较强的组织协调能力、群众工作能力、处理农村复杂问题的能力，熟悉党务工作和“三农”工作，带头实干、敢抓敢管。

注重从优秀村党组织书记、选调生、大学生村官、乡镇事业编制人员中选拔乡镇领导干部，从优秀村党组织书记中考录乡镇公务员、招聘乡镇事业编制人员。重视发现培养选拔优秀年轻干部、女干部和少数民族干部。

第二十六条 村党组织领导班子应当由思想政治素质好、道德品行好、带富能力强、协调能力强，公道正派、廉洁自律，热心为群众服务的党员组成。村党组织书记还应当具备一定的政策水平，坚持依法办事，善于做群众工作，甘于奉献、敢闯敢拼。

村党组织书记应当注重从本村致富能手、外出务工经商返乡人员、本乡本土大学毕业生、退役军人中的党员培养选拔。每个村应当储备村级后备力量。

村党组织书记由县级党委组织部门备案管理。

根据工作需要，上级党组织可以向村党组织选派第一书记。

第二十七条 党的农村基层组织领导班子应当坚定执行党的政治路线。始终在政治立场、政治方向、政治原则、政治道路上同以习近平同志为核心的党中央保持高度一致，组织推进农村深化改革，促进各项事业发展，维护社会和谐稳定，不断增强群众获得感、幸福感、安全感。

第二十八条 党的农村基层组织领导班子应当贯彻党的思想路线。反映情况、安排工作、决定事项必须实事求是，一切从实际出发，说实话、办实事、求实效。

第二十九条 党的农村基层组织领导班子应当贯彻新时代党的组织路线。全面加强农村基层组织体系建设，建强战斗堡垒，把党员组织起来，把人才凝聚起来，把群众动员起来，合力推动新时代乡村全面振兴。

第三十条 党的农村基层组织领导班子应当贯彻党的群众路线。决定重大事项要同群众商量，布置工作任务要向群众讲清道理；经常听取群众意见，不断改进工作；关心群众生产生活，维护群众的合法权益，切实减轻群众负担。

第三十一条 党的农村基层组织领导班子应当贯彻党的民主集中制，认真执行集体领导和个人分工负责相结合的制度。凡属重要问题，必须经过集体讨论决定，不允许个人或者少数人说了算。书记应当有民主作风，善于发挥每个委员的作用，敢于负责。委员应当积极参与和维护集体领导，主动做好分工负责的工作。

第三十二条 乡镇党委领导班子每年至少召开 1 次民主生活会，村党组织领导班子每年至少召开 1 次组织生活会，严肃认真地开展批评和自我批评，接受党员、群众的监督。

第八章　党员队伍建设

第三十三条 党的农村基层组织应当组织党员认真学习和忠实践行习近平新时代中国特色社会主义思想，推进“两学一做”学习教育常态化制度化，认真开展党内主题教育活动，学习党的基本理论、基本路线、基本方略，学习形势政策、科学文化、市场经济、党内法规和国家法律法规等知识。

县、乡两级党委应当加强农村党员教育培训，建好用好乡镇党校、党员活动室，注重运用现代信息技术开展党员教育。乡镇党委每年至少对全体党员分期分批集中培训 1 次。

第三十四条 党的农村基层组织应当严格党的组织生活。坚持“三会一课”制度，村党组织应当以党支部为单位，每月相对固定 1 天开展主题党日，组织党员学习党的文件、上党课，开展民主议事、志愿服务等，突出党性锻炼，防止表面化、形式化。党员领导干部应当定期为基层党员讲党课。

党支部应当经常开展谈心谈话。

第三十五条 党的农村基层组织应当坚持和完善民主评议党员制度。对优秀党员，进行表彰表扬；对不合格党员，加强教育帮助，依照有关规定，分别给予限期改正、劝其退党、党内除名等组织处置。

第三十六条 党的农村基层组织应当教育和监督党员履行义务，尊重和保障党员的各项权利。推进党务公开，使党员对党内事务有更多的了解和参与。

第三十七条 党的农村基层组织应当加强和改进流动党员教育管理。流入地党组织应当及时将外来党员编入党的支部和小组，组织他们参加组织生活和党的活动。流出地党组织应当加强对外出党员的经常联系，可以在外出党员相对集中的地方建立流动党员党组织。

流动党员每半年至少向流出地党组织汇报 1 次在外情况。

第三十八条 党的农村基层组织应当严格执行党的纪律。经常对党员进行遵纪守法教育。党员违犯党的纪律，应当及时教育或者处理，问题严重的应当向上级党组织报告。对于受到党的纪律处分的，应当加强教育，帮助其改正错误。

第三十九条 党的农村基层组织应当按照控制总量、优化结构、提高质量、发挥作用的总要求和有关规定，把政治标准放在首位，做好发展党员工作。注重从青年农民、农村外出务工人员中发展党员，注意吸收妇女入党。

村级党组织发展党员必须经过乡镇党委审批。

第四十条 农村党员应当在社会主义物质文明建设和精神文明建设中发挥先锋模范作用，带头投身乡村振兴，带领群众共同致富。

党的农村基层组织应当组织开展党员联系农户、党员户挂牌、承诺践诺、设岗定责等活动，给党员分配适当的社会工作和群众工作，为党员发挥作用创造条件。

第九章 领导和保障

第四十一条 各级党委特别是县级党委应当高度重视党的农村基层组织建设，认真履行主体责任。

党的农村基层组织建设情况应当作为市县乡党委书记抓基层党建述职评议考核的重要内容，纳入巡视巡察工作内容，作为领导班子综合评价和领导干部选拔任用的重要依据。县级党委组织部门应当以足够精力抓好党的农村基层组织建设。

对党的农村基层组织建设重视不够、落实不力的，应当及时提醒、约谈；出现严重问题的，应当严肃问责追责。督促抓好问题的整改落实。

第四十二条 各级党委特别是县级党委应当坚持抓乡促村，持续加强基本队伍、基本活动、基本阵地、基本制度、基本保障建设，整顿软弱涣散村党组织，整乡推进、整县提升。

乡镇党委应当全面落实抓村级组织建设的直接责任。乡镇党委书记和党委领导班子其他成员应当包村联户，经常沉下去摸情况、查问题，及时研究解决。

第四十三条 乡镇工作机构设置和人员配备，应当坚持加强服务、密切联系群众、治理重心下移的原则，构建权责相称、简约高效的基层管理体制，保证乡镇工作力量。乡镇应当设立党建工作办公室或者党建工作站，配备专职组织员，配强党务力量。加强乡镇小食堂、小厕所、小澡堂、小图书室、小文体活动室和周转房建设，改善乡镇干部工作和生活条件。

第四十四条 各级党委应当健全以财政投入为主的稳定的村级组织运转经费保障制

度，建立正常增长机制。落实村干部基本报酬，发放人数和标准应当依据有关规定、从实际出发合理确定，保障正常离任村干部生活补贴。落实村级组织办公经费、服务群众经费、党员活动经费。建好管好用好村级组织活动场所，整合利用各类资源，规范标识、挂牌，发挥“一室多用”的综合功能，服务凝聚群众，教育引导群众。

第四十五条 各级党组织应当满怀热情关心关爱农村基层干部和党员，政治上激励、工作上支持、待遇上保障、心理上关怀，宣传表彰优秀农村基层干部先进典型，彰显榜样力量，激励新担当新作为。

第十章 附　　则

第四十六条 省、自治区、直辖市党委可以根据本条例，结合本地区情况制定实施办法。

第四十七条 本条例由中共中央组织部负责解释。

第四十八条 本条例自2018年12月28日起施行。1999年2月13日中共中央印发的《中国共产党农村基层组织工作条例》同时废止。

二、法律和行政法规

中华人民共和国外商投资法

（2019年3月15日第十三届全国人民代表大会第二次会议通过）

第一章　总　　则

第一条　为了进一步扩大对外开放，积极促进外商投资，保护外商投资合法权益，规范外商投资管理，推动形成全面开放新格局，促进社会主义市场经济健康发展，根据宪法，制定本法。

第二条　在中华人民共和国境内（以下简称中国境内）的外商投资，适用本法。

本法所称外商投资，是指外国的自然人、企业或者其他组织（以下称外国投资者）直接或者间接在中国境内进行的投资活动，包括下列情形：

（一）外国投资者单独或者与其他投资者共同在中国境内设立外商投资企业；

（二）外国投资者取得中国境内企业的股份、股权、财产份额或者其他类似权益；

（三）外国投资者单独或者与其他投资者共同在中国境内投资新建项目；

（四）法律、行政法规或者国务院规定的其他方式的投资。

本法所称外商投资企业，是指全部或者部分由外国投资者投资，依照中国法律在中国境内经登记注册设立的企业。

第三条　国家坚持对外开放的基本国策，鼓励外国投资者依法在中国境内投资。

国家实行高水平投资自由化便利化政策，建立和完善外商投资促进机制，营造稳定、透明、可预期和公平竞争的市场环境。

第四条　国家对外商投资实行准入前国民待遇加负面清单管理制度。

前款所称准入前国民待遇，是指在投资准入阶段给予外国投资者及其投资不低于本国投资者及其投资的待遇；所称负面清单，是指国家规定在特定领域对外商投资实施的准入特别管理措施。国家对负面清单之外的外商投资，给予国民待遇。

负面清单由国务院发布或者批准发布。

中华人民共和国缔结或者参加的国际条约、协定对外国投资者准入待遇有更优惠规定的，可以按照相关规定执行。

第五条　国家依法保护外国投资者在中国境内的投资、收益和其他合法权益。

第六条　在中国境内进行投资活动的外国投资者、外商投资企业，应当遵守中国法律法规，不得危害中国国家安全、损害社会公共利益。

第七条　国务院商务主管部门、投资主管部门按照职责分工，开展外商投资促进、保护和管理工作；国务院其他有关部门在各自职责范围内，负责外商投资促进、保护和管理的相关工作。

县级以上地方人民政府有关部门依照法律法规和本级人民政府确定的职责分工，开展外商投资促进、保护和管理工作。

第八条 外商投资企业职工依法建立工会组织，开展工会活动，维护职工的合法权益。外商投资企业应当为本企业工会提供必要的活动条件。

第二章 投资促进

第九条 外商投资企业依法平等适用国家支持企业发展的各项政策。

第十条 制定与外商投资有关的法律、法规、规章，应当采取适当方式征求外商投资企业的意见和建议。

与外商投资有关的规范性文件、裁判文书等，应当依法及时公布。

第十一条 国家建立健全外商投资服务体系，为外国投资者和外商投资企业提供法律法规、政策措施、投资项目信息等方面的咨询和服务。

第十二条 国家与其他国家和地区、国际组织建立多边、双边投资促进合作机制，加强投资领域的国际交流与合作。

第十三条 国家根据需要，设立特殊经济区域，或者在部分地区实行外商投资试验性政策措施，促进外商投资，扩大对外开放。

第十四条 国家根据国民经济和社会发展需要，鼓励和引导外国投资者在特定行业、领域、地区投资。外国投资者、外商投资企业可以依照法律、行政法规或者国务院的规定享受优惠待遇。

第十五条 国家保障外商投资企业依法平等参与标准制定工作，强化标准制定的信息公开和社会监督。

国家制定的强制性标准平等适用于外商投资企业。

第十六条 国家保障外商投资企业依法通过公平竞争参与政府采购活动。政府采购依法对外商投资企业在中国境内生产的产品、提供的服务平等对待。

第十七条 外商投资企业可以依法通过公开发行股票、公司债券等证券和其他方式进行融资。

第十八条 县级以上地方人民政府可以根据法律、行政法规、地方性法规的规定，在法定权限内制定外商投资促进和便利化政策措施。

第十九条 各级人民政府及其有关部门应当按照便利、高效、透明的原则，简化办事程序，提高办事效率，优化政务服务，进一步提高外商投资服务水平。

有关主管部门应当编制和公布外商投资指引，为外国投资者和外商投资企业提供服务和便利。

第三章 投资保护

第二十条 国家对外国投资者的投资不实行征收。

在特殊情况下，国家为了公共利益的需要，可以依照法律规定对外国投资者的投资实行征收或者征用。征收、征用应当依照法定程序进行，并及时给予公平、合理的补偿。

第二十一条 外国投资者在中国境内的出资、利润、资本收益、资产处置所得、知识产权许可使用费、依法获得的补偿或者赔偿、清算所得等，可以依法以人民币或者外汇自由汇入、汇出。

第二十二条 国家保护外国投资者和外商投资企业的知识产权，保护知识产权权利人和相关权利人的合法权益；对知识产权侵权行为，严格依法追究法律责任。

国家鼓励在外商投资过程中基于自愿原则和商业规则开展技术合作。技术合作的条件由投资各方遵循公平原则平等协商确定。行政机关及其工作人员不得利用行政手段强制转让技术。

第二十三条 行政机关及其工作人员对于履行职责过程中知悉的外国投资者、外商投资企业的商业秘密，应当依法予以保密，不得泄露或者非法向他人提供。

第二十四条 各级人民政府及其有关部门制定涉及外商投资的规范性文件，应当符合法律法规的规定；没有法律、行政法规依据的，不得减损外商投资企业的合法权益或者增加其义务，不得设置市场准入和退出条件，不得干预外商投资企业的正常生产经营活动。

第二十五条 地方各级人民政府及其有关部门应当履行向外国投资者、外商投资企业依法作出的政策承诺以及依法订立的各类合同。

因国家利益、社会公共利益需要改变政策承诺、合同约定的，应当依照法定权限和程序进行，并依法对外国投资者、外商投资企业因此受到的损失予以补偿。

第二十六条 国家建立外商投资企业投诉工作机制，及时处理外商投资企业或者其投资者反映的问题，协调完善相关政策措施。

外商投资企业或者其投资者认为行政机关及其工作人员的行政行为侵犯其合法权益的，可以通过外商投资企业投诉工作机制申请协调解决。

外商投资企业或者其投资者认为行政机关及其工作人员的行政行为侵犯其合法权益的，除依照前款规定通过外商投资企业投诉工作机制申请协调解决外，还可以依法申请行政复议、提起行政诉讼。

第二十七条 外商投资企业可以依法成立和自愿参加商会、协会。商会、协会依照法律法规和章程的规定开展相关活动，维护会员的合法权益。

第四章　投资管理

第二十八条 外商投资准入负面清单规定禁止投资的领域，外国投资者不得投资。

外商投资准入负面清单规定限制投资的领域，外国投资者进行投资应当符合负面清单规定的条件。

外商投资准入负面清单以外的领域，按照内外资一致的原则实施管理。

第二十九条 外商投资需要办理投资项目核准、备案的，按照国家有关规定执行。

第三十条 外国投资者在依法需要取得许可的行业、领域进行投资的，应当依法办理相关许可手续。

有关主管部门应当按照与内资一致的条件和程序，审核外国投资者的许可申请，法律、行政法规另有规定的除外。

第三十一条 外商投资企业的组织形式、组织机构及其活动准则，适用《中华人民共和国公司法》、《中华人民共和国合伙企业法》等法律的规定。

第三十二条 外商投资企业开展生产经营活动，应当遵守法律、行政法规有关劳动保护、社会保险的规定，依照法律、行政法规和国家有关规定办理税收、会计、外汇等事宜，并接受相关主管部门依法实施的监督检查。

第三十三条 外国投资者并购中国境内企业或者以其他方式参与经营者集中的，应当依照《中华人民共和国反垄断法》的规定接受经营者集中审查。

第三十四条 国家建立外商投资信息报告制度。外国投资者或者外商投资企业应当通过企业登记系统以及企业信用信息公示系统向商务主管部门报送投资信息。

外商投资信息报告的内容和范围按照确有必要的原则确定；通过部门信息共享能够获得的投资信息，不得再行要求报送。

第三十五条 国家建立外商投资安全审查制度，对影响或者可能影响国家安全的外商投资进行安全审查。

依法作出的安全审查决定为最终决定。

第五章　法律责任

第三十六条 外国投资者投资外商投资准入负面清单规定禁止投资的领域的，由有关主管部门责令停止投资活动，限期处分股份、资产或者采取其他必要措施，恢复到实施投资前的状态；有违法所得的，没收违法所得。

外国投资者的投资活动违反外商投资准入负面清单规定的限制性准入特别管理措施的，由有关主管部门责令限期改正，采取必要措施满足准入特别管理措施的要求；逾期不改正的，依照前款规定处理。

外国投资者的投资活动违反外商投资准入负面清单规定的，除依照前两款规定处理外，还应当依法承担相应的法律责任。

第三十七条 外国投资者、外商投资企业违反本法规定，未按照外商投资信息报告制度的要求报送投资信息的，由商务主管部门责令限期改正；逾期不改正的，处十万元以上五十万元以下的罚款。

第三十八条 对外国投资者、外商投资企业违反法律、法规的行为，由有关部门依法查处，并按照国家有关规定纳入信用信息系统。

第三十九条 行政机关工作人员在外商投资促进、保护和管理工作中滥用职权、玩忽职守、徇私舞弊的，或者泄露、非法向他人提供履行职责过程中知悉的商业秘密的，依法给予处分；构成犯罪的，依法追究刑事责任。

第六章 附 则

第四十条 任何国家或者地区在投资方面对中华人民共和国采取歧视性的禁止、限制或者其他类似措施的，中华人民共和国可以根据实际情况对该国家或者该地区采取相应的措施。

第四十一条 对外国投资者在中国境内投资银行业、证券业、保险业等金融行业，或者在证券市场、外汇市场等金融市场进行投资的管理，国家另有规定的，依照其规定。

第四十二条 本法自 2020 年 1 月 1 日起施行。《中华人民共和国中外合资经营企业法》、《中华人民共和国外资企业法》、《中华人民共和国中外合作经营企业法》同时废止。

本法施行前依照《中华人民共和国中外合资经营企业法》、《中华人民共和国外资企业法》、《中华人民共和国中外合作经营企业法》设立的外商投资企业，在本法施行后五年内可以继续保留原企业组织形式等。具体实施办法由国务院规定。

全国人民代表大会常务委员会关于修改《中华人民共和国建筑法》等八部法律的决定

（2019年4月23日第十三届全国人民代表大会常务委员会第十次会议通过）

第十三届全国人民代表大会常务委员会第十次会议决定：

一、对《中华人民共和国建筑法》作出修改

将第八条修改为："申请领取施工许可证，应当具备下列条件：

"（一）已经办理该建筑工程用地批准手续；

"（二）依法应当办理建设工程规划许可证的，已经取得建设工程规划许可证；

"（三）需要拆迁的，其拆迁进度符合施工要求；

"（四）已经确定建筑施工企业；

"（五）有满足施工需要的资金安排、施工图纸及技术资料；

"（六）有保证工程质量和安全的具体措施。

"建设行政主管部门应当自收到申请之日起七日内，对符合条件的申请颁发施工许可证。"

二、对《中华人民共和国消防法》作出修改

（一）将第十条修改为："对按照国家工程建设消防技术标准需要进行消防设计的建设工程，实行建设工程消防设计审查验收制度。"

（二）将第十一条修改为："国务院住房和城乡建设主管部门规定的特殊建设工程，建设单位应当将消防设计文件报送住房和城乡建设主管部门审查，住房和城乡建设主管部门依法对审查的结果负责。

"前款规定以外的其他建设工程，建设单位申请领取施工许可证或者申请批准开工报告时应当提供满足施工需要的消防设计图纸及技术资料。"

（三）将第十二条修改为："特殊建设工程未经消防设计审查或者审查不合格的，建设单位、施工单位不得施工；其他建设工程，建设单位未提供满足施工需要的消防设计图纸及技术资料的，有关部门不得发放施工许可证或者批准开工报告。"

（四）将第十三条修改为："国务院住房和城乡建设主管部门规定应当申请消防验收的建设工程竣工，建设单位应当向住房和城乡建设主管部门申请消防验收。

"前款规定以外的其他建设工程，建设单位在验收后应当报住房和城乡建设主管部门备案，住房和城乡建设主管部门应当进行抽查。

"依法应当进行消防验收的建设工程，未经消防验收或者消防验收不合格的，禁止投入使用；其他建设工程经依法抽查不合格的，应当停止使用。"

（五）将第十四条修改为："建设工程消防设计审查、消防验收、备案和抽查的具体办法，由国务院住房和城乡建设主管部门规定。"

（六）将第五十六条修改为："住房和城乡建设主管部门、消防救援机构及其工作人员应当按照法定的职权和程序进行消防设计审查、消防验收、备案抽查和消防安全检查，做到公正、严格、文明、高效。

"住房和城乡建设主管部门、消防救援机构及其工作人员进行消防设计审查、消防验收、备案抽查和消防安全检查等，不得收取费用，不得利用职务谋取利益；不得利用职务为用户、建设单位指定或者变相指定消防产品的品牌、销售单位或者消防技术服务机构、消防设施施工单位。"

（七）将第五十七条、第七十一条第一款中的"公安机关消防机构"修改为"住房和城乡建设主管部门、消防救援机构"；将第七十一条中的"审核"修改为"审查"，删去第二款中的"建设"。

（八）将第五十八条修改为："违反本法规定，有下列行为之一的，由住房和城乡建设主管部门、消防救援机构按照各自职权责令停止施工、停止使用或者停产停业，并处三万元以上三十万元以下罚款：

"（一）依法应当进行消防设计审查的建设工程，未经依法审查或者审查不合格，擅自施工的；

"（二）依法应当进行消防验收的建设工程，未经消防验收或者消防验收不合格，擅自投入使用的；

"（三）本法第十三条规定的其他建设工程验收后经依法抽查不合格，不停止使用的；

"（四）公众聚集场所未经消防安全检查或者经检查不符合消防安全要求，擅自投入使用、营业的。

"建设单位未依照本法规定在验收后报住房和城乡建设主管部门备案的，由住房和城乡建设主管部门责令改正，处五千元以下罚款。"

（九）将第五十九条中的"责令改正或者停止施工"修改为"由住房和城乡建设主管部门责令改正或者停止施工"。

（十）将第七十条修改为："本法规定的行政处罚，除应当由公安机关依照《中华人民共和国治安管理处罚法》的有关规定决定的外，由住房和城乡建设主管部门、消防救援机构按照各自职权决定。

"被责令停止施工、停止使用、停产停业的，应当在整改后向作出决定的部门或者机构报告，经检查合格，方可恢复施工、使用、生产、经营。

"当事人逾期不执行停产停业、停止使用、停止施工决定的，由作出决定的部门或者机构强制执行。

"责令停产停业，对经济和社会生活影响较大的，由住房和城乡建设主管部门或者应急管理部门报请本级人民政府依法决定。"

（十一）将第四条、第十七条、第二十四条、第五十五条中的"公安机关消防机构"修改为"消防救援机构"，"公安部门"、"公安机关"、"公安部门消防机构"修改为"应急管理部门"；将第六条第三款中的"公安机关及其消防机构"修改为"应急管理部门及消防救援机构"，第七款中的"公安机关"修改为"公安机关、应急管理"；将第十五条、第二十五条、第二十九条、第四十条、第四十二条、第四十五条、第五十一条、第五十三条、第五十四条、第六十条、第六十二条、第六十四条、第六十五条中的“公安机关消防机构”修改为“消防救援机构”；将第三十六条、第三十七条、第三十八条、第三十九条、第四十六条、第四十九条中的“公安消防队”修改为“国家综合性消防救援队”。

三、对《中华人民共和国电子签名法》作出修改

删去第三条第三款第二项；将第三项改为第二项，修改为：“（二）涉及停止供水、供热、供气等公用事业服务的”。

四、对《中华人民共和国城乡规划法》作出修改

将第三十八条第二款修改为：“以出让方式取得国有土地使用权的建设项目，建设单位在取得建设项目的批准、核准、备案文件和签订国有土地使用权出让合同后，向城市、县人民政府城乡规划主管部门领取建设用地规划许可证。”

五、对《中华人民共和国车船税法》作出修改

第三条增加一项，作为第四项：“（四）悬挂应急救援专用号牌的国家综合性消防救援车辆和国家综合性消防救援专用船舶”。

六、对《中华人民共和国商标法》作出修改

（一）将第四条第一款修改为：“自然人、法人或者其他组织在生产经营活动中，对其商品或者服务需要取得商标专用权的，应当向商标局申请商标注册。不以使用为目的的恶意商标注册申请，应当予以驳回。”

（二）将第十九条第三款修改为：“商标代理机构知道或者应当知道委托人申请注册的商标属于本法第四条、第十五条和第三十二条规定情形的，不得接受其委托。”

（三）将第三十三条修改为：“对初步审定公告的商标，自公告之日起三个月内，在先权利人、利害关系人认为违反本法第十三条第二款和第三款、第十五条、第十六条第一款、第三十条、第三十一条、第三十二条规定的，或者任何人认为违反本法第四条、第十条、第十一条、第十二条、第十九条第四款规定的，可以向商标局提出异议。公告期满无异议的，予以核准注册，发给商标注册证，并予公告。”

（四）将第四十四条第一款修改为：“已经注册的商标，违反本法第四条、第十条、第十一条、第十二条、第十九条第四款规定的，或者是以欺骗手段或者其他不正当手段取得注册的，由商标局宣告该注册商标无效；其他单位或者个人可以请求商标评审委员会宣告该注册商标无效。”

（五）将第六十三条第一款中的“一倍以上三倍以下”修改为“一倍以上五倍以下”；第三款中的“三百万元以下”修改为“五百万元以下”；增加两款分别作为第四款、第五款：“人民法院审理商标纠纷案件，应权利人请求，对属于假冒注册商标的商品，除特殊情况外，责令销毁；对主要用于制造假冒注册商标的商品的材料、工具，责令销毁，且不予补偿；或者在特殊情况下，责令禁止前述材料、工具进入商业渠道，且不予补偿。

“假冒注册商标的商品不得在仅去除假冒注册商标后进入商业渠道。”

（六）将第六十八条第一款第三项修改为：“（三）违反本法第四条、第十九条第三款和第四款规定的”；增加一款作为第四款：“对恶意申请商标注册的，根据情节给予警告、罚款等行政处罚；对恶意提起商标诉讼的，由人民法院依法给予处罚。”

七、对《中华人民共和国反不正当竞争法》作出修改

（一）将第九条修改为："经营者不得实施下列侵犯商业秘密的行为：

"（一）以盗窃、贿赂、欺诈、胁迫、电子侵入或者其他不正当手段获取权利人的商业秘密；

"（二）披露、使用或者允许他人使用以前项手段获取的权利人的商业秘密；

"（三）违反保密义务或者违反权利人有关保守商业秘密的要求，披露、使用或者允许他人使用其所掌握的商业秘密；

"（四）教唆、引诱、帮助他人违反保密义务或者违反权利人有关保守商业秘密的要求，获取、披露、使用或者允许他人使用权利人的商业秘密。

"经营者以外的其他自然人、法人和非法人组织实施前款所列违法行为的，视为侵犯商业秘密。

"第三人明知或者应知商业秘密权利人的员工、前员工或者其他单位、个人实施本条第一款所列违法行为，仍获取、披露、使用或者允许他人使用该商业秘密的，视为侵犯商业秘密。

"本法所称的商业秘密，是指不为公众所知悉、具有商业价值并经权利人采取相应保密措施的技术信息、经营信息等商业信息。"

（二）将第十七条修改为："经营者违反本法规定，给他人造成损害的，应当依法承担民事责任。

"经营者的合法权益受到不正当竞争行为损害的，可以向人民法院提起诉讼。

"因不正当竞争行为受到损害的经营者的赔偿数额，按照其因被侵权所受到的实际损失确定；实际损失难以计算的，按照侵权人因侵权所获得的利益确定。经营者恶意实施侵犯商业秘密行为，情节严重的，可以在按照上述方法确定数额的一倍以上五倍以下确定赔偿数额。赔偿数额还应当包括经营者为制止侵权行为所支付的合理开支。

"经营者违反本法第六条、第九条规定，权利人因被侵权所受到的实际损失、侵权人因侵权所获得的利益难以确定的，由人民法院根据侵权行为的情节判决给予权利人五百万元以下的赔偿。"

（三）将第二十一条修改为："经营者以及其他自然人、法人和非法人组织违反本法第九条规定侵犯商业秘密的，由监督检查部门责令停止违法行为，没收违法所得，处十万元以上一百万元以下的罚款；情节严重的，处五十万元以上五百万元以下的罚款。"

（四）增加一条，作为第三十二条："在侵犯商业秘密的民事审判程序中，商业秘密权利人提供初步证据，证明其已经对所主张的商业秘密采取保密措施，且合理表明商业秘密被侵犯，涉嫌侵权人应当证明权利人所主张的商业秘密不属于本法规定的商业秘密。

"商业秘密权利人提供初步证据合理表明商业秘密被侵犯，且提供以下证据之一的，涉嫌侵权人应当证明其不存在侵犯商业秘密的行为：

"（一）有证据表明涉嫌侵权人有渠道或者机会获取商业秘密，且其使用的信息与该商业秘密实质上相同；

"（二）有证据表明商业秘密已经被涉嫌侵权人披露、使用或者有被披露、使用的风险；

“（三）有其他证据表明商业秘密被涉嫌侵权人侵犯。”

八、对《中华人民共和国行政许可法》作出修改

（一）将第五条修改为：“设定和实施行政许可，应当遵循公开、公平、公正、非歧视的原则。

“有关行政许可的规定应当公布；未经公布的，不得作为实施行政许可的依据。行政许可的实施和结果，除涉及国家秘密、商业秘密或者个人隐私的外，应当公开。未经申请人同意，行政机关及其工作人员、参与专家评审等的人员不得披露申请人提交的商业秘密、未披露信息或者保密商务信息，法律另有规定或者涉及国家安全、重大社会公共利益的除外；行政机关依法公开申请人前述信息的，允许申请人在合理期限内提出异议。

“符合法定条件、标准的，申请人有依法取得行政许可的平等权利，行政机关不得歧视任何人。”

（二）第三十一条增加一款，作为第二款：“行政机关及其工作人员不得以转让技术作为取得行政许可的条件；不得在实施行政许可的过程中，直接或者间接地要求转让技术。”

（三）将第七十二条修改为：“行政机关及其工作人员违反本法的规定，有下列情形之一的，由其上级行政机关或者监察机关责令改正；情节严重的，对直接负责的主管人员和其他直接责任人员依法给予行政处分：

“（一）对符合法定条件的行政许可申请不予受理的；

“（二）不在办公场所公示依法应当公示的材料的；

“（三）在受理、审查、决定行政许可过程中，未向申请人、利害关系人履行法定告知义务的；

“（四）申请人提交的申请材料不齐全、不符合法定形式，不一次告知申请人必须补正的全部内容的；

“（五）违法披露申请人提交的商业秘密、未披露信息或者保密商务信息的；

“（六）以转让技术作为取得行政许可的条件，或者在实施行政许可的过程中直接或者间接地要求转让技术的；

“（七）未依法说明不受理行政许可申请或者不予行政许可的理由的；

“（八）依法应当举行听证而不举行听证的。”

《中华人民共和国商标法》的修改条款自 2019 年 11 月 1 日起施行，其他法律的修改条款自本决定公布之日起施行。

《中华人民共和国建筑法》《中华人民共和国消防法》《中华人民共和国电子签名法》《中华人民共和国城乡规划法》《中华人民共和国车船税法》《中华人民共和国商标法》《中华人民共和国反不正当竞争法》《中华人民共和国行政许可法》根据本决定作相应修改，重新公布。

中华人民共和国土地管理法

（1986 年 6 月 25 日第六届全国人民代表大会常务委员会第十六次会议通过　根据 1988 年 12 月 29 日第七届全国人民代表大会常务委员会第五次会议《关于修改〈中华人民共和国土地管理法〉的决定》第一次修正　1998 年 8 月 29 日第九届全国人民代表大会常务委员会第四次会议修订　根据 2004 年 8 月 28 日第十届全国人民代表大会常务委员会第十一次会议《关于修改〈中华人民共和国土地管理法〉的决定》第二次修正　根据 2019 年 8 月 26 日第十三届全国人民代表大会常务委员会第十二次会议《关于修改〈中华人民共和国土地管理法〉、〈中华人民共和国城市房地产管理法〉的决定》第三次修正）

第一章　总　　则

第一条　为了加强土地管理，维护土地的社会主义公有制，保护、开发土地资源，合理利用土地，切实保护耕地，促进社会经济的可持续发展，根据宪法，制定本法。

第二条　中华人民共和国实行土地的社会主义公有制，即全民所有制和劳动群众集体所有制。

全民所有，即国家所有土地的所有权由国务院代表国家行使。

任何单位和个人不得侵占、买卖或者以其他形式非法转让土地。土地使用权可以依法转让。

国家为了公共利益的需要，可以依法对土地实行征收或者征用并给予补偿。

国家依法实行国有土地有偿使用制度。但是，国家在法律规定的范围内划拨国有土地使用权的除外。

第三条　十分珍惜、合理利用土地和切实保护耕地是我国的基本国策。各级人民政府应当采取措施，全面规划，严格管理，保护、开发土地资源，制止非法占用土地的行为。

第四条　国家实行土地用途管制制度。

国家编制土地利用总体规划，规定土地用途，将土地分为农用地、建设用地和未利用地。严格限制农用地转为建设用地，控制建设用地总量，对耕地实行特殊保护。

前款所称农用地是指直接用于农业生产的土地，包括耕地、林地、草地、农田水利用地、养殖水面等；建设用地是指建造建筑物、构筑物的土地，包括城乡住宅和公共设施用地、工矿用地、交通水利设施用地、旅游用地、军事设施用地等；未利用地是指农用地和建设用地以外的土地。

使用土地的单位和个人必须严格按照土地利用总体规划确定的用途使用土地。

第五条 国务院自然资源主管部门统一负责全国土地的管理和监督工作。

县级以上地方人民政府自然资源主管部门的设置及其职责，由省、自治区、直辖市人民政府根据国务院有关规定确定。

第六条 国务院授权的机构对省、自治区、直辖市人民政府以及国务院确定的城市人民政府土地利用和土地管理情况进行督察。

第七条 任何单位和个人都有遵守土地管理法律、法规的义务，并有权对违反土地管理法律、法规的行为提出检举和控告。

第八条 在保护和开发土地资源、合理利用土地以及进行有关的科学研究等方面成绩显著的单位和个人，由人民政府给予奖励。

第二章 土地的所有权和使用权

第九条 城市市区的土地属于国家所有。

农村和城市郊区的土地，除由法律规定属于国家所有的以外，属于农民集体所有；宅基地和自留地、自留山，属于农民集体所有。

第十条 国有土地和农民集体所有的土地，可以依法确定给单位或者个人使用。使用土地的单位和个人，有保护、管理和合理利用土地的义务。

第十一条 农民集体所有的土地依法属于村农民集体所有的，由村集体经济组织或者村民委员会经营、管理；已经分别属于村内两个以上农村集体经济组织的农民集体所有的，由村内各该农村集体经济组织或者村民小组经营、管理；已经属于乡（镇）农民集体所有的，由乡（镇）农村集体经济组织经营、管理。

第十二条 土地的所有权和使用权的登记，依照有关不动产登记的法律、行政法规执行。

依法登记的土地的所有权和使用权受法律保护，任何单位和个人不得侵犯。

第十三条 农民集体所有和国家所有依法由农民集体使用的耕地、林地、草地，以及其他依法用于农业的土地，采取农村集体经济组织内部的家庭承包方式承包，不宜采取家庭承包方式的荒山、荒沟、荒丘、荒滩等，可以采取招标、拍卖、公开协商等方式承包，从事种植业、林业、畜牧业、渔业生产。家庭承包的耕地的承包期为三十年，草地的承包期为三十年至五十年，林地的承包期为三十年至七十年；耕地承包期届满后再延长三十年，草地、林地承包期届满后依法相应延长。

国家所有依法用于农业的土地可以由单位或者个人承包经营，从事种植业、林业、畜牧业、渔业生产。

发包方和承包方应当依法订立承包合同，约定双方的权利和义务。承包经营土地的单位和个人，有保护和按照承包合同约定的用途合理利用土地的义务。

第十四条 土地所有权和使用权争议，由当事人协商解决；协商不成的，由人民政府处理。

单位之间的争议，由县级以上人民政府处理；个人之间、个人与单位之间的争议，由乡级人民政府或者县级以上人民政府处理。

当事人对有关人民政府的处理决定不服的，可以自接到处理决定通知之日起三十日内，向人民法院起诉。

在土地所有权和使用权争议解决前，任何一方不得改变土地利用现状。

第三章　土地利用总体规划

第十五条　各级人民政府应当依据国民经济和社会发展规划、国土整治和资源环境保护的要求、土地供给能力以及各项建设对土地的需求，组织编制土地利用总体规划。

土地利用总体规划的规划期限由国务院规定。

第十六条　下级土地利用总体规划应当依据上一级土地利用总体规划编制。

地方各级人民政府编制的土地利用总体规划中的建设用地总量不得超过上一级土地利用总体规划确定的控制指标，耕地保有量不得低于上一级土地利用总体规划确定的控制指标。

省、自治区、直辖市人民政府编制的土地利用总体规划，应当确保本行政区域内耕地总量不减少。

第十七条　土地利用总体规划按照下列原则编制：

（一）落实国土空间开发保护要求，严格土地用途管制；

（二）严格保护永久基本农田，严格控制非农业建设占用农用地；

（三）提高土地节约集约利用水平；

（四）统筹安排城乡生产、生活、生态用地，满足乡村产业和基础设施用地合理需求，促进城乡融合发展；

（五）保护和改善生态环境，保障土地的可持续利用；

（六）占用耕地与开发复垦耕地数量平衡、质量相当。

第十八条　国家建立国土空间规划体系。编制国土空间规划应当坚持生态优先，绿色、可持续发展，科学有序统筹安排生态、农业、城镇等功能空间，优化国土空间结构和布局，提升国土空间开发、保护的质量和效率。

经依法批准的国土空间规划是各类开发、保护、建设活动的基本依据。已经编制国土空间规划的，不再编制土地利用总体规划和城乡规划。

第十九条　县级土地利用总体规划应当划分土地利用区，明确土地用途。

乡（镇）土地利用总体规划应当划分土地利用区，根据土地使用条件，确定每一块土地的用途，并予以公告。

第二十条　土地利用总体规划实行分级审批。

省、自治区、直辖市的土地利用总体规划，报国务院批准。

省、自治区人民政府所在地的市、人口在一百万以上的城市以及国务院指定的城市的土地利用总体规划，经省、自治区人民政府审查同意后，报国务院批准。

本条第二款、第三款规定以外的土地利用总体规划，逐级上报省、自治区、直辖市人民政府批准；其中，乡（镇）土地利用总体规划可以由省级人民政府授权的设区的市、自治州人民政府批准。

土地利用总体规划一经批准，必须严格执行。

第二十一条 城市建设用地规模应当符合国家规定的标准，充分利用现有建设用地，不占或者尽量少占农用地。

城市总体规划、村庄和集镇规划，应当与土地利用总体规划相衔接，城市总体规划、村庄和集镇规划中建设用地规模不得超过土地利用总体规划确定的城市和村庄、集镇建设用地规模。

在城市规划区内、村庄和集镇规划区内，城市和村庄、集镇建设用地应当符合城市规划、村庄和集镇规划。

第二十二条 江河、湖泊综合治理和开发利用规划，应当与土地利用总体规划相衔接。在江河、湖泊、水库的管理和保护范围以及蓄洪滞洪区内，土地利用应当符合江河、湖泊综合治理和开发利用规划，符合河道、湖泊行洪、蓄洪和输水的要求。

第二十三条 各级人民政府应当加强土地利用计划管理，实行建设用地总量控制。

土地利用年度计划，根据国民经济和社会发展计划、国家产业政策、土地利用总体规划以及建设用地和土地利月的实际状况编制。土地利用年度计划应当对本法第六十三条规定的集体经营性建设用地作出合理安排。土地利用年度计划的编制审批程序与土地利用总体规划的编制审批程序相同，一经审批下达，必须严格执行。

第二十四条 省、自治区、直辖市人民政府应当将土地利用年度计划的执行情况列为国民经济和社会发展计划执行情况的内容，向同级人民代表大会报告。

第二十五条 经批准的土地利用总体规划的修改，须经原批准机关批准；未经批准，不得改变土地利用总体规划确定的土地用途。

经国务院批准的大型能源、交通、水利等基础设施建设用地，需要改变土地利用总体规划的，根据国务院的批准文件修改土地利用总体规划。

经省、自治区、直辖市人民政府批准的能源、交通、水利等基础设施建设用地，需要改变土地利用总体规划的，属于省级人民政府土地利用总体规划批准权限内的，根据省级人民政府的批准文件修改土地利用总体规划。

第二十六条 国家建立土地调查制度。

县级以上人民政府自然资源主管部门会同同级有关部门进行土地调查。土地所有者或者使用者应当配合调查，并提供有关资料。

第二十七条 县级以上人民政府自然资源主管部门会同同级有关部门根据土地调查成果、规划土地用途和国家制定的统一标准，评定土地等级。

第二十八条 国家建立土地统计制度。

县级以上人民政府统计机构和自然资源主管部门依法进行土地统计调查，定期发布土地统计资料。土地所有者或者使用者应当提供有关资料，不得拒报、迟报，不得提供不真实、不完整的资料。

统计机构和自然资源主管部门共同发布的土地面积统计资料是各级人民政府编制土地利用总体规划的依据。

第二十九条 国家建立全国土地管理信息系统，对土地利用状况进行动态监测。

第四章　耕地保护

第三十条　国家保护耕地，严格控制耕地转为非耕地。

国家实行占用耕地补偿制度。非农业建设经批准占用耕地的，按照“占多少，垦多少”的原则，由占用耕地的单位负责开垦与所占用耕地的数量和质量相当的耕地；没有条件开垦或者开垦的耕地不符合要求的，应当按照省、自治区、直辖市的规定缴纳耕地开垦费，专款用于开垦新的耕地。

省、自治区、直辖市人民政府应当制定开垦耕地计划，监督占用耕地的单位按照计划开垦耕地或者按照计划组织开垦耕地，并进行验收。

第三十一条　县级以上地方人民政府可以要求占用耕地的单位将所占用耕地耕作层的土壤用于新开垦耕地、劣质地或者其他耕地的土壤改良。

第三十二条　省、自治区、直辖市人民政府应当严格执行土地利用总体规划和土地利用年度计划，采取措施，确保本行政区域内耕地总量不减少、质量不降低。耕地总量减少的，由国务院责令在规定期限内组织开垦与所减少耕地的数量与质量相当的耕地；耕地质量降低的，由国务院责令在规定期限内组织整治。新开垦和整治的耕地由国务院自然资源主管部门会同农业农村主管部门验收。

个别省、直辖市确因土地后备资源匮乏，新增建设用地后，新开垦耕地的数量不足以补偿所占用耕地的数量的，必须报经国务院批准减免本行政区域内开垦耕地的数量，易地开垦数量和质量相当的耕地。

第三十三条　国家实行永久基本农田保护制度。下列耕地应当根据土地利用总体规划划为永久基本农田，实行严格保护：

（一）经国务院农业农村主管部门或者县级以上地方人民政府批准确定的粮、棉、油、糖等重要农产品生产基地内的耕地；

（二）有良好的水利与水土保持设施的耕地，正在实施改造计划以及可以改造的中、低产田和已建成的高标准农田；

（三）蔬菜生产基地；

（四）农业科研、教学试验田；

（五）国务院规定应当划为永久基本农田的其他耕地。

各省、自治区、直辖市划定的永久基本农田一般应当占本行政区域内耕地的百分之八十以上，具体比例由国务院根据各省、自治区、直辖市耕地实际情况规定。

第三十四条　永久基本农田划定以乡（镇）为单位进行，由县级人民政府自然资源主管部门会同同级农业农村主管部门组织实施。永久基本农田应当落实到地块，纳入国家永久基本农田数据库严格管理。

乡（镇）人民政府应当将永久基本农田的位置、范围向社会公告，并设立保护标志。

第三十五条　永久基本农田经依法划定后，任何单位和个人不得擅自占用或者改变其用途。国家能源、交通、水利、军事设施等重点建设项目选址确实难以避让永久基本农田，涉及农用地转用或者土地征收的，必须经国务院批准。

禁止通过擅自调整县级土地利用总体规划、乡（镇）土地利用总体规划等方式规避永久基本农田农用地转用或者土地征收的审批。

第三十六条 各级人民政府应当采取措施，引导因地制宜轮作休耕，改良土壤，提高地力，维护排灌工程设施，防止土地荒漠化、盐渍化、水土流失和土壤污染。

第三十七条 非农业建设必须节约使用土地，可以利用荒地的，不得占用耕地；可以利用劣地的，不得占用好地。

禁止占用耕地建窑、建坟或者擅自在耕地上建房、挖砂、采石、采矿、取土等。

禁止占用永久基本农田发展林果业和挖塘养鱼。

第三十八条 禁止任何单位和个人闲置、荒芜耕地。已经办理审批手续的非农业建设占用耕地，一年内不用而又可以耕种并收获的，应当由原耕种该幅耕地的集体或者个人恢复耕种，也可以由用地单位组织耕种；一年以上未动工建设的，应当按照省、自治区、直辖市的规定缴纳闲置费；连续二年未使用的，经原批准机关批准，由县级以上人民政府无偿收回用地单位的土地使用权；该幅土地原为农民集体所有的，应当交由原农村集体经济组织恢复耕种。

在城市规划区范围内，以出让方式取得土地使用权进行房地产开发的闲置土地，依照《中华人民共和国城市房地产管理法》的有关规定办理。

第三十九条 国家鼓励单位和个人按照土地利用总体规划，在保护和改善生态环境、防止水土流失和土地荒漠化的前提下，开发未利用的土地；适宜开发为农用地的，应当优先开发成农用地。

国家依法保护开发者的合法权益。

第四十条 开垦未利用的土地，必须经过科学论证和评估，在土地利用总体规划划定的可开垦的区域内，经依法批准后进行。禁止毁坏森林、草原开垦耕地，禁止围湖造田和侵占江河滩地。

根据土地利用总体规划，对破坏生态环境开垦、围垦的土地，有计划有步骤地退耕还林、还牧、还湖。

第四十一条 开发未确定使用权的国有荒山、荒地、荒滩从事种植业、林业、畜牧业、渔业生产的，经县级以上人民政府依法批准，可以确定给开发单位或者个人长期使用。

第四十二条 国家鼓励土地整理。县、乡（镇）人民政府应当组织农村集体经济组织，按照土地利用总体规划，对田、水、路、林、村综合整治，提高耕地质量，增加有效耕地面积，改善农业生产条件和生态环境。

地方各级人民政府应当采取措施，改造中、低产田，整治闲散地和废弃地。

第四十三条 因挖损、塌陷、压占等造成土地破坏，用地单位和个人应当按照国家有关规定负责复垦；没有条件复垦或者复垦不符合要求的，应当缴纳土地复垦费，专项用于土地复垦。复垦的土地应当优先用于农业。

第五章 建设用地

第四十四条 建设占用土地，涉及农用地转为建设用地的，应当办理农用地转用审批手续。

永久基本农田转为建设用地的，由国务院批准。

在土地利用总体规划确定的城市和村庄、集镇建设用地规模范围内，为实施该规划而将永久基本农田以外的农用地转为建设用地的，按土地利用年度计划分批次按照国务院规定由原批准土地利用总体规划的机关或者其授权的机关批准。在已批准的农用地转用范围内，具体建设项目用地可以由市、县人民政府批准。

在土地利用总体规划确定的城市和村庄、集镇建设用地规模范围外，将永久基本农田以外的农用地转为建设用地的，由国务院或者国务院授权的省、自治区、直辖市人民政府批准。

第四十五条 为了公共利益的需要，有下列情形之一，确需征收农民集体所有的土地的，可以依法实施征收：

（一）军事和外交需要用地的；

（二）由政府组织实施的能源、交通、水利、通信、邮政等基础设施建设需要用地的；

（三）由政府组织实施的科技、教育、文化、卫生、体育、生态环境和资源保护、防灾减灾、文物保护、社区综合服务、社会福利、市政公用、优抚安置、英烈保护等公共事业需要用地的；

（四）由政府组织实施的扶贫搬迁、保障性安居工程建设需要用地的；

（五）在土地利用总体规划确定的城镇建设用地范围内，经省级以上人民政府批准由县级以上地方人民政府组织实施的成片开发建设需要用地的；

（六）法律规定为公共利益需要可以征收农民集体所有的土地的其他情形。

前款规定的建设活动，应当符合国民经济和社会发展规划、土地利用总体规划、城乡规划和专项规划；第（四）项、第（五）项规定的建设活动，还应当纳入国民经济和社会发展年度计划；第（五）项规定的成片开发并应当符合国务院自然资源主管部门规定的标准。

第四十六条 征收下列土地的，由国务院批准：

（一）永久基本农田；

（二）永久基本农田以外的耕地超过三十五公顷的；

（三）其他土地超过七十公顷的。

征收前款规定以外的土地的，由省、自治区、直辖市人民政府批准。

征收农用地的，应当依照本法第四十四条的规定先行办理农用地转用审批。其中，经国务院批准农用地转用的，同时办理征地审批手续，不再另行办理征地审批；经省、自治区、直辖市人民政府在征地批准权限内批准农用地转用的，同时办理征地审批手续，不再另行办理征地审批，超过征地批准权限的，应当依照本条第一款的规定另行办理征地审批。

第四十七条 国家征收土地的，依照法定程序批准后，由县级以上地方人民政府予以公告并组织实施。

县级以上地方人民政府拟申请征收土地的，应当开展拟征收土地现状调查和社会稳定风险评估，并将征收范围、土地现状、征收目的、补偿标准、安置方式和社会保障等在拟征收土地所在的乡（镇）和村、村民小组范围内公告至少三十日，听取被征地的农村集体经济组织及其成员、村民委员会和其他利害关系人的意见。

多数被征地的农村集体经济组织成员认为征地补偿安置方案不符合法律、法规规定的，县级以上地方人民政府应当组织召开听证会，并根据法律、法规的规定和听证会情况修改方案。

拟征收土地的所有权人、使用权人应当在公告规定期限内，持不动产权属证明材料办理补偿登记。县级以上地方人民政府应当组织有关部门测算并落实有关费用，保证足额到位，与拟征收土地的所有权人、使用权人就补偿、安置等签订协议；个别确实难以达成协议的，应当在申请征收土地时如实说明。

相关前期工作完成后，县级以上地方人民政府方可申请征收土地。

第四十八条 征收土地应当给予公平、合理的补偿，保障被征地农民原有生活水平不降低、长远生计有保障。

征收土地应当依法及时足额支付土地补偿费、安置补助费以及农村村民住宅、其他地上附着物和青苗等的补偿费用，并安排被征地农民的社会保障费用。

征收农用地的土地补偿费、安置补助费标准由省、自治区、直辖市通过制定公布区片综合地价确定。制定区片综合地价应当综合考虑土地原用途、土地资源条件、土地产值、土地区位、土地供求关系、人口以及经济社会发展水平等因素，并至少每三年调整或者重新公布一次。

征收农用地以外的其他土地、地上附着物和青苗等的补偿标准，由省、自治区、直辖市制定。对其中的农村村民住宅，应当按照先补偿后搬迁、居住条件有改善的原则，尊重农村村民意愿，采取重新安排宅基地建房、提供安置房或者货币补偿等方式给予公平、合理的补偿，并对因征收造成的搬迁、临时安置等费用予以补偿，保障农村村民居住的权利和合法的住房财产权益。

县级以上地方人民政府应当将被征地农民纳入相应的养老等社会保障体系。被征地农民的社会保障费用主要用于符合条件的被征地农民的养老保险等社会保险缴费补贴。被征地农民社会保障费用的筹集、管理和使用办法，由省、自治区、直辖市制定。

第四十九条 被征地的农村集体经济组织应当将征收土地的补偿费用的收支状况向本集体经济组织的成员公布，接受监督。

禁止侵占、挪用被征收土地单位的征地补偿费用和其他有关费用。

第五十条 地方各级人民政府应当支持被征地的农村集体经济组织和农民从事开发经营，兴办企业。

第五十一条 大中型水利、水电工程建设征收土地的补偿费标准和移民安置办法，由国务院另行规定。

第五十二条 建设项目可行性研究论证时，自然资源主管部门可以根据土地利用总体规划、土地利用年度计划和建设用地标准，对建设用地有关事项进行审查，并提出意见。

第五十三条 经批准的建设项目需要使用国有建设用地的，建设单位应当持法律、行政法规规定的有关文件，向有批准权的县级以上人民政府自然资源主管部门提出建设用地申请，经自然资源主管部门审查，报本级人民政府批准。

第五十四条 建设单位使用国有土地，应当以出让等有偿使用方式取得；但是，下列建设用地，经县级以上人民政府依法批准，可以以划拨方式取得：

（一）国家机关用地和军事用地；

（二）城市基础设施用地和公益事业用地；

（三）国家重点扶持的能源、交通、水利等基础设施用地；

（四）法律、行政法规规定的其他用地。

第五十五条 以出让等有偿使用方式取得国有土地使用权的建设单位，按照国务院规定的标准和办法，缴纳土地使用权出让金等土地有偿使用费和其他费用后，方可使用土地。

自本法施行之日起，新增建设用地的土地有偿使用费，百分之三十上缴中央财政，百分之七十留给有关地方人民政府。具体使用管理办法由国务院财政部门会同有关部门制定，并报国务院批准。

第五十六条 建设单位使用国有土地的，应当按照土地使用权出让等有偿使用合同的约定或者土地使用权划拨批准文件的规定使用土地；确需改变该幅土地建设用途的，应当经有关人民政府自然资源主管部门同意，报原批准用地的人民政府批准。其中，在城市规划区内改变土地用途的，在报批前，应当先经有关城市规划行政主管部门同意。

第五十七条 建设项目施工和地质勘查需要临时使用国有土地或者农民集体所有的土地的，由县级以上人民政府自然资源主管部门批准。其中，在城市规划区内的临时用地，在报批前，应当先经有关城市规划行政主管部门同意。土地使用者应当根据土地权属，与有关自然资源主管部门或者农村集体经济组织、村民委员会签订临时使用土地合同，并按照合同的约定支付临时使用土地补偿费。

临时使用土地的使用者应当按照临时使用土地合同约定的用途使用土地，并不得修建永久性建筑物。

临时使用土地期限一般不超过二年。

第五十八条 有下列情形之一的，由有关人民政府自然资源主管部门报经原批准用地的人民政府或者有批准权的人民政府批准，可以收回国有土地使用权：

（一）为实施城市规划进行旧城区改建以及其他公共利益需要，确需使用土地的；

（二）土地出让等有偿使用合同约定的使用期限届满，土地使用者未申请续期或者申请续期未获批准的；

（三）因单位撤销、迁移等原因，停止使用原划拨的国有土地的；

（四）公路、铁路、机场、矿场等经核准报废的。

依照前款第（一）项的规定收回国有土地使用权的，对土地使用权人应当给予适当补偿。

第五十九条 乡镇企业、乡（镇）村公共设施、公益事业、农村村民住宅等乡（镇）村建设，应当按照村庄和集镇规划，合理布局，综合开发，配套建设；建设用地，应当符合乡（镇）土地利用总体规划和土地利用年度计划，并依照本法第四十四条、第六十条、第六十一条、第六十二条的规定办理审批手续。

第六十条 农村集体经济组织使用乡（镇）土地利用总体规划确定的建设用地兴办企

业或者与其他单位、个人以土地使用权入股、联营等形式共同举办企业的，应当持有关批准文件，向县级以上地方人民政府自然资源主管部门提出申请，按照省、自治区、直辖市规定的批准权限，由县级以上地方人民政府批准；其中，涉及占用农用地的，依照本法第四十四条的规定办理审批手续。

按照前款规定兴办企业的建设用地，必须严格控制。省、自治区、直辖市可以按照乡镇企业的不同行业和经营规模，分别规定用地标准。

第六十一条 乡（镇）村公共设施、公益事业建设，需要使用土地的，经乡（镇）人民政府审核，向县级以上地方人民政府自然资源主管部门提出申请，按照省、自治区、直辖市规定的批准权限，由县级以上地方人民政府批准；其中，涉及占用农用地的，依照本法第四十四条的规定办理审批手续。

第六十二条 农村村民一户只能拥有一处宅基地，其宅基地的面积不得超过省、自治区、直辖市规定的标准。

人均土地少、不能保障一户拥有一处宅基地的地区，县级人民政府在充分尊重农村村民意愿的基础上，可以采取措施，按照省、自治区、直辖市规定的标准保障农村村民实现户有所居。

农村村民建住宅，应当符合乡（镇）土地利用总体规划、村庄规划，不得占用永久基本农田，并尽量使用原有的宅基地和村内空闲地。编制乡（镇）土地利用总体规划、村庄规划应当统筹并合理安排宅基地用地，改善农村村民居住环境和条件。

农村村民住宅用地，由乡（镇）人民政府审核批准；其中，涉及占用农用地的，依照本法第四十四条的规定办理审批手续。

农村村民出卖、出租、赠与住宅后，再申请宅基地的，不予批准。

国家允许进城落户的农村村民依法自愿有偿退出宅基地，鼓励农村集体经济组织及其成员盘活利用闲置宅基地和闲置住宅。

国务院农业农村主管部门负责全国农村宅基地改革和管理有关工作。

第六十三条 土地利用总体规划、城乡规划确定为工业、商业等经营性用途，并经依法登记的集体经营性建设用地，土地所有权人可以通过出让、出租等方式交由单位或者个人使用，并应当签订书面合同，载明土地界址、面积、动工期限、使用期限、土地用途、规划条件和双方其他权利义务。

前款规定的集体经营性建设用地出让、出租等，应当经本集体经济组织成员的村民会议三分之二以上成员或者三分之二以上村民代表的同意。

通过出让等方式取得的集体经营性建设用地使用权可以转让、互换、出资、赠与或者抵押，但法律、行政法规另有规定或者土地所有权人、土地使用权人签订的书面合同另有约定的除外。

集体经营性建设用地的出租，集体建设用地使用权的出让及其最高年限、转让、互换、出资、赠与、抵押等，参照同类用途的国有建设用地执行。具体办法由国务院制定。

第六十四条 集体建设用地的使用者应当严格按照土地利用总体规划、城乡规划确定的用途使用土地。

第六十五条 在土地利用总体规划制定前已建的不符合土地利用总体规划确定的用途

的建筑物、构筑物，不得重建、扩建。

第六十六条 有下列情形之一的，农村集体经济组织报经原批准用地的人民政府批准，可以收回土地使用权：

（一）为乡（镇）村公共设施和公益事业建设，需要使用土地的；

（二）不按照批准的用途使用土地的；

（三）因撤销、迁移等原因而停止使用土地的。

依照前款第（一）项规定收回农民集体所有的土地的，对土地使用权人应当给予适当补偿。

收回集体经营性建设用地使用权，依照双方签订的书面合同办理，法律、行政法规另有规定的除外。

第六章 监督检查

第六十七条 县级以上人民政府自然资源主管部门对违反土地管理法律、法规的行为进行监督检查。

县级以上人民政府农业农村主管部门对违反农村宅基地管理法律、法规的行为进行监督检查的，适用本法关于自然资源主管部门监督检查的规定。

土地管理监督检查人员应当熟悉土地管理法律、法规，忠于职守、秉公执法。

第六十八条 县级以上人民政府自然资源主管部门履行监督检查职责时，有权采取下列措施：

（一）要求被检查的单位或者个人提供有关土地权利的文件和资料，进行查阅或者予以复制；

（二）要求被检查的单位或者个人就有关土地权利的问题作出说明；

（三）进入被检查单位或者个人非法占用的土地现场进行勘测；

（四）责令非法占用土地的单位或者个人停止违反土地管理法律、法规的行为。

第六十九条 土地管理监督检查人员履行职责，需要进入现场进行勘测、要求有关单位或者个人提供文件、资料和作出说明的，应当出示土地管理监督检查证件。

第七十条 有关单位和个人对县级以上人民政府自然资源主管部门就土地违法行为进行的监督检查应当支持与配合，并提供工作方便，不得拒绝与阻碍土地管理监督检查人员依法执行职务。

第七十一条 县级以上人民政府自然资源主管部门在监督检查工作中发现国家工作人员的违法行为，依法应当给予处分的，应当依法予以处理；自己无权处理的，应当依法移送监察机关或者有关机关处理。

第七十二条 县级以上人民政府自然资源主管部门在监督检查工作中发现土地违法行为构成犯罪的，应当将案件移送有关机关，依法追究刑事责任；尚不构成犯罪的，应当依法给予行政处罚。

第七十三条 依照本法规定应当给予行政处罚，而有关自然资源主管部门不给予行政处罚的，上级人民政府自然资源主管部门有权责令有关自然资源主管部门作出行政处罚决定或者直接给予行政处罚，并给予有关自然资源主管部门的负责人处分。

第七章　法律责任

第七十四条　买卖或者以其他形式非法转让土地的，由县级以上人民政府自然资源主管部门没收违法所得；对违反土地利用总体规划擅自将农用地改为建设用地的，限期拆除在非法转让的土地上新建的建筑物和其他设施，恢复土地原状，对符合土地利用总体规划的，没收在非法转让的土地上新建的建筑物和其他设施；可以并处罚款；对直接负责的主管人员和其他直接责任人员，依法给予处分；构成犯罪的，依法追究刑事责任。

第七十五条　违反本法规定，占用耕地建窑、建坟或者擅自在耕地上建房、挖砂、采石、采矿、取土等，破坏种植条件的，或者因开发土地造成土地荒漠化、盐渍化的，由县级以上人民政府自然资源主管部门、农业农村主管部门等按照职责责令限期改正或者治理，可以并处罚款；构成犯罪的，依法追究刑事责任。

第七十六条　违反本法规定，拒不履行土地复垦义务的，由县级以上人民政府自然资源主管部门责令限期改正；逾期不改正的，责令缴纳复垦费，专项用于土地复垦，可以处以罚款。

第七十七条　未经批准或者采取欺骗手段骗取批准，非法占用土地的，由县级以上人民政府自然资源主管部门责令退还非法占用的土地，对违反土地利用总体规划擅自将农用地改为建设用地的，限期拆除在非法占用的土地上新建的建筑物和其他设施，恢复土地原状，对符合土地利用总体规划的，没收在非法占用的土地上新建的建筑物和其他设施，可以并处罚款；对非法占用土地单位的直接负责的主管人员和其他直接责任人员，依法给予处分；构成犯罪的，依法追究刑事责任。

超过批准的数量占用土地，多占的土地以非法占用土地论处。

第七十八条　农村村民未经批准或者采取欺骗手段骗取批准，非法占用土地建住宅的，由县级以上人民政府农业农村主管部门责令退还非法占用的土地，限期拆除在非法占用的土地上新建的房屋。

超过省、自治区、直辖市规定的标准，多占的土地以非法占用土地论处。

第七十九条　无权批准征收、使用土地的单位或者个人非法批准占用土地的，超越批准权限非法批准占用土地的，不按照土地利用总体规划确定的用途批准用地的，或者违反法律规定的程序批准占用、征收土地的，其批准文件无效，对非法批准征收、使用土地的直接负责的主管人员和其他直接责任人员，依法给予处分；构成犯罪的，依法追究刑事责任。非法批准、使用的土地应当收回，有关当事人拒不归还的，以非法占用土地论处。

非法批准征收、使用土地，对当事人造成损失的，依法应当承担赔偿责任。

第八十条　侵占、挪用被征收土地单位的征地补偿费用和其他有关费用，构成犯罪的，依法追究刑事责任；尚不构成犯罪的，依法给予处分。

第八十一条　依法收回国有土地使用权当事人拒不交出土地的，临时使用土地期满拒不归还的，或者不按照批准的用途使用国有土地的，由县级以上人民政府自然资源主管部门责令交还土地，处以罚款。

第八十二条 擅自将农民集体所有的土地通过出让、转让使用权或者出租等方式用于非农业建设，或者违反本法规定，将集体经营性建设用地通过出让、出租等方式交由单位或者个人使用的，由县级以上人民政府自然资源主管部门责令限期改正，没收违法所得，并处罚款。

第八十三条 依照本法规定，责令限期拆除在非法占用的土地上新建的建筑物和其他设施的，建设单位或者个人必须立即停止施工，自行拆除；对继续施工的，作出处罚决定的机关有权制止。建设单位或者个人对责令限期拆除的行政处罚决定不服的，可以在接到责令限期拆除决定之日起十五日内，向人民法院起诉；期满不起诉又不自行拆除的，由作出处罚决定的机关依法申请人民法院强制执行，费用由违法者承担。

第八十四条 自然资源主管部门、农业农村主管部门的工作人员玩忽职守、滥用职权、徇私舞弊，构成犯罪的，依法追究刑事责任；尚不构成犯罪的，依法给予处分。

第八章　附　　则

第八十五条 外商投资企业使用土地的，适用本法；法律另有规定的，从其规定。

第八十六条 在根据本法第十八条的规定编制国土空间规划前，经依法批准的土地利用总体规划和城乡规划继续执行。

第八十七条 本法自 1999 年 1 月 1 日起施行。

国务院关于修改部分行政法规的决定（摘录）

（2019年3月2日中华人民共和国国务院令第709号公布）

为了全面落实党的十九届三中全会审议通过的《中共中央关于深化党和国家机构改革的决定》、《深化党和国家机构改革方案》和十三届全国人大一次会议批准的《国务院机构改革方案》，确保行政机关依法履行职责；进一步推进简政放权、放管结合、优化服务改革，更大程度激发市场、社会的创新创造活力，国务院对机构改革、政府职能转变和“放管服”改革涉及的有关行政法规进行了清理。经过清理，国务院决定：对49部行政法规的部分条款予以修改。

……

二十二、删去《中华人民共和国濒危野生动植物进出口管理条例》第十九条中的“国家质量监督检验检疫总局”。

第二十一条第四款中的“出入境检验检疫机构”修改为“海关”。

第二十七条中的“工商行政管理部门”修改为“市场监督管理部门”。

……

四十四、将《中华人民共和国渔港水域交通安全管理条例》第六条第一款中的“办理签证”修改为“向渔政渔港监督管理机关报告”。

删去第十一条中的“签证”。

删去第十三条中的“并领取渔政渔港监督管理机关签发的渔业船舶航行签证簿后”。

第二十条中的“依照规定应当到渔政渔港监督管理机关办理签证而未办理签证的”修改为“依照规定应当向渔政渔港监督管理机关报告而未报告的”。

第二十八条修改为：“本条例实施细则由农业农村部制定。”

……

四十八、将《农业机械安全监督管理条例》第九条第一款中的“质量监督部门和工商行政管理部门”修改为“市场监督管理部门”，第二款中的“县级以上地方质量监督部门、工商行政管理部门”修改为“市场监督管理部门”。

第十六条中的“质量监督部门、工商行政管理部门”修改为“市场监督管理部门”。

删去第十八条第一款中的“取得相应的维修技术合格证书”，删去第二款、第三款、第四款。

第三十四条、第三十五条第一款中的“质量监督部门”修改为“市场监督管理部门”。

第三十八条中的“县级以上地方质量监督部门、工商行政管理部门”修改为“市场监督管理部门”。

第四十五条中的“质量监督部门和工商行政管理部门”修改为“市场监督管理部门”。删去第四十五条第三项。

第四十六条第一款中的“县级以上质量监督部门、工商行政管理部门按照职责权限”修改为“县级以上人民政府市场监督管理部门”。

第四十七条中的“县级以上工商行政管理部门”修改为“县级以上人民政府市场监督管理部门”。

第四十八条修改为：“从事农业机械维修经营不符合本条例第十八条规定的，由县级以上地方人民政府农业机械化主管部门责令改正；拒不改正的，处5000元以上1万元以下罚款。”

删去第四十九条中的“情节严重的，吊销维修技术合格证”。

删去第五十八条中的“和维修技术合格证”。

……

此外，对相关行政法规中的条文序号作相应调整。

本决定自公布之日起施行。

中华人民共和国政府信息公开条例

（2007年4月5日中华人民共和国国务院令第492号公布
2019年4月3日中华人民共和国国务院令第711号修订）

第一章　总　　则

第一条　为了保障公民、法人和其他组织依法获取政府信息，提高政府工作的透明度，建设法治政府，充分发挥政府信息对人民群众生产、生活和经济社会活动的服务作用，制定本条例。

第二条　本条例所称政府信息，是指行政机关在履行行政管理职能过程中制作或者获取的，以一定形式记录、保存的信息。

第三条　各级人民政府应当加强对政府信息公开工作的组织领导。

国务院办公厅是全国政府信息公开工作的主管部门，负责推进、指导、协调、监督全国的政府信息公开工作。

县级以上地方人民政府办公厅（室）是本行政区域的政府信息公开工作主管部门，负责推进、指导、协调、监督本行政区域的政府信息公开工作。

实行垂直领导的部门的办公厅（室）主管本系统的政府信息公开工作。

第四条　各级人民政府及县级以上人民政府部门应当建立健全本行政机关的政府信息公开工作制度，并指定机构（以下统称政府信息公开工作机构）负责本行政机关政府信息公开的日常工作。

政府信息公开工作机构的具体职能是：

（一）办理本行政机关的政府信息公开事宜；

（二）维护和更新本行政机关公开的政府信息；

（三）组织编制本行政机关的政府信息公开指南、政府信息公开目录和政府信息公开工作年度报告；

（四）组织开展对拟公开政府信息的审查；

（五）本行政机关规定的与政府信息公开有关的其他职能。

第五条　行政机关公开政府信息，应当坚持以公开为常态、不公开为例外，遵循公正、公平、合法、便民的原则。

第六条　行政机关应当及时、准确地公开政府信息。

行政机关发现影响或者可能影响社会稳定、扰乱社会和经济管理秩序的虚假或者不完整信息的，应当发布准确的政府信息予以澄清。

第七条 各级人民政府应当积极推进政府信息公开工作，逐步增加政府信息公开的内容。

第八条 各级人民政府应当加强政府信息资源的规范化、标准化、信息化管理，加强互联网政府信息公开平台建设，推进政府信息公开平台与政务服务平台融合，提高政府信息公开在线办理水平。

第九条 公民、法人和其他组织有权对行政机关的政府信息公开工作进行监督，并提出批评和建议。

第二章 公开的主体和范围

第十条 行政机关制作的政府信息，由制作该政府信息的行政机关负责公开。行政机关从公民、法人和其他组织获取的政府信息，由保存该政府信息的行政机关负责公开；行政机关获取的其他行政机关的政府信息，由制作或者最初获取该政府信息的行政机关负责公开。法律、法规对政府信息公开的权限另有规定的，从其规定。

行政机关设立的派出机构、内设机构依照法律、法规对外以自己名义履行行政管理职能的，可以由该派出机构、内设机构负责与所履行行政管理职能有关的政府信息公开工作。

两个以上行政机关共同制作的政府信息，由牵头制作的行政机关负责公开。

第十一条 行政机关应当建立健全政府信息公开协调机制。行政机关公开政府信息涉及其他机关的，应当与有关机关协商、确认，保证行政机关公开的政府信息准确一致。

行政机关公开政府信息依照法律、行政法规和国家有关规定需要批准的，经批准予以公开。

第十二条 行政机关编制、公布的政府信息公开指南和政府信息公开目录应当及时更新。

政府信息公开指南包括政府信息的分类、编排体系、获取方式和政府信息公开工作机构的名称、办公地址、办公时间、联系电话、传真号码、互联网联系方式等内容。

政府信息公开目录包括政府信息的索引、名称、内容概述、生成日期等内容。

第十三条 除本条例第十四条、第十五条、第十六条规定的政府信息外，政府信息应当公开。

行政机关公开政府信息，采取主动公开和依申请公开的方式。

第十四条 依法确定为国家秘密的政府信息，法律、行政法规禁止公开的政府信息，以及公开后可能危及国家安全、公共安全、经济安全、社会稳定的政府信息，不予公开。

第十五条 涉及商业秘密、个人隐私等公开会对第三方合法权益造成损害的政府信息，行政机关不得公开。但是，第三方同意公开或者行政机关认为不公开会对公共利益造成重大影响的，予以公开。

第十六条 行政机关的内部事务信息，包括人事管理、后勤管理、内部工作流程等方面的信息，可以不予公开。

行政机关在履行行政管理职能过程中形成的讨论记录、过程稿、磋商信函、请示报告等过程性信息以及行政执法案卷信息，可以不予公开。法律、法规、规章规定上述信息应当公开的，从其规定。

第十七条 行政机关应当建立健全政府信息公开审查机制，明确审查的程序和责任。

行政机关应当依照《中华人民共和国保守国家秘密法》以及其他法律、法规和国家有关规定对拟公开的政府信息进行审查。

行政机关不能确定政府信息是否可以公开的，应当依照法律、法规和国家有关规定报有关主管部门或者保密行政管理部门确定。

第十八条 行政机关应当建立健全政府信息管理动态调整机制，对本行政机关不予公开的政府信息进行定期评估审查，对因情势变化可以公开的政府信息应当公开。

第三章 主动公开

第十九条 对涉及公众利益调整、需要公众广泛知晓或者需要公众参与决策的政府信息，行政机关应当主动公开。

第二十条 行政机关应当依照本条例第十九条的规定，主动公开本行政机关的下列政府信息：

（一）行政法规、规章和规范性文件；

（二）机关职能、机构设置、办公地址、办公时间、联系方式、负责人姓名；

（三）国民经济和社会发展规划、专项规划、区域规划及相关政策；

（四）国民经济和社会发展统计信息；

（五）办理行政许可和其他对外管理服务事项的依据、条件、程序以及办理结果；

（六）实施行政处罚、行政强制的依据、条件、程序以及本行政机关认为具有一定社会影响的行政处罚决定；

（七）财政预算、决算信息；

（八）行政事业性收费项目及其依据、标准；

（九）政府集中采购项目的目录、标准及实施情况；

（十）重大建设项目的批准和实施情况；

（十一）扶贫、教育、医疗、社会保障、促进就业等方面的政策、措施及其实施情况；

（十二）突发公共事件的应急预案、预警信息及应对情况；

（十三）环境保护、公共卫生、安全生产、食品药品、产品质量的监督检查情况；

（十四）公务员招考的职位、名额、报考条件等事项以及录用结果；

（十五）法律、法规、规章和国家有关规定规定应当主动公开的其他政府信息。

第二十一条 除本条例第二十条规定的政府信息外，设区的市级、县级人民政府及其部门还应当根据本地方的具体情况，主动公开涉及市政建设、公共服务、公益事业、土地征收、房屋征收、治安管理、社会救助等方面的政府信息；乡（镇）人民政府还应当根据本地方的具体情况，主动公开贯彻落实农业农村政策、农田水利工程建设运营、农村土地承包经营权流转、宅基地使用情况审核、土地征收、房屋征收、筹资筹劳、社会救助等方面的政府信息。

第二十二条　行政机关应当依照本条例第二十条、第二十一条的规定，确定主动公开政府信息的具体内容，并按照上级行政机关的部署，不断增加主动公开的内容。

第二十三条　行政机关应当建立健全政府信息发布机制，将主动公开的政府信息通过政府公报、政府网站或者其他互联网政务媒体、新闻发布会以及报刊、广播、电视等途径予以公开。

第二十四条　各级人民政府应当加强依托政府门户网站公开政府信息的工作，利用统一的政府信息公开平台集中发布主动公开的政府信息。政府信息公开平台应当具备信息检索、查阅、下载等功能。

第二十五条　各级人民政府应当在国家档案馆、公共图书馆、政务服务场所设置政府信息查阅场所，并配备相应的设施、设备，为公民、法人和其他组织获取政府信息提供便利。

行政机关可以根据需要设立公共查阅室、资料索取点、信息公告栏、电子信息屏等场所、设施，公开政府信息。

行政机关应当及时向国家档案馆、公共图书馆提供主动公开的政府信息。

第二十六条　属于主动公开范围的政府信息，应当自该政府信息形成或者变更之日起20个工作日内及时公开。法律、法规对政府信息公开的期限另有规定的，从其规定。

第四章　依申请公开

第二十七条　除行政机关主动公开的政府信息外，公民、法人或者其他组织可以向地方各级人民政府、对外以自己名义履行行政管理职能的县级以上人民政府部门（含本条例第十条第二款规定的派出机构、内设机构）申请获取相关政府信息。

第二十八条　本条例第二十七条规定的行政机关应当建立完善政府信息公开申请渠道，为申请人依法申请获取政府信息提供便利。

第二十九条　公民、法人或者其他组织申请获取政府信息的，应当向行政机关的政府信息公开工作机构提出，并采用包括信件、数据电文在内的书面形式；采用书面形式确有困难的，申请人可以口头提出，由受理该申请的政府信息公开工作机构代为填写政府信息公开申请。

政府信息公开申请应当包括下列内容：

（一）申请人的姓名或者名称、身份证明、联系方式；

（二）申请公开的政府信息的名称、文号或者便于行政机关查询的其他特征性描述；

（三）申请公开的政府信息的形式要求，包括获取信息的方式、途径。

第三十条　政府信息公开申请内容不明确的，行政机关应当给予指导和释明，并自收到申请之日起7个工作日内一次性告知申请人作出补正，说明需要补正的事项和合理的补正期限。答复期限自行政机关收到补正的申请之日起计算。申请人无正当理由逾期不补正的，视为放弃申请，行政机关不再处理该政府信息公开申请。

第三十一条　行政机关收到政府信息公开申请的时间，按照下列规定确定：

（一）申请人当面提交政府信息公开申请的，以提交之日为收到申请之日；

（二）申请人以邮寄方式提交政府信息公开申请的，以行政机关签收之日为收到申请之日；以平常信函等无需签收的邮寄方式提交政府信息公开申请的，政府信息公开工作机构应当于收到申请的当日与申请人确认，确认之日为收到申请之日；

（三）申请人通过互联网渠道或者政府信息公开工作机构的传真提交政府信息公开申请的，以双方确认之日为收到申请之日。

第三十二条 依申请公开的政府信息公开会损害第三方合法权益的，行政机关应当书面征求第三方的意见。第三方应当自收到征求意见书之日起15个工作日内提出意见。第三方逾期未提出意见的，由行政机关依照本条例的规定决定是否公开。第三方不同意公开且有合理理由的，行政机关不予公开。行政机关认为不公开可能对公共利益造成重大影响的，可以决定予以公开，并将决定公开的政府信息内容和理由书面告知第三方。

第三十三条 行政机关收到政府信息公开申请，能够当场答复的，应当当场予以答复。

行政机关不能当场答复的，应当自收到申请之日起20个工作日内予以答复；需要延长答复期限的，应当经政府信息公开工作机构负责人同意并告知申请人，延长的期限最长不得超过20个工作日。

行政机关征求第三方和其他机关意见所需时间不计算在前款规定的期限内。

第三十四条 申请公开的政府信息由两个以上行政机关共同制作的，牵头制作的行政机关收到政府信息公开申请后可以征求相关行政机关的意见，被征求意见机关应当自收到征求意见书之日起15个工作日内提出意见，逾期未提出意见的视为同意公开。

第三十五条 申请人申请公开政府信息的数量、频次明显超过合理范围，行政机关可以要求申请人说明理由。行政机关认为申请理由不合理的，告知申请人不予处理；行政机关认为申请理由合理，但是无法在本条例第三十三条规定的期限内答复申请人的，可以确定延迟答复的合理期限并告知申请人。

第三十六条 对政府信息公开申请，行政机关根据下列情况分别作出答复：

（一）所申请公开信息已经主动公开的，告知申请人获取该政府信息的方式、途径；

（二）所申请公开信息可以公开的，向申请人提供该政府信息，或者告知申请人获取该政府信息的方式、途径和时间；

（三）行政机关依据本条例的规定决定不予公开的，告知申请人不予公开并说明理由；

（四）经检索没有所申请公开信息的，告知申请人该政府信息不存在；

（五）所申请公开信息不属于本行政机关负责公开的，告知申请人并说明理由；能够确定负责公开该政府信息的行政机关的，告知申请人该行政机关的名称、联系方式；

（六）行政机关已就申请人提出的政府信息公开申请作出答复、申请人重复申请公开相同政府信息的，告知申请人不予重复处理；

（七）所申请公开信息属于工商、不动产登记资料等信息，有关法律、行政法规对信息的获取有特别规定的，告知申请人依照有关法律、行政法规的规定办理。

第三十七条 申请公开的信息中含有不应当公开或者不属于政府信息的内容，但是能够作区分处理的，行政机关应当向申请人提供可以公开的政府信息内容，并对不予公开的内容说明理由。

第三十八条 行政机关向申请人提供的信息，应当是已制作或者获取的政府信息。除依照本条例第三十七条的规定能够作区分处理的外，需要行政机关对现有政府信息进行加工、分析的，行政机关可以不予提供。

第三十九条 申请人以政府信息公开申请的形式进行信访、投诉、举报等活动，行政机关应当告知申请人不作为政府信息公开申请处理并可以告知通过相应渠道提出。

申请人提出的申请内容为要求行政机关提供政府公报、报刊、书籍等公开出版物的，行政机关可以告知获取的途径。

第四十条 行政机关依申请公开政府信息，应当根据申请人的要求及行政机关保存政府信息的实际情况，确定提供政府信息的具体形式；按照申请人要求的形式提供政府信息，可能危及政府信息载体安全或者公开成本过高的，可以通过电子数据以及其他适当形式提供，或者安排申请人查阅、抄录相关政府信息。

第四十一条 公民、法人或者其他组织有证据证明行政机关提供的与其自身相关的政府信息记录不准确的，可以要求行政机关更正。有权更正的行政机关审核属实的，应当予以更正并告知申请人；不属于本行政机关职能范围的，行政机关可以转送有权更正的行政机关处理并告知申请人，或者告知申请人向有权更正的行政机关提出。

第四十二条 行政机关依申请提供政府信息，不收取费用。但是，申请人申请公开政府信息的数量、频次明显超过合理范围的，行政机关可以收取信息处理费。

行政机关收取信息处理费的具体办法由国务院价格主管部门会同国务院财政部门、全国政府信息公开工作主管部门制定。

第四十三条 申请公开政府信息的公民存在阅读困难或者视听障碍的，行政机关应当为其提供必要的帮助。

第四十四条 多个申请人就相同政府信息向同一行政机关提出公开申请，且该政府信息属于可以公开的，行政机关可以纳入主动公开的范围。

对行政机关依申请公开的政府信息，申请人认为涉及公众利益调整、需要公众广泛知晓或者需要公众参与决策的，可以建议行政机关将该信息纳入主动公开的范围。行政机关经审核认为属于主动公开范围的，应当及时主动公开。

第四十五条 行政机关应当建立健全政府信息公开申请登记、审核、办理、答复、归档的工作制度，加强工作规范。

第五章　监督和保障

第四十六条 各级人民政府应当建立健全政府信息公开工作考核制度、社会评议制度和责任追究制度，定期对政府信息公开工作进行考核、评议。

第四十七条 政府信息公开工作主管部门应当加强对政府信息公开工作的日常指导和监督检查，对行政机关未按照要求开展政府信息公开工作的，予以督促整改或者通报批评；需要对负有责任的领导人员和直接责任人员追究责任的，依法向有权机关提出处理建议。

公民、法人或者其他组织认为行政机关未按照要求主动公开政府信息或者对政府信息公开申请不依法答复处理的，可以向政府信息公开工作主管部门提出。政府信息公开工作主管部门查证属实的，应当予以督促整改或者通报批评。

第四十八条 政府信息公开工作主管部门应当对行政机关的政府信息公开工作人员定期进行培训。

第四十九条 县级以上人民政府部门应当在每年1月31日前向本级政府信息公开工作主管部门提交本行政机关上一年度政府信息公开工作年度报告并向社会公布。

县级以上地方人民政府的政府信息公开工作主管部门应当在每年3月31日前向社会公布本级政府上一年度政府信息公开工作年度报告。

第五十条 政府信息公开工作年度报告应当包括下列内容：

（一）行政机关主动公开政府信息的情况；

（二）行政机关收到和处理政府信息公开申请的情况；

（三）因政府信息公开工作被申请行政复议、提起行政诉讼的情况；

（四）政府信息公开工作存在的主要问题及改进情况，各级人民政府的政府信息公开工作年度报告还应当包括工作考核、社会评议和责任追究结果情况；

（五）其他需要报告的事项。

全国政府信息公开工作主管部门应当公布政府信息公开工作年度报告统一格式，并适时更新。

第五十一条 公民、法人或者其他组织认为行政机关在政府信息公开工作中侵犯其合法权益的，可以向上一级行政机关或者政府信息公开工作主管部门投诉、举报，也可以依法申请行政复议或者提起行政诉讼。

第五十二条 行政机关违反本条例的规定，未建立健全政府信息公开有关制度、机制的，由上一级行政机关责令改正；情节严重的，对负有责任的领导人员和直接责任人员依法给予处分。

第五十三条 行政机关违反本条例的规定，有下列情形之一的，由上一级行政机关责令改正；情节严重的，对负有责任的领导人员和直接责任人员依法给予处分；构成犯罪的，依法追究刑事责任：

（一）不依法履行政府信息公开职能；

（二）不及时更新公开的政府信息内容、政府信息公开指南和政府信息公开目录；

（三）违反本条例规定的其他情形。

第六章　附　　则

第五十四条 法律、法规授权的具有管理公共事务职能的组织公开政府信息的活动，适用本条例。

第五十五条 教育、卫生健康、供水、供电、供气、供热、环境保护、公共交通等与人民群众利益密切相关的公共企事业单位，公开在提供社会公共服务过程中制作、获取的信息，依照相关法律、法规和国务院有关主管部门或者机构的规定执行。全国政府信息公开工作主管部门根据实际需要可以制定专门的规定。

前款规定的公共企事业单位未依照相关法律、法规和国务院有关主管部门或者机构的规定公开在提供社会公共服务过程中制作、获取的信息，公民、法人或者其他组织可以向有关主管部门或者机构申诉，接受申诉的部门或者机构应当及时调查处理并将处理结果告知申诉人。

第五十六条 本条例自 2019 年 5 月 15 日起施行。

政府投资条例

（2019年4月14日中华人民共和国国务院令第712号公布）

第一章　总　　则

第一条　为了充分发挥政府投资作用，提高政府投资效益，规范政府投资行为，激发社会投资活力，制定本条例。

第二条　本条例所称政府投资，是指在中国境内使用预算安排的资金进行固定资产投资建设活动，包括新建、扩建、改建、技术改造等。

第三条　政府投资资金应当投向市场不能有效配置资源的社会公益服务、公共基础设施、农业农村、生态环境保护、重大科技进步、社会管理、国家安全等公共领域的项目，以非经营性项目为主。

国家完善有关政策措施，发挥政府投资资金的引导和带动作用，鼓励社会资金投向前款规定的领域。

国家建立政府投资范围定期评估调整机制，不断优化政府投资方向和结构。

第四条　政府投资应当遵循科学决策、规范管理、注重绩效、公开透明的原则。

第五条　政府投资应当与经济社会发展水平和财政收支状况相适应。

国家加强对政府投资资金的预算约束。政府及其有关部门不得违法违规举借债务筹措政府投资资金。

第六条　政府投资资金按项目安排，以直接投资方式为主；对确需支持的经营性项目，主要采取资本金注入方式，也可以适当采取投资补助、贷款贴息等方式。

安排政府投资资金，应当符合推进中央与地方财政事权和支出责任划分改革的有关要求，并平等对待各类投资主体，不得设置歧视性条件。

国家通过建立项目库等方式，加强对使用政府投资资金项目的储备。

第七条　国务院投资主管部门依照本条例和国务院的规定，履行政府投资综合管理职责。国务院其他有关部门依照本条例和国务院规定的职责分工，履行相应的政府投资管理职责。

县级以上地方人民政府投资主管部门和其他有关部门依照本条例和本级人民政府规定的职责分工，履行相应的政府投资管理职责。

第二章　政府投资决策

第八条　县级以上人民政府应当根据国民经济和社会发展规划、中期财政规划和国家宏观调控政策，结合财政收支状况，统筹安排使用政府投资资金的项目，规范使用各类政府投资资金。

第九条 政府采取直接投资方式、资本金注入方式投资的项目（以下统称政府投资项目），项目单位应当编制项目建议书、可行性研究报告、初步设计，按照政府投资管理权限和规定的程序，报投资主管部门或者其他有关部门审批。

项目单位应当加强政府投资项目的前期工作，保证前期工作的深度达到规定的要求，并对项目建议书、可行性研究报告、初步设计以及依法应当附具的其他文件的真实性负责。

第十条 除涉及国家秘密的项目外，投资主管部门和其他有关部门应当通过投资项目在线审批监管平台（以下简称在线平台），使用在线平台生成的项目代码办理政府投资项目审批手续。

投资主管部门和其他有关部门应当通过在线平台列明与政府投资有关的规划、产业政策等，公开政府投资项目审批的办理流程、办理时限等，并为项目单位提供相关咨询服务。

第十一条 投资主管部门或者其他有关部门应当根据国民经济和社会发展规划、相关领域专项规划、产业政策等，从下列方面对政府投资项目进行审查，作出是否批准的决定：

（一）项目建议书提出的项目建设的必要性；

（二）可行性研究报告分析的项目的技术经济可行性、社会效益以及项目资金等主要建设条件的落实情况；

（三）初步设计及其提出的投资概算是否符合可行性研究报告批复以及国家有关标准和规范的要求；

（四）依照法律、行政法规和国家有关规定应当审查的其他事项。

投资主管部门或者其他有关部门对政府投资项目不予批准的，应当书面通知项目单位并说明理由。

对经济社会发展、社会公众利益有重大影响或者投资规模较大的政府投资项目，投资主管部门或者其他有关部门应当在中介服务机构评估、公众参与、专家评议、风险评估的基础上作出是否批准的决定。

第十二条 经投资主管部门或者其他有关部门核定的投资概算是控制政府投资项目总投资的依据。

初步设计提出的投资概算超过经批准的可行性研究报告提出的投资估算10%的，项目单位应当向投资主管部门或者其他有关部门报告，投资主管部门或者其他有关部门可以要求项目单位重新报送可行性研究报告。

第十三条 对下列政府投资项目，可以按照国家有关规定简化需要报批的文件和审批程序：

（一）相关规划中已经明确的项目；

（二）部分扩建、改建项目；

（三）建设内容单一、投资规模较小、技术方案简单的项目；

（四）为应对自然灾害、事故灾难、公共卫生事件、社会安全事件等突发事件需要紧急建设的项目。

前款第三项所列项目的具体范围，由国务院投资主管部门会同国务院其他有关部门规定。

第十四条 采取投资补助、贷款贴息等方式安排政府投资资金的，项目单位应当按照国家有关规定办理手续。

第三章 政府投资年度计划

第十五条 国务院投资主管部门对其负责安排的政府投资编制政府投资年度计划，国务院其他有关部门对其负责安排的本行业、本领域的政府投资编制政府投资年度计划。

县级以上地方人民政府有关部门按照本级人民政府的规定，编制政府投资年度计划。

第十六条 政府投资年度计划应当明确项目名称、建设内容及规模、建设工期、项目总投资、年度投资额及资金来源等事项。

第十七条 列入政府投资年度计划的项目应当符合下列条件：

（一）采取直接投资方式、资本金注入方式的，可行性研究报告已经批准或者投资概算已经核定；

（二）采取投资补助、贷款贴息等方式的，已经按照国家有关规定办理手续；

（三）县级以上人民政府有关部门规定的其他条件。

第十八条 政府投资年度计划应当和本级预算相衔接。

第十九条 财政部门应当根据经批准的预算，按照法律、行政法规和国库管理的有关规定，及时、足额办理政府投资资金拨付。

第四章 政府投资项目实施

第二十条 政府投资项目开工建设，应当符合本条例和有关法律、行政法规规定的建设条件；不符合规定的建设条件的，不得开工建设。

国务院规定应当审批开工报告的重大政府投资项目，按照规定办理开工报告审批手续后方可开工建设。

第二十一条 政府投资项目应当按照投资主管部门或者其他有关部门批准的建设地点、建设规模和建设内容实施；拟变更建设地点或者拟对建设规模、建设内容等作较大变更的，应当按照规定的程序报原审批部门审批。

第二十二条 政府投资项目所需资金应当按照国家有关规定确保落实到位。

政府投资项目不得由施工单位垫资建设。

第二十三条 政府投资项目建设投资原则上不得超过经核定的投资概算。

因国家政策调整、价格上涨、地质条件发生重大变化等原因确需增加投资概算的，项目单位应当提出调整方案及资金来源，按照规定的程序报原初步设计审批部门或者投资概算核定部门核定；涉及预算调整或者调剂的，依照有关预算的法律、行政法规和国家有关规定办理。

第二十四条 政府投资项目应当按照国家有关规定合理确定并严格执行建设工期，任何单位和个人不得非法干预。

第二十五条 政府投资项目建成后，应当按照国家有关规定进行竣工验收，并在竣工验收合格后及时办理竣工财务决算。

政府投资项目结余的财政资金，应当按照国家有关规定缴回国库。

第二十六条 投资主管部门或者其他有关部门应当按照国家有关规定选择有代表性的已建成政府投资项目，委托中介服务机构对所选项目进行后评价。后评价应当根据项目建成后的实际效果，对项目审批和实施进行全面评价并提出明确意见。

第五章 监督管理

第二十七条 投资主管部门和依法对政府投资项目负有监督管理职责的其他部门应当采取在线监测、现场核查等方式，加强对政府投资项目实施情况的监督检查。

项目单位应当通过在线平台如实报送政府投资项目开工建设、建设进度、竣工的基本信息。

第二十八条 投资主管部门和依法对政府投资项目负有监督管理职责的其他部门应当建立政府投资项目信息共享机制，通过在线平台实现信息共享。

第二十九条 项目单位应当按照国家有关规定加强政府投资项目档案管理，将项目审批和实施过程中的有关文件、资料存档备查。

第三十条 政府投资年度计划、政府投资项目审批和实施以及监督检查的信息应当依法公开。

第三十一条 政府投资项目的绩效管理、建设工程质量管理、安全生产管理等事项，依照有关法律、行政法规和国家有关规定执行。

第六章 法律责任

第三十二条 有下列情形之一的，责令改正，对负有责任的领导人员和直接责任人员依法给予处分：

（一）超越审批权限审批政府投资项目；

（二）对不符合规定的政府投资项目予以批准；

（三）未按照规定核定或者调整政府投资项目的投资概算；

（四）为不符合规定的项目安排投资补助、贷款贴息等政府投资资金；

（五）履行政府投资管理职责中其他玩忽职守、滥用职权、徇私舞弊的情形。

第三十三条 有下列情形之一的，依照有关预算的法律、行政法规和国家有关规定追究法律责任：

（一）政府及其有关部门违法违规举借债务筹措政府投资资金；

（二）未按照规定及时、足额办理政府投资资金拨付；

（三）转移、侵占、挪用政府投资资金。

第三十四条 项目单位有下列情形之一的，责令改正，根据具体情况，暂停、停止拨付资金或者收回已拨付的资金，暂停或者停止建设活动，对负有责任的领导人员和直接责任人员依法给予处分：

（一）未经批准或者不符合规定的建设条件开工建设政府投资项目；

（二）弄虚作假骗取政府投资项目审批或者投资补助、贷款贴息等政府投资资金；

（三）未经批准变更政府投资项目的建设地点或者对建设规模、建设内容等作较大变更；

（四）擅自增加投资概算；

（五）要求施工单位对政府投资项目垫资建设；

（六）无正当理由不实施或者不按照建设工期实施已批准的政府投资项目。

第三十五条 项目单位未按照规定将政府投资项目审批和实施过程中的有关文件、资料存档备查，或者转移、隐匿、篡改、毁弃项目有关文件、资料的，责令改正，对负有责任的领导人员和直接责任人员依法给予处分。

第三十六条 违反本条例规定，构成犯罪的，依法追究刑事责任。

第七章 附 则

第三十七条 国防科技工业领域政府投资的管理办法，由国务院国防科技工业管理部门根据本条例规定的原则另行制定。

第三十八条 中国人民解放军和中国人民武装警察部队的固定资产投资管理，按照中央军事委员会的规定执行。

第三十九条 本条例自2019年7月1日起施行。

重大行政决策程序暂行条例

（2019年4月20日中华人民共和国国务院令第713号公布）

第一章　总　　则

第一条　为了健全科学、民主、依法决策机制，规范重大行政决策程序，提高决策质量和效率，明确决策责任，根据宪法、地方各级人民代表大会和地方各级人民政府组织法等规定，制定本条例。

第二条　县级以上地方人民政府（以下称决策机关）重大行政决策的作出和调整程序，适用本条例。

第三条　本条例所称重大行政决策事项（以下简称决策事项）包括：

（一）制定有关公共服务、市场监管、社会管理、环境保护等方面的重大公共政策和措施；

（二）制定经济和社会发展等方面的重要规划；

（三）制定开发利用、保护重要自然资源和文化资源的重大公共政策和措施；

（四）决定在本行政区域实施的重大公共建设项目；

（五）决定对经济社会发展有重大影响、涉及重大公共利益或者社会公众切身利益的其他重大事项。

法律、行政法规对本条第一款规定事项的决策程序另有规定的，依照其规定。财政政策、货币政策等宏观调控决策，政府立法决策以及突发事件应急处置决策不适用本条例。

决策机关可以根据本条第一款的规定，结合职责权限和本地实际，确定决策事项目录、标准，经同级党委同意后向社会公布，并根据实际情况调整。

第四条　重大行政决策必须坚持和加强党的全面领导，全面贯彻党的路线方针政策和决策部署，发挥党的领导核心作用，把党的领导贯彻到重大行政决策全过程。

第五条　作出重大行政决策应当遵循科学决策原则，贯彻创新、协调、绿色、开放、共享的发展理念，坚持从实际出发，运用科学技术和方法，尊重客观规律，适应经济社会发展和全面深化改革要求。

第六条　作出重大行政决策应当遵循民主决策原则，充分听取各方面意见，保障人民群众通过多种途径和形式参与决策。

第七条　作出重大行政决策应当遵循依法决策原则，严格遵守法定权限，依法履行法定程序，保证决策内容符合法律、法规和规章等规定。

第八条　重大行政决策依法接受本级人民代表大会及其常务委员会的监督，根据法律、法规规定属于本级人民代表大会及其常务委员会讨论决定的重大事项范围或者应当在出台前向本级人民代表大会常务委员会报告的，按照有关规定办理。

上级行政机关应当加强对下级行政机关重大行政决策的监督。审计机关按照规定对重大行政决策进行监督。

第九条 重大行政决策情况应当作为考核评价决策机关及其领导人员的重要内容。

第二章 决策草案的形成

第一节 决策启动

第十条 对各方面提出的决策事项建议，按照下列规定进行研究论证后，报请决策机关决定是否启动决策程序：

（一）决策机关领导人员提出决策事项建议的，交有关单位研究论证；

（二）决策机关所属部门或者下一级人民政府提出决策事项建议的，应当论证拟解决的主要问题、建议理由和依据、解决问题的初步方案及其必要性、可行性等；

（三）人大代表、政协委员等通过建议、提案等方式提出决策事项建议，以及公民、法人或者其他组织提出书面决策事项建议的，交有关单位研究论证。

第十一条 决策机关决定启动决策程序的，应当明确决策事项的承办单位（以下简称决策承办单位），由决策承办单位负责重大行政决策草案的拟订等工作。决策事项需要两个以上单位承办的，应当明确牵头的决策承办单位。

第十二条 决策承办单位应当在广泛深入开展调查研究、全面准确掌握有关信息、充分协商协调的基础上，拟订决策草案。

决策承办单位应当全面梳理与决策事项有关的法律、法规、规章和政策，使决策草案合法合规、与有关政策相衔接。

决策承办单位根据需要对决策事项涉及的人财物投入、资源消耗、环境影响等成本和经济、社会、环境效益进行分析预测。

有关方面对决策事项存在较大分歧的，决策承办单位可以提出两个以上方案。

第十三条 决策事项涉及决策机关所属部门、下一级人民政府等单位的职责，或者与其关系紧密的，决策承办单位应当与其充分协商；不能取得一致意见的，应当向决策机关说明争议的主要问题，有关单位的意见，决策承办单位的意见、理由和依据。

第二节 公众参与

第十四条 决策承办单位应当采取便于社会公众参与的方式充分听取意见，依法不予公开的决策事项除外。

听取意见可以采取座谈会、听证会、实地走访、书面征求意见、向社会公开征求意见、问卷调查、民意调查等多种方式。

决策事项涉及特定群体利益的，决策承办单位应当与相关人民团体、社会组织以及群众代表进行沟通协商，充分听取相关群体的意见建议。

第十五条 决策事项向社会公开征求意见的，决策承办单位应当通过政府网站、政务新媒体以及报刊、广播、电视等便于社会公众知晓的途径，公布决策草案及其说明等材料，明确提出意见的方式和期限。公开征求意见的期限一般不少于30日；因情况紧急等原因需要缩短期限的，公开征求意见时应当予以说明。

对社会公众普遍关心或者专业性、技术性较强的问题，决策承办单位可以通过专家访谈等方式进行解释说明。

第十六条 决策事项直接涉及公民、法人、其他组织切身利益或者存在较大分歧的，可以召开听证会。法律、法规、规章对召开听证会另有规定的，依照其规定。

决策承办单位或者组织听证会的其他单位应当提前公布决策草案及其说明等材料，明确听证时间、地点等信息。

需要遴选听证参加人的，决策承办单位或者组织听证会的其他单位应当提前公布听证参加人遴选办法，公平公开组织遴选，保证相关各方都有代表参加听证会。听证参加人名单应当提前向社会公布。听证会材料应当于召开听证会7日前送达听证参加人。

第十七条 听证会应当按照下列程序公开举行：

（一）决策承办单位介绍决策草案、依据和有关情况；

（二）听证参加人陈述意见，进行询问、质证和辩论，必要时可以由决策承办单位或者有关专家进行解释说明；

（三）听证参加人确认听证会记录并签字。

第十八条 决策承办单位应当对社会各方面提出的意见进行归纳整理、研究论证，充分采纳合理意见，完善决策草案。

第三节 专家论证

第十九条 对专业性、技术性较强的决策事项，决策承办单位应当组织专家、专业机构论证其必要性、可行性、科学性等，并提供必要保障。

专家、专业机构应当独立开展论证工作，客观、公正、科学地提出论证意见，并对所知悉的国家秘密、商业秘密、个人隐私依法履行保密义务；提供书面论证意见的，应当署名、盖章。

第二十条 决策承办单位组织专家论证，可以采取论证会、书面咨询、委托咨询论证等方式。选择专家、专业机构参与论证，应当坚持专业性、代表性和中立性，注重选择持不同意见的专家、专业机构，不得选择与决策事项有直接利害关系的专家、专业机构。

第二十一条 省、自治区、直辖市人民政府应当建立决策咨询论证专家库，规范专家库运行管理制度，健全专家诚信考核和退出机制。

市、县级人民政府可以根据需要建立决策咨询论证专家库。

决策机关没有建立决策咨询论证专家库的，可以使用上级行政机关的专家库。

第四节 风险评估

第二十二条 重大行政决策的实施可能对社会稳定、公共安全等方面造成不利影响的，决策承办单位或者负责风险评估工作的其他单位应当组织评估决策草案的风险可控性。

按照有关规定已对有关风险进行评价、评估的，不作重复评估。

第二十三条 开展风险评估，可以通过舆情跟踪、重点走访、会商分析等方式，运用定性分析与定量分析等方法，对决策实施的风险进行科学预测、综合研判。

开展风险评估，应当听取有关部门的意见，形成风险评估报告，明确风险点，提出风险防范措施和处置预案。

开展风险评估，可以委托专业机构、社会组织等第三方进行。

第二十四条 风险评估结果应当作为重大行政决策的重要依据。决策机关认为风险可控的，可以作出决策；认为风险不可控的，在采取调整决策草案等措施确保风险可控后，可以作出决策。

第三章 合法性审查和集体讨论决定

第一节 合法性审查

第二十五条 决策草案提交决策机关讨论前，应当由负责合法性审查的部门进行合法性审查。不得以征求意见等方式代替合法性审查。

决策草案未经合法性审查或者经审查不合法的，不得提交决策机关讨论。对国家尚无明确规定的探索性改革决策事项，可以明示法律风险，提交决策机关讨论。

第二十六条 送请合法性审查，应当提供决策草案及相关材料，包括有关法律、法规、规章等依据和履行决策法定程序的说明等。提供的材料不符合要求的，负责合法性审查的部门可以退回，或者要求补充。

送请合法性审查，应当保证必要的审查时间，一般不少于7个工作日。

第二十七条 合法性审查的内容包括：

（一）决策事项是否符合法定权限；

（二）决策草案的形成是否履行相关法定程序；

（三）决策草案内容是否符合有关法律、法规、规章和国家政策的规定。

第二十八条 负责合法性审查的部门应当及时提出合法性审查意见，并对合法性审查意见负责。在合法性审查过程中，应当组织法律顾问、公职律师提出法律意见。决策承办单位根据合法性审查意见进行必要的调整或者补充。

第二节 集体讨论决定和决策公布

第二十九条 决策承办单位提交决策机关讨论决策草案，应当报送下列材料：

（一）决策草案及相关材料，决策草案涉及市场主体经济活动的，应当包含公平竞争审查的有关情况；

（二）履行公众参与程序的，同时报送社会公众提出的主要意见的研究采纳情况；

（三）履行专家论证程序的，同时报送专家论证意见的研究采纳情况；

（四）履行风险评估程序的，同时报送风险评估报告等有关材料；

（五）合法性审查意见；

（六）需要报送的其他材料。

第三十条 决策草案应当经决策机关常务会议或者全体会议讨论。决策机关行政首长在集体讨论的基础上作出决定。

讨论决策草案，会议组成人员应当充分发表意见，行政首长最后发表意见。行政首长拟作出的决定与会议组成人员多数人的意见不一致的，应当在会上说明理由。

集体讨论决定情况应当如实记录，不同意见应当如实载明。

第三十一条 重大行政决策出台前应当按照规定向同级党委请示报告。

第三十二条 决策机关应当通过本级人民政府公报和政府网站以及在本行政区域内发行的报纸等途径及时公布重大行政决策。对社会公众普遍关心或者专业性、技术性较强的重大行政决策，应当说明公众意见、专家论证意见的采纳情况，通过新闻发布会、接受访谈等方式进行宣传解读。依法不予公开的除外。

第三十三条 决策机关应当建立重大行政决策过程记录和材料归档制度，由有关单位将履行决策程序形成的记录、材料及时完整归档。

第四章　决策执行和调整

第三十四条 决策机关应当明确负责重大行政决策执行工作的单位（以下简称决策执行单位），并对决策执行情况进行督促检查。决策执行单位应当依法全面、及时、正确执行重大行政决策，并向决策机关报告决策执行情况。

第三十五条 决策执行单位发现重大行政决策存在问题、客观情况发生重大变化，或者决策执行中发生不可抗力等严重影响决策目标实现的，应当及时向决策机关报告。

公民、法人或者其他组织认为重大行政决策及其实施存在问题的，可以通过信件、电话、电子邮件等方式向决策机关或者决策执行单位提出意见建议。

第三十六条 有下列情形之一的，决策机关可以组织决策后评估，并确定承担评估具体工作的单位：

（一）重大行政决策实施后明显未达到预期效果；

（二）公民、法人或者其他组织提出较多意见；

（三）决策机关认为有必要。

开展决策后评估，可以委托专业机构、社会组织等第三方进行，决策作出前承担主要论证评估工作的单位除外。

开展决策后评估，应当注重听取社会公众的意见，吸收人大代表、政协委员、人民团体、基层组织、社会组织参与评估。

决策后评估结果应当作为调整重大行政决策的重要依据。

第三十七条 依法作出的重大行政决策，未经法定程序不得随意变更或者停止执行；执行中出现本条例第三十五条规定的情形、情况紧急的，决策机关行政首长可以先决定中止执行；需要作出重大调整的，应当依照本条例履行相关法定程序。

第五章　法律责任

第三十八条 决策机关违反本条例规定的，由上一级行政机关责令改正，对决策机关行政首长、负有责任的其他领导人员和直接责任人员依法追究责任。

决策机关违反本条例规定造成决策严重失误，或者依法应当及时作出决策而久拖不决，造成重大损失、恶劣影响的，应当倒查责任，实行终身责任追究，对决策机关行政首长、负有责任的其他领导人员和直接责任人员依法追究责任。

决策机关集体讨论决策草案时，有关人员对严重失误的决策表示不同意见的，按照规定减免责任。

第三十九条 决策承办单位或者承担决策有关工作的单位未按照本条例规定履行决策程序或者履行决策程序时失职渎职、弄虚作假的，由决策机关责令改正，对负有责任的领导人员和直接责任人员依法追究责任。

第四十条 决策执行单位拒不执行、推诿执行、拖延执行重大行政决策，或者对执行中发现的重大问题瞒报、谎报或者漏报的，由决策机关责令改正，对负有责任的领导人员和直接责任人员依法追究责任。

第四十一条 承担论证评估工作的专家、专业机构、社会组织等违反职业道德和本条例规定的，予以通报批评、责令限期整改；造成严重后果的，取消评估资格、承担相应责任。

第六章　附　　则

第四十二条 县级以上人民政府部门和乡级人民政府重大行政决策的作出和调整程序，参照本条例规定执行。

第四十三条 省、自治区、直辖市人民政府根据本条例制定本行政区域重大行政决策程序的具体制度。

国务院有关部门参照本条例规定，制定本部门重大行政决策程序的具体制度。

第四十四条 本条例自2019年9月1日起施行。

国务院关于在线政务服务的若干规定

（2019 年 4 月 26 日中华人民共和国国务院令第 716 号公布）

第一条 为了全面提升政务服务规范化、便利化水平，为企业和群众（以下称行政相对人）提供高效、便捷的政务服务，优化营商环境，制定本规定。

第二条 国家加快建设全国一体化在线政务服务平台（以下简称一体化在线平台），推进各地区、各部门政务服务平台规范化、标准化、集约化建设和互联互通，推动实现政务服务事项全国标准统一、全流程网上办理，促进政务服务跨地区、跨部门、跨层级数据共享和业务协同，并依托一体化在线平台推进政务服务线上线下深度融合。

一体化在线平台由国家政务服务平台、国务院有关部门政务服务平台和各地区政务服务平台组成。

第三条 国务院办公厅负责牵头推进国家政务服务平台建设，推动建设一体化在线平台标准规范体系、安全保障体系和运营管理体系。

省、自治区、直辖市人民政府和国务院有关部门负责本地区、本部门政务服务平台建设、安全保障和运营管理，做好与国家政务服务平台对接工作。

第四条 除法律、法规另有规定或者涉及国家秘密等情形外，政务服务事项应当按照国务院确定的步骤，纳入一体化在线平台办理。

政务服务事项包括行政权力事项和公共服务事项。

第五条 国家政务服务平台基于自然人身份信息、法人单位信息等资源，建设全国统一身份认证系统，为各地区、各部门政务服务平台提供统一身份认证服务，实现一次认证、全网通办。

第六条 行政机关和其他负有政务服务职责的机构（以下统称政务服务机构）应当按照规范化、标准化要求编制办事指南，明确政务服务事项的受理条件、办事材料、办理流程等信息。办事指南应当在政务服务平台公布。

第七条 行政相对人在线办理政务服务事项，应当提交真实、有效的办事材料；政务服务机构通过数据共享能够获得的信息，不得要求行政相对人另行提供。

政务服务机构不得将行政相对人提交的办事材料用于与政务服务无关的用途。

第八条 政务服务中使用的符合《中华人民共和国电子签名法》规定条件的可靠的电子签名，与手写签名或者盖章具有同等法律效力。

第九条 国家建立权威、规范、可信的统一电子印章系统。国务院有关部门、地方人民政府及其有关部门使用国家统一电子印章系统制发的电子印章。

电子印章与实物印章具有同等法律效力，加盖电子印章的电子材料合法有效。

第十条 国家建立电子证照共享服务系统，实现电子证照跨地区、跨部门共享和全国范围内互信互认。

国务院有关部门、地方人民政府及其有关部门按照电子证照国家标准、技术规范制作和管理电子证照，电子证照采用标准版式文档格式。

电子证照与纸质证照具有同等法律效力。

第十一条 除法律、行政法规另有规定外，电子证照和加盖电子印章的电子材料可以作为办理政务服务事项的依据。

第十二条 政务服务机构应当对履行职责过程中形成的电子文件进行规范管理，按照档案管理要求及时以电子形式归档并向档案部门移交。除法律、行政法规另有规定外，电子文件不再以纸质形式归档和移交。

符合档案管理要求的电子档案与纸质档案具有同等法律效力。

第十三条 电子签名、电子印章、电子证照以及政务服务数据安全涉及电子认证、密码应用的，按照法律、行政法规和国家有关规定执行。

第十四条 政务服务机构及其工作人员泄露、出售或者非法向他人提供履行职责过程中知悉的个人信息、隐私和商业秘密，或者不依法履行职责，玩忽职守、滥用职权、徇私舞弊的，依法追究法律责任。

第十五条 本规定下列用语的含义：

（一）电子签名，是指数据电文中以电子形式所含、所附用于识别签名人身份并表明签名人认可其中内容的数据。

（二）电子印章，是指基于可信密码技术生成身份标识，以电子数据图形表现的印章。

（三）电子证照，是指由计算机等电子设备形成、传输和存储的证件、执照等电子文件。

（四）电子档案，是指具有凭证、查考和保存价值并归档保存的电子文件。

第十六条 本规定自公布之日起施行。

中华人民共和国食品安全法实施条例

（2009年7月20日中华人民共和国国务院令第557号公布　根据2016年2月6日《国务院关于修改部分行政法规的决定》修订　2019年3月26日国务院第42次常务会议修订通过　2019年10月11日中华人民共和国国务院令第721号公布）

第一章　总　　则

第一条　根据《中华人民共和国食品安全法》（以下简称食品安全法），制定本条例。

第二条　食品生产经营者应当依照法律、法规和食品安全标准从事生产经营活动，建立健全食品安全管理制度，采取有效措施预防和控制食品安全风险，保证食品安全。

第三条　国务院食品安全委员会负责分析食品安全形势，研究部署、统筹指导食品安全工作，提出食品安全监督管理的重大政策措施，督促落实食品安全监督管理责任。县级以上地方人民政府食品安全委员会按照本级人民政府规定的职责开展工作。

第四条　县级以上人民政府建立统一权威的食品安全监督管理体制，加强食品安全监督管理能力建设。

县级以上人民政府食品安全监督管理部门和其他有关部门应当依法履行职责，加强协调配合，做好食品安全监督管理工作。

乡镇人民政府和街道办事处应当支持、协助县级人民政府食品安全监督管理部门及其派出机构依法开展食品安全监督管理工作。

第五条　国家将食品安全知识纳入国民素质教育内容，普及食品安全科学常识和法律知识，提高全社会的食品安全意识。

第二章　食品安全风险监测和评估

第六条　县级以上人民政府卫生行政部门会同同级食品安全监督管理等部门建立食品安全风险监测会商机制，汇总、分析风险监测数据，研判食品安全风险，形成食品安全风险监测分析报告，报本级人民政府；县级以上地方人民政府卫生行政部门还应当将食品安全风险监测分析报告同时报上一级人民政府卫生行政部门。食品安全风险监测会商的具体办法由国务院卫生行政部门会同国务院食品安全监督管理等部门制定。

第七条　食品安全风险监测结果表明存在食品安全隐患，食品安全监督管理等部门经进一步调查确认有必要通知相关食品生产经营者的，应当及时通知。

接到通知的食品生产经营者应当立即进行自查，发现食品不符合食品安全标准或者有证据证明可能危害人体健康的，应当依照食品安全法第六十三条的规定停止生产、经营，实施食品召回，并报告相关情况。

第八条 国务院卫生行政、食品安全监督管理等部门发现需要对农药、肥料、兽药、饲料和饲料添加剂等进行安全性评估的，应当向国务院农业行政部门提出安全性评估建议。国务院农业行政部门应当及时组织评估，并向国务院有关部门通报评估结果。

第九条 国务院食品安全监督管理部门和其他有关部门建立食品安全风险信息交流机制，明确食品安全风险信息交流的内容、程序和要求。

第三章 食品安全标准

第十条 国务院卫生行政部门会同国务院食品安全监督管理、农业行政等部门制定食品安全国家标准规划及其年度实施计划。国务院卫生行政部门应当在其网站上公布食品安全国家标准规划及其年度实施计划的草案，公开征求意见。

第十一条 省、自治区、直辖市人民政府卫生行政部门依照食品安全法第二十九条的规定制定食品安全地方标准，应当公开征求意见。省、自治区、直辖市人民政府卫生行政部门应当自食品安全地方标准公布之日起30个工作日内，将地方标准报国务院卫生行政部门备案。国务院卫生行政部门发现备案的食品安全地方标准违反法律、法规或者食品安全国家标准的，应当及时予以纠正。

食品安全地方标准依法废止的，省、自治区、直辖市人民政府卫生行政部门应当及时在其网站上公布废止情况。

第十二条 保健食品、特殊医学用途配方食品、婴幼儿配方食品等特殊食品不属于地方特色食品，不得对其制定食品安全地方标准。

第十三条 食品安全标准公布后，食品生产经营者可以在食品安全标准规定的实施日期之前实施并公开提前实施情况。

第十四条 食品生产企业不得制定低于食品安全国家标准或者地方标准要求的企业标准。食品生产企业制定食品安全指标严于食品安全国家标准或者地方标准的企业标准的，应当报省、自治区、直辖市人民政府卫生行政部门备案。

食品生产企业制定企业标准的，应当公开，供公众免费查阅。

第四章 食品生产经营

第十五条 食品生产经营许可的有效期为5年。

食品生产经营者的生产经营条件发生变化，不再符合食品生产经营要求的，食品生产经营者应当立即采取整改措施；需要重新办理许可手续的，应当依法办理。

第十六条 国务院卫生行政部门应当及时公布新的食品原料、食品添加剂新品种和食品相关产品新品种目录以及所适用的食品安全国家标准。

对按照传统既是食品又是中药材的物质目录，国务院卫生行政部门会同国务院食品安全监督管理部门应当及时更新。

第十七条 国务院食品安全监督管理部门会同国务院农业行政等有关部门明确食品安全全程追溯基本要求，指导食品生产经营者通过信息化手段建立、完善食品安全追溯体系。

食品安全监督管理等部门应当将婴幼儿配方食品等针对特定人群的食品以及其他食品安全风险较高或者销售量大的食品的追溯体系建设作为监督检查的重点。

第十八条 食品生产经营者应当建立食品安全追溯体系，依照食品安全法的规定如实记录并保存进货查验、出厂检验、食品销售等信息，保证食品可追溯。

第十九条 食品生产经营企业的主要负责人对本企业的食品安全工作全面负责，建立并落实本企业的食品安全责任制，加强供货者管理、进货查验和出厂检验、生产经营过程控制、食品安全自查等工作。食品生产经营企业的食品安全管理人员应当协助企业主要负责人做好食品安全管理工作。

第二十条 食品生产经营企业应当加强对食品安全管理人员的培训和考核。食品安全管理人员应当掌握与其岗位相适应的食品安全法律、法规、标准和专业知识，具备食品安全管理能力。食品安全监督管理部门应当对企业食品安全管理人员进行随机监督抽查考核。考核指南由国务院食品安全监督管理部门制定、公布。

第二十一条 食品、食品添加剂生产经营者委托生产食品、食品添加剂的，应当委托取得食品生产许可、食品添加剂生产许可的生产者生产，并对其生产行为进行监督，对委托生产的食品、食品添加剂的安全负责。受托方应当依照法律、法规、食品安全标准以及合同约定进行生产，对生产行为负责，并接受委托方的监督。

第二十二条 食品生产经营者不得在食品生产、加工场所贮存依照本条例第六十三条规定制定的名录中的物质。

第二十三条 对食品进行辐照加工，应当遵守食品安全国家标准，并按照食品安全国家标准的要求对辐照加工食品进行检验和标注。

第二十四条 贮存、运输对温度、湿度等有特殊要求的食品，应当具备保温、冷藏或者冷冻等设备设施，并保持有效运行。

第二十五条 食品生产经营者委托贮存、运输食品的，应当对受托方的食品安全保障能力进行审核，并监督受托方按照保证食品安全的要求贮存、运输食品。受托方应当保证食品贮存、运输条件符合食品安全的要求，加强食品贮存、运输过程管理。

接受食品生产经营者委托贮存、运输食品的，应当如实记录委托方和收货方的名称、地址、联系方式等内容。记录保存期限不得少于贮存、运输结束后 2 年。

非食品生产经营者从事对温度、湿度等有特殊要求的食品贮存业务的，应当自取得营业执照之日起 30 个工作日内向所在地县级人民政府食品安全监督管理部门备案。

第二十六条 餐饮服务提供者委托餐具饮具集中消毒服务单位提供清洗消毒服务的，应当查验、留存餐具饮具集中消毒服务单位的营业执照复印件和消毒合格证明。保存期限不得少于消毒餐具饮具使用期限到期后 6 个月。

第二十七条 餐具饮具集中消毒服务单位应当建立餐具饮具出厂检验记录制度，如实记录出厂餐具饮具的数量、消毒日期和批号、使用期限、出厂日期以及委托方名称、地址、联系方式等内容。出厂检验记录保存期限不得少于消毒餐具饮具使用期限到期后 6 个月。消毒后的餐具饮具应当在独立包装上标注单位名称、地址、联系方式、消毒日期和批号以及使用期限等内容。

第二十八条 学校、托幼机构、养老机构、建筑工地等集中用餐单位的食堂应当执行原料控制、餐具饮具清洗消毒、食品留样等制度，并依照食品安全法第四十七条的规定定期开展食堂食品安全自查。

承包经营集中用餐单位食堂的，应当依法取得食品经营许可，并对食堂的食品安全负责。集中用餐单位应当督促承包方落实食品安全管理制度，承担管理责任。

第二十九条 食品生产经营者应当对变质、超过保质期或者回收的食品进行显著标示或者单独存放在有明确标志的场所，及时采取无害化处理、销毁等措施并如实记录。

食品安全法所称回收食品，是指已经售出，因违反法律、法规、食品安全标准或者超过保质期等原因，被召回或者退回的食品，不包括依照食品安全法第六十三条第三款的规定可以继续销售的食品。

第三十条 县级以上地方人民政府根据需要建设必要的食品无害化处理和销毁设施。食品生产经营者可以按照规定使用政府建设的设施对食品进行无害化处理或者予以销毁。

第三十一条 食品集中交易市场的开办者、食品展销会的举办者应当在市场开业或者展销会举办前向所在地县级人民政府食品安全监督管理部门报告。

第三十二条 网络食品交易第三方平台提供者应当妥善保存入网食品经营者的登记信息和交易信息。县级以上人民政府食品安全监督管理部门开展食品安全监督检查、食品安全案件调查处理、食品安全事故处置确需了解有关信息的，经其负责人批准，可以要求网络食品交易第三方平台提供者提供，网络食品交易第三方平台提供者应当按照要求提供。县级以上人民政府食品安全监督管理部门及其工作人员对网络食品交易第三方平台提供者提供的信息依法负有保密义务。

第三十三条 生产经营转基因食品应当显著标示，标示办法由国务院食品安全监督管理部门会同国务院农业行政部门制定。

第三十四条 禁止利用包括会议、讲座、健康咨询在内的任何方式对食品进行虚假宣传。食品安全监督管理部门发现虚假宣传行为的，应当依法及时处理。

第三十五条 保健食品生产工艺有原料提取、纯化等前处理工序的，生产企业应当具备相应的原料前处理能力。

第三十六条 特殊医学用途配方食品生产企业应当按照食品安全国家标准规定的检验项目对出厂产品实施逐批检验。

特殊医学用途配方食品中的特定全营养配方食品应当通过医疗机构或者药品零售企业向消费者销售。医疗机构、药品零售企业销售特定全营养配方食品的，不需要取得食品经营许可，但是应当遵守食品安全法和本条例关于食品销售的规定。

第三十七条 特殊医学用途配方食品中的特定全营养配方食品广告按照处方药广告管理，其他类别的特殊医学用途配方食品广告按照非处方药广告管理。

第三十八条 对保健食品之外的其他食品，不得声称具有保健功能。

对添加食品安全国家标准规定的选择性添加物质的婴幼儿配方食品，不得以选择性添加物质命名。

第三十九条 特殊食品的标签、说明书内容应当与注册或者备案的标签、说明书一致。销售特殊食品，应当核对食品标签、说明书内容是否与注册或者备案的标签、说明书一致，不一致的不得销售。省级以上人民政府食品安全监督管理部门应当在其网站上公布注册或者备案的特殊食品的标签、说明书。

特殊食品不得与普通食品或者药品混放销售。

第五章 食品检验

第四十条 对食品进行抽样检验，应当按照食品安全标准、注册或者备案的特殊食品的产品技术要求以及国家有关规定确定的检验项目和检验方法进行。

第四十一条 对可能掺杂掺假的食品，按照现有食品安全标准规定的检验项目和检验方法以及依照食品安全法第一百一十一条和本条例第六十三条规定制定的检验项目和检验方法无法检验的，国务院食品安全监督管理部门可以制定补充检验项目和检验方法，用于对食品的抽样检验、食品安全案件调查处理和食品安全事故处置。

第四十二条 依照食品安全法第八十八条的规定申请复检的，申请人应当向复检机构先行支付复检费用。复检结论表明食品不合格的，复检费用由复检申请人承担；复检结论表明食品合格的，复检费用由实施抽样检验的食品安全监督管理部门承担。

复检机构无正当理由不得拒绝承担复检任务。

第四十三条 任何单位和个人不得发布未依法取得资质认定的食品检验机构出具的食品检验信息，不得利用上述检验信息对食品、食品生产经营者进行等级评定，欺骗、误导消费者。

第六章 食品进出口

第四十四条 进口商进口食品、食品添加剂，应当按照规定向出入境检验检疫机构报检，如实申报产品相关信息，并随附法律、行政法规规定的合格证明材料。

第四十五条 进口食品运达口岸后，应当存放在出入境检验检疫机构指定或者认可的场所；需要移动的，应当按照出入境检验检疫机构的要求采取必要的安全防护措施。大宗散装进口食品应当在卸货口岸进行检验。

第四十六条 国家出入境检验检疫部门根据风险管理需要，可以对部分食品实行指定口岸进口。

第四十七条 国务院卫生行政部门依照食品安全法第九十三条的规定对境外出口商、境外生产企业或者其委托的进口商提交的相关国家（地区）标准或者国际标准进行审查，认为符合食品安全要求的，决定暂予适用并予以公布；暂予适用的标准公布前，不得进口尚无食品安全国家标准的食品。

食品安全国家标准中通用标准已经涵盖的食品不属于食品安全法第九十三条规定的尚无食品安全国家标准的食品。

第四十八条 进口商应当建立境外出口商、境外生产企业审核制度，重点审核境外出口商、境外生产企业制定和执行食品安全风险控制措施的情况以及向我国出口的食品是否符合食品安全法、本条例和其他有关法律、行政法规的规定以及食品安全国家标准的要求。

第四十九条 进口商依照食品安全法第九十四条第三款的规定召回进口食品的，应当将食品召回和处理情况向所在地县级人民政府食品安全监督管理部门和所在地出入境检验检疫机构报告。

第五十条 国家出入境检验检疫部门发现已经注册的境外食品生产企业不再符合注册要求的，应当责令其在规定期限内整改，整改期间暂停进口其生产的食品；经整改仍不符合注册要求的，国家出入境检验检疫部门应当撤销境外食品生产企业注册并公告。

第五十一条 对通过我国良好生产规范、危害分析与关键控制点体系认证的境外生产企业，认证机构应当依法实施跟踪调查。对不再符合认证要求的企业，认证机构应当依法撤销认证并向社会公布。

第五十二条 境外发生的食品安全事件可能对我国境内造成影响，或者在进口食品、食品添加剂、食品相关产品中发现严重食品安全问题的，国家出入境检验检疫部门应当及时进行风险预警，并可以对相关的食品、食品添加剂、食品相关产品采取下列控制措施：

（一）退货或者销毁处理；

（二）有条件地限制进口；

（三）暂停或者禁止进口。

第五十三条 出口食品、食品添加剂的生产企业应当保证其出口食品、食品添加剂符合进口国家（地区）的标准或者合同要求；我国缔结或者参加的国际条约、协定有要求的，还应当符合国际条约、协定的要求。

第七章　食品安全事故处置

第五十四条 食品安全事故按照国家食品安全事故应急预案实行分级管理。县级以上人民政府食品安全监督管理部门会同同级有关部门负责食品安全事故调查处理。

县级以上人民政府应当根据实际情况及时修改、完善食品安全事故应急预案。

第五十五条 县级以上人民政府应当完善食品安全事故应急管理机制，改善应急装备，做好应急物资储备和应急队伍建设，加强应急培训、演练。

第五十六条 发生食品安全事故的单位应当对导致或者可能导致食品安全事故的食品及原料、工具、设备、设施等，立即采取封存等控制措施。

第五十七条 县级以上人民政府食品安全监督管理部门接到食品安全事故报告后，应当立即会同同级卫生行政、农业行政等部门依照食品安全法第一百零五条的规定进行调查处理。食品安全监督管理部门应当对事故单位封存的食品及原料、工具、设备、设施等予以保护，需要封存而事故单位尚未封存的应当直接封存或者责令事故单位立即封存，并通知疾病预防控制机构对与事故有关的因素开展流行病学调查。

疾病预防控制机构应当在调查结束后向同级食品安全监督管理、卫生行政部门同时提交流行病学调查报告。

任何单位和个人不得拒绝、阻挠疾病预防控制机构开展流行病学调查。有关部门应当对疾病预防控制机构开展流行病学调查予以协助。

第五十八条 国务院食品安全监督管理部门会同国务院卫生行政、农业行政等部门定期对全国食品安全事故情况进行分析，完善食品安全监督管理措施，预防和减少事故的发生。

第八章　监督管理

第五十九条 设区的市级以上人民政府食品安全监督管理部门根据监督管理工作需要，可以对由下级人民政府食品安全监督管理部门负责日常监督管理的食品生产经营者实施随机监督检查，也可以组织下级人民政府食品安全监督管理部门对食品生产经营者实施异地监督检查。

设区的市级以上人民政府食品安全监督管理部门认为必要的，可以直接调查处理下级人民政府食品安全监督管理部门管辖的食品安全违法案件，也可以指定其他下级人民政府食品安全监督管理部门调查处理。

第六十条 国家建立食品安全检查员制度，依托现有资源加强职业化检查员队伍建设，强化考核培训，提高检查员专业化水平。

第六十一条 县级以上人民政府食品安全监督管理部门依照食品安全法第一百一十条的规定实施查封、扣押措施，查封、扣押的期限不得超过 30 日；情况复杂的，经实施查封、扣押措施的食品安全监督管理部门负责人批准，可以延长，延长期限不得超过 45 日。

第六十二条 网络食品交易第三方平台多次出现入网食品经营者违法经营或者入网食品经营者的违法经营行为造成严重后果的，县级以上人民政府食品安全监督管理部门可以对网络食品交易第三方平台提供者的法定代表人或者主要负责人进行责任约谈。

第六十三条 国务院食品安全监督管理部门会同国务院卫生行政等部门根据食源性疾病信息、食品安全风险监测信息和监督管理信息等，对发现的添加或者可能添加到食品中的非食品用化学物质和其他可能危害人体健康的物质，制定名录及检测方法并予以公布。

第六十四条 县级以上地方人民政府卫生行政部门应当对餐具饮具集中消毒服务单位进行监督检查，发现不符合法律、法规、国家相关标准以及相关卫生规范等要求的，应当及时调查处理。监督检查的结果应当向社会公布。

第六十五条 国家实行食品安全违法行为举报奖励制度，对查证属实的举报，给予举报人奖励。举报人举报所在企业食品安全重大违法犯罪行为的，应当加大奖励力度。有关部门应当对举报人的信息予以保密，保护举报人的合法权益。食品安全违法行为举报奖励办法由国务院食品安全监督管理部门会同国务院财政等有关部门制定。

食品安全违法行为举报奖励资金纳入各级人民政府预算。

第六十六条 国务院食品安全监督管理部门应当会同国务院有关部门建立守信联合激励和失信联合惩戒机制，结合食品生产经营者信用档案，建立严重违法生产经营者黑名单制度，将食品安全信用状况与准入、融资、信贷、征信等相衔接，及时向社会公布。

第九章　法律责任

第六十七条　有下列情形之一的，属于食品安全法第一百二十三条至第一百二十六条、第一百三十二条以及本条例第七十二条、第七十三条规定的情节严重情形：

（一）违法行为涉及的产品货值金额 2 万元以上或者违法行为持续时间 3 个月以上；

（二）造成食源性疾病并出现死亡病例，或者造成 30 人以上食源性疾病但未出现死亡病例；

（三）故意提供虚假信息或者隐瞒真实情况；

（四）拒绝、逃避监督检查；

（五）因违反食品安全法律、法规受到行政处罚后 1 年内又实施同一性质的食品安全违法行为，或者因违反食品安全法律、法规受到刑事处罚后又实施食品安全违法行为；

（六）其他情节严重的情形。

对情节严重的违法行为处以罚款时，应当依法从重从严。

第六十八条　有下列情形之一的，依照食品安全法第一百二十五条第一款、本条例第七十五条的规定给予处罚：

（一）在食品生产、加工场所贮存依照本条例第六十三条规定制定的名录中的物质；

（二）生产经营的保健食品之外的食品的标签、说明书声称具有保健功能；

（三）以食品安全国家标准规定的选择性添加物质命名婴幼儿配方食品；

（四）生产经营的特殊食品的标签、说明书内容与注册或者备案的标签、说明书不一致。

第六十九条　有下列情形之一的，依照食品安全法第一百二十六条第一款、本条例第七十五条的规定给予处罚：

（一）接受食品生产经营者委托贮存、运输食品，未按照规定记录保存信息；

（二）餐饮服务提供者未查验、留存餐具饮具集中消毒服务单位的营业执照复印件和消毒合格证明；

（三）食品生产经营者未按照规定对变质、超过保质期或者回收的食品进行标示或者存放，或者未及时对上述食品采取无害化处理、销毁等措施并如实记录；

（四）医疗机构和药品零售企业之外的单位或者个人向消费者销售特殊医学用途配方食品中的特定全营养配方食品；

（五）将特殊食品与普通食品或者药品混放销售。

第七十条　除食品安全法第一百二十五条第一款、第一百二十六条规定的情形外，食品生产经营者的生产经营行为不符合食品安全法第三十三条第一款第五项、第七项至第十项的规定，或者不符合有关食品生产经营过程要求的食品安全国家标准的，依照食品安全法第一百二十六条第一款、本条例第七十五条的规定给予处罚。

第七十一条　餐具饮具集中消毒服务单位未按照规定建立并遵守出厂检验记录制度的，由县级以上人民政府卫生行政部门依照食品安全法第一百二十六条第一款、本条例第七十五条的规定给予处罚。

第七十二条 从事对温度、湿度等有特殊要求的食品贮存业务的非食品生产经营者，食品集中交易市场的开办者、食品展销会的举办者，未按照规定备案或者报告的，由县级以上人民政府食品安全监督管理部门责令改正，给予警告；拒不改正的，处1万元以上5万元以下罚款；情节严重的，责令停产停业，并处5万元以上20万元以下罚款。

第七十三条 利用会议、讲座、健康咨询等方式对食品进行虚假宣传的，由县级以上人民政府食品安全监督管理部门责令消除影响，有违法所得的，没收违法所得；情节严重的，依照食品安全法第一百四十条第五款的规定进行处罚；属于单位违法的，还应当依照本条例第七十五条的规定对单位的法定代表人、主要负责人、直接负责的主管人员和其他直接责任人员给予处罚。

第七十四条 食品生产经营者生产经营的食品符合食品安全标准但不符合食品所标注的企业标准规定的食品安全指标的，由县级以上人民政府食品安全监督管理部门给予警告，并责令食品经营者停止经营该食品，责令食品生产企业改正；拒不停止经营或者改正的，没收不符合企业标准规定的食品安全指标的食品，货值金额不足1万元的，并处1万元以上5万元以下罚款，货值金额1万元以上的，并处货值金额5倍以上10倍以下罚款。

第七十五条 食品生产经营企业等单位有食品安全法规定的违法情形，除依照食品安全法的规定给予处罚外，有下列情形之一的，对单位的法定代表人、主要负责人、直接负责的主管人员和其他直接责任人员处以其上一年度从本单位取得收入的1倍以上10倍以下罚款：

（一）故意实施违法行为；

（二）违法行为性质恶劣；

（三）违法行为造成严重后果。

属于食品安全法第一百二十五条第二款规定情形的，不适用前款规定。

第七十六条 食品生产经营者依照食品安全法第六十三条第一款、第二款的规定停止生产、经营，实施食品召回，或者采取其他有效措施减轻或者消除食品安全风险，未造成危害后果的，可以从轻或者减轻处罚。

第七十七条 县级以上地方人民政府食品安全监督管理等部门对有食品安全法第一百二十三条规定的违法情形且情节严重，可能需要行政拘留的，应当及时将案件及有关材料移送同级公安机关。公安机关认为需要补充材料的，食品安全监督管理等部门应当及时提供。公安机关经审查认为不符合行政拘留条件的，应当及时将案件及有关材料退回移送的食品安全监督管理等部门。

第七十八条 公安机关对发现的食品安全违法行为，经审查没有犯罪事实或者立案侦查后认为不需要追究刑事责任，但依法应当予以行政拘留的，应当及时作出行政拘留的处罚决定；不需要予以行政拘留但依法应当追究其他行政责任的，应当及时将案件及有关材料移送同级食品安全监督管理等部门。

第七十九条 复检机构无正当理由拒绝承担复检任务的，由县级以上人民政府食品安全监督管理部门给予警告，无正当理由1年内2次拒绝承担复检任务的，由国务院有关部门撤销其复检机构资质并向社会公布。

第八十条 发布未依法取得资质认定的食品检验机构出具的食品检验信息，或者利用上述检验信息对食品、食品生产经营者进行等级评定，欺骗、误导消费者的，由县级以上人民政府食品安全监督管理部门责令改正，有违法所得的，没收违法所得，并处10万元以上50万元以下罚款；拒不改正的，处50万元以上100万元以下罚款；构成违反治安管理行为的，由公安机关依法给予治安管理处罚。

第八十一条 食品安全监督管理部门依照食品安全法、本条例对违法单位或者个人处以30万元以上罚款的，由设区的市级以上人民政府食品安全监督管理部门决定。罚款具体处罚权限由国务院食品安全监督管理部门规定。

第八十二条 阻碍食品安全监督管理等部门工作人员依法执行职务，构成违反治安管理行为的，由公安机关依法给予治安管理处罚。

第八十三条 县级以上人民政府食品安全监督管理等部门发现单位或者个人违反食品安全法第一百二十条第一款规定，编造、散布虚假食品安全信息，涉嫌构成违反治安管理行为的，应当将相关情况通报同级公安机关。

第八十四条 县级以上人民政府食品安全监督管理部门及其工作人员违法向他人提供网络食品交易第三方平台提供者提供的信息的，依照食品安全法第一百四十五条的规定给予处分。

第八十五条 违反本条例规定，构成犯罪的，依法追究刑事责任。

第十章 附 则

第八十六条 本条例自2019年12月1日起施行。

优化营商环境条例

（2019年10月22日中华人民共和国国务院令第722号公布）

第一章　总　　则

第一条　为了持续优化营商环境，不断解放和发展社会生产力，加快建设现代化经济体系，推动高质量发展，制定本条例。

第二条　本条例所称营商环境，是指企业等市场主体在市场经济活动中所涉及的体制机制性因素和条件。

第三条　国家持续深化简政放权、放管结合、优化服务改革，最大限度减少政府对市场资源的直接配置，最大限度减少政府对市场活动的直接干预，加强和规范事中事后监管，着力提升政务服务能力和水平，切实降低制度性交易成本，更大激发市场活力和社会创造力，增强发展动力。

各级人民政府及其部门应当坚持政务公开透明，以公开为常态、不公开为例外，全面推进决策、执行、管理、服务、结果公开。

第四条　优化营商环境应当坚持市场化、法治化、国际化原则，以市场主体需求为导向，以深刻转变政府职能为核心，创新体制机制、强化协同联动、完善法治保障，对标国际先进水平，为各类市场主体投资兴业营造稳定、公平、透明、可预期的良好环境。

第五条　国家加快建立统一开放、竞争有序的现代市场体系，依法促进各类生产要素自由流动，保障各类市场主体公平参与市场竞争。

第六条　国家鼓励、支持、引导非公有制经济发展，激发非公有制经济活力和创造力。

国家进一步扩大对外开放，积极促进外商投资，平等对待内资企业、外商投资企业等各类市场主体。

第七条　各级人民政府应当加强对优化营商环境工作的组织领导，完善优化营商环境的政策措施，建立健全统筹推进、督促落实优化营商环境工作的相关机制，及时协调、解决优化营商环境工作中的重大问题。

县级以上人民政府有关部门应当按照职责分工，做好优化营商环境的相关工作。县级以上地方人民政府根据实际情况，可以明确优化营商环境工作的主管部门。

国家鼓励和支持各地区、各部门结合实际情况，在法治框架内积极探索原创性、差异化的优化营商环境具体措施；对探索中出现失误或者偏差，符合规定条件的，可以予以免责或者减轻责任。

第八条　国家建立和完善以市场主体和社会公众满意度为导向的营商环境评价体系，

发挥营商环境评价对优化营商环境的引领和督促作用。

开展营商环境评价，不得影响各地区、各部门正常工作，不得影响市场主体正常生产经营活动或者增加市场主体负担。

任何单位不得利用营商环境评价谋取利益。

第九条 市场主体应当遵守法律法规，恪守社会公德和商业道德，诚实守信、公平竞争，履行安全、质量、劳动者权益保护、消费者权益保护等方面的法定义务，在国际经贸活动中遵循国际通行规则。

第二章 市场主体保护

第十条 国家坚持权利平等、机会平等、规则平等，保障各种所有制经济平等受到法律保护。

第十一条 市场主体依法享有经营自主权。对依法应当由市场主体自主决策的各类事项，任何单位和个人不得干预。

第十二条 国家保障各类市场主体依法平等使用资金、技术、人力资源、土地使用权及其他自然资源等各类生产要素和公共服务资源。

各类市场主体依法平等适用国家支持发展的政策。政府及其有关部门在政府资金安排、土地供应、税费减免、资质许可、标准制定、项目申报、职称评定、人力资源政策等方面，应当依法平等对待各类市场主体，不得制定或者实施歧视性政策措施。

第十三条 招标投标和政府采购应当公开透明、公平公正，依法平等对待各类所有制和不同地区的市场主体，不得以不合理条件或者产品产地来源等进行限制或者排斥。

政府有关部门应当加强招标投标和政府采购监管，依法纠正和查处违法违规行为。

第十四条 国家依法保护市场主体的财产权和其他合法权益，保护企业经营者人身和财产安全。

严禁违反法定权限、条件、程序对市场主体的财产和企业经营者个人财产实施查封、冻结和扣押等行政强制措施；依法确需实施前述行政强制措施的，应当限定在所必需的范围内。

禁止在法律、法规规定之外要求市场主体提供财力、物力或者人力的摊派行为。市场主体有权拒绝任何形式的摊派。

第十五条 国家建立知识产权侵权惩罚性赔偿制度，推动建立知识产权快速协同保护机制，健全知识产权纠纷多元化解决机制和知识产权维权援助机制，加大对知识产权的保护力度。

国家持续深化商标注册、专利申请便利化改革，提高商标注册、专利申请审查效率。

第十六条 国家加大中小投资者权益保护力度，完善中小投资者权益保护机制，保障中小投资者的知情权、参与权，提升中小投资者维护合法权益的便利度。

第十七条 除法律、法规另有规定外，市场主体有权自主决定加入或者退出行业协会商会等社会组织，任何单位和个人不得干预。

除法律、法规另有规定外，任何单位和个人不得强制或者变相强制市场主体参加评比、达标、表彰、培训、考核、考试以及类似活动，不得借前述活动向市场主体收费或者变相收费。

第十八条 国家推动建立全国统一的市场主体维权服务平台，为市场主体提供高效、便捷的维权服务。

第三章 市场环境

第十九条 国家持续深化商事制度改革，统一企业登记业务规范，统一数据标准和平台服务接口，采用统一社会信用代码进行登记管理。

国家推进“证照分离”改革，持续精简涉企经营许可事项，依法采取直接取消审批、审批改为备案、实行告知承诺、优化审批服务等方式，对所有涉企经营许可事项进行分类管理，为企业取得营业执照后开展相关经营活动提供便利。除法律、行政法规规定的特定领域外，涉企经营许可事项不得作为企业登记的前置条件。

政府有关部门应当按照国家有关规定，简化企业从申请设立到具备一般性经营条件所需办理的手续。在国家规定的企业开办时限内，各地区应当确定并公开具体办理时间。

企业申请办理住所等相关变更登记的，有关部门应当依法及时办理，不得限制。除法律、法规、规章另有规定外，企业迁移后其持有的有效许可证件不再重复办理。

第二十条 国家持续放宽市场准入，并实行全国统一的市场准入负面清单制度。市场准入负面清单以外的领域，各类市场主体均可以依法平等进入。

各地区、各部门不得另行制定市场准入性质的负面清单。

第二十一条 政府有关部门应当加大反垄断和反不正当竞争执法力度，有效预防和制止市场经济活动中的垄断行为、不正当竞争行为以及滥用行政权力排除、限制竞争的行为，营造公平竞争的市场环境。

第二十二条 国家建立健全统一开放、竞争有序的人力资源市场体系，打破城乡、地区、行业分割和身份、性别等歧视，促进人力资源有序社会性流动和合理配置。

第二十三条 政府及其有关部门应当完善政策措施、强化创新服务，鼓励和支持市场主体拓展创新空间，持续推进产品、技术、商业模式、管理等创新，充分发挥市场主体在推动科技成果转化中的作用。

第二十四条 政府及其有关部门应当严格落实国家各项减税降费政策，及时研究解决政策落实中的具体问题，确保减税降费政策全面、及时惠及市场主体。

第二十五条 设立政府性基金、涉企行政事业性收费、涉企保证金，应当有法律、行政法规依据或者经国务院批准。对政府性基金、涉企行政事业性收费、涉企保证金以及实行政府定价的经营服务性收费，实行目录清单管理并向社会公开，目录清单之外的前述收费和保证金一律不得执行。推广以金融机构保函替代现金缴纳涉企保证金。

第二十六条 国家鼓励和支持金融机构加大对民营企业、中小企业的支持力度，降低民营企业、中小企业综合融资成本。

金融监督管理部门应当完善对商业银行等金融机构的监管考核和激励机制，鼓励、引导其增加对民营企业、中小企业的信贷投放，并合理增加中长期贷款和信用贷款支持，提高贷款审批效率。

商业银行等金融机构在授信中不得设置不合理条件，不得对民营企业、中小企业设置歧视性要求。商业银行等金融机构应当按照国家有关规定规范收费行为，不得违规向服务对象收取不合理费用。商业银行应当向社会公开开设企业账户的服务标准、资费标准和办理时限。

第二十七条 国家促进多层次资本市场规范健康发展，拓宽市场主体融资渠道，支持符合条件的民营企业、中小企业依法发行股票、债券以及其他融资工具，扩大直接融资规模。

第二十八条 供水、供电、供气、供热等公用企事业单位应当向社会公开服务标准、资费标准等信息，为市场主体提供安全、便捷、稳定和价格合理的服务，不得强迫市场主体接受不合理的服务条件，不得以任何名义收取不合理费用。各地区应当优化报装流程，在国家规定的报装办理时限内确定并公开具体办理时间。

政府有关部门应当加强对公用企事业单位运营的监督管理。

第二十九条 行业协会商会应当依照法律、法规和章程，加强行业自律，及时反映行业诉求，为市场主体提供信息咨询、宣传培训、市场拓展、权益保护、纠纷处理等方面的服务。

国家依法严格规范行业协会商会的收费、评比、认证等行为。

第三十条 国家加强社会信用体系建设，持续推进政务诚信、商务诚信、社会诚信和司法公信建设，提高全社会诚信意识和信用水平，维护信用信息安全，严格保护商业秘密和个人隐私。

第三十一条 地方各级人民政府及其有关部门应当履行向市场主体依法作出的政策承诺以及依法订立的各类合同，不得以行政区划调整、政府换届、机构或者职能调整以及相关责任人更替等为由违约毁约。因国家利益、社会公共利益需要改变政策承诺、合同约定的，应当依照法定权限和程序进行，并依法对市场主体因此受到的损失予以补偿。

第三十二条 国家机关、事业单位不得违约拖欠市场主体的货物、工程、服务等账款，大型企业不得利用优势地位拖欠中小企业账款。

县级以上人民政府及其有关部门应当加大对国家机关、事业单位拖欠市场主体账款的清理力度，并通过加强预算管理、严格责任追究等措施，建立防范和治理国家机关、事业单位拖欠市场主体账款的长效机制。

第三十三条 政府有关部门应当优化市场主体注销办理流程，精简申请材料、压缩办理时间、降低注销成本。对设立后未开展生产经营活动或者无债权债务的市场主体，可以按照简易程序办理注销。对有债权债务的市场主体，在债权债务依法解决后及时办理注销。

县级以上地方人民政府应当根据需要建立企业破产工作协调机制，协调解决企业破产过程中涉及的有关问题。

第四章 政务服务

第三十四条 政府及其有关部门应当进一步增强服务意识，切实转变工作作风，为市场主体提供规范、便利、高效的政务服务。

第三十五条 政府及其有关部门应当推进政务服务标准化，按照减环节、减材料、减时限的要求，编制并向社会公开政务服务事项（包括行政权力事项和公共服务事项，下同）标准化工作流程和办事指南，细化量化政务服务标准，压缩自由裁量权，推进同一事项实行无差别受理、同标准办理。没有法律、法规、规章依据，不得增设政务服务事项的办理条件和环节。

第三十六条 政府及其有关部门办理政务服务事项，应当根据实际情况，推行当场办结、一次办结、限时办结等制度，实现集中办理、就近办理、网上办理、异地可办。需要市场主体补正有关材料、手续的，应当一次性告知需要补正的内容；需要进行现场踏勘、现场核查、技术审查、听证论证的，应当及时安排、限时办结。

法律、法规、规章以及国家有关规定对政务服务事项办理时限有规定的，应当在规定的时限内尽快办结；没有规定的，应当按照合理、高效的原则确定办理时限并按时办结。各地区可以在国家规定的政务服务事项办理时限内进一步压减时间，并应当向社会公开；超过办理时间的，办理单位应当公开说明理由。

地方各级人民政府已设立政务服务大厅的，本行政区域内各类政务服务事项一般应当进驻政务服务大厅统一办理。对政务服务大厅中部门分设的服务窗口，应当创造条件整合为综合窗口，提供一站式服务。

第三十七条 国家加快建设全国一体化在线政务服务平台（以下称一体化在线平台），推动政务服务事项在全国范围内实现“一网通办”。除法律、法规另有规定或者涉及国家秘密等情形外，政务服务事项应当按照国务院确定的步骤，纳入一体化在线平台办理。

国家依托一体化在线平台，推动政务信息系统整合，优化政务流程，促进政务服务跨地区、跨部门、跨层级数据共享和业务协同。政府及其有关部门应当按照国家有关规定，提供数据共享服务，及时将有关政务服务数据上传至一体化在线平台，加强共享数据使用全过程管理，确保共享数据安全。

国家建立电子证照共享服务系统，实现电子证照跨地区、跨部门共享和全国范围内互信互认。各地区、各部门应当加强电子证照的推广应用。

各地区、各部门应当推动政务服务大厅与政务服务平台全面对接融合。市场主体有权自主选择政务服务办理渠道，行政机关不得限定办理渠道。

第三十八条 政府及其有关部门应当通过政府网站、一体化在线平台，集中公布涉及市场主体的法律、法规、规章、行政规范性文件和各类政策措施，并通过多种途径和方式加强宣传解读。

第三十九条 国家严格控制新设行政许可。新设行政许可应当按照行政许可法和国务院的规定严格设定标准，并进行合法性、必要性和合理性审查论证。对通过事中事后监管或者市场机制能够解决以及行政许可法和国务院规定不得设立行政许可的事项，一律不得设立行政许可，严禁以备案、登记、注册、目录、规划、年检、年报、监制、认定、认证、审定以及其他任何形式变相设定或者实施行政许可。

法律、行政法规和国务院决定对相关管理事项已作出规定，但未采取行政许可管理方式的，地方不得就该事项设定行政许可。对相关管理事项尚未制定法律、行政法规的，地方可以依法就该事项设定行政许可。

第四十条 国家实行行政许可清单管理制度，适时调整行政许可清单并向社会公布，清单之外不得违法实施行政许可。

国家大力精简已有行政许可。对已取消的行政许可，行政机关不得继续实施或者变相实施，不得转由行业协会商会或者其他组织实施。

对实行行政许可管理的事项，行政机关应当通过整合实施、下放审批层级等多种方式，优化审批服务，提高审批效率，减轻市场主体负担。符合相关条件和要求的，可以按照有关规定采取告知承诺的方式办理。

第四十一条 县级以上地方人民政府应当深化投资审批制度改革，根据项目性质、投资规模等分类规范投资审批程序，精简审批要件，简化技术审查事项，强化项目决策与用地、规划等建设条件落实的协同，实行与相关审批在线并联办理。

第四十二条 设区的市级以上地方人民政府应当按照国家有关规定，优化工程建设项目（不包括特殊工程和交通、水利、能源等领域的重大工程）审批流程，推行并联审批、多图联审、联合竣工验收等方式，简化审批手续，提高审批效能。

在依法设立的开发区、新区和其他有条件的区域，按照国家有关规定推行区域评估，由设区的市级以上地方人民政府组织对一定区域内压覆重要矿产资源、地质灾害危险性等事项进行统一评估，不再对区域内的市场主体单独提出评估要求。区域评估的费用不得由市场主体承担。

第四十三条 作为办理行政审批条件的中介服务事项（以下称法定行政审批中介服务）应当有法律、法规或者国务院决定依据；没有依据的，不得作为办理行政审批的条件。中介服务机构应当明确办理法定行政审批中介服务的条件、流程、时限、收费标准，并向社会公开。

国家加快推进中介服务机构与行政机关脱钩。行政机关不得为市场主体指定或者变相指定中介服务机构；除法定行政审批中介服务外，不得强制或者变相强制市场主体接受中介服务。行政机关所属事业单位、主管的社会组织及其举办的企业不得开展与本机关所负责行政审批相关的中介服务，法律、行政法规另有规定的除外。

行政机关在行政审批过程中需要委托中介服务机构开展技术性服务的，应当通过竞争性方式选择中介服务机构，并自行承担服务费用，不得转嫁给市场主体承担。

第四十四条 证明事项应当有法律、法规或者国务院决定依据。

设定证明事项，应当坚持确有必要、从严控制的原则。对通过法定证照、法定文书、书面告知承诺、政府部门内部核查和部门间核查、网络核验、合同凭证等能够办理，能够被其他材料涵盖或者替代，以及开具单位无法调查核实的，不得设定证明事项。

政府有关部门应当公布证明事项清单，逐项列明设定依据、索要单位、开具单位、办理指南等。清单之外，政府部门、公用企事业单位和服务机构不得索要证明。各地区、各部门之间应当加强证明的互认共享，避免重复索要证明。

第四十五条 政府及其有关部门应当按照国家促进跨境贸易便利化的有关要求，依法削减进出口环节审批事项，取消不必要的监管要求，优化简化通关流程，提高通关效率，清理规范口岸收费，降低通关成本，推动口岸和国际贸易领域相关业务统一通过国际贸易

“单一窗口”办理。

第四十六条 税务机关应当精简办税资料和流程，简并申报缴税次数，公开涉税事项办理时限，压减办税时间，加大推广使用电子发票的力度，逐步实现全程网上办税，持续优化纳税服务。

第四十七条 不动产登记机构应当按照国家有关规定，加强部门协作，实行不动产登记、交易和缴税一窗受理、并行办理，压缩办理时间，降低办理成本。在国家规定的不动产登记时限内，各地区应当确定并公开具体办理时间。

国家推动建立统一的动产和权利担保登记公示系统，逐步实现市场主体在一个平台上办理动产和权利担保登记。纳入统一登记公示系统的动产和权利范围另行规定。

第四十八条 政府及其有关部门应当按照构建亲清新型政商关系的要求，建立畅通有效的政企沟通机制，采取多种方式及时听取市场主体的反映和诉求，了解市场主体生产经营中遇到的困难和问题，并依法帮助其解决。

建立政企沟通机制，应当充分尊重市场主体意愿，增强针对性和有效性，不得干扰市场主体正常生产经营活动，不得增加市场主体负担。

第四十九条 政府及其有关部门应当建立便利、畅通的渠道，受理有关营商环境的投诉和举报。

第五十条 新闻媒体应当及时、准确宣传优化营商环境的措施和成效，为优化营商环境创造良好舆论氛围。

国家鼓励对营商环境进行舆论监督，但禁止捏造虚假信息或者歪曲事实进行不实报道。

第五章 监管执法

第五十一条 政府有关部门应当严格按照法律法规和职责，落实监管责任，明确监管对象和范围、厘清监管事权，依法对市场主体进行监管，实现监管全覆盖。

第五十二条 国家健全公开透明的监管规则和标准体系。国务院有关部门应当分领域制定全国统一、简明易行的监管规则和标准，并向社会公开。

第五十三条 政府及其有关部门应当按照国家关于加快构建以信用为基础的新型监管机制的要求，创新和完善信用监管，强化信用监管的支撑保障，加强信用监管的组织实施，不断提升信用监管效能。

第五十四条 国家推行“双随机、一公开”监管，除直接涉及公共安全和人民群众生命健康等特殊行业、重点领域外，市场监管领域的行政检查应当通过随机抽取检查对象、随机选派执法检查人员、抽查事项及查处结果及时向社会公开的方式进行。针对同一检查对象的多个检查事项，应当尽可能合并或者纳入跨部门联合抽查范围。

对直接涉及公共安全和人民群众生命健康等特殊行业、重点领域，依法依规实行全覆盖的重点监管，并严格规范重点监管的程序；对通过投诉举报、转办交办、数据监测等发现的问题，应当有针对性地进行检查并依法依规处理。

第五十五条 政府及其有关部门应当按照鼓励创新的原则，对新技术、新产业、新业态、新模式等实行包容审慎监管，针对其性质、特点分类制定和实行相应的监管规则和标准，留足发展空间，同时确保质量和安全，不得简单化予以禁止或者不予监管。

第五十六条 政府及其有关部门应当充分运用互联网、大数据等技术手段，依托国家统一建立的在线监管系统，加强监管信息归集共享和关联整合，推行以远程监管、移动监管、预警防控为特征的非现场监管，提升监管的精准化、智能化水平。

第五十七条 国家建立健全跨部门、跨区域行政执法联动响应和协作机制，实现违法线索互联、监管标准互通、处理结果互认。

国家统筹配置行政执法职能和执法资源，在相关领域推行综合行政执法，整合精简执法队伍，减少执法主体和执法层级，提高基层执法能力。

第五十八条 行政执法机关应当按照国家有关规定，全面落实行政执法公示、行政执法全过程记录和重大行政执法决定法制审核制度，实现行政执法信息及时准确公示、行政执法全过程留痕和可回溯管理、重大行政执法决定法制审核全覆盖。

第五十九条 行政执法中应当推广运用说服教育、劝导示范、行政指导等非强制性手段，依法慎重实施行政强制。采用非强制性手段能够达到行政管理目的的，不得实施行政强制；违法行为情节轻微或者社会危害较小的，可以不实施行政强制；确需实施行政强制的，应当尽可能减少对市场主体正常生产经营活动的影响。

开展清理整顿、专项整治等活动，应当严格依法进行，除涉及人民群众生命安全、发生重特大事故或者举办国家重大活动，并报经有权机关批准外，不得在相关区域采取要求相关行业、领域的市场主体普遍停产、停业的措施。

禁止将罚没收入与行政执法机关利益挂钩。

第六十条 国家健全行政执法自由裁量基准制度，合理确定裁量范围、种类和幅度，规范行政执法自由裁量权的行使。

第六章　法治保障

第六十一条 国家根据优化营商环境需要，依照法定权限和程序及时制定或者修改、废止有关法律、法规、规章、行政规范性文件。

优化营商环境的改革措施涉及调整实施现行法律、行政法规等有关规定的，依照法定程序经有权机关授权后，可以先行先试。

第六十二条 制定与市场主体生产经营活动密切相关的行政法规、规章、行政规范性文件，应当按照国务院的规定，充分听取市场主体、行业协会商会的意见。

除依法需要保密外，制定与市场主体生产经营活动密切相关的行政法规、规章、行政规范性文件，应当通过报纸、网络等向社会公开征求意见，并建立健全意见采纳情况反馈机制。向社会公开征求意见的期限一般不少于30日。

第六十三条 制定与市场主体生产经营活动密切相关的行政法规、规章、行政规范性文件，应当按照国务院的规定进行公平竞争审查。

制定涉及市场主体权利义务的行政规范性文件，应当按照国务院的规定进行合法性审核。

市场主体认为地方性法规同行政法规相抵触，或者认为规章同法律、行政法规相抵触的，可以向国务院书面提出审查建议，由有关机关按照规定程序处理。

第六十四条 没有法律、法规或者国务院决定和命令依据的，行政规范性文件不得减损市场主体合法权益或者增加其义务，不得设置市场准入和退出条件，不得干预市场主体正常生产经营活动。

涉及市场主体权利义务的行政规范性文件应当按照法定要求和程序予以公布，未经公布的不得作为行政管理依据。

第六十五条 制定与市场主体生产经营活动密切相关的行政法规、规章、行政规范性文件，应当结合实际，确定是否为市场主体留出必要的适应调整期。

政府及其有关部门应当统筹协调、合理把握规章、行政规范性文件等的出台节奏，全面评估政策效果，避免因政策叠加或者相互不协调对市场主体正常生产经营活动造成不利影响。

第六十六条 国家完善调解、仲裁、行政裁决、行政复议、诉讼等有机衔接、相互协调的多元化纠纷解决机制，为市场主体提供高效、便捷的纠纷解决途径。

第六十七条 国家加强法治宣传教育，落实国家机关普法责任制，提高国家工作人员依法履职能力，引导市场主体合法经营、依法维护自身合法权益，不断增强全社会的法治意识，为营造法治化营商环境提供基础性支撑。

第六十八条 政府及其有关部门应当整合律师、公证、司法鉴定、调解、仲裁等公共法律服务资源，加快推进公共法律服务体系建设，全面提升公共法律服务能力和水平，为优化营商环境提供全方位法律服务。

第六十九条 政府和有关部门及其工作人员有下列情形之一的，依法依规追究责任：

（一）违法干预应当由市场主体自主决策的事项；

（二）制定或者实施政策措施不依法平等对待各类市场主体；

（三）违反法定权限、条件、程序对市场主体的财产和企业经营者个人财产实施查封、冻结和扣押等行政强制措施；

（四）在法律、法规规定之外要求市场主体提供财力、物力或者人力；

（五）没有法律、法规依据，强制或者变相强制市场主体参加评比、达标、表彰、培训、考核、考试以及类似活动，或者借前述活动向市场主体收费或者变相收费；

（六）违法设立或者在目录清单之外执行政府性基金、涉企行政事业性收费、涉企保证金；

（七）不履行向市场主体依法作出的政策承诺以及依法订立的各类合同，或者违约拖欠市场主体的货物、工程、服务等账款；

（八）变相设定或者实施行政许可，继续实施或者变相实施已取消的行政许可，或者转由行业协会商会或者其他组织实施已取消的行政许可；

（九）为市场主体指定或者变相指定中介服务机构，或者违法强制市场主体接受中介服务；

（十）制定与市场主体生产经营活动密切相关的行政法规、规章、行政规范性文件时，不按照规定听取市场主体、行业协会商会的意见；

（十一）其他不履行优化营商环境职责或者损害营商环境的情形。

第七十条 公用企事业单位有下列情形之一的，由有关部门责令改正，依法追究法律责任：

（一）不向社会公开服务标准、资费标准、办理时限等信息；

（二）强迫市场主体接受不合理的服务条件；

（三）向市场主体收取不合理费用。

第七十一条 行业协会商会、中介服务机构有下列情形之一的，由有关部门责令改正，依法追究法律责任：

（一）违法开展收费、评比、认证等行为；

（二）违法干预市场主体加入或者退出行业协会商会等社会组织；

（三）没有法律、法规依据，强制或者变相强制市场主体参加评比、达标、表彰、培训、考核、考试以及类似活动，或者借前述活动向市场主体收费或者变相收费；

（四）不向社会公开办理法定行政审批中介服务的条件、流程、时限、收费标准；

（五）违法强制或者变相强制市场主体接受中介服务。

第七章 附 则

第七十二条 本条例自 2020 年 1 月 1 日起施行。

中华人民共和国外商投资法实施条例

（2019 年 12 月 26 日中华人民共和国国务院令第 723 号公布）

第一章　总　　则

第一条　根据《中华人民共和国外商投资法》（以下简称外商投资法），制定本条例。

第二条　国家鼓励和促进外商投资，保护外商投资合法权益，规范外商投资管理，持续优化外商投资环境，推进更高水平对外开放。

第三条　外商投资法第二条第二款第一项、第三项所称其他投资者，包括中国的自然人在内。

第四条　外商投资准入负面清单（以下简称负面清单）由国务院投资主管部门会同国务院商务主管部门等有关部门提出，报国务院发布或者报国务院批准后由国务院投资主管部门、商务主管部门发布。

国家根据进一步扩大对外开放和经济社会发展需要，适时调整负面清单。调整负面清单的程序，适用前款规定。

第五条　国务院商务主管部门、投资主管部门以及其他有关部门按照职责分工，密切配合、相互协作，共同做好外商投资促进、保护和管理工作。

县级以上地方人民政府应当加强对外商投资促进、保护和管理工作的组织领导，支持、督促有关部门依照法律法规和职责分工开展外商投资促进、保护和管理工作，及时协调、解决外商投资促进、保护和管理工作中的重大问题。

第二章　投资促进

第六条　政府及其有关部门在政府资金安排、土地供应、税费减免、资质许可、标准制定、项目申报、人力资源政策等方面，应当依法平等对待外商投资企业和内资企业。

政府及其有关部门制定的支持企业发展的政策应当依法公开；对政策实施中需要由企业申请办理的事项，政府及其有关部门应当公开申请办理的条件、流程、时限等，并在审核中依法平等对待外商投资企业和内资企业。

第七条　制定与外商投资有关的行政法规、规章、规范性文件，或者政府及其有关部门起草与外商投资有关的法律、地方性法规，应当根据实际情况，采取书面征求意见以及召开座谈会、论证会、听证会等多种形式，听取外商投资企业和有关商会、协会等方面的意见和建议；对反映集中或者涉及外商投资企业重大权利义务问题的意见和建议，应当通过适当方式反馈采纳的情况。

与外商投资有关的规范性文件应当依法及时公布，未经公布的不得作为行政管理依据。与外商投资企业生产经营活动密切相关的规范性文件，应当结合实际，合理确定公布到施行之间的时间。

第八条 各级人民政府应当按照政府主导、多方参与的原则，建立健全外商投资服务体系，不断提升外商投资服务能力和水平。

第九条 政府及其有关部门应当通过政府网站、全国一体化在线政务服务平台集中列明有关外商投资的法律、法规、规章、规范性文件、政策措施和投资项目信息，并通过多种途径和方式加强宣传、解读，为外国投资者和外商投资企业提供咨询、指导等服务。

第十条 外商投资法第十三条所称特殊经济区域，是指经国家批准设立、实行更大力度的对外开放政策措施的特定区域。

国家在部分地区实行的外商投资试验性政策措施，经实践证明可行的，根据实际情况在其他地区或者全国范围内推广。

第十一条 国家根据国民经济和社会发展需要，制定鼓励外商投资产业目录，列明鼓励和引导外国投资者投资的特定行业、领域、地区。鼓励外商投资产业目录由国务院投资主管部门会同国务院商务主管部门等有关部门拟订，报国务院批准后由国务院投资主管部门、商务主管部门发布。

第十二条 外国投资者、外商投资企业可以依照法律、行政法规或者国务院的规定，享受财政、税收、金融、用地等方面的优惠待遇。

外国投资者以其在中国境内的投资收益在中国境内扩大投资的，依法享受相应的优惠待遇。

第十三条 外商投资企业依法和内资企业平等参与国家标准、行业标准、地方标准和团体标准的制定、修订工作。外商投资企业可以根据需要自行制定或者与其他企业联合制定企业标准。

外商投资企业可以向标准化行政主管部门和有关行政主管部门提出标准的立项建议，在标准立项、起草、技术审查以及标准实施信息反馈、评估等过程中提出意见和建议，并按照规定承担标准起草、技术审查的相关工作以及标准的外文翻译工作。

标准化行政主管部门和有关行政主管部门应当建立健全相关工作机制，提高标准制定、修订的透明度，推进标准制定、修订全过程信息公开。

第十四条 国家制定的强制性标准对外商投资企业和内资企业平等适用，不得专门针对外商投资企业适用高于强制性标准的技术要求。

第十五条 政府及其有关部门不得阻挠和限制外商投资企业自由进入本地区和本行业的政府采购市场。

政府采购的采购人、采购代理机构不得在政府采购信息发布、供应商条件确定和资格审查、评标标准等方面，对外商投资企业实行差别待遇或者歧视待遇，不得以所有制形式、组织形式、股权结构、投资者国别、产品或者服务品牌以及其他不合理的条件对供应商予以限定，不得对外商投资企业在中国境内生产的产品、提供的服务和内资企业区别对待。

第十六条 外商投资企业可以依照《中华人民共和国政府采购法》（以下简称政府采

购法）及其实施条例的规定，就政府采购活动事项向采购人、采购代理机构提出询问、质疑，向政府采购监督管理部门投诉。采购人、采购代理机构、政府采购监督管理部门应当在规定的时限内作出答复或者处理决定。

第十七条 政府采购监督管理部门和其他有关部门应当加强对政府采购活动的监督检查，依法纠正和查处对外商投资企业实行差别待遇或者歧视待遇等违法违规行为。

第十八条 外商投资企业可以依法在中国境内或者境外通过公开发行股票、公司债券等证券，以及公开或者非公开发行其他融资工具、借用外债等方式进行融资。

第十九条 县级以上地方人民政府可以根据法律、行政法规、地方性法规的规定，在法定权限内制定费用减免、用地指标保障、公共服务提供等方面的外商投资促进和便利化政策措施。

县级以上地方人民政府制定外商投资促进和便利化政策措施，应当以推动高质量发展为导向，有利于提高经济效益、社会效益、生态效益，有利于持续优化外商投资环境。

第二十条 有关主管部门应当编制和公布外商投资指引，为外国投资者和外商投资企业提供服务和便利。外商投资指引应当包括投资环境介绍、外商投资办事指南、投资项目信息以及相关数据信息等内容，并及时更新。

第三章　投资保护

第二十一条 国家对外国投资者的投资不实行征收。

在特殊情况下，国家为了公共利益的需要依照法律规定对外国投资者的投资实行征收的，应当依照法定程序、以非歧视性的方式进行，并按照被征收投资的市场价值及时给予补偿。

外国投资者对征收决定不服的，可以依法申请行政复议或者提起行政诉讼。

第二十二条 外国投资者在中国境内的出资、利润、资本收益、资产处置所得、取得的知识产权许可使用费、依法获得的补偿或者赔偿、清算所得等，可以依法以人民币或者外汇自由汇入、汇出，任何单位和个人不得违法对币种、数额以及汇入、汇出的频次等进行限制。

外商投资企业的外籍职工和香港、澳门、台湾职工的工资收入和其他合法收入，可以依法自由汇出。

第二十三条 国家加大对知识产权侵权行为的惩处力度，持续强化知识产权执法，推动建立知识产权快速协同保护机制，健全知识产权纠纷多元化解决机制，平等保护外国投资者和外商投资企业的知识产权。

标准制定中涉及外国投资者和外商投资企业专利的，应当按照标准涉及专利的有关管理规定办理。

第二十四条 行政机关（包括法律、法规授权的具有管理公共事务职能的组织，下同）及其工作人员不得利用实施行政许可、行政检查、行政处罚、行政强制以及其他行政手段，强制或者变相强制外国投资者、外商投资企业转让技术。

第二十五条 行政机关依法履行职责，确需外国投资者、外商投资企业提供涉及商业秘密的材料、信息的，应当限定在履行职责所必需的范围内，并严格控制知悉范围，与履行职责无关的人员不得接触有关材料、信息。

行政机关应当建立健全内部管理制度，采取有效措施保护履行职责过程中知悉的外国投资者、外商投资企业的商业秘密；依法需要与其他行政机关共享信息的，应当对信息中含有的商业秘密进行保密处理，防止泄露。

第二十六条 政府及其有关部门制定涉及外商投资的规范性文件，应当按照国务院的规定进行合法性审核。

外国投资者、外商投资企业认为行政行为所依据的国务院部门和地方人民政府及其部门制定的规范性文件不合法，在依法对行政行为申请行政复议或者提起行政诉讼时，可以一并请求对该规范性文件进行审查。

第二十七条 外商投资法第二十五条所称政策承诺，是指地方各级人民政府及其有关部门在法定权限内，就外国投资者、外商投资企业在本地区投资所适用的支持政策、享受的优惠待遇和便利条件等作出的书面承诺。政策承诺的内容应当符合法律、法规规定。

第二十八条 地方各级人民政府及其有关部门应当履行向外国投资者、外商投资企业依法作出的政策承诺以及依法订立的各类合同，不得以行政区划调整、政府换届、机构或者职能调整以及相关责任人更替等为由违约毁约。因国家利益、社会公共利益需要改变政策承诺、合同约定的，应当依照法定权限和程序进行，并依法对外国投资者、外商投资企业因此受到的损失及时予以公平、合理的补偿。

第二十九条 县级以上人民政府及其有关部门应当按照公开透明、高效便利的原则，建立健全外商投资企业投诉工作机制，及时处理外商投资企业或者其投资者反映的问题，协调完善相关政策措施。

国务院商务主管部门会同国务院有关部门建立外商投资企业投诉工作部际联席会议制度，协调、推动中央层面的外商投资企业投诉工作，对地方的外商投资企业投诉工作进行指导和监督。县级以上地方人民政府应当指定部门或者机构负责受理本地区外商投资企业或者其投资者的投诉。

国务院商务主管部门、县级以上地方人民政府指定的部门或者机构应当完善投诉工作规则、健全投诉方式、明确投诉处理时限。投诉工作规则、投诉方式、投诉处理时限应当对外公布。

第三十条 外商投资企业或者其投资者认为行政机关及其工作人员的行政行为侵犯其合法权益，通过外商投资企业投诉工作机制申请协调解决的，有关方面进行协调时可以向被申请的行政机关及其工作人员了解情况，被申请的行政机关及其工作人员应当予以配合。协调结果应当以书面形式及时告知申请人。

外商投资企业或者其投资者依照前款规定申请协调解决有关问题的，不影响其依法申请行政复议、提起行政诉讼。

第三十一条 对外商投资企业或者其投资者通过外商投资企业投诉工作机制反映或者申请协调解决问题，任何单位和个人不得压制或者打击报复。

除外商投资企业投诉工作机制外，外商投资企业或者其投资者还可以通过其他合法途径向政府及其有关部门反映问题。

第三十二条 外商投资企业可以依法成立商会、协会。除法律、法规另有规定外，外商投资企业有权自主决定参加或者退出商会、协会，任何单位和个人不得干预。

商会、协会应当依照法律法规和章程的规定，加强行业自律，及时反映行业诉求，为会员提供信息咨询、宣传培训、市场拓展、经贸交流、权益保护、纠纷处理等方面的服务。

国家支持商会、协会依照法律法规和章程的规定开展相关活动。

第四章　投资管理

第三十三条 负面清单规定禁止投资的领域，外国投资者不得投资。负面清单规定限制投资的领域，外国投资者进行投资应当符合负面清单规定的股权要求、高级管理人员要求等限制性准入特别管理措施。

第三十四条 有关主管部门在依法履行职责过程中，对外国投资者拟投资负面清单内领域，但不符合负面清单规定的，不予办理许可、企业登记注册等相关事项；涉及固定资产投资项目核准的，不予办理相关核准事项。

有关主管部门应当对负面清单规定执行情况加强监督检查，发现外国投资者投资负面清单规定禁止投资的领域，或者外国投资者的投资活动违反负面清单规定的限制性准入特别管理措施的，依照外商投资法第三十六条的规定予以处理。

第三十五条 外国投资者在依法需要取得许可的行业、领域进行投资的，除法律、行政法规另有规定外，负责实施许可的有关主管部门应当按照与内资一致的条件和程序，审核外国投资者的许可申请，不得在许可条件、申请材料、审核环节、审核时限等方面对外国投资者设置歧视性要求。

负责实施许可的有关主管部门应当通过多种方式，优化审批服务，提高审批效率。对符合相关条件和要求的许可事项，可以按照有关规定采取告知承诺的方式办理。

第三十六条 外商投资需要办理投资项目核准、备案的，按照国家有关规定执行。

第三十七条 外商投资企业的登记注册，由国务院市场监督管理部门或者其授权的地方人民政府市场监督管理部门依法办理。国务院市场监督管理部门应当公布其授权的市场监督管理部门名单。

外商投资企业的注册资本可以用人民币表示，也可以用可自由兑换货币表示。

第三十八条 外国投资者或者外商投资企业应当通过企业登记系统以及企业信用信息公示系统向商务主管部门报送投资信息。国务院商务主管部门、市场监督管理部门应当做好相关业务系统的对接和工作衔接，并为外国投资者或者外商投资企业报送投资信息提供指导。

第三十九条 外商投资信息报告的内容、范围、频次和具体流程，由国务院商务主管部门会同国务院市场监督管理部门等有关部门按照确有必要、高效便利的原则确定并公布。商务主管部门、其他有关部门应当加强信息共享，通过部门信息共享能够获得的投资信息，不得再行要求外国投资者或者外商投资企业报送。

外国投资者或者外商投资企业报送的投资信息应当真实、准确、完整。

第四十条 国家建立外商投资安全审查制度，对影响或者可能影响国家安全的外商投资进行安全审查。

第五章 法律责任

第四十一条 政府和有关部门及其工作人员有下列情形之一的，依法依规追究责任：

（一）制定或者实施有关政策不依法平等对待外商投资企业和内资企业；

（二）违法限制外商投资企业平等参与标准制定、修订工作，或者专门针对外商投资企业适用高于强制性标准的技术要求；

（三）违法限制外国投资者汇入、汇出资金；

（四）不履行向外国投资者、外商投资企业依法作出的政策承诺以及依法订立的各类合同，超出法定权限作出政策承诺，或者政策承诺的内容不符合法律、法规规定。

第四十二条 政府采购的采购人、采购代理机构以不合理的条件对外商投资企业实行差别待遇或者歧视待遇的，依照政府采购法及其实施条例的规定追究其法律责任；影响或者可能影响中标、成交结果的，依照政府采购法及其实施条例的规定处理。

政府采购监督管理部门对外商投资企业的投诉逾期未作处理的，对直接负责的主管人员和其他直接责任人员依法给予处分。

第四十三条 行政机关及其工作人员利用行政手段强制或者变相强制外国投资者、外商投资企业转让技术的，对直接负责的主管人员和其他直接责任人员依法给予处分。

第六章 附 则

第四十四条 外商投资法施行前依照《中华人民共和国中外合资经营企业法》、《中华人民共和国外资企业法》、《中华人民共和国中外合作经营企业法》设立的外商投资企业（以下称现有外商投资企业），在外商投资法施行后5年内，可以依照《中华人民共和国公司法》、《中华人民共和国合伙企业法》等法律的规定调整其组织形式、组织机构等，并依法办理变更登记，也可以继续保留原企业组织形式、组织机构等。

自2025年1月1日起，对未依法调整组织形式、组织机构等并办理变更登记的现有外商投资企业，市场监督管理部门不予办理其申请的其他登记事项，并将相关情形予以公示。

第四十五条 现有外商投资企业办理组织形式、组织机构等变更登记的具体事宜，由国务院市场监督管理部门规定并公布。国务院市场监督管理部门应当加强对变更登记工作的指导，负责办理变更登记的市场监督管理部门应当通过多种方式优化服务，为企业办理变更登记提供便利。

第四十六条 现有外商投资企业的组织形式、组织机构等依法调整后，原合营、合作各方在合同中约定的股权或者权益转让办法、收益分配办法、剩余财产分配办法等，可以继续按照约定办理。

第四十七条 外商投资企业在中国境内投资，适用外商投资法和本条例的有关规定。

第四十八条 香港特别行政区、澳门特别行政区投资者在内地投资，参照外商投资法和本条例执行；法律、行政法规或者国务院另有规定的，从其规定。

台湾地区投资者在大陆投资，适用《中华人民共和国台湾同胞投资保护法》（以下简称台湾同胞投资保护法）及其实施细则的规定；台湾同胞投资保护法及其实施细则未规定的事项，参照外商投资法和本条例执行。

定居在国外的中国公民在中国境内投资，参照外商投资法和本条例执行；法律、行政法规或者国务院另有规定的，从其规定。

第四十九条 本条例自2020年1月1日起施行。《中华人民共和国中外合资经营企业法实施条例》、《中外合资经营企业合营期限暂行规定》、《中华人民共和国外资企业法实施细则》、《中华人民共和国中外合作经营企业法实施细则》同时废止。

2020年1月1日前制定的有关外商投资的规定与外商投资法和本条例不一致的，以外商投资法和本条例的规定为准。

保障农民工工资支付条例

（2019年12月30日中华人民共和国国务院第724号令公布）

第一章 总　　则

第一条 为了规范农民工工资支付行为，保障农民工按时足额获得工资，根据《中华人民共和国劳动法》及有关法律规定，制定本条例。

第二条 保障农民工工资支付，适用本条例。

本条例所称农民工，是指为用人单位提供劳动的农村居民。

本条例所称工资，是指农民工为用人单位提供劳动后应当获得的劳动报酬。

第三条 农民工有按时足额获得工资的权利。任何单位和个人不得拖欠农民工工资。

农民工应当遵守劳动纪律和职业道德，执行劳动安全卫生规程，完成劳动任务。

第四条 县级以上地方人民政府对本行政区域内保障农民工工资支付工作负责，建立保障农民工工资支付工作协调机制，加强监管能力建设，健全保障农民工工资支付工作目标责任制，并纳入对本级人民政府有关部门和下级人民政府进行考核和监督的内容。

乡镇人民政府、街道办事处应当加强对拖欠农民工工资矛盾的排查和调处工作，防范和化解矛盾，及时调解纠纷。

第五条 保障农民工工资支付，应当坚持市场主体负责、政府依法监管、社会协同监督，按照源头治理、预防为主、防治结合、标本兼治的要求，依法根治拖欠农民工工资问题。

第六条 用人单位实行农民工劳动用工实名制管理，与招用的农民工书面约定或者通过依法制定的规章制度规定工资支付标准、支付时间、支付方式等内容。

第七条 人力资源社会保障行政部门负责保障农民工工资支付工作的组织协调、管理指导和农民工工资支付情况的监督检查，查处有关拖欠农民工工资案件。

住房城乡建设、交通运输、水利等相关行业工程建设主管部门按照职责履行行业监管责任，督办因违法发包、转包、违法分包、挂靠、拖欠工程款等导致的拖欠农民工工资案件。

发展改革等部门按照职责负责政府投资项目的审批管理，依法审查政府投资项目的资金来源和筹措方式，按规定及时安排政府投资，加强社会信用体系建设，组织对拖欠农民工工资失信联合惩戒对象依法依规予以限制和惩戒。

财政部门负责政府投资资金的预算管理，根据经批准的预算按规定及时足额拨付政府投资资金。

公安机关负责及时受理、侦办涉嫌拒不支付劳动报酬刑事案件，依法处置因农民工资拖欠引发的社会治安案件。

司法行政、自然资源、人民银行、审计、国有资产管理、税务、市场监管、金融监管等部门，按照职责做好与保障农民工工资支付相关的工作。

第八条 工会、共产主义青年团、妇女联合会、残疾人联合会等组织按照职责依法维护农民工获得工资的权利。

第九条 新闻媒体应当开展保障农民工工资支付法律法规政策的公益宣传和先进典型的报道，依法加强对拖欠农民工工资违法行为的舆论监督，引导用人单位增强依法用工、按时足额支付工资的法律意识，引导农民工依法维权。

第十条 被拖欠工资的农民工有权依法投诉，或者申请劳动争议调解仲裁和提起诉讼。

任何单位和个人对拖欠农民工工资的行为，有权向人力资源社会保障行政部门或者其他有关部门举报。

人力资源社会保障行政部门和其他有关部门应当公开举报投诉电话、网站等渠道，依法接受对拖欠农民工工资行为的举报、投诉。对于举报、投诉的处理实行首问负责制，属于本部门受理的，应当依法及时处理；不属于本部门受理的，应当及时转送相关部门，相关部门应当依法及时处理，并将处理结果告知举报、投诉人。

第二章　工资支付形式与周期

第十一条 农民工工资应当以货币形式，通过银行转账或者现金支付给农民工本人，不得以实物或者有价证券等其他形式替代。

第十二条 用人单位应当按照与农民工书面约定或者依法制定的规章制度规定的工资支付周期和具体支付日期足额支付工资。

第十三条 实行月、周、日、小时工资制的，按照月、周、日、小时为周期支付工资；实行计件工资制的，工资支付周期由双方依法约定。

第十四条 用人单位与农民工书面约定或者依法制定的规章制度规定的具体支付日期，可以在农民工提供劳动的当期或者次期。具体支付日期遇法定节假日或者休息日的，应当在法定节假日或者休息日前支付。

用人单位因不可抗力未能在支付日期支付工资的，应当在不可抗力消除后及时支付。

第十五条 用人单位应当按照工资支付周期编制书面工资支付台账，并至少保存3年。

书面工资支付台账应当包括用人单位名称，支付周期，支付日期，支付对象姓名、身份证号码、联系方式，工作时间，应发工资项目及数额，代扣、代缴、扣除项目和数额，实发工资数额，银行代发工资凭证或者农民工签字等内容。

用人单位向农民工支付工资时，应当提供农民工本人的工资清单。

第三章　工资清偿

第十六条 用人单位拖欠农民工工资的，应当依法予以清偿。

第十七条 不具备合法经营资格的单位招用农民工，农民工已经付出劳动而未获得工资的，依照有关法律规定执行。

第十八条 用工单位使用个人、不具备合法经营资格的单位或者未依法取得劳务派遣许可证的单位派遣的农民工，拖欠农民工工资的，由用工单位清偿，并可以依法进行追偿。

第十九条 用人单位将工作任务发包给个人或者不具备合法经营资格的单位，导致拖欠所招用农民工工资的，依照有关法律规定执行。

用人单位允许个人、不具备合法经营资格或者未取得相应资质的单位以用人单位的名义对外经营，导致拖欠所招用农民工工资的，由用人单位清偿，并可以依法进行追偿。

第二十条 合伙企业、个人独资企业、个体经济组织等用人单位拖欠农民工工资的，应当依法予以清偿；不清偿的，由出资人依法清偿。

第二十一条 用人单位合并或者分立时，应当在实施合并或者分立前依法清偿拖欠的农民工工资；经与农民工书面协商一致的，可以由合并或者分立后承继其权利和义务的用人单位清偿。

第二十二条 用人单位被依法吊销营业执照或者登记证书、被责令关闭、被撤销或者依法解散的，应当在申请注销登记前依法清偿拖欠的农民工工资。

未依据前款规定清偿农民工工资的用人单位主要出资人，应当在注册新用人单位前清偿拖欠的农民工工资。

第四章 工程建设领域特别规定

第二十三条 建设单位应当有满足施工所需要的资金安排。没有满足施工所需要的资金安排的，工程建设项目不得开工建设；依法需要办理施工许可证的，相关行业工程建设主管部门不予颁发施工许可证。

政府投资项目所需资金，应当按照国家有关规定落实到位，不得由施工单位垫资建设。

第二十四条 建设单位应当向施工单位提供工程款支付担保。

建设单位与施工总承包单位依法订立书面工程施工合同，应当约定工程款计量周期、工程款进度结算办法以及人工费用拨付周期，并按照保障农民工工资按时足额支付的要求约定人工费用。人工费用拨付周期不得超过1个月。

建设单位与施工总承包单位应当将工程施工合同保存备查。

第二十五条 施工总承包单位与分包单位依法订立书面分包合同，应当约定工程款计量周期、工程款进度结算办法。

第二十六条 施工总承包单位应当按照有关规定开设农民工工资专用账户，专项用于支付该工程建设项目农民工工资。

开设、使用农民工工资专用账户有关资料应当由施工总承包单位妥善保存备查。

第二十七条 金融机构应当优化农民工工资专用账户开设服务流程，做好农民工工资专用账户的日常管理工作；发现资金未按约定拨付等情况的，及时通知施工总承包单位，由施工总承包单位报告人力资源社会保障行政部门和相关行业工程建设主管部门，并纳入欠薪预警系统。

工程完工且未拖欠农民工工资的，施工总承包单位公示 30 日后，可以申请注销农民工工资专用账户，账户内余额归施工总承包单位所有。

第二十八条 施工总承包单位或者分包单位应当依法与所招用的农民工订立劳动合同并进行用工实名登记，具备条件的行业应当通过相应的管理服务信息平台进行用工实名登记、管理。未与施工总承包单位或者分包单位订立劳动合同并进行用工实名登记的人员，不得进入项目现场施工。

施工总承包单位应当在工程项目部配备劳资专管员，对分包单位劳动用工实施监督管理，掌握施工现场用工、考勤、工资支付等情况，审核分包单位编制的农民工工资支付表，分包单位应当予以配合。

施工总承包单位、分包单位应当建立用工管理台账，并保存至工程完工且工资全部结清后至少 3 年。

第二十九条 建设单位应当按照合同约定及时拨付工程款，并将人工费用及时足额拨付至农民工工资专用账户，加强对施工总承包单位按时足额支付农民工工资的监督。

因建设单位未按照合同约定及时拨付工程款导致农民工工资拖欠的，建设单位应当以未结清的工程款为限先行垫付被拖欠的农民工工资。

建设单位应当以项目为单位建立保障农民工工资支付协调机制和工资拖欠预防机制，督促施工总承包单位加强劳动用工管理，妥善处理与农民工工资支付相关的矛盾纠纷。发生农民工集体讨薪事件的，建设单位应当会同施工总承包单位及时处理，并向项目所在地人力资源社会保障行政部门和相关行业工程建设主管部门报告有关情况。

第三十条 分包单位对所招用农民工的实名制管理和工资支付负直接责任。

施工总承包单位对分包单位劳动用工和工资发放等情况进行监督。

分包单位拖欠农民工工资的，由施工总承包单位先行清偿，再依法进行追偿。

工程建设项目转包，拖欠农民工工资的，由施工总承包单位先行清偿，再依法进行追偿。

第三十一条 工程建设领域推行分包单位农民工工资委托施工总承包单位代发制度。

分包单位应当按月考核农民工工作量并编制工资支付表，经农民工本人签字确认后，与当月工程进度等情况一并交施工总承包单位。

施工总承包单位根据分包单位编制的工资支付表，通过农民工工资专用账户直接将工资支付到农民工本人的银行账户，并向分包单位提供代发工资凭证。

用于支付农民工工资的银行账户所绑定的农民工本人社会保障卡或者银行卡，用人单位或者其他人员不得以任何理由扣押或者变相扣押。

第三十二条 施工总承包单位应当按照有关规定存储工资保证金，专项用于支付为所承包工程提供劳动的农民工被拖欠的工资。

工资保证金实行差异化存储办法，对一定时期内未发生工资拖欠的单位实行减免措施，对发生工资拖欠的单位适当提高存储比例。工资保证金可以用金融机构保函替代。

工资保证金的存储比例、存储形式、减免措施等具体办法，由国务院人力资源社会保障行政部门会同有关部门制定。

第三十三条 除法律另有规定外，农民工工资专用账户资金和工资保证金不得因支付为本项目提供劳动的农民工工资之外的原因被查封、冻结或者划拨。

第三十四条 施工总承包单位应当在施工现场醒目位置设立维权信息告示牌，明示下列事项：

（一）建设单位、施工总承包单位及所在项目部、分包单位、相关行业工程建设主管部门、劳资专管员等基本信息；

（二）当地最低工资标准、工资支付日期等基本信息；

（三）相关行业工程建设主管部门和劳动保障监察投诉举报电话、劳动争议调解仲裁申请渠道、法律援助申请渠道、公共法律服务热线等信息。

第三十五条 建设单位与施工总承包单位或者承包单位与分包单位因工程数量、质量、造价等产生争议的，建设单位不得因争议不按照本条例第二十四条的规定拨付工程款中的人工费用，施工总承包单位也不得因争议不按照规定代发工资。

第三十六条 建设单位或者施工总承包单位将建设工程发包或者分包给个人或者不具备合法经营资格的单位，导致拖欠农民工工资的，由建设单位或者施工总承包单位清偿。

施工单位允许其他单位和个人以施工单位的名义对外承揽建设工程，导致拖欠农民工工资的，由施工单位清偿。

第三十七条 工程建设项目违反国土空间规划、工程建设等法律法规，导致拖欠农民工工资的，由建设单位清偿。

第五章 监督检查

第三十八条 县级以上地方人民政府应当建立农民工工资支付监控预警平台，实现人力资源社会保障、发展改革、司法行政、财政、住房城乡建设、交通运输、水利等部门的工程项目审批、资金落实、施工许可、劳动用工、工资支付等信息及时共享。

人力资源社会保障行政部门根据水电燃气供应、物业管理、信贷、税收等反映企业生产经营相关指标的变化情况，及时监控和预警工资支付隐患并做好防范工作，市场监管、金融监管、税务等部门应当予以配合。

第三十九条 人力资源社会保障行政部门、相关行业工程建设主管部门和其他有关部门应当按照职责，加强对用人单位与农民工签订劳动合同、工资支付以及工程建设项目实行农民工实名制管理、农民工工资专用账户管理、施工总承包单位代发工资、工资保证金存储、维权信息公示等情况的监督检查，预防和减少拖欠农民工工资行为的发生。

第四十条 人力资源社会保障行政部门在查处拖欠农民工工资案件时，需要依法查询相关单位金融账户和相关当事人拥有房产、车辆等情况的，应当经设区的市级以上地方人民政府人力资源社会保障行政部门负责人批准，有关金融机构和登记部门应当予以配合。

第四十一条 人力资源社会保障行政部门在查处拖欠农民工工资案件时，发生用人单位拒不配合调查、清偿责任主体及相关当事人无法联系等情形的，可以请求公安机关和其他有关部门协助处理。

人力资源社会保障行政部门发现拖欠农民工工资的违法行为涉嫌构成拒不支付劳动报酬罪的，应当按照有关规定及时移送公安机关审查并作出决定。

第四十二条 人力资源社会保障行政部门作出责令支付被拖欠的农民工工资的决定，相关单位不支付的，可以依法申请人民法院强制执行。

第四十三条 相关行业工程建设主管部门应当依法规范本领域建设市场秩序，对违法发包、转包、违法分包、挂靠等行为进行查处，并对导致拖欠农民工工资的违法行为及时予以制止、纠正。

第四十四条 财政部门、审计机关和相关行业工程建设主管部门按照职责，依法对政府投资项目建设单位按照工程施工合同约定向农民工工资专用账户拨付资金情况进行监督。

第四十五条 司法行政部门和法律援助机构应当将农民工列为法律援助的重点对象，并依法为请求支付工资的农民工提供便捷的法律援助。

公共法律服务相关机构应当积极参与相关诉讼、咨询、调解等活动，帮助解决拖欠农民工工资问题。

第四十六条 人力资源社会保障行政部门、相关行业工程建设主管部门和其他有关部门应当按照“谁执法谁普法”普法责任制的要求，通过以案释法等多种形式，加大对保障农民工工资支付相关法律法规的普及宣传。

第四十七条 人力资源社会保障行政部门应当建立用人单位及相关责任人劳动保障守法诚信档案，对用人单位开展守法诚信等级评价。

用人单位有严重拖欠农民工工资违法行为的，由人力资源社会保障行政部门向社会公布，必要时可以通过召开新闻发布会等形式向媒体公开曝光。

第四十八条 用人单位拖欠农民工工资，情节严重或者造成严重不良社会影响的，有关部门应当将该用人单位及其法定代表人或者主要负责人、直接负责的主管人员和其他直接责任人员列入拖欠农民工工资失信联合惩戒对象名单，在政府资金支持、政府采购、招投标、融资贷款、市场准入、税收优惠、评优评先、交通出行等方面依法依规予以限制。

拖欠农民工工资需要列入失信联合惩戒名单的具体情形，由国务院人力资源社会保障行政部门规定。

第四十九条 建设单位未依法提供工程款支付担保或者政府投资项目拖欠工程款，导致拖欠农民工工资的，县级以上地方人民政府应当限制其新建项目，并记入信用记录，纳入国家信用信息系统进行公示。

第五十条 农民工与用人单位就拖欠工资存在争议，用人单位应当提供依法由其保存的劳动合同、职工名册、工资支付台账和清单等材料；不提供的，依法承担不利后果。

第五十一条 工会依法维护农民工工资权益，对用人单位工资支付情况进行监督；发现拖欠农民工工资的，可以要求用人单位改正，拒不改正的，可以请求人力资源社会保障行政部门和其他有关部门依法处理。

第五十二条 单位或者个人编造虚假事实或者采取非法手段讨要农民工工资，或者以拖欠农民工工资为名讨要工程款的，依法予以处理。

第六章　法律责任

第五十三条　违反本条例规定拖欠农民工工资的，依照有关法律规定执行。

第五十四条　有下列情形之一的，由人力资源社会保障行政部门责令限期改正；逾期不改正的，对单位处 2 万元以上 5 万元以下的罚款，对法定代表人或者主要负责人、直接负责的主管人员和其他直接责任人员处 1 万元以上 3 万元以下的罚款：

（一）以实物、有价证券等形式代替货币支付农民工工资；

（二）未编制工资支付台账并依法保存，或者未向农民工提供工资清单；

（三）扣押或者变相扣押用于支付农民工工资的银行账户所绑定的农民工本人社会保障卡或者银行卡。

第五十五条　有下列情形之一的，由人力资源社会保障行政部门、相关行业工程建设主管部门按照职责责令限期改正；逾期不改正的，责令项目停工，并处 5 万元以上 10 万元以下的罚款；情节严重的，给予施工单位限制承接新工程、降低资质等级、吊销资质证书等处罚：

（一）施工总承包单位未按规定开设或者使用农民工工资专用账户；

（二）施工总承包单位未按规定存储工资保证金或者未提供金融机构保函；

（三）施工总承包单位、分包单位未实行劳动用工实名制管理。

第五十六条　有下列情形之一的，由人力资源社会保障行政部门、相关行业工程建设主管部门按照职责责令限期改正；逾期不改正的，处 5 万元以上 10 万元以下的罚款：

（一）分包单位未按月考核农民工工作量、编制工资支付表并经农民工本人签字确认；

（二）施工总承包单位未对分包单位劳动用工实施监督管理；

（三）分包单位未配合施工总承包单位对其劳动用工进行监督管理；

（四）施工总承包单位未实行施工现场维权信息公示制度。

第五十七条　有下列情形之一的，由人力资源社会保障行政部门、相关行业工程建设主管部门按照职责责令限期改正；逾期不改正的，责令项目停工，并处 5 万元以上 10 万元以下的罚款：

（一）建设单位未依法提供工程款支付担保；

（二）建设单位未按约定及时足额向农民工工资专用账户拨付工程款中的人工费用；

（三）建设单位或者施工总承包单位拒不提供或者无法提供工程施工合同、农民工工资专用账户有关资料。

第五十八条　不依法配合人力资源社会保障行政部门查询相关单位金融账户的，由金融监管部门责令改正；拒不改正的，处 2 万元以上 5 万元以下的罚款。

第五十九条　政府投资项目政府投资资金不到位拖欠农民工工资的，由人力资源社会保障行政部门报本级人民政府批准，责令限期足额拨付所拖欠的资金；逾期不拨付的，由上一级人民政府人力资源社会保障行政部门约谈直接责任部门和相关监管部门负责人，必要时进行通报，约谈地方人民政府负责人。情节严重的，对地方人民政府及其有关部门负责人、直接负责的主管人员和其他直接责任人员依法依规给予处分。

第六十条 政府投资项目建设单位未经批准立项建设、擅自扩大建设规模、擅自增加投资概算、未及时拨付工程款等导致拖欠农民工工资的，除依法承担责任外，由人力资源社会保障行政部门、其他有关部门按照职责约谈建设单位负责人，并作为其业绩考核、薪酬分配、评优评先、职务晋升等的重要依据。

第六十一条 对于建设资金不到位、违法违规开工建设的社会投资工程建设项目拖欠农民工工资的，由人力资源社会保障行政部门、其他有关部门按照职责依法对建设单位进行处罚；对建设单位负责人依法依规给予处分。相关部门工作人员未依法履行职责的，由有关机关依法依规给予处分。

第六十二条 县级以上地方人民政府人力资源社会保障、发展改革、财政、公安等部门和相关行业工程建设主管部门工作人员，在履行农民工工资支付监督管理职责过程中滥用职权、玩忽职守、徇私舞弊的，依法依规给予处分；构成犯罪的，依法追究刑事责任。

第七章　附　　则

第六十三条 用人单位一时难以支付拖欠的农民工工资或者拖欠农民工工资逃匿的，县级以上地方人民政府可以动用应急周转金，先行垫付用人单位拖欠的农民工部分工资或者基本生活费。对已经垫付的应急周转金，应当依法向拖欠农民工工资的用人单位进行追偿。

第六十四条 本条例自 2020 年 5 月 1 日起施行。

三、党中央和国务院文件

中共中央、国务院关于坚持农业农村优先发展做好“三农”工作的若干意见

（2019年1月3日）

今明两年是全面建成小康社会的决胜期，“三农”领域有不少必须完成的硬任务。党中央认为，在经济下行压力加大、外部环境发生深刻变化的复杂形势下，做好“三农”工作具有特殊重要性。必须坚持把解决好“三农”问题作为全党工作重中之重不动摇，进一步统一思想、坚定信心、落实工作，巩固发展农业农村好形势，发挥“三农”压舱石作用，为有效应对各种风险挑战赢得主动，为确保经济持续健康发展和社会大局稳定、如期实现第一个百年奋斗目标奠定基础。

做好“三农”工作，要以习近平新时代中国特色社会主义思想为指导，全面贯彻党的十九大和十九届二中、三中全会以及中央经济工作会议精神，紧紧围绕统筹推进“五位一体”总体布局和协调推进“四个全面”战略布局，牢牢把握稳中求进工作总基调，落实高质量发展要求，坚持农业农村优先发展总方针，以实施乡村振兴战略为总抓手，对标全面建成小康社会“三农”工作必须完成的硬任务，适应国内外复杂形势变化对农村改革发展提出的新要求，抓重点、补短板、强基础，围绕“巩固、增强、提升、畅通”深化农业供给侧结构性改革，坚决打赢脱贫攻坚战，充分发挥农村基层党组织战斗堡垒作用，全面推进乡村振兴，确保顺利完成到2020年承诺的农村改革发展目标任务。

一、聚力精准施策，决战决胜脱贫攻坚

（一）不折不扣完成脱贫攻坚任务。咬定既定脱贫目标，落实已有政策部署，到2020年确保现行标准下农村贫困人口实现脱贫、贫困县全部摘帽、解决区域性整体贫困。坚持现行扶贫标准，全面排查解决影响“两不愁三保障”实现的突出问题，防止盲目拔高标准、吊高胃口，杜绝数字脱贫、虚假脱贫。加强脱贫监测。进一步压实脱贫攻坚责任，落实最严格的考核评估，精准问责问效。继续加强东西部扶贫协作和中央单位定点扶贫。

深入推进抓党建促脱贫攻坚。组织开展常态化约谈，发现问题随时约谈。用好脱贫攻坚专项巡视成果，推动落实脱贫攻坚政治责任。

（二）主攻深度贫困地区。瞄准制约深度贫困地区精准脱贫的重点难点问题，列出清单，逐项明确责任，对账销号。重大工程建设项目继续向深度贫困地区倾斜，特色产业扶贫、易地扶贫搬迁、生态扶贫、金融扶贫、社会帮扶、干部人才等政策措施向深度贫困地区倾斜。各级财政优先加大“三区三州”脱贫攻坚资金投入。对“三区三州”外贫困人口多、贫困发生率高、脱贫难度大的深度贫困地区，也要统筹资金项目，加大扶持力度。

（三）着力解决突出问题。注重发展长效扶贫产业，着力解决产销脱节、风险保障不

足等问题，提高贫困人口参与度和直接受益水平。强化易地扶贫搬迁后续措施，着力解决重搬迁、轻后续帮扶问题，确保搬迁一户、稳定脱贫一户。加强贫困地区义务教育控辍保学，避免因贫失学辍学。落实基本医疗保险、大病保险、医疗救助等多重保障措施，筑牢乡村卫生服务网底，保障贫困人口基本医疗需求。扎实推进生态扶贫，促进扶贫开发与生态保护相协调。坚持扶贫与扶志扶智相结合，加强贫困地区职业教育和技能培训，加强开发式扶贫与保障性扶贫统筹衔接，着力解决“一兜了之”和部分贫困人口等靠要问题，增强贫困群众内生动力和自我发展能力。切实加强一线精准帮扶力量，选优配强驻村工作队伍。关心关爱扶贫干部，加大工作支持力度，帮助解决实际困难，解除后顾之忧。持续开展扶贫领域腐败和作风问题专项治理，严厉查处虚报冒领、贪占挪用和优亲厚友、吃拿卡要等问题。

（四）巩固和扩大脱贫攻坚成果。攻坚期内贫困县、贫困村、贫困人口退出后，相关扶贫政策保持稳定，减少和防止贫困人口返贫。研究解决收入水平略高于建档立卡贫困户的群众缺乏政策支持等新问题。坚持和推广脱贫攻坚中的好经验好做法好路子。做好脱贫攻坚与乡村振兴的衔接，对摘帽后的贫困县要通过实施乡村振兴战略巩固发展成果，接续推动经济社会发展和群众生活改善。总结脱贫攻坚的实践创造和伟大精神。及早谋划脱贫攻坚目标任务2020年完成后的战略思路。

二、夯实农业基础，保障重要农产品有效供给

（一）稳定粮食产量。毫不放松抓好粮食生产，推动藏粮于地、藏粮于技落实落地，确保粮食播种面积稳定在16.5亿亩。稳定完善扶持粮食生产政策举措，挖掘品种、技术、减灾等稳产增产潜力，保障农民种粮基本收益。发挥粮食主产区优势，完善粮食主产区利益补偿机制，健全产粮大县奖补政策。压实主销区和产销平衡区稳定粮食生产责任。严守18亿亩耕地红线，全面落实永久基本农田特殊保护制度，确保永久基本农田保持在15.46亿亩以上。建设现代气象为农服务体系。强化粮食安全省长责任制考核。

（二）完成高标准农田建设任务。巩固和提高粮食生产能力，到2020年确保建成8亿亩高标准农田。修编全国高标准农田建设总体规划，统一规划布局、建设标准、组织实施、验收考核、上图入库。加强资金整合，创新投融资模式，建立多元筹资机制。实施区域化整体建设，推进田水林路电综合配套，同步发展高效节水灌溉。全面完成粮食生产功能区和重要农产品生产保护区划定任务，高标准农田建设项目优先向“两区”安排。恢复启动新疆优质棉生产基地建设，将糖料蔗“双高”基地建设范围覆盖到划定的所有保护区。进一步加强农田水利建设。推进大中型灌区续建配套节水改造与现代化建设。加大东北黑土地保护力度。加强华北地区地下水超采综合治理。推进重金属污染耕地治理修复和种植结构调整试点。

（三）调整优化农业结构。大力发展紧缺和绿色优质农产品生产，推进农业由增产导向转向提质导向。深入推进优质粮食工程。实施大豆振兴计划，多途径扩大种植面积。支持长江流域油菜生产，推进新品种新技术示范推广和全程机械化。积极发展木本油料。实施奶业振兴行动，加强优质奶源基地建设，升级改造中小奶牛养殖场，实施婴幼儿配方奶粉提升行动。合理调整粮经饲结构，发展青贮玉米、苜蓿等优质饲草料生产。合理确定内

陆水域养殖规模，压减近海、湖库过密网箱养殖，推进海洋牧场建设，规范有序发展远洋渔业。降低江河湖泊和近海渔业捕捞强度，全面实施长江水生生物保护区禁捕。实施农产品质量安全保障工程，健全监管体系、监测体系、追溯体系。加大非洲猪瘟等动物疫情监测防控力度，严格落实防控举措，确保产业安全。

（四）加快突破农业关键核心技术。强化创新驱动发展，实施农业关键核心技术攻关行动，培育一批农业战略科技创新力量，推动生物种业、重型农机、智慧农业、绿色投入品等领域自主创新。建设农业领域国家重点实验室等科技创新平台基地，打造产学研深度融合平台，加强国家现代农业产业技术体系、科技创新联盟、产业创新中心、高新技术产业示范区、科技园区等建设。强化企业技术创新主体地位，培育农业科技创新型企业，支持符合条件的企业牵头实施技术创新项目。继续组织实施水稻、小麦、玉米、大豆和畜禽良种联合攻关，加快选育和推广优质草种。支持薄弱环节适用农机研发，促进农机装备产业转型升级，加快推进农业机械化。加强农业领域知识产权创造与应用。加快先进实用技术集成创新与推广应用。建立健全农业科研成果产权制度，赋予科研人员科技成果所有权，完善人才评价和流动保障机制，落实兼职兼薪、成果权益分配政策。

（五）实施重要农产品保障战略。加强顶层设计和系统规划，立足国内保障粮食等重要农产品供给，统筹用好国际国内两个市场、两种资源，科学确定国内重要农产品保障水平，健全保障体系，提高国内安全保障能力。将稻谷、小麦作为必保品种，稳定玉米生产，确保谷物基本自给、口粮绝对安全。加快推进粮食安全保障立法进程。在提质增效基础上，巩固棉花、油料、糖料、天然橡胶生产能力。加快推进并支持农业走出去，加强“一带一路”农业国际合作，主动扩大国内紧缺农产品进口，拓展多元化进口渠道，培育一批跨国农业企业集团，提高农业对外合作水平。加大农产品反走私综合治理力度。

三、扎实推进乡村建设，加快补齐农村人居环境和公共服务短板

（一）抓好农村人居环境整治三年行动。深入学习推广浙江“千村示范、万村整治”工程经验，全面推开以农村垃圾污水治理、厕所革命和村容村貌提升为重点的农村人居环境整治，确保到2020年实现农村人居环境阶段性明显改善，村庄环境基本干净整洁有序，村民环境与健康意识普遍增强。鼓励各地立足实际、因地制宜，合理选择简便易行、长期管用的整治模式，集中攻克技术难题。建立地方为主、中央补助的政府投入机制。中央财政对农村厕所革命整村推进等给予补助，对农村人居环境整治先进县给予奖励。中央预算内投资安排专门资金支持农村人居环境整治。允许县级按规定统筹整合相关资金，集中用于农村人居环境整治。鼓励社会力量积极参与，将农村人居环境整治与发展乡村休闲旅游等有机结合。广泛开展村庄清洁行动。开展美丽宜居村庄和最美庭院创建活动。农村人居环境整治工作要同农村经济发展水平相适应、同当地文化和风土人情相协调，注重实效，防止做表面文章。

（二）实施村庄基础设施建设工程。推进农村饮水安全巩固提升工程，加强农村饮用水水源地保护，加快解决农村“吃水难”和饮水不安全问题。全面推进“四好农村路”建设，加大“路长制”和示范县实施力度，实现具备条件的建制村全部通硬化路，有条件的地区向自然村延伸。加强村内道路建设。全面实施乡村电气化提升工程，加快完成新一轮

农村电网改造。完善县乡村物流基础设施网络，支持产地建设农产品贮藏保鲜、分级包装等设施，鼓励企业在县乡和具备条件的村建立物流配送网点。加快推进宽带网络向村庄延伸，推进提速降费。继续推进农村危房改造。健全村庄基础设施建管长效机制，明确各方管护责任，鼓励地方将管护费用纳入财政预算。

（三）提升农村公共服务水平。全面提升农村教育、医疗卫生、社会保障、养老、文化体育等公共服务水平，加快推进城乡基本公共服务均等化。推动城乡义务教育一体化发展，深入实施农村义务教育学生营养改善计划。实施高中阶段教育普及攻坚计划，加强农村儿童健康改善和早期教育、学前教育。加快标准化村卫生室建设，实施全科医生特岗计划。建立健全统一的城乡居民基本医疗保险制度，同步整合城乡居民大病保险。完善城乡居民基本养老保险待遇确定和基础养老金正常调整机制。统筹城乡社会救助体系，完善最低生活保障制度、优抚安置制度。加快推进农村基层综合性文化服务中心建设。完善农村留守儿童和妇女、老年人关爱服务体系，支持多层次农村养老事业发展，加强和改善农村残疾人服务。推动建立城乡统筹的基本公共服务经费投入机制，完善农村基本公共服务标准。

（四）加强农村污染治理和生态环境保护。统筹推进山水林田湖草系统治理，推动农业农村绿色发展。加大农业面源污染治理力度，开展农业节肥节药行动，实现化肥农药使用量负增长。发展生态循环农业，推进畜禽粪污、秸秆、农膜等农业废弃物资源化利用，实现畜牧养殖大县粪污资源化利用整县治理全覆盖，下大力气治理白色污染。扩大轮作休耕制度试点。创建农业绿色发展先行区。实施乡村绿化美化行动，建设一批森林乡村，保护古树名木，开展湿地生态效益补偿和退耕还湿。全面保护天然林。加强“三北”地区退化防护林修复。扩大退耕还林还草，稳步实施退牧还草。实施新一轮草原生态保护补助奖励政策。落实河长制、湖长制，推进农村水环境治理，严格乡村河湖水域岸线等水生态空间管理。

（五）强化乡村规划引领。把加强规划管理作为乡村振兴的基础性工作，实现规划管理全覆盖。以县为单位抓紧编制或修编村庄布局规划，县级党委和政府要统筹推进乡村规划工作。按照先规划后建设的原则，通盘考虑土地利用、产业发展、居民点建设、人居环境整治、生态保护和历史文化传承，注重保持乡土风貌，编制多规合一的实用性村庄规划。加强农村建房许可管理。

四、发展壮大乡村产业，拓宽农民增收渠道

（一）加快发展乡村特色产业。因地制宜发展多样性特色农业，倡导“一村一品”、“一县一业”。积极发展果菜茶、食用菌、杂粮杂豆、薯类、中药材、特色养殖、林特花卉苗木等产业。支持建设一批特色农产品优势区。创新发展具有民族和地域特色的乡村手工业，大力挖掘农村能工巧匠，培育一批家庭工场、手工作坊、乡村车间。健全特色农产品质量标准体系，强化农产品地理标志和商标保护，创响一批“土字号”、“乡字号”特色产品品牌。

（二）大力发展现代农产品加工业。以“粮头食尾”、“农头工尾”为抓手，支持主产区依托县域形成农产品加工产业集群，尽可能把产业链留在县域，改变农村卖原料、城市搞加工的格局。支持发展适合家庭农场和农民合作社经营的农产品初加工，支持县域发展

农产品精深加工，建成一批农产品专业村镇和加工强县。统筹农产品产地、集散地、销地批发市场建设，加强农产品物流骨干网络和冷链物流体系建设。培育农业产业化龙头企业和联合体，推进现代农业产业园、农村产业融合发展示范园、农业产业强镇建设。健全农村一二三产业融合发展利益联结机制，让农民更多分享产业增值收益。

（三）发展乡村新型服务业。支持供销、邮政、农业服务公司、农民合作社等开展农技推广、土地托管、代耕代种、统防统治、烘干收储等农业生产性服务。充分发挥乡村资源、生态和文化优势，发展适应城乡居民需要的休闲旅游、餐饮民宿、文化体验、健康养生、养老服务等产业。加强乡村旅游基础设施建设，改善卫生、交通、信息、邮政等公共服务设施。

（四）实施数字乡村战略。深入推进“互联网＋农业”，扩大农业物联网示范应用。推进重要农产品全产业链大数据建设，加强国家数字农业农村系统建设。继续开展电子商务进农村综合示范，实施“互联网＋”农产品出村进城工程。全面推进信息进村入户，依托“互联网＋”推动公共服务向农村延伸。

（五）促进农村劳动力转移就业。落实更加积极的就业政策，加强就业服务和职业技能培训，促进农村劳动力多渠道转移就业和增收。发展壮大县域经济，引导产业有序梯度转移，支持适宜产业向小城镇集聚发展，扶持发展吸纳就业能力强的乡村企业，支持企业在乡村兴办生产车间、就业基地，增加农民就地就近就业岗位。稳定农民工就业，保障工资及时足额发放。加快农业转移人口市民化，推进城镇基本公共服务常住人口全覆盖。

（六）支持乡村创新创业。鼓励外出农民工、高校毕业生、退伍军人、城市各类人才返乡下乡创新创业，支持建立多种形式的创业支撑服务平台，完善乡村创新创业支持服务体系。落实好减税降费政策，鼓励地方设立乡村就业创业引导基金，加快解决用地、信贷等困难。加强创新创业孵化平台建设，支持创建一批返乡创业园，支持发展小微企业。

五、全面深化农村改革，激发乡村发展活力

（一）巩固和完善农村基本经营制度。坚持家庭经营基础性地位，赋予双层经营体制新的内涵。突出抓好家庭农场和农民合作社两类新型农业经营主体，启动家庭农场培育计划，开展农民合作社规范提升行动，深入推进示范合作社建设，建立健全支持家庭农场、农民合作社发展的政策体系和管理制度。落实扶持小农户和现代农业发展有机衔接的政策，完善“农户＋合作社”、“农户＋公司”利益联结机制。加快培育各类社会化服务组织，为一家一户提供全程社会化服务。加快出台完善草原承包经营制度的意见。加快推进农业水价综合改革，健全节水激励机制。继续深化供销合作社综合改革，制定供销合作社条例。深化集体林权制度和国有林区林场改革。大力推进农垦垦区集团化、农场企业化改革。

（二）深化农村土地制度改革。保持农村土地承包关系稳定并长久不变，研究出台配套政策，指导各地明确第二轮土地承包到期后延包的具体办法，确保政策衔接平稳过渡。完善落实集体所有权、稳定农户承包权、放活土地经营权的法律法规和政策体系。在基本完成承包地确权登记颁证工作基础上，开展“回头看”，做好收尾工作，妥善化解遗留问题，将土地承包经营权证书发放至农户手中。健全土地流转规范管理制度，发展多种形式

农业适度规模经营，允许承包土地的经营权担保融资。总结好农村土地制度三项改革试点经验，巩固改革成果。坚持农村土地集体所有、不搞私有化，坚持农地农用、防止非农化，坚持保障农民土地权益、不得以退出承包地和宅基地作为农民进城落户条件，进一步深化农村土地制度改革。在修改相关法律的基础上，完善配套制度，全面推开农村土地征收制度改革和农村集体经营性建设用地入市改革，加快建立城乡统一的建设用地市场。加快推进宅基地使用权确权登记颁证工作，力争 2020 年基本完成。稳慎推进农村宅基地制度改革，拓展改革试点，丰富试点内容，完善制度设计。抓紧制定加强农村宅基地管理指导意见。研究起草农村宅基地使用条例。开展闲置宅基地复垦试点。允许在县域内开展全域乡村闲置校舍、厂房、废弃地等整治，盘活建设用地重点用于支持乡村新产业新业态和返乡下乡创业。严格农业设施用地管理，满足合理需求。巩固“大棚房”问题整治成果。按照“取之于农，主要用之于农”的要求，调整完善土地出让收入使用范围，提高农业农村投入比例，重点用于农村人居环境整治、村庄基础设施建设和高标准农田建设。扎实开展新增耕地指标和城乡建设用地增减挂钩节余指标跨省域调剂使用，调剂收益全部用于巩固脱贫攻坚成果和支持乡村振兴。加快修订土地管理法、物权法等法律法规。

（三）深入推进农村集体产权制度改革。按期完成全国农村集体资产清产核资，加快农村集体资产监督管理平台建设，建立健全集体资产各项管理制度。指导农村集体经济组织在民主协商的基础上，做好成员身份确认，注重保护外嫁女等特殊人群的合法权利，加快推进农村集体经营性资产股份合作制改革，继续扩大试点范围。总结推广资源变资产、资金变股金、农民变股东经验。完善农村集体产权权能，积极探索集体资产股权质押贷款办法。研究制定农村集体经济组织法。健全农村产权流转交易市场，推动农村各类产权流转交易公开规范运行。研究完善适合农村集体经济组织特点的税收优惠政策。

（四）完善农业支持保护制度。按照增加总量、优化存量、提高效能的原则，强化高质量绿色发展导向，加快构建新型农业补贴政策体系。按照适应世贸组织规则、保护农民利益、支持农业发展的原则，抓紧研究制定完善农业支持保护政策的意见。调整改进“黄箱”政策，扩大“绿箱”政策使用范围。按照更好发挥市场机制作用取向，完善稻谷和小麦最低收购价政策。完善玉米和大豆生产者补贴政策。健全农业信贷担保费率补助和以奖代补机制，研究制定担保机构业务考核的具体办法，加快做大担保规模。按照扩面增品提标的要求，完善农业保险政策。推进稻谷、小麦、玉米完全成本保险和收入保险试点。扩大农业大灾保险试点和“保险＋期货”试点。探索对地方优势特色农产品保险实施以奖代补试点。打通金融服务“三农”各个环节，建立县域银行业金融机构服务“三农”的激励约束机制，实现普惠性涉农贷款增速总体高于各项贷款平均增速。推动农村商业银行、农村合作银行、农村信用社逐步回归本源，为本地“三农”服务。研究制定商业银行“三农”事业部绩效考核和激励的具体办法。用好差别化准备金率和差异化监管等政策，切实降低“三农”信贷担保服务门槛，鼓励银行业金融机构加大对乡村振兴和脱贫攻坚中长期信贷支持力度。支持重点领域特色农产品期货期权品种上市。

六、完善乡村治理机制，保持农村社会和谐稳定

（一）增强乡村治理能力。建立健全党组织领导的自治、法治、德治相结合的领导体

制和工作机制，发挥群众参与治理主体作用。开展乡村治理体系建设试点和乡村治理示范村镇创建。加强自治组织规范化制度化建设，健全村级议事协商制度，推进村级事务公开，加强村级权力有效监督。指导农村普遍制定或修订村规民约。推进农村基层依法治理，建立健全公共法律服务体系。加强农业综合执法。

（二）加强农村精神文明建设。引导农民践行社会主义核心价值观，巩固党在农村的思想阵地。加强宣传教育，做好农民群众的思想工作，宣传党的路线方针和强农惠农富农政策，引导农民听党话、感党恩、跟党走。开展新时代文明实践中心建设试点，抓好县级融媒体中心建设。深化拓展群众性精神文明创建活动，推出一批农村精神文明建设示范县、文明村镇、最美家庭，挖掘和树立道德榜样典型，发挥示范引领作用。支持建设文化礼堂、文化广场等设施，培育特色文化村镇、村寨。持续推进农村移风易俗工作，引导和鼓励农村基层群众性自治组织采取约束性强的措施，对婚丧陋习、天价彩礼、孝道式微、老无所养等不良社会风气进行治理。

（三）持续推进平安乡村建设。深入推进扫黑除恶专项斗争，严厉打击农村黑恶势力，杜绝“村霸”等黑恶势力对基层政权的侵蚀。严厉打击敌对势力、邪教组织、非法宗教活动向农村地区的渗透。推进纪检监察工作向基层延伸，坚决查处发生在农民身边的不正之风和腐败问题。健全落实社会治安综合治理领导责任制。深化拓展网格化服务管理，整合配优基层一线平安建设力量，把更多资源、服务、管理放到农村社区。加强乡村交通、消防、公共卫生、食品药品安全、地质灾害等公共安全事件易发领域隐患排查和专项治理。加快建设信息化、智能化农村社会治安防控体系，继续推进农村“雪亮工程”建设。坚持发展新时代“枫桥经验”，完善农村矛盾纠纷排查调处化解机制，提高服务群众、维护稳定的能力和水平。

七、发挥农村党支部战斗堡垒作用，全面加强农村基层组织建设

（一）强化农村基层党组织领导作用。抓实建强农村基层党组织，以提升组织力为重点，突出政治功能，持续加强农村基层党组织体系建设。增加先进支部、提升中间支部、整顿后进支部，以县为单位对软弱涣散村党组织“一村一策”逐个整顿。对村“两委”换届进行一次“回头看”，坚决把受过刑事处罚、存在“村霸”和涉黑涉恶等问题的村“两委”班子成员清理出去。实施村党组织带头人整体优化提升行动，配齐配强班子。全面落实村党组织书记县级党委备案管理制度。建立第一书记派驻长效工作机制，全面向贫困村、软弱涣散村和集体经济空壳村派出第一书记，并向乡村振兴任务重的村拓展。加大从高校毕业生、农民工、退伍军人、机关事业单位优秀党员中培养选拔村党组织书记力度。健全从优秀村党组织书记中选拔乡镇领导干部、考录乡镇公务员、招聘乡镇事业编制人员的常态化机制。落实村党组织5年任期规定，推动全国村“两委”换届与县乡换届同步进行。优化农村党员队伍结构，加大从青年农民、农村外出务工人员中发展党员力度。健全县级党委抓乡促村责任制，县乡党委要定期排查并及时解决基层组织建设突出问题。加强和改善村党组织对村级各类组织的领导，健全以党组织为领导的村级组织体系。全面推行村党组织书记通过法定程序担任村委会主任，推行村“两委”班子成员交叉任职，提高村委会成员和村民代表中党员的比例。加强党支部对村级集体经济组织的领导。全面落实

“四议两公开”，健全村级重要事项、重大问题由村党组织研究讨论机制。

（二）发挥村级各类组织作用。理清村级各类组织功能定位，实现各类基层组织按需设置、按职履责、有人办事、有章理事。村民委员会要履行好基层群众性自治组织功能，增强村民自我管理、自我教育、自我服务能力。全面建立健全村务监督委员会，发挥在村务决策和公开、财产管理、工程项目建设、惠农政策措施落实等事项上的监督作用。强化集体经济组织服务功能，发挥在管理集体资产、合理开发集体资源、服务集体成员等方面的作用。发挥农村社会组织在服务农民、树立新风等方面的积极作用。

（三）强化村级组织服务功能。按照有利于村级组织建设、有利于服务群众的原则，将适合村级组织代办或承接的工作事项交由村级组织，并保障必要工作条件。规范村级组织协助政府工作事项，防止随意增加村级组织工作负担。统筹乡镇站所改革，强化乡镇为农服务体系建设，确保乡镇有队伍、有资源为农服务。

（四）完善村级组织运转经费保障机制。健全以财政投入为主的稳定的村级组织运转经费保障制度，全面落实村干部报酬待遇和村级组织办公经费，建立正常增长机制，保障村级公共服务运行维护等其他必要支出。把发展壮大村级集体经济作为发挥农村基层党组织领导作用的重要举措，加大政策扶持和统筹推进力度，因地制宜发展壮大村级集体经济，增强村级组织自我保障和服务农民能力。

八、加强党对“三农”工作的领导，落实农业农村优先发展总方针

（一）强化五级书记抓乡村振兴的制度保障。实行中央统筹、省负总责、市县乡抓落实的农村工作机制，制定落实五级书记抓乡村振兴责任的实施细则，严格督查考核。加强乡村振兴统计监测工作。2019年各省（自治区、直辖市）党委要结合本地实际，出台市县党政领导班子和领导干部推进乡村振兴战略的实绩考核意见，并加强考核结果应用。各地区各部门要抓紧梳理全面建成小康社会必须完成的硬任务，强化工作举措，确保2020年圆满完成各项任务。

（二）牢固树立农业农村优先发展政策导向。各级党委和政府必须把落实“四个优先”的要求作为做好“三农”工作的头等大事，扛在肩上、抓在手上，同政绩考核联系到一起，层层落实责任。优先考虑“三农”干部配备，把优秀干部充实到“三农”战线，把精锐力量充实到基层一线，注重选拔熟悉“三农”工作的干部充实地方各级党政班子。优先满足“三农”发展要素配置，坚决破除妨碍城乡要素自由流动、平等交换的体制机制壁垒，改变农村要素单向流出格局，推动资源要素向农村流动。优先保障“三农”资金投入，坚持把农业农村作为财政优先保障领域和金融优先服务领域，公共财政更大力度向“三农”倾斜，县域新增贷款主要用于支持乡村振兴。地方政府债券资金要安排一定比例用于支持农村人居环境整治、村庄基础设施建设等重点领域。优先安排农村公共服务，推进城乡基本公共服务标准统一、制度并轨，实现从形式上的普惠向实质上的公平转变。完善落实农业农村优先发展的顶层设计，抓紧研究出台指导意见和具体实施办法。

（三）培养懂农业、爱农村、爱农民的“三农”工作队伍。建立“三农”工作干部队伍培养、配备、管理、使用机制，落实关爱激励政策。引导教育“三农”干部大兴调查研究之风，倡导求真务实精神，密切与群众联系，加深对农民感情。坚决纠正脱贫攻坚和乡

村振兴工作中的形式主义、官僚主义，清理规范各类检查评比、考核督导事项，切实解决基层疲于迎评迎检问题，让基层干部把精力集中到为群众办实事办好事上来。把乡村人才纳入各级人才培养计划予以重点支持。建立县域人才统筹使用制度和乡村人才定向委托培养制度，探索通过岗编适度分离、在岗学历教育、创新职称评定等多种方式，引导各类人才投身乡村振兴。对作出突出贡献的各类人才给予表彰和奖励。实施新型职业农民培育工程。大力发展面向乡村需求的职业教育，加强高等学校涉农专业建设。抓紧出台培养懂农业、爱农村、爱农民“三农”工作队伍的政策意见。

（四）发挥好农民主体作用。加强制度建设、政策激励、教育引导，把发动群众、组织群众、服务群众贯穿乡村振兴全过程，充分尊重农民意愿，弘扬自力更生、艰苦奋斗精神，激发和调动农民群众积极性主动性。发挥政府投资的带动作用，通过民办公助、筹资筹劳、以奖代补、以工代赈等形式，引导和支持村集体和农民自主组织实施或参与直接受益的村庄基础设施建设和农村人居环境整治。加强筹资筹劳使用监管，防止增加农民负担。出台村庄建设项目简易审批办法，规范和缩小招投标适用范围，让农民更多参与并从中获益。

当前，做好“三农”工作意义重大、任务艰巨、要求迫切，除上述8个方面工作之外，党中央、国务院部署的其他各项工作必须久久为功、狠抓落实、务求实效。

让我们紧密团结在以习近平同志为核心的党中央周围，全面贯彻落实习近平总书记关于做好“三农”工作的重要论述，锐意进取、攻坚克难、扎实工作，为决胜全面建成小康社会、推进乡村全面振兴作出新的贡献。

中共中央、国务院关于建立健全城乡融合发展体制机制和政策体系的意见

（2019年4月15日）

建立健全城乡融合发展体制机制和政策体系，是党的十九大作出的重大决策部署。改革开放特别是党的十八大以来，我国在统筹城乡发展、推进新型城镇化方面取得了显著进展，但城乡要素流动不顺畅、公共资源配置不合理等问题依然突出，影响城乡融合发展的体制机制障碍尚未根本消除。为重塑新型城乡关系，走城乡融合发展之路，促进乡村振兴和农业农村现代化，现提出以下意见。

一、总体要求

（一）指导思想。以习近平新时代中国特色社会主义思想为指导，全面贯彻党的十九大和十九届二中、三中全会精神，紧紧围绕统筹推进“五位一体”总体布局和协调推进“四个全面”战略布局，坚持和加强党的全面领导，坚持以人民为中心的发展思想，坚持稳中求进工作总基调，坚持新发展理念，坚持推进高质量发展，坚持农业农村优先发展，以协调推进乡村振兴战略和新型城镇化战略为抓手，以缩小城乡发展差距和居民生活水平差距为目标，以完善产权制度和要素市场化配置为重点，坚决破除体制机制弊端，促进城乡要素自由流动、平等交换和公共资源合理配置，加快形成工农互促、城乡互补、全面融合、共同繁荣的新型工农城乡关系，加快推进农业农村现代化。

（二）基本原则

——坚持遵循规律、把握方向。顺应城镇化大趋势，牢牢把握城乡融合发展正确方向，树立城乡一盘棋理念，突出以工促农、以城带乡，构建促进城乡规划布局、要素配置、产业发展、基础设施、公共服务、生态保护等相互融合和协同发展的体制机制。

——坚持整体谋划、重点突破。围绕乡村全面振兴和社会主义现代化国家建设目标，强化统筹谋划和顶层设计，增强改革的系统性、整体性、协同性，着力破除户籍、土地、资本、公共服务等方面的体制机制弊端，为城乡融合发展提供全方位制度供给。

——坚持因地制宜、循序渐进。充分考虑不同地区城乡融合发展阶段和乡村差异性，稳妥把握改革时序、节奏和步骤，尊重基层首创精神，充分发挥地方积极性，分类施策、梯次推进，试点先行、久久为功，形成符合实际、各具特色的改革路径和城乡融合发展模式。

——坚持守住底线、防范风险。正确处理改革发展稳定关系，在推进体制机制破旧立新过程中，守住土地所有制性质不改变、耕地红线不突破、农民利益不受损底线，守住生态保护红线，守住乡村文化根脉，高度重视和有效防范各类政治经济社会风险。

——坚持农民主体、共享发展。发挥农民在乡村振兴中的主体作用，充分尊重农民意愿，切实保护农民权益，调动亿万农民积极性、主动性、创造性，推动农业全面升级、农村全面进步、农民全面发展，不断提升农民获得感、幸福感、安全感。

（三）主要目标

——到 2022 年，城乡融合发展体制机制初步建立。城乡要素自由流动制度性通道基本打通，城市落户限制逐步消除，城乡统一建设用地市场基本建成，金融服务乡村振兴的能力明显提升，农村产权保护交易制度框架基本形成，基本公共服务均等化水平稳步提高，乡村治理体系不断健全，经济发达地区、都市圈和城市郊区在体制机制改革上率先取得突破。

——到 2035 年，城乡融合发展体制机制更加完善。城镇化进入成熟期，城乡发展差距和居民生活水平差距显著缩小。城乡有序流动的人口迁徙制度基本建立，城乡统一建设用地市场全面形成，城乡普惠金融服务体系全面建成，基本公共服务均等化基本实现，乡村治理体系更加完善，农业农村现代化基本实现。

——到本世纪中叶，城乡融合发展体制机制成熟定型。城乡全面融合，乡村全面振兴，全体人民共同富裕基本实现。

二、建立健全有利于城乡要素合理配置的体制机制

坚决破除妨碍城乡要素自由流动和平等交换的体制机制壁垒，促进各类要素更多向乡村流动，在乡村形成人才、土地、资金、产业、信息汇聚的良性循环，为乡村振兴注入新动能。

（四）健全农业转移人口市民化机制。有力有序有效深化户籍制度改革，放开放宽除个别超大城市外的城市落户限制。加快实现城镇基本公共服务常住人口全覆盖。以城市群为主体形态促进大中小城市和小城镇协调发展，增强中小城市人口承载力和吸引力。建立健全由政府、企业、个人共同参与的农业转移人口市民化成本分担机制，全面落实支持农业转移人口市民化的财政政策、城镇建设用地增加规模与吸纳农业转移人口落户数量挂钩政策，以及中央预算内投资安排向吸纳农业转移人口落户数量较多的城镇倾斜政策。维护进城落户农民土地承包权、宅基地使用权、集体收益分配权，支持引导其依法自愿有偿转让上述权益。提升城市包容性，推动农民工特别是新生代农民工融入城市。

（五）建立城市人才入乡激励机制。制定财政、金融、社会保障等激励政策，吸引各类人才返乡入乡创业。鼓励原籍普通高校和职业院校毕业生、外出农民工及经商人员回乡创业兴业。推进大学生村官与选调生工作衔接，鼓励引导高校毕业生到村任职、扎根基层、发挥作用。建立选派第一书记工作长效机制。建立城乡人才合作交流机制，探索通过岗编适度分离等多种方式，推进城市教科文卫体等工作人员定期服务乡村。推动职称评定、工资待遇等向乡村教师、医生倾斜，优化乡村教师、医生中高级岗位结构比例。引导规划、建筑、园林等设计人员入乡。允许农村集体经济组织探索人才加入机制，吸引人才、留住人才。

（六）改革完善农村承包地制度。保持农村土地承包关系稳定并长久不变，落实第二轮土地承包到期后再延长 30 年政策。加快完成农村承包地确权登记颁证。完善农村承包

地“三权分置”制度，在依法保护集体所有权和农户承包权前提下，平等保护并进一步放活土地经营权。健全土地流转规范管理制度，强化规模经营管理服务，允许土地经营权入股从事农业产业化经营。

（七）稳慎改革农村宅基地制度。加快完成房地一体的宅基地使用权确权登记颁证。探索宅基地所有权、资格权、使用权“三权分置”，落实宅基地集体所有权，保障宅基地农户资格权和农民房屋财产权，适度放活宅基地和农民房屋使用权。鼓励农村集体经济组织及其成员盘活利用闲置宅基地和闲置房屋。在符合规划、用途管制和尊重农民意愿前提下，允许县级政府优化村庄用地布局，有效利用乡村零星分散存量建设用地。推动各地制定省内统一的宅基地面积标准，探索对增量宅基地实行集约有奖、对存量宅基地实行退出有偿。

（八）建立集体经营性建设用地入市制度。加快完成农村集体建设用地使用权确权登记颁证。按照国家统一部署，在符合国土空间规划、用途管制和依法取得前提下，允许农村集体经营性建设用地入市，允许就地入市或异地调整入市；允许村集体在农民自愿前提下，依法把有偿收回的闲置宅基地、废弃的集体公益性建设用地转变为集体经营性建设用地入市；推动城中村、城边村、村级工业园等可连片开发区域土地依法合规整治入市；推进集体经营性建设用地使用权和地上建筑物所有权房地一体、分割转让。完善农村土地征收制度，缩小征地范围，规范征地程序，维护被征地农民和农民集体权益。

（九）健全财政投入保障机制。鼓励各级财政支持城乡融合发展及相关平台和载体建设，发挥财政资金四两拨千斤作用，撬动更多社会资金投入。建立涉农资金统筹整合长效机制，提高资金配置效率。调整土地出让收入使用范围，提高农业农村投入比例。支持地方政府在债务风险可控前提下发行政府债券，用于城乡融合公益性项目。

（十）完善乡村金融服务体系。加强乡村信用环境建设，推动农村信用社和农商行回归本源，改革村镇银行培育发展模式，创新中小银行和地方银行金融产品提供机制，加大开发性和政策性金融支持力度。依法合规开展农村集体经营性建设用地使用权、农民房屋财产权、集体林权抵押融资，以及承包地经营权、集体资产股权等担保融资。实现已入市集体土地与国有土地在资本市场同地同权。建立健全农业信贷担保体系，鼓励有条件有需求的地区按市场化方式设立担保机构。加快完善农业保险制度，推动政策性保险扩面、增品、提标，降低农户生产经营风险。支持通过市场化方式设立城乡融合发展基金，引导社会资本培育一批国家城乡融合典型项目。完善农村金融风险防范处置机制。

（十一）建立工商资本入乡促进机制。深化“放管服”改革，强化法律规划政策指导和诚信建设，打造法治化便利化基层营商环境，稳定市场主体预期，引导工商资本为城乡融合发展提供资金、产业、技术等支持。完善融资贷款和配套设施建设补助等政策，鼓励工商资本投资适合产业化规模化集约化经营的农业领域。通过政府购买服务等方式，支持社会力量进入乡村生活性服务业。支持城市搭建城中村改造合作平台，探索在政府引导下工商资本与村集体合作共赢模式，发展壮大村级集体经济。建立工商资本租赁农地监管和风险防范机制，严守耕地保护红线，确保农地农用，防止农村集体产权和农民合法利益受到侵害。

（十二）建立科技成果入乡转化机制。健全涉农技术创新市场导向机制和产学研用合作机制，鼓励创建技术转移机构和技术服务网络，建立科研人员到乡村兼职和离岗创业制度，探索其在涉农企业技术入股、兼职兼薪机制。建立健全农业科研成果产权制度，赋予科研人员科技成果所有权。发挥政府引导推动作用，建立有利于涉农科研成果转化推广的激励机制与利益分享机制。探索公益性和经营性农技推广融合发展机制，允许农技人员通过提供增值服务合理取酬。

三、建立健全有利于城乡基本公共服务普惠共享的体制机制

推动公共服务向农村延伸、社会事业向农村覆盖，健全全民覆盖、普惠共享、城乡一体的基本公共服务体系，推进城乡基本公共服务标准统一、制度并轨。

（十三）建立城乡教育资源均衡配置机制。优先发展农村教育事业，建立以城带乡、整体推进、城乡一体、均衡发展的义务教育发展机制。鼓励省级政府建立统筹规划、统一选拔的乡村教师补充机制，为乡村学校输送优秀高校毕业生。推动教师资源向乡村倾斜，通过稳步提高待遇等措施增强乡村教师岗位吸引力。实行义务教育学校教师“县管校聘”，推行县域内校长教师交流轮岗和城乡教育联合体模式。完善教育信息化发展机制，推动优质教育资源城乡共享。多渠道增加乡村普惠性学前教育资源，推行城乡义务教育学校标准化建设，加强寄宿制学校建设。

（十四）健全乡村医疗卫生服务体系。建立和完善相关政策制度，增加基层医务人员岗位吸引力，加强乡村医疗卫生人才队伍建设。改善乡镇卫生院和村卫生室条件，因地制宜建立完善医疗废物收集转运体系，提高慢性病、职业病、地方病和重大传染病防治能力，加强精神卫生工作，倡导优生优育。健全网络化服务运行机制，鼓励县医院与乡镇卫生院建立县域医共体，鼓励城市大医院与县医院建立对口帮扶、巡回医疗和远程医疗机制。全面建立分级诊疗制度，实行差别化医保支付政策。因地制宜建立完善全民健身服务体系。

（十五）健全城乡公共文化服务体系。统筹城乡公共文化设施布局、服务提供、队伍建设，推动文化资源重点向乡村倾斜，提高服务的覆盖面和适用性。推行公共文化服务参与式管理模式，建立城乡居民评价与反馈机制，引导居民参与公共文化服务项目规划、建设、管理和监督，推动服务项目与居民需求有效对接。支持乡村民间文化团体开展符合乡村特点的文化活动。推动公共文化服务社会化发展，鼓励社会力量参与。建立文化结对帮扶机制，推动文化工作者和志愿者等投身乡村文化建设。划定乡村建设的历史文化保护线，保护好农业遗迹、文物古迹、民族村寨、传统村落、传统建筑和灌溉工程遗产，推动非物质文化遗产活态传承。发挥风俗习惯、村规民约等优秀传统文化基因的重要作用。

（十六）完善城乡统一的社会保险制度。完善统一的城乡居民基本医疗保险、大病保险和基本养老保险制度。巩固医保全国异地就医联网直接结算。建立完善城乡居民基本养老保险待遇确定和基础养老金正常调整机制。做好社会保险关系转移接续工作，建立以国家政务服务平台为统一入口的社会保险公共服务平台。构建多层次农村养老保障体系，创新多元化照料服务模式。

（十七）统筹城乡社会救助体系。做好城乡社会救助兜底工作，织密兜牢困难群众基本生活安全网。推进低保制度城乡统筹，健全低保标准动态调整机制，确保动态管理下应保尽保。全面实施特困人员救助供养制度，提高托底保障能力和服务质量。做好困难农民

重特大疾病救助工作。健全农村留守儿童和妇女、老年人关爱服务体系。健全困境儿童保障工作体系，完善残疾人福利制度和服务体系。改革人身损害赔偿制度，统一城乡居民赔偿标准。

（十八）建立健全乡村治理机制。建立健全党组织领导的自治、法治、德治相结合的乡村治理体系，发挥群众参与治理主体作用，增强乡村治理能力。强化农村基层党组织领导作用，全面推行村党组织书记通过法定程序担任村委会主任和村级集体经济组织、合作经济组织负责人，健全以财政投入为主的稳定的村级组织运转经费保障机制。加强农村新型经济组织和社会组织的党建工作，引导其坚持为农村服务。加强自治组织规范化制度化建设，健全村级议事协商制度。打造一门式办理、一站式服务、线上线下结合的村级综合服务平台，完善网格化管理体系和乡村便民服务体系。

四、建立健全有利于城乡基础设施一体化发展的体制机制

把公共基础设施建设重点放在乡村，坚持先建机制、后建工程，加快推动乡村基础设施提挡升级，实现城乡基础设施统一规划、统一建设、统一管护。

（十九）建立城乡基础设施一体化规划机制。以市县域为整体，统筹规划城乡基础设施，统筹布局道路、供水、供电、信息、广播电视、防洪和垃圾污水处理等设施。统筹规划重要市政公用设施，推动向城市郊区乡村和规模较大中心镇延伸。推动城乡路网一体规划设计，畅通城乡交通运输连接，加快实现县乡村（户）道路联通、城乡道路客运一体化，完善道路安全防范措施。统筹规划城乡污染物收运处置体系，严防城市污染上山下乡，因地制宜统筹处理城乡垃圾污水，加快建立乡村生态环境保护和美丽乡村建设长效机制。加强城乡公共安全视频监控规划、建设和联网应用，统一技术规范、基础数据和数据开放标准。

（二十）健全城乡基础设施一体化建设机制。明确乡村基础设施的公共产品定位，构建事权清晰、权责一致、中央支持、省级统筹、市县负责的城乡基础设施一体化建设机制。健全分级分类投入机制，对乡村道路、水利、渡口、公交和邮政等公益性强、经济性差的设施，建设投入以政府为主；对乡村供水、垃圾污水处理和农贸市场等有一定经济收益的设施，政府加大投入力度，积极引入社会资本，并引导农民投入；对乡村供电、电信和物流等经营性为主的设施，建设投入以企业为主。支持有条件的地方政府将城乡基础设施项目整体打包，实行一体化开发建设。

（二十一）建立城乡基础设施一体化管护机制。合理确定城乡基础设施统一管护运行模式，健全有利于基础设施长期发挥效益的体制机制。对城乡道路等公益性设施，管护和运行投入纳入一般公共财政预算。明确乡村基础设施产权归属，由产权所有者建立管护制度，落实管护责任。以政府购买服务等方式引入专业化企业，提高管护市场化程度。推进城市基础设施建设运营事业单位改革，建立独立核算、自主经营的企业化管理模式，更好行使城乡基础设施管护责任。

五、建立健全有利于乡村经济多元化发展的体制机制

围绕发展现代农业、培育新产业新业态，完善农企利益紧密联结机制，实现乡村经济

多元化和农业全产业链发展。

（二十二）完善农业支持保护制度。以市场需求为导向，深化农业供给侧结构性改革，走质量兴农之路，不断提高农业综合效益和竞争力。全面落实永久基本农田特殊保护制度，划定粮食生产功能区和重要农产品生产保护区，完善支持政策。按照增加总量、优化存量、提高效能的原则，强化高质量发展导向，加快构建农业补贴政策体系。发展多种形式农业适度规模经营，健全现代农业产业体系、生产体系、经营体系。完善支持农业机械化政策，推进农业机械化全程全面发展，加强面向小农户的社会化服务。完善农业绿色发展制度，推行农业清洁生产方式，健全耕地草原森林河流湖泊休养生息制度和轮作休耕制度。

（二十三）建立新产业新业态培育机制。构建农村一二三产业融合发展体系，依托“互联网+”和“双创”推动农业生产经营模式转变，健全乡村旅游、休闲农业、民宿经济、农耕文化体验、健康养老等新业态培育机制，探索农产品个性化定制服务、会展农业和农业众筹等新模式，完善农村电子商务支持政策，实现城乡生产与消费多层次对接。适应居民消费升级趋势，制定便利市场准入、加强事中事后监管政策，制定相关标准，引导乡村新产业改善服务环境、提升品质。在年度新增建设用地计划指标中安排一定比例支持乡村新产业新业态发展，探索实行混合用地等方式。严格农业设施用地管理，满足合理需求。

（二十四）探索生态产品价值实现机制。牢固树立绿水青山就是金山银山的理念，建立政府主导、企业和社会各界参与、市场化运作、可持续的城乡生态产品价值实现机制。开展生态产品价值核算，通过政府对公共生态产品采购、生产者对自然资源约束性有偿使用、消费者对生态环境附加值付费、供需双方在生态产品交易市场中的权益交易等方式，构建更多运用经济杠杆进行生态保护和环境治理的市场体系。完善自然资源资产产权制度，维护参与者权益。完善自然资源价格形成机制，建立自然资源政府公示价格体系，推进自然资源资产抵押融资，增强市场活力。

（二十五）建立乡村文化保护利用机制。立足乡村文明，吸取城市文明及外来文化优秀成果，推动乡村优秀传统文化创造性转化、创新性发展。推动优秀农耕文化遗产保护与合理适度利用。建立地方和民族特色文化资源挖掘利用机制，发展特色文化产业。创新传统工艺振兴模式，发展特色工艺产品和品牌。健全文物保护单位和传统村落整体保护利用机制。鼓励乡村建筑文化传承创新，强化村庄建筑风貌规划管控。培育挖掘乡土文化本土人才，引导企业积极参与，显化乡村文化价值。

（二十六）搭建城乡产业协同发展平台。培育发展城乡产业协同发展先行区，推动城乡要素跨界配置和产业有机融合。把特色小镇作为城乡要素融合重要载体，打造集聚特色产业的创新创业生态圈。优化提升各类农业园区。完善小城镇联结城乡的功能，探索创新美丽乡村特色化差异化发展模式，盘活用好乡村资源资产。创建一批城乡融合典型项目，形成示范带动效应。

（二十七）健全城乡统筹规划制度。科学编制市县发展规划，强化城乡一体设计，统筹安排市县农田保护、生态涵养、城镇建设、村落分布等空间布局，统筹推进产业发展和基础设施、公共服务等建设，更好发挥规划对市县发展的指导约束作用。按照“多规合一”要求编制市县空间规划，实现土地利用规划、城乡规划等有机融合，确保“三区三线”在市县层面精准落地。加快培育乡村规划设计、项目建设运营等方面人才。综合考虑村庄演变规律、集聚特点和现状分布，鼓励有条件的地区因地制宜编制村庄规划。

六、建立健全有利于农民收入持续增长的体制机制

拓宽农民增收渠道，促进农民收入持续增长，持续缩小城乡居民生活水平差距。

（二十八）完善促进农民工资性收入增长环境。 推动形成平等竞争、规范有序、城乡统一的劳动力市场，统筹推进农村劳动力转移就业和就地创业就业。规范招工用人制度，消除一切就业歧视，健全农民工劳动权益保护机制，落实农民工与城镇职工平等就业制度。健全城乡均等的公共就业创业服务制度，努力增加就业岗位和创业机会。提高新生代农民工职业技能培训的针对性和有效性，健全农民工输出输入地劳务对接机制。

（二十九）健全农民经营性收入增长机制。 完善财税、信贷、保险、用地等政策，加强职业农民培训，培育发展新型农业经营主体。建立农产品优质优价正向激励机制，支持新型经营主体发展“三品一标”农产品、打造区域公用品牌，提高产品档次和附加值。引导龙头企业与农民共建农业产业化联合体，让农民分享加工销售环节收益。完善企业与农民利益联结机制，引导农户自愿以土地经营权等入股企业，通过利润返还、保底分红、股份合作等多种形式，拓宽农民增收渠道。促进小农户和现代农业发展有机衔接，突出抓好农民合作社和家庭农场两类农业经营主体发展，培育专业化市场化服务组织，帮助小农户节本增收。

（三十）建立农民财产性收入增长机制。 以市场化改革为导向，深化农村集体产权制度改革，推动资源变资产、资金变股金、农民变股东。加快完成农村集体资产清产核资，把所有权确权到不同层级的农村集体经济组织成员集体。加快推进经营性资产股份合作制改革，将农村集体经营性资产以股份或者份额形式量化到本集体成员。对财政资金投入农业农村形成的经营性资产，鼓励各地探索将其折股量化到集体经济组织成员。创新农村集体经济运行机制，探索混合经营等多种实现形式，确保集体资产保值增值和农民收益。完善农村集体产权权能，完善农民对集体资产股份占有、收益、有偿退出及担保、继承权。

（三十一）强化农民转移性收入保障机制。 履行好政府再分配调节职能，完善对农民直接补贴政策，健全生产者补贴制度，逐步扩大覆盖范围。在统筹整合涉农资金基础上，探索建立普惠性农民补贴长效机制。创新涉农财政性建设资金使用方式，支持符合条件的农业产业化规模化项目。

（三十二）强化打赢脱贫攻坚战体制机制。 坚持精准扶贫、精准脱贫，进一步完善中央统筹、省负总责、市县抓落实的工作机制，采取更加有力的举措、更加集中的支持、更加精细的工作，着力提高脱贫质量。改进帮扶方式方法，更多采用生产奖补、劳务补助、以工代赈等机制，推动贫困群众通过自己的辛勤劳动脱贫致富。对完全或部分丧失劳动能力的特殊贫困人口，综合实施保障性扶贫政策。聚焦深度贫困地区，以解决突出制约问题为重点，以重大扶贫工程和到村到户帮扶为抓手，加大政策倾斜和扶贫资金整合力度，着力改善发展条件，增强贫困农户发展能力。

七、组织保障

各地区各部门要统一思想，深刻认识建立健全城乡融合发展体制机制的重要意义，顺应经济社会发展规律，根据城乡关系发展特征，把握节奏、持续用力、久久为功，确保各项改革任务扎实有序推进。

（三十三）加强党的领导。确保党在推动城乡融合发展中始终总揽全局、协调各方，做到“两个维护”。加强各级党组织的领导，充分发挥城乡基层党组织战斗堡垒作用，为城乡融合发展提供坚强政治保障。

（三十四）强化分工协作。国家发展改革委牵头建立城乡融合发展工作协同推进机制，明确分工、强化责任，加强统筹协调和跟踪督导。各有关部门要围绕人口、土地、财政、金融和产权等任务，制定细化配套改革措施。重大事项及时向党中央、国务院报告。

（三十五）压实地方责任。地方党委和政府要增强主体责任意识，当好改革促进派和实干家，结合本地实际制定细化可操作的城乡融合发展体制机制政策措施，整合力量、扭住关键、精准发力，以钉钉子精神抓好落实。

（三十六）注重试点引路。把试点作为重要改革方法，选择有一定基础的市县两级设立国家城乡融合发展试验区，支持制度改革和政策安排率先落地，先行先试、观照全局，及时总结提炼可复制的典型经验并加以宣传推广。

中共中央、国务院关于深化改革加强食品安全工作的意见

（2019年5月9日）

食品安全关系人民群众身体健康和生命安全，关系中华民族未来。党的十九大报告明确提出实施食品安全战略，让人民吃得放心。这是党中央着眼党和国家事业全局，对食品安全工作作出的重大部署，是决胜全面建成小康社会、全面建设社会主义现代化国家的重大任务。现就深化改革加强食品安全工作提出如下意见。

一、深刻认识食品安全面临的形势

党的十八大以来，以习近平同志为核心的党中央坚持以人民为中心的发展思想，从党和国家事业发展全局、实现中华民族伟大复兴中国梦的战略高度，把食品安全工作放在“五位一体”总体布局和“四个全面”战略布局中统筹谋划部署，在体制机制、法律法规、产业规划、监督管理等方面采取了一系列重大举措。各地区各部门认真贯彻党中央、国务院决策部署，食品产业快速发展，安全标准体系逐步健全，检验检测能力不断提高，全过程监管体系基本建立，重大食品安全风险得到控制，人民群众饮食安全得到保障，食品安全形势不断好转。

但是，我国食品安全工作仍面临不少困难和挑战，形势依然复杂严峻。微生物和重金属污染、农药兽药残留超标、添加剂使用不规范、制假售假等问题时有发生，环境污染对食品安全的影响逐渐显现；违法成本低，维权成本高，法制不够健全，一些生产经营者唯利是图、主体责任意识不强；新业态、新资源潜在风险增多，国际贸易带来的食品安全问题加深；食品安全标准与最严谨标准要求尚有一定差距，风险监测评估预警等基础工作薄弱，基层监管力量和技术手段跟不上；一些地方对食品安全重视不够，责任落实不到位，安全与发展的矛盾仍然突出。这些问题影响到人民群众的获得感、幸福感、安全感，成为全面建成小康社会、全面建设社会主义现代化国家的明显短板。

人民日益增长的美好生活需要对加强食品安全工作提出了新的更高要求；推进国家治理体系和治理能力现代化，推动高质量发展，实施健康中国战略和乡村振兴战略，为解决食品安全问题提供了前所未有的历史机遇。必须深化改革创新，用最严谨的标准、最严格的监管、最严厉的处罚、最严肃的问责，进一步加强食品安全工作，确保人民群众“舌尖上的安全”。

二、总体要求

（一）指导思想。以习近平新时代中国特色社会主义思想为指导，全面贯彻党的十九

大和十九届二中、三中全会精神，坚持和加强党的全面领导，坚持以人民为中心的发展思想，紧紧围绕统筹推进“五位一体”总体布局和协调推进“四个全面”战略布局，坚持稳中求进工作总基调，坚持新发展理念，遵循“四个最严”要求，建立食品安全现代化治理体系，提高从农田到餐桌全过程监管能力，提升食品全链条质量安全保障水平，增强广大人民群众的获得感、幸福感、安全感，为实现“两个一百年”奋斗目标和中华民族伟大复兴的中国梦奠定坚实基础。

（二）基本原则

——坚持安全第一。把保障人民群众食品安全放在首位，坚守安全底线，正确处理安全与发展的关系，促一方发展，保一方安全。

——坚持问题导向。以维护和促进公众健康为目标，从解决人民群众普遍关心的突出问题入手，标本兼治、综合施策，不断增强人民群众的安全感和满意度。

——坚持预防为主。牢固树立风险防范意识，强化风险监测、风险评估和供应链管理，提高风险发现与处置能力。坚持“产”出来和“管”出来两手抓，落实生产经营者主体责任，最大限度消除不安全风险。

——坚持依法监管。强化法治理念，健全法规制度、标准体系，重典治乱，加大检查执法力度，依法从严惩处违法犯罪行为，严把从农田到餐桌的每一道防线。

——坚持改革创新。深化监管体制机制改革，创新监管理念、监管方式，堵塞漏洞、补齐短板，推进食品安全领域国家治理体系和治理能力现代化。

——坚持共治共享。生产经营者自觉履行主体责任，政府部门依法加强监管，公众积极参与社会监督，形成各方各尽其责、齐抓共管、合力共治的工作格局。

（三）总体目标

到 2020 年，基于风险分析和供应链管理的食品安全监管体系初步建立。农产品和食品抽检量达到 4 批次/千人，主要农产品质量安全监测总体合格率稳定在 97%以上，食品抽检合格率稳定在 98%以上，区域性、系统性重大食品安全风险基本得到控制，公众对食品安全的安全感、满意度进一步提高，食品安全整体水平与全面建成小康社会目标基本相适应。

到 2035 年，基本实现食品安全领域国家治理体系和治理能力现代化。食品安全标准水平进入世界前列，产地环境污染得到有效治理，生产经营者责任意识、诚信意识和食品质量安全管理水平明显提高，经济利益驱动型食品安全违法犯罪明显减少。食品安全风险管控能力达到国际先进水平，从农田到餐桌全过程监管体系运行有效，食品安全状况实现根本好转，人民群众吃得健康、吃得放心。

三、建立最严谨的标准

（四）加快制修订标准。立足国情、对接国际，加快制修订农药残留、兽药残留、重金属、食品污染物、致病性微生物等食品安全通用标准，到 2020 年农药兽药残留限量指标达到 1 万项，基本与国际食品法典标准接轨。加快制修订产业发展和监管急需的食品安全基础标准、产品标准、配套检验方法标准。完善食品添加剂、食品相关产品等标准制定。及时修订完善食品标签等标准。

（五）创新标准工作机制。借鉴和转化国际食品安全标准，简化优化食品安全国家标准制修订流程，加快制修订进度。完善食品中有害物质的临时限量值制定机制。建立企业标准公开承诺制度，完善配套管理制度，鼓励企业制定实施严于国家标准或地方标准的企业标准。支持各方参与食品安全国家标准制修订，积极参与国际食品法典标准制定，积极参与国际新兴危害因素的评估分析与管理决策。

（六）强化标准实施。加大食品安全标准解释、宣传贯彻和培训力度，督促食品生产经营者准确理解和应用食品安全标准，维护食品安全标准的强制性。对食品安全标准的使用进行跟踪评价，充分发挥食品安全标准保障食品安全、促进产业发展的基础作用。

四、实施最严格的监管

（七）严把产地环境安全关。实施耕地土壤环境治理保护重大工程。强化土壤污染管控和修复，开展重点地区涉重金属行业污染土壤风险排查和整治。强化大气污染治理，加大重点行业挥发性有机物治理力度。加强流域水污染防治工作。

（八）严把农业投入品生产使用关。严格执行农药兽药、饲料添加剂等农业投入品生产和使用规定，严禁使用国家明令禁止的农业投入品，严格落实定点经营和实名购买制度。将高毒农药禁用范围逐步扩大到所有食用农产品。落实农业生产经营记录制度、农业投入品使用记录制度，指导农户严格执行农药安全间隔期、兽药休药期有关规定，防范农药兽药残留超标。

（九）严把粮食收储质量安全关。做好粮食收购企业资格审核管理，督促企业严格落实出入厂（库）和库存质量检验制度，积极探索建立质量追溯制度，加强烘干、存储和检验监测能力建设，为农户提供粮食烘干存储服务，防止发霉变质受损。健全超标粮食收购处置长效机制，推进无害化处理和资源合理化利用，严禁不符合食品安全标准的粮食流入口粮市场和食品生产企业。

（十）严把食品加工质量安全关。实行生产企业食品安全风险分级管理，在日常监督检查全覆盖基础上，对一般风险企业实施按比例“双随机”抽查，对高风险企业实施重点检查，对问题线索企业实施飞行检查，督促企业生产过程持续合规。加强保健食品等特殊食品监管。将体系检查从婴幼儿配方乳粉逐步扩大到高风险大宗消费食品，着力解决生产过程不合规、非法添加、超范围超限量使用食品添加剂等问题。

（十一）严把流通销售质量安全关。建立覆盖基地贮藏、物流配送、市场批发、销售终端全链条的冷链配送系统，严格执行全过程温控标准和规范，落实食品运输在途监管责任，鼓励使用温控标签，防止食物脱冷变质。督促企业严格执行进货查验记录制度和保质期标识等规定，严查临期、过期食品翻新销售。严格执行畜禽屠宰检验检疫制度。加强食品集中交易市场监管，强化农产品产地准出和市场准入衔接。

（十二）严把餐饮服务质量安全关。全面落实餐饮服务食品安全操作规范，严格执行进货查验、加工操作、清洗消毒、人员管理等规定。集体用餐单位要建立稳定的食材供应渠道和追溯记录，保证购进原料符合食品安全标准。严格落实网络订餐平台责任，保证线上线下餐饮同标同质，保证一次性餐具制品质量安全，所有提供网上订餐服务的餐饮单位必须有实体店经营资格。

五、实行最严厉的处罚

（十三）完善法律法规。研究修订食品安全法及其配套法规制度，修订完善刑法中危害食品安全犯罪和刑罚规定，加快修订农产品质量安全法，研究制定粮食安全保障法，推动农产品追溯入法。加快完善办理危害食品安全刑事案件的司法解释，推动危害食品安全的制假售假行为“直接入刑”。推动建立食品安全司法鉴定制度，明确证据衔接规则、涉案食品检验认定与处置协作配合机制、检验认定时限和费用等有关规定。加快完善食品安全民事纠纷案件司法解释，依法严肃追究故意违法者的民事赔偿责任。

（十四）严厉打击违法犯罪。落实“处罚到人”要求，综合运用各种法律手段，对违法企业及其法定代表人、实际控制人、主要负责人等直接负责的主管人员和其他直接责任人员进行严厉处罚，大幅提高违法成本，实行食品行业从业禁止、终身禁业，对再犯从严从重进行处罚。严厉打击刑事犯罪，对情节严重、影响恶劣的危害食品安全刑事案件依法从重判罚。加强行政执法与刑事司法衔接，行政执法机关发现涉嫌犯罪、依法需要追究刑事责任的，依据行刑衔接有关规定及时移送公安机关，同时抄送检察机关；发现涉嫌职务犯罪线索的，及时移送监察机关。积极完善食品安全民事和行政公益诉讼，做好与民事和行政诉讼的衔接与配合，探索建立食品安全民事公益诉讼惩罚性赔偿制度。

（十五）加强基层综合执法。深化综合执法改革，加强基层综合执法队伍和能力建设，确保有足够资源履行食品安全监管职责。县级市场监管部门及其在乡镇（街道）的派出机构，要以食品安全为首要职责，执法力量向一线岗位倾斜，完善工作流程，提高执法效率。农业综合执法要把保障农产品质量安全作为重点任务。加强执法力量和装备配备，确保执法监管工作落实到位。公安、农业农村、市场监管等部门要落实重大案件联合督办制度，按照国家有关规定，对贡献突出的单位和个人进行表彰奖励。

（十六）强化信用联合惩戒。推进食品工业企业诚信体系建设。建立全国统一的食品生产经营企业信用档案，纳入全国信用信息共享平台和国家企业信用信息公示系统。实行食品生产经营企业信用分级分类管理。进一步完善食品安全严重失信者名单认定机制，加大对失信人员联合惩戒力度。

六、坚持最严肃的问责

（十七）明确监管事权。各省、自治区、直辖市政府要结合实际，依法依规制定食品安全监管事权清单，压实各职能部门在食品安全工作中的行业管理责任。对产品风险高、影响区域广的生产企业监督检查，对重大复杂案件查处和跨区域执法，原则上由省级监管部门负责组织和协调，市县两级监管部门配合，也可实行委托监管、指定监管、派驻监管等制度，确保监管到位。市县两级原则上承担辖区内直接面向市场主体、直接面向消费者的食品生产经营监管和执法事项，保护消费者合法权益。上级监管部门要加强对下级监管部门的监督管理。

（十八）加强评议考核。完善对地方党委和政府食品安全工作评议考核制度，将食品安全工作考核结果作为党政领导班子和领导干部综合考核评价的重要内容，作为干部奖惩和使用、调整的重要参考。对考核达不到要求的，约谈地方党政主要负责人，并督促限期整改。

（十九）严格责任追究。依照监管事权清单，尽职照单免责、失职照单问责。对贯彻落实党中央、国务院有关食品安全工作决策部署不力、履行职责不力、给国家和人民利益造成严重损害的，依规依纪依法追究相关领导责任。对监管工作中失职失责、不作为、乱作为、慢作为、假作为的，依规依纪依法追究相关人员责任；涉嫌犯罪的，依法追究刑事责任。对参与、包庇、放纵危害食品安全违法犯罪行为，弄虚作假、干扰责任调查，帮助伪造、隐匿、毁灭证据的，依法从重追究法律责任。

七、落实生产经营者主体责任

（二十）落实质量安全管理责任。生产经营者是食品安全第一责任人，要结合实际设立食品质量安全管理岗位，配备专业技术人员，严格执行法律法规、标准规范等要求，确保生产经营过程持续合规，确保产品符合食品安全标准。食品质量安全管理岗位人员的法规知识抽查考核合格率要达到90%以上。风险高的大型食品企业要率先建立和实施危害分析和关键控制点体系。保健食品生产经营者要严格落实质量安全主体责任，加强全面质量管理，规范生产行为，确保产品功能声称真实。

（二十一）加强生产经营过程控制。食品生产经营者应当依法对食品安全责任落实情况、食品安全状况进行自查评价。对生产经营条件不符合食品安全要求的，要立即采取整改措施；发现存在食品安全风险的，应当立即停止生产经营活动，并及时报告属地监管部门。要主动监测其上市产品质量安全状况，对存在隐患的，要及时采取风险控制措施。食品生产企业自查报告率要达到90%以上。

（二十二）建立食品安全追溯体系。食用农产品生产经营主体和食品生产企业对其产品追溯负责，依法建立食品安全追溯体系，确保记录真实完整，确保产品来源可查、去向可追。国家建立统一的食用农产品追溯平台，建立食用农产品和食品安全追溯标准和规范，完善全程追溯协作机制。加强全程追溯的示范推广，逐步实现企业信息化追溯体系与政府部门监管平台、重要产品追溯管理平台对接，接受政府监督，互通互享信息。

（二十三）积极投保食品安全责任保险。因食品安全问题造成损害的，食品生产经营者要依法承担赔偿责任。推进肉蛋奶和白酒生产企业、集体用餐单位、农村集体聚餐、大宗食品配送单位、中央厨房和配餐单位主动购买食品安全责任保险，有条件的中小企业要积极投保食品安全责任保险，发挥保险的他律作用和风险分担机制。

八、推动食品产业高质量发展

（二十四）改革许可认证制度。坚持“放管服”相结合，减少制度性交易成本。推进农产品认证制度改革，加快建立食用农产品合格证制度。深化食品生产经营许可改革，优化许可程序，实现全程电子化。推进保健食品注册与备案双轨运行，探索对食品添加剂经营实行备案管理。制定完善食品新业态、新模式监管制度。利用现有相关信息系统，实现全国范围内食品生产经营许可信息可查询。

（二十五）实施质量兴农计划。以乡村振兴战略为引领，以优质安全、绿色发展为目标，推动农业由增产导向转向提质导向。全面推行良好农业规范。创建农业标准化示范区。实施农业品牌提升行动。培育新型农业生产服务主体，推广面向适度规模经营主体特别是小农户的病虫害统防统治专业化服务，逐步减少自行使用农药兽药的农户。

（二十六）推动食品产业转型升级。调整优化食品产业布局，鼓励企业获得认证认可，实施增品种、提品质、创品牌行动。引导食品企业延伸产业链条，建立优质原料生产基地及配套设施，加强与电商平台深度融合，打造有影响力的百年品牌。大力发展专业化、规模化冷链物流企业，保障生鲜食品流通环节质量安全。

（二十七）加大科技支撑力度。将食品安全纳入国家科技计划，加强食品安全领域的科技创新，引导食品企业加大科研投入，完善科技成果转化应用机制。建设一批国际一流的食品安全技术支撑机构和重点实验室，加快引进培养高层次人才和高水平创新团队，重点突破“卡脖子”关键技术。依托国家级专业技术机构，开展基础科学和前沿科学研究，提高食品安全风险发现和防范能力。

九、提高食品安全风险管理能力

（二十八）加强协调配合。完善统一领导、分工负责、分级管理的食品安全监管体制，地方各级党委和政府对本地区食品安全工作负总责。相关职能部门要各司其职、齐抓共管，健全工作协调联动机制，加强跨地区协作配合，发现问题迅速处置，并及时通报上游查明原因、下游控制危害。在城市社区和农村建立专兼职食品安全信息员（协管员）队伍，充分发挥群众监督作用。

（二十九）提高监管队伍专业化水平。强化培训和考核，依托现有资源加强职业化检查队伍建设，提高检查人员专业技能，及时发现和处置风险隐患。完善专业院校课程设置，加强食品学科建设和人才培养。加大公安机关打击食品安全犯罪专业力量、专业装备建设力度。

（三十）加强技术支撑能力建设。推进国家级、省级食品安全专业技术机构能力建设，提升食品安全标准、监测、评估、监管、应急等工作水平。根据标准分类加快建设7个食品安全风险评估与标准研制重点实验室。健全以国家级检验机构为龙头，省级检验机构为骨干，市县两级检验机构为基础的食品和农产品质量安全检验检测体系，打造国际一流的国家检验检测平台，落实各级食品和农产品检验机构能力和装备配备标准。严格检验机构资质认定管理、跟踪评价和能力验证，发展社会检验力量。

（三十一）推进“互联网+食品”监管。建立基于大数据分析的食品安全信息平台，推进大数据、云计算、物联网、人工智能、区块链等技术在食品安全监管领域的应用，实施智慧监管，逐步实现食品安全违法犯罪线索网上排查汇聚和案件网上移送、网上受理、网上监督，提升监管工作信息化水平。

（三十二）完善问题导向的抽检监测机制。国家、省、市、县抽检事权四级统筹、各有侧重、不重不漏，统一制定计划、统一组织实施、统一数据报送、统一结果利用，力争抽检样品覆盖到所有农产品和食品企业、品种、项目，到2020年达到4批次/千人。逐步将监督抽检、风险监测与评价性抽检分离，提高监管的靶向性。完善抽检监测信息通报机制，依法及时公开抽检信息，加强不合格产品的核查处置，控制产品风险。

（三十三）强化突发事件应急处置。修订国家食品安全事故应急预案，完善事故调查、处置、报告、信息发布工作程序。完善食品安全事件预警监测、组织指挥、应急保障、信息报告制度和工作体系，提升应急响应、现场处置、医疗救治能力。加强舆情监测，建立重大舆情收集、分析研判和快速响应机制。

十、推进食品安全社会共治

（三十四）加强风险交流。主动发布权威信息，及时开展风险解读，鼓励研究机构、高校、协会、媒体等参与食品安全风险交流，科学解疑释惑。鼓励企业通过新闻媒体、网络平台等方式直接回应消费者咨询。建立谣言抓取、识别、分析、处置智能化平台，依法坚决打击造谣传谣、欺诈和虚假宣传行为。

（三十五）强化普法和科普宣传。落实"谁执法谁普法"普法责任制，对各类从事食品生产经营活动的单位和个人，持续加强食品安全法律法规、国家标准、科学知识的宣传教育。在中小学开展食品安全与营养教育，有条件的主流媒体可开办食品安全栏目，持续开展"食品安全宣传周"和食品安全进农村、进校园、进企业、进社区等宣传活动，提升公众食品安全素养，改变不洁饮食习俗，避免误采误食，防止发生食源性疾病。普及健康知识，倡导合理膳食，开展营养均衡配餐示范推广，提倡"减盐、减油、减糖"。

（三十六）鼓励社会监督。依法公开行政监管和处罚的标准、依据、结果，接受社会监督。支持行业协会建立行规行约和奖惩机制，强化行业自律。鼓励新闻媒体准确客观报道食品安全问题，有序开展食品安全舆论监督。

（三十七）完善投诉举报机制。畅通投诉举报渠道，落实举报奖励制度。鼓励企业内部知情人举报食品研发、生产、销售等环节中的违法犯罪行为，经查证属实的，按照有关规定给予奖励。加强对举报人的保护，对打击报复举报人的，要依法严肃查处。对恶意举报非法牟利的行为，要依法严厉打击。

十一、开展食品安全放心工程建设攻坚行动

围绕人民群众普遍关心的突出问题，开展食品安全放心工程建设攻坚行动，用5年左右时间，以点带面治理"餐桌污染"，力争取得明显成效。

（三十八）实施风险评估和标准制定专项行动。系统开展食物消费量调查、总膳食研究、毒理学研究等基础性工作，完善风险评估基础数据库。加强食源性疾病、食品中有害物质、环境污染物、食品相关产品等风险监测，系统开展食品中主要危害因素的风险评估，建立更加适用于我国居民的健康指导值。按照最严谨要求和现阶段实际，制定实施计划，加快推进内外销食品标准互补和协调，促进国民健康公平。

（三十九）实施农药兽药使用减量和产地环境净化行动。开展高毒高风险农药淘汰工作，5年内分期分批淘汰现存的10种高毒农药。实施化肥农药减量增效行动、水产养殖用药减量行动、兽药抗菌药治理行动，遏制农药兽药残留超标问题。加强耕地土壤环境类别划分和重金属污染区耕地风险管控与修复，重度污染区域要加快退出食用农产品种植。

（四十）实施国产婴幼儿配方乳粉提升行动。在婴幼儿配方乳粉生产企业全面实施良好生产规范、危害分析和关键控制点体系，自查报告率要达到100%。完善企业批批全检的检验制度，健全安全生产规范体系检查常态化机制。禁止使用进口大包装婴幼儿配方乳

粉到境内分装，规范标识标注。支持婴幼儿配方乳粉企业兼并重组，建设自有自控奶源基地，严格奶牛养殖饲料、兽药管理。促进奶源基地实行专业化、规模化、智能化生产，提高原料奶质量。发挥骨干企业引领作用，加大产品研发力度，培育优质品牌。力争3年内显著提升国产婴幼儿配方乳粉的品质、竞争力和美誉度。

（四十一）实施校园食品安全守护行动。严格落实学校食品安全校长（园长）负责制，保证校园食品安全，防范发生群体性食源性疾病事件。全面推行“明厨亮灶”，实行大宗食品公开招标、集中定点采购，建立学校相关负责人陪餐制度，鼓励家长参与监督。对学校食堂、学生集体用餐配送单位、校园周边餐饮门店及食品销售单位实行全覆盖监督检查。落实好农村义务教育学生营养改善计划，保证学生营养餐质量。

（四十二）实施农村假冒伪劣食品治理行动。以农村地区、城乡结合部为主战场，全面清理食品生产经营主体资格，严厉打击制售“三无”食品、假冒食品、劣质食品、过期食品等违法违规行为，坚决取缔“黑工厂”、“黑窝点”和“黑作坊”，实现风险隐患排查整治常态化。用2—3年时间，建立规范的农村食品流通供应体系，净化农村消费市场，提高农村食品安全保障水平。

（四十三）实施餐饮质量安全提升行动。推广“明厨亮灶”、餐饮安全风险分级管理，支持餐饮服务企业发展连锁经营和中央厨房，提升餐饮行业标准化水平，规范快餐、团餐等大众餐饮服务。鼓励餐饮外卖对配送食品进行封签，使用环保可降解的容器包装。大力推进餐厨废弃物资源化利用和无害化处理，防范“地沟油”流入餐桌。开展餐饮门店“厕所革命”，改善就餐环境卫生。

（四十四）实施保健食品行业专项清理整治行动。全面开展严厉打击保健食品欺诈和虚假宣传、虚假广告等违法犯罪行为。广泛开展以老年人识骗、防骗为主要内容的宣传教育活动。加大联合执法力度，大力整治保健食品市场经营秩序，严厉查处各种非法销售保健食品行为，打击传销。完善保健食品标准和标签标识管理。做好消费者维权服务工作。

（四十五）实施“优质粮食工程”行动。完善粮食质量安全检验监测体系，健全为农户提供专业化社会化粮食产后烘干储存销售服务体系。开展“中国好粮油”行动，提高绿色优质安全粮油产品供给水平。

（四十六）实施进口食品“国门守护”行动。将进口食品的境外生产经营企业、国内进口企业等纳入海关信用管理体系，实施差别化监管，开展科学有效的进口食品监督抽检和风险监控，完善企业信用管理、风险预警、产品追溯和快速反应机制，落实跨境电商零售进口监管政策，严防输入型食品安全风险。建立多双边国际合作信息通报机制、跨境检查执法协作机制，共同防控食品安全风险。严厉打击食品走私行为。

（四十七）实施“双安双创”示范引领行动。发挥地方党委和政府积极性，持续开展食品安全示范城市创建和农产品质量安全县创建活动，总结推广经验，落实属地管理责任和生产经营者主体责任。

十二、加强组织领导

（四十八）落实党政同责。地方各级党委和政府要把食品安全作为一项重大政治任务来抓。落实《地方党政领导干部食品安全责任制规定》，明确党委和政府主要负责人为第一责任人，自觉履行组织领导和督促落实食品安全属地管理责任，确保不发生重大食品安全事件。强化各级食品安全委员会及其办公室统筹协调作用，及时研究部署食品安全工作，协调解决跨部门跨地区重大问题。各有关部门要按照管行业必须管安全的要求，对主管领域的食品安全工作承担管理责任。各级农业农村、海关、市场监管等部门要压实监管责任，加强全链条、全流程监管。各地区各有关部门每年12月底前要向党中央、国务院报告食品安全工作情况。

（四十九）加大投入保障。健全食品和农产品质量安全财政投入保障机制，将食品和农产品质量安全工作所需经费列入同级财政预算，保障必要的监管执法条件。企业要加大食品质量安全管理方面的投入，鼓励社会资本进入食品安全专业化服务领域，构建多元化投入保障机制。

（五十）激励干部担当。加强监管队伍思想政治建设，增强“四个意识”，坚定“四个自信”，做到“两个维护”，忠实履行监管职责，敢于同危害食品安全的不法行为作斗争。各级党委和政府要关心爱护一线监管执法干部，建立健全容错纠错机制，为敢于担当作为的干部撑腰鼓劲。对在食品安全工作中作出突出贡献的单位和个人，按照国家有关规定给予表彰奖励，激励广大监管干部为党和人民干事创业、建功立业。

（五十一）强化组织实施。各地区各有关部门要根据本意见提出的改革任务和工作要求，结合实际认真研究制定具体措施，明确时间表、路线图、责任人，确保各项改革举措落实到位。国务院食品安全委员会办公室要会同有关部门建立协调机制，加强沟通会商，研究解决实施中遇到的问题。要严格督查督办，将实施情况纳入对地方政府食品安全工作督查考评内容，确保各项任务落实到位。

国务院关于在市场监管领域全面推行部门联合“双随机、一公开”监管的意见

国发〔2019〕5号

各省、自治区、直辖市人民政府，国务院各部委、各直属机构：

在市场监管领域全面推行“双随机、一公开”监管，是党中央、国务院作出的重大决策部署，是市场监管理念和方式的重大创新，是深化“放管服”改革、加快政府职能转变的内在要求，是减轻企业负担、优化营商环境的有力举措，是加快信用体系建设、创新事中事后监管的重要内容。为持续深化“放管服”改革，推行部门联合“双随机、一公开”监管，实现市场监管领域全覆盖，现提出如下意见。

一、总体要求

以习近平新时代中国特色社会主义思想为指导，全面贯彻党的十九大和十九届二中、三中全会精神，认真落实党中央、国务院决策部署，适应建设现代化经济体系、推动经济高质量发展、推进国家治理体系和治理能力现代化的需要，切实转变监管理念，创新监管方式。实行抽查事项清单管理，避免多头执法、重复检查，规范执法行为，提高监管效能，减轻企业负担，强化信用支撑。在市场监管领域健全以“双随机、一公开”监管为基本手段、以重点监管为补充、以信用监管为基础的新型监管机制，切实做到监管到位、执法必严，使守法守信者畅行天下、违法失信者寸步难行，进一步营造公平竞争的市场环境和法治化、便利化的营商环境。

坚持全面覆盖。将“双随机、一公开”作为市场监管的基本手段和方式，除特殊重点领域外，原则上所有行政检查都应通过双随机抽查的方式进行，取代日常监管原有的巡查制和随意检查，形成常态化管理机制。对抽查中发现的问题线索一查到底、依法处罚，并将处罚结果记于相应市场主体名下，形成对违法失信行为的长效制约。

坚持规范透明。严格依法依规落实市场监管责任，形成科学规范、公平公正、公开透明的“双随机、一公开”监管工作机制。除法律法规明确规定外，抽查事项、抽查计划、抽查结果都要及时、准确、规范向社会公开，实现阳光监管，杜绝任性执法。

坚持问题导向。实施信用风险分类监管，针对突出问题和风险开展双随机抽查，提高监管精准性。在按照抽查计划做好“双随机、一公开”监管的同时，对通过投诉举报、转办交办、数据监测等发现的具体问题要进行有针对性的检查，对发现的问题线索依法依规处理。

坚持协同推进。落实地方各级人民政府责任，建立健全工作机制，全面推行部门联合“双随机、一公开”监管。建立双随机抽查结果部门间共享交换和互认互用机制。

二、主要目标

通过在市场监管领域全面推行部门联合“双随机、一公开”监管，增强市场主体信用意识和自我约束力，对违法者“利剑高悬”；切实减少对市场主体正常生产经营活动的干预，对守法者“无事不扰”。强化企业主体责任，实现由政府监管向社会共治的转变，以监管方式创新提升事中事后监管效能。

到 2019 年底，市场监管部门完成双随机抽查全流程整合，实现“双随机、一公开”监管全覆盖、常态化。到 2020 年底，实现市场监管领域相关部门“双随机、一公开”监管全覆盖，地方各级人民政府相关部门在市场监管领域联合“双随机、一公开”监管常态化。力争三到五年时间内，市场监管领域新型监管机制更加完善，实现综合监管、智慧监管。

三、重点任务

（一）统筹建设监管工作平台。

各省（区、市）人民政府要以国家企业信用信息公示系统和全国信用信息共享平台等为依托，建设本辖区统一的“双随机、一公开”监管工作平台（以下称省级平台），为抽查检查、结果集中统一公示和综合运用提供技术支撑。各地已经建设并使用的工作平台要与省级平台整合融合，避免数据重复录入、多头报送。部门相关监管信息通过省级平台实现互联互通，满足部门联合双随机抽查需求。着力规范计划制定、名单抽取、结果公示、数据存档等各项抽查检查工作程序，做到全程留痕、责任可追溯。

（二）实行抽查事项清单管理。

各有关部门要依照法律、法规、规章规定，建立本部门随机抽查事项清单，明确抽查依据、主体、内容、方式等。市场监管总局要会同有关部门制定联合抽查事项清单、标准和实施办法。各省（区、市）人民政府要统筹建立本辖区统一的市场监管领域随机抽查事项清单。

随机抽查事项分为重点检查事项和一般检查事项。重点检查事项针对涉及安全、质量、公共利益等领域，抽查比例不设上限；抽查比例高的，可以通过随机抽取的方式确定检查批次顺序。一般检查事项针对一般监管领域，抽查比例应根据监管实际情况设置上限。要严格控制重点检查事项的数量和一般检查事项的抽查比例。随机抽查事项清单应根据法律、法规、规章立改废释和工作实际情况等进行动态调整，并及时通过相关网站和平台向社会公开。

（三）建立健全随机抽查“两库”。

各省（区、市）人民政府要统筹建立健全覆盖本辖区各层级、与抽查事项相对应的检查对象名录库和执法检查人员名录库（统称“两库”）。要根据法律法规和部门职责分工，按照“谁审批、谁监管，谁主管、谁监管”的原则，通过分类标注、批量导入等方式，在省级平台分别建立与部门职责相对应的检查对象名录库，避免出现监管真空。检查对象名录库既可以包括企业、个体工商户等市场主体，也可以包括产品、项目、行为等。

执法检查人员名录库应包括所有相关的行政执法类公务员、具有行政执法资格的工作人员和从事日常监管工作的人员，并按照执法资质、业务专长进行分类标注，提高抽查检查专业性。对特定领域的抽查，可在满足执法检查人数要求的基础上，吸收检测机构、科研院所和专家学者等参与，通过听取专家咨询意见等方式辅助抽查，满足专业性抽查需要。要根据检查对象和执法检查人员变动情况，对“两库”进行动态管理。

（四）统筹制定抽查计划。

县级以上地方人民政府结合本地实际及行业主管部门的抽查要求，统筹制定本辖区年度抽查工作计划，涵盖一般检查事项和重点检查事项，明确工作任务和参与部门。年度抽查工作计划可根据工作实际动态调整。要科学确定部门联合抽查的事项和发起、参与部门，实现“进一次门、查多项事”。要按照法律法规规定和当地经济社会发展及监管领域、执法队伍的实际情况，针对不同风险等级、信用水平的检查对象采取差异化分类监管措施，合理确定、动态调整抽查比例、频次和被抽查概率，既保证必要的抽查覆盖面和监管效果，又防止任意检查和执法扰民。

（五）科学实施抽查检查。

县级以上地方人民政府根据年度抽查工作计划，组织领导本辖区内的部门联合“双随机、一公开”监管工作。根据抽查涉及的对象范围和参与部门，通过公开、公正的方式从检查对象名录库中随机抽取检查对象，并根据实际情况随机匹配执法检查人员。抽查可以采取实地核查、书面检查、网络监测等方式；涉及专业领域的，可以委托有资质的机构开展检验检测、财务审计、调查咨询等工作，或依法采用相关机构作出的鉴定结论。鼓励运用信息化手段提高问题发现能力，实现全过程留痕。各有关部门可以根据实际情况，制定详细的随机抽查工作细则和工作指引，对抽查工作程序、项目、方法等作出明确规定，方便基层执法检查人员操作，提高抽查检查规范化水平。

（六）强化抽查检查结果公示运用。

按照“谁检查、谁录入、谁公开”的原则，将抽查检查结果通过国家企业信用信息公示系统和全国信用信息共享平台等进行公示，接受社会监督。对抽查发现的违法违规行为依法加大惩处力度，涉嫌犯罪的及时移送司法机关。实现抽查检查结果政府部门间互认，促进“双随机、一公开”监管与信用监管有效衔接，对抽查发现的违法失信行为依法实施联合惩戒，形成有力震慑，增强市场主体守法自觉性。

（七）做好个案处理和专项检查工作。

在做好“双随机、一公开”监管工作的同时，对通过投诉举报、转办交办、数据监测等发现的违法违规个案线索，要立即实施检查、处置；需要立案查处的，要按照行政处罚程序规定进行调查处理。要坚持问题导向，对通过上述渠道发现的普遍性问题和市场秩序存在的突出风险，要通过双随机抽查等方式，对所涉抽查事项开展有针对性的专项检查，并根据实际情况确定抽查比例，确保不发生系统性、区域性风险。要将抽查检查结果归集至国家企业信用信息公示系统和全国信用信息共享平台等，为开展协同监管和联合惩戒创造条件。对无证无照经营，有关部门应当按照《无证无照经营查处办法》等法律法规的规定予以查处。

四、保障措施

（一）加强组织领导。

市场监管、发展改革、教育、公安、人力资源社会保障、生态环境、住房城乡建设、交通运输、农业农村、商务、文化和旅游、卫生健康、应急、海关、税务、统计等市场监管领域有关部门要统一思想认识，优化顶层设计，加强对本系统“双随机、一公开”监管工作的指导、督促。市场监管总局要发挥牵头作用，加强统筹协调，会同各有关部门共同推进各项工作。

地方各级人民政府要切实加强对本辖区“双随机、一公开”监管工作的组织领导，出台具体实施办法，建立市场监管部门牵头的联席会议制度，根据实际情况确定参与部门。合理配置、统筹使用执法资源，提高装备水平，完善档案管理，确保有效监管。通过现有渠道统筹做好部门联合“双随机、一公开”监管经费保障，将各有关部门“双随机、一公开”监管工作情况纳入政府绩效考核体系，加强督查督导。

（二）严格责任落实。

各地区、各有关部门要进一步增强责任意识。对忠于职守、履职尽责的，要给予表扬和鼓励；对未履行、不当履行或违法履行“双随机、一公开”监管职责的，要依法依规严肃处理；涉嫌犯罪的，要移送有关机关依法处理。同时，按照“尽职照单免责、失职照单问责”原则，对严格依据抽查事项清单和相关工作要求开展“双随机、一公开”监管，市场主体出现问题的，应结合执法检查人员工作态度、工作程序方法、客观条件等进行综合分析，该免责的依法依规免予追究相关责任。各地区、各有关部门可以根据实际，细化追责免责相关办法，明确政策标准和评判界线，既严格问责追责，又有效保护基层执法检查人员担当作为、干事创业的积极性。

（三）营造良好环境。

各地区、各有关部门要做好相关法规规章和规范性文件的立改废释工作，推进“双随机、一公开”监管法治化进程。加强干部队伍建设，强化监管执法业务培训，提升市场监管领域“双随机、一公开”监管能力和水平。鼓励各地结合实际大胆探索部门联合“双随机、一公开”监管的新模式，及时总结推广先进经验。加大宣传力度，提升“双随机、一公开”监管的社会影响力和公众知晓度，加快形成政府公正监管、企业诚信自律、社会公众监督的良好氛围。

国务院
2019年1月27日

国务院关于取消和下放一批行政许可事项的决定（摘录）

国发〔2019〕6号

各省、自治区、直辖市人民政府，国务院各部委、各直属机构：

经研究论证，国务院决定取消25项行政许可事项，下放6项行政许可事项的管理层级，现予公布。另有5项依据有关法律设定的行政许可事项，国务院将依照法定程序提请全国人民代表大会常务委员会修订相关法律规定。

各地区、各有关部门要抓紧做好取消和下放行政许可事项的落实和衔接工作，制定完善事中事后监管措施，采取“双随机、一公开”监管、重点监管、信用监管、“互联网＋监管”等方式，确保放得开、接得住、管得好。自本决定发布之日起20个工作日内，各有关部门要按规定向社会公布事中事后监管细则，并加强宣传解读和督促落实。

附件：1. 国务院决定取消的行政许可事项目录（共25项）（摘录）
2. 国务院决定下放管理层级的行政许可事项目录（共6项）（略）

国务院

2019年2月27日

附件1：

国务院决定取消的行政许可事项目录（摘录）

序号	事项名称	审批部门	设定依据	加强事中事后监管措施
17	已经取得进口兽药注册证书的兽用生物制品进口审批	农业农村部	《兽药管理条例》	取消审批后，农业农村部要通过以下措施加强事中事后监管：1. 加强业务指导和人员培训，统筹做好进口生物制品类兽药的监管和服务工作。2. 加强与省级农业农村部门、海关之间的信息共享，跟踪掌握产品进口情况。3. 严格实施进口生物制品类兽药批签发制度，未经批签发或批签发不合格，严禁上市销售。
18	饲料添加剂预混合饲料、混合型饲料添加剂产品批准文号核发	省级农业农村部门	《饲料和饲料添加剂管理条例》	取消审批后，改为备案。农业农村部要加大饲料管理法规宣传贯彻力度，加强强制性标准和规范性技术文件制定修订，支持行业组织制定团体标准，指导、督促地方各级农业农村部门通过以下措施加强事中事后监管：1. 严格实施饲料和饲料添加剂生产许可管理，加大日常监管力度，强化对企业标准制定工作的服务和指导，督促企业建立全程质量安全管理和追溯体系。2. 建立饲料添加剂预混合饲料、混合型饲料添加剂产品配方备案制度，要求企业主动履行备案义务，对违反规定不进行备案的要设定相应法律责任，开发网上备案系统，方便企业办事。3. 监督饲料企业严格按照产品标准进行生产，对产品是否符合国家强制性标准和规范性技术要求实施严格监管，严厉打击违规或超量添加抗生素、激素等化学物质的行为。4. 加大饲料产品经营和使用环节监督检查力度，严肃查处假冒伪劣饲料产品。5. 加强饲料企业信用监管，健全饲料行业诚信体系，及时记录饲料企业诚信状况并向社会公开。
19	新兽药临床试验审批	省级农业农村部门	《兽药管理条例》	取消审批后，改为备案。农业农村部、省级农业农村部门（兽医行政管理部门）要通过以下措施加强事中事后监管：1. 建立新兽药临床试验资料备案制度，及时掌握兽药临床试验情况。2. 加强对兽药企业从业人员的培训，帮助试验人员深入掌握兽药临床试验规范要求，指导临床试验规范开展。3. 加大执法力度，监督有关单位按照要求开展临床试验，严肃查处违法行为。

国务院关于乡村产业发展情况的报告

——2019 年 4 月 21 日在第十三届全国人民代表大会常务委员会第十次会议上

农业农村部部长　韩长赋

乡村振兴，产业兴旺是基础。党中央、国务院高度重视乡村产业发展。习近平总书记指出，产业兴旺是解决农村一切问题的前提，要推动乡村产业振兴，紧紧围绕发展现代农业，围绕农村一二三产业融合发展，构建乡村产业体系。李克强总理强调，要深入实施“互联网+农业”，支持返乡入乡创业创新，推动一二三产业融合发展。各有关部门认真贯彻落实党中央、国务院决策部署，大力实施乡村振兴战略，加大扶持力度，强化措施落实，发展壮大乡村产业，为经济社会发展大局提供了重要支撑。

一、乡村产业发展取得积极成效

乡村产业是根植于乡村，以农业农村资源为依托，以农民为主体，以一二三产业融合发展为路径，地域特色鲜明、承载乡村价值、创新创业活跃、利益联结紧密的产业体系。近年来，各地区、各有关部门深入贯彻党的十九大精神，认真落实党中央、国务院决策部署，以农业农村现代化为总目标，以农业供给侧结构性改革为主线，采取了一系列有力措施，全力推进乡村产业发展。加强规划引导，中共中央、国务院印发了《关于实施乡村振兴战略的意见》和《乡村振兴战略规划（2018—2022 年）》，对发展壮大乡村产业作出专项部署。加大政策扶持，围绕促进农村一二三产业融合、农产品加工业、乡村休闲旅游、农村创新创业等，制定实施一系列涉及财政税收、金融保险、用地用电、科技创新、人才保障等方面的支持政策措施。推进农村改革，深化农产品收储制度、农村土地制度改革、农村集体产权制度以及“放管服”等改革，激活要素、市场和主体，促进乡村产业发展。营造创业氛围，加强乡村基础设施建设，推进公共服务向乡村延伸，每年举行全国大众创业万众创新活动周及全国新农民新技术创业创新博览会，引导各类人才到乡村投资兴业。目前，乡村产业发展势头良好。

（一）现代农业加快推进。坚持把保障国家粮食安全作为发展现代农业的首要任务，守住国家粮食安全底线，促进农业高质量发展。粮食产能巩固提升，累计建成高标准农田 6.4 亿亩，完成 9.7 亿亩粮食生产功能区和重要农产品生产保护区划定任务。2018 年粮食产量 13 158 亿斤[①]，连续 7 年保持在 1.2 万亿斤以上。棉油糖、果菜鱼、肉蛋奶等生产稳定、供应充足。绿色发展有力推进，化肥、农药使用量实现负增长，畜禽粪污综合利用率

---

① 斤为非法定计量单位，1 斤=500 克。

达到70%，秸秆综合利用率达到84%，农用地膜回收率达到60%，耕地轮作休耕试点超过3 000万亩。技术装备水平稳步提升，农业科技进步贡献率达到58.3%，主要农作物耕种收全程综合机械化率达到67%。新一代信息技术向农业生产、经营、管理、服务拓展。农业供给侧结构性改革不断深化，近3年来累计调减非优势区籽粒玉米面积5 000多万亩，调减低质低效区水稻面积800多万亩，增加大豆面积2 000多万亩，粮改饲面积达到1 400多万亩。畜禽养殖规模化率达到58%，奶业振兴扎实推进。

（二）乡村产业形态不断丰富。各地依托乡村资源，发掘新功能新价值，培育新产业新业态。特色产业快速发展，形成一批特色鲜明的小宗类、多样化乡土产业，创响特色品牌约10万余个，认定“一村一品”示范村镇2 400个。农产品加工深入推进，引导加工产能向粮食等主产区布局，促进就地加工转化。2018年规模以上农产品加工企业7.9万家、营业收入14.9万亿元。休闲农业和乡村旅游蓬勃发展，实施休闲农业和乡村旅游精品工程，建设一批休闲观光、乡村民宿、健康养生等园区景点，2018年接待游客30亿人次、营业收入超过8 000亿元。乡村服务业创新发展，2018年农村生产性服务业营业收入超过2 000亿元，农村网络销售额突破1.3万亿元，其中农产品网络销售额达3 000亿元。

（三）乡村产业融合渐成趋势。跨界配置农业和现代产业要素，促进产业深度交叉融合，形成“农业+”多业态发展态势。融合主体大量涌现，农业产业化龙头企业8.7万家，其中国家重点龙头企业1 243家。注册登记农民合作社217万家，家庭农场60万个。融合业态多元呈现，发展综合种养等循环型农业，稻渔综合种养面积超过3 000万亩；发展中央厨房、直供直销等延伸型农业，2018年主食加工营业收入达2万亿元；“农业+”文化、教育、旅游、康养、信息等产业快速发展。融合载体丰富多样，建设国家现代农业产业园62个、国家农业科技园32个、农产品加工园1 600个，创建农村产业融合示范园148个、农业产业强镇254个。

（四）利益联结机制逐步构建。各地发展企农契约型合作模式，已有1亿农户与农业产业化龙头企业签订订单，签约农户经营收入超过未签约农户50%以上。推广利益分红型模式，通过“订单收购+分红”“保底收益+按股分红”“土地租金+务工工资+返利分红”等方式，促进农民持续增收。探索股份合作型模式，形成分工明确、优势互补、风险共担、利益共享的农业产业化联合体。

（五）农村创新创业日渐活跃。制定并落实支持返乡下乡人员创新创业政策，吸引农民工、大中专毕业生、退役军人、科技人员等到乡村创新创业。截止到2018年，各类返乡下乡创新创业人员累计达780万人，“田秀才”“土专家”“乡创客”等本乡创新创业人员达3 100多万人。领域不断拓宽，由种养向纵向延伸、横向拓展，创办的实体87%在乡镇以下，80%以上发展产业融合项目。层次不断提升，返乡下乡人员50%以上利用信息技术创新创业，近90%是联合创业。载体不断增多，认定农村创新创业园区和实训孵化基地1 096个，益农信息社覆盖1/3以上行政村。

（六）产业扶贫扎实推进。发展优势特色产业，在贫困地区培育农业产业化龙头企业1.4万家、农民合作社61万个，有力带动建档立卡贫困户脱贫致富。建成甘肃定西马铃薯、江西赣南脐橙、陕西洛川苹果、湖北潜江小龙虾、重庆涪陵榨菜等一批特色产业集群。积极促进产销对接，2018年农业农村部举办的各类产销对接活动，带动贫困地区销售农产品超过500亿元，促成签约项目300亿元。加强人才培育，在22个脱贫任务重的省份实施农技推广服务特聘计划，组建科技服务团，培训带头人和大学生村官2万余人。

二、当前乡村产业发展面临的困难和问题

从调研和基层反映情况看，当前乡村产业发展也面临不少困难和问题。

（一）发展质量效益不高。多数乡村企业科技创新能力不强，特别是农产品加工创新能力不足，工艺水平落后于发达国家。产品供给仍以大路货为主，优质绿色农产品占比较低，休闲旅游普遍存在同质化现象，缺乏小众类、精准化、中高端产品和服务，品牌溢价有限。乡村产业聚集度较低，仅有28%的乡村产业集中在各类园区。

（二）产业要素活力不足。乡村产业稳定的资金投入机制尚未建立，金融服务仍明显不足，土地出让金用于农业农村比例偏低。农村资源变资产的渠道尚未打通，阻碍了金融资本和社会资本进入乡村产业。农村土地空闲、低效、粗放利用和新产业新业态发展用地供给不足并存。农村人才缺乏，科技、经营等各类人才服务乡村产业的激励保障机制尚不健全。

（三）产业链条仍然较短。一产向后延伸不充分，多以供应原料为主，从产地到餐桌的链条不健全。二产连两头不紧密，农产品精深加工不足，副产物综合利用程度低，农产品加工转化率仅为65%，比发达国家低20个百分点。三产发育不足，农村生产生活服务能力不强。产业融合层次低，乡村价值功能开发不充分，农户和企业间的利益联结还不紧密。

（四）产业基础设施仍然薄弱。一些农村供水、供电、供气条件差，道路、网络通信、仓储物流等设施未实现全覆盖。产地批发市场、产销对接、鲜活农产品直销网点等设施相对落后，物流经营成本高。农村垃圾集收运和污水处理能力有限，先进技术要素向乡村扩散渗透力不强。乡村产业发展的环境保护条件和能力较弱，工业“三废”和城市生活垃圾等污染扩散等问题仍然突出。

三、推进乡村产业发展的思路和措施

按照党中央、国务院决策部署，要强化政策扶持，加大工作力度，切实抓好落实，大力推进乡村产业发展，加快构建现代乡村产业体系，夯实乡村振兴基础。

总体思路是，以习近平新时代中国特色社会主义思想为指导，全面贯彻党的十九大和十九届二中、三中全会精神，坚持农业农村优先发展总方针，牢固树立新发展理念，落实高质量发展要求，按照实施乡村振兴战略部署，以实现农业农村现代化为总目标，以农业供给侧结构性改革为主线，围绕农村一二三产业融合发展，聚焦重点产业，聚集资源要素，强化创新引领，培育发展新动能，延长产业链、提升价值链、打造供应链，构建地域特色鲜明、承载乡村价值、创新创业活跃、利益联结紧密的现代乡村产业体系，加快形成城乡融合发展格局，为全面建成小康社会、实现乡村振兴奠定坚实基础。

围绕上述思路，重点抓好以下九方面工作：

（一）优化产业空间布局。强化县域统筹，因地制宜发展多样化特色种养，积极发展特色食品、制造、手工业等乡土产业，推动形成县城、中心乡（镇）、中心村层级明显、

功能有效衔接的结构布局，促进县乡联动、产镇融合、产村一体。推进县域、镇域产业聚集，支持农产品加工业向主产区县域布局，支持有条件的地方建设以乡（镇）所在地为中心的产业集群。支持农产品加工流通企业下沉重心，向有条件的乡（镇）和物流节点集中，促进镇村联动发展，实现加工在乡（镇）、基地在村、增收在户。

（二）持续做强现代种养业。创新产业组织方式，促进种养业规模化发展，向全产业链延伸拓展，提高质量效益。巩固提升粮食产能，实施新形势下国家粮食安全战略，全面落实永久基本农田特殊保护制度，加快划定10.58亿亩粮食生产功能区和重要农产品生产保护区。加强高标准农田建设，确保2020年完成8亿亩建设任务，力争2022年达到10亿亩。加快农业科技创新特别是育种创新，推进农业机械装备升级。加强生猪等畜禽产能建设，提升动物疫病防控能力，增加肉蛋奶等供给。优化生猪产业和屠宰产能布局，大力发展草食畜牧业，推动奶业振兴。推进渔业健康养殖，提质增效。

（三）大力推进产业融合发展。培育主体带动融合发展，引导农业产业化龙头企业与合作社和家庭农场及小农户开展生产经营合作，构建紧密联结机制。建设一批农业产业强镇，创建一批农村产业融合发展示范园，形成多主体参与、多要素聚集、多业态发展、多模式推进的融合格局。支持主产区大力发展农产品精深加工，统筹农产品产地、集散地、销区批发市场发展，建设一批专业村镇、精深加工基地和加工强县。

（四）发展壮大新型经营主体。扩大农业产业化龙头企业队伍，打造大型农业企业集团，支持农业产业化龙头企业向重点产区和优势区集聚。发展农民合作社和家庭农场，支持开展加工流通等多种经营，向综合合作社方向发展。扶持一批以农业产业化龙头企业带动、合作社和家庭农场跟进、广大小农户参与的农业产业化联合体，实现抱团发展。

（五）着力打造产业园区。推进政策集成、要素集聚、功能集合和企业集中，建设一批国家现代农业产业园，加快建设一批特色产品基地，认定一批“一村一品”示范村镇。培育乡村休闲旅游精品，建设一批设施完备、功能多样的园区景点。布局建设一批国家农业高新技术产业示范区。

（六）实施质量兴农绿色兴农。按照“有标采标、无标创标、全程贯标”要求，制修订农业投入品、农产品加工业、农村新业态及产品品牌标准。培育一批叫得响、有影响力的区域公用品牌和企业品牌，创响一批“土字号”“乡字号”特色产品品牌。国家明令淘汰的落后产能，列入国家禁止类产业目录的，不得进入乡村。鼓励加工副产物循环梯次综合利用。

（七）大力推进农村创新创业。壮大创新创业群体，落实创新创业扶持政策，支持返乡下乡人员创新创业，引导返乡农民工到县城和中心镇就业创业。培养一批农村创新创业导师和领军人物。搭建创新创业平台，宣传推介创新创业带头人、优秀乡村企业家和典型县，创建一批具有区域特色的农村创新创业示范园区和实训孵化基地。鼓励发展农村电商，深入推进“互联网+”现代农业，加快实现乡村数字化、网络化、智能化。加强乡村工匠、文化能人、手工艺人和经营管理人才培训，提高创业技能。

（八）深入推进产业扶贫。咬定脱贫攻坚目标，巩固和扩大脱贫攻坚成果。支持贫困地区特别是“三区三州”深度贫困地区开发特色资源，发展特色优势产业。组织国内大型加工、采购销售、投融资企业及科研单位与贫困地区对接，开展招商引资，促进产品销售。引导农业产业化龙头企业与贫困地区合作创建绿色食品、有机农产品原料标准化生产基地，带动贫困户进入大市场。

（九）健全完善政策体系。一是深化产权制度改革。加快农村集体资产清产核资和集体成员身份确认，推动资源变资产、资金变股金、农民变股东，发展多种形式的股份合作。二是引导工商资本下乡。鼓励工商资本到乡村发展农民参与度高、受益面广的乡村产业。工商资本投入乡村，不能代替和排挤农民，不能侵害农民财产权益。三是优化财政投入结构。加强一般公共预算投入保障，提高土地出让收入用于农业农村的比例。新增耕地指标和城乡建设用地增减挂钩节余指标跨省域调剂收益，全部用于巩固脱贫攻坚成果和支持乡村振兴。鼓励地方设立乡村产业发展基金。四是健全乡村金融服务体系。推动农村商业银行、农村合作银行、农村信用社逐步回归本源，为本地“三农”服务。引导县域金融机构将吸收的存款主要投放到当地乡村产业。支持发展农业供应链金融。发挥全国农业信贷担保体系作用，通过实施担保费用和业务奖补，加大对符合条件的乡村产业发展项目的融资担保力度。五是加强用地保障。县域内土地占补平衡年度土地利用计划安排一定比例支持乡村产业发展。探索针对乡村产业的省市县联动“点供”用地。加快推进农村集体经营性建设用地入市改革。盘活农村零散分散的存量建设用地，将整治的闲置宅基地、村庄空闲地、厂矿废弃地、道路改线废弃地、农业生产与村庄建设复合用地及“四荒地”，重点用于县域内发展乡村产业。完善设施农业用地政策，严格规范，有序发展。六是加强人才队伍建设。加强职业农民技能培训，加快建设知识型、技能型、创新型乡村产业经营管理队伍。支持职业院校扩招农村生源。加强知识产权保护，支持科技人员以科技成果入股乡村企业。

国务院关于促进乡村产业振兴的指导意见

国发〔2019〕12号

各省、自治区、直辖市人民政府，国务院各部委、各直属机构：

产业兴旺是乡村振兴的重要基础，是解决农村一切问题的前提。乡村产业根植于县域，以农业农村资源为依托，以农民为主体，以农村一二三产业融合发展为路径，地域特色鲜明、创新创业活跃、业态类型丰富、利益联结紧密，是提升农业、繁荣农村、富裕农民的产业。近年来，我国农村创新创业环境不断改善，新产业新业态大量涌现，乡村产业发展取得了积极成效，但也存在产业门类不全、产业链条较短、要素活力不足和质量效益不高等问题，亟须加强引导和扶持。为促进乡村产业振兴，现提出如下意见。

一、总体要求

（一）指导思想。以习近平新时代中国特色社会主义思想为指导，全面贯彻党的十九大和十九届二中、三中全会精神，牢固树立新发展理念，落实高质量发展要求，坚持农业农村优先发展总方针，以实施乡村振兴战略为总抓手，以农业供给侧结构性改革为主线，围绕农村一二三产业融合发展，与脱贫攻坚有效衔接、与城镇化联动推进，充分挖掘乡村多种功能和价值，聚焦重点产业，聚集资源要素，强化创新引领，突出集群成链，延长产业链、提升价值链，培育发展新动能，加快构建现代农业产业体系、生产体系和经营体系，推动形成城乡融合发展格局，为农业农村现代化奠定坚实基础。

（二）基本原则。

因地制宜、突出特色。依托种养业、绿水青山、田园风光和乡土文化等，发展优势明显、特色鲜明的乡村产业，更好彰显地域特色、承载乡村价值、体现乡土气息。

市场导向、政府支持。充分发挥市场在资源配置中的决定性作用，激活要素、市场和各类经营主体。更好发挥政府作用，引导形成以农民为主体、企业带动和社会参与相结合的乡村产业发展格局。

融合发展、联农带农。加快全产业链、全价值链建设，健全利益联结机制，把以农业农村资源为依托的二三产业尽量留在农村，把农业产业链的增值收益、就业岗位尽量留给农民。

绿色引领、创新驱动。践行绿水青山就是金山银山理念，严守耕地和生态保护红线，节约资源，保护环境，促进农村生产生活生态协调发展。推动科技、业态和模式创新，提高乡村产业质量效益。

（三）目标任务。力争用5—10年时间，农村一二三产业融合发展增加值占县域生产总值的比重实现较大幅度提高，乡村产业振兴取得重要进展。乡村产业体系健全完备，农业供给侧结构性改革成效明显，绿色发展模式更加成熟，乡村就业结构更加优化，农民增收渠道持续拓宽，产业扶贫作用进一步凸显。

二、突出优势特色，培育壮大乡村产业

（四）做强现代种养业。创新产业组织方式，推动种养业向规模化、标准化、品牌化和绿色化方向发展，延伸拓展产业链，增加绿色优质产品供给，不断提高质量效益和竞争力。巩固提升粮食产能，全面落实永久基本农田特殊保护制度，加强高标准农田建设，加快划定粮食生产功能区和重要农产品生产保护区。加强生猪等畜禽产能建设，提升动物疫病防控能力，推进奶业振兴和渔业转型升级。发展经济林和林下经济。（农业农村部、国家发展改革委、自然资源部、国家林草局等负责）

（五）做精乡土特色产业。因地制宜发展小宗类、多样性特色种养，加强地方品种种质资源保护和开发。建设特色农产品优势区，推进特色农产品基地建设。支持建设规范化乡村工厂、生产车间，发展特色食品、制造、手工业和绿色建筑建材等乡土产业。充分挖掘农村各类非物质文化遗产资源，保护传统工艺，促进乡村特色文化产业发展。（农业农村部、工业和信息化部、文化和旅游部、国家林草局等负责）

（六）提升农产品加工流通业。支持粮食主产区和特色农产品优势区发展农产品加工业，建设一批农产品精深加工基地和加工强县。鼓励农民合作社和家庭农场发展农产品初加工，建设一批专业村镇。统筹农产品产地、集散地、销地批发市场建设，加强农产品物流骨干网络和冷链物流体系建设。（农业农村部、国家发展改革委、工业和信息化部、商务部、国家粮食和储备局、国家邮政局等负责）

（七）优化乡村休闲旅游业。实施休闲农业和乡村旅游精品工程，建设一批设施完备、功能多样的休闲观光园区、乡村民宿、森林人家和康养基地，培育一批美丽休闲乡村、乡村旅游重点村，建设一批休闲农业示范县。（农业农村部、文化和旅游部、国家卫生健康委、国家林草局等负责）

（八）培育乡村新型服务业。支持供销、邮政、农业服务公司、农民合作社等开展农资供应、土地托管、代耕代种、统防统治、烘干收储等农业生产性服务业。改造农村传统小商业、小门店、小集市等，发展批发零售、养老托幼、环境卫生等农村生活性服务业。（农业农村部、国家发展改革委、财政部、商务部、国家邮政局、供销合作总社等负责）

（九）发展乡村信息产业。深入推进“互联网＋”现代农业，加快重要农产品全产业链大数据建设，加强国家数字农业农村系统建设。全面推进信息进村入户，实施“互联网＋”农产品出村进城工程。推动农村电子商务公共服务中心和快递物流园区发展。（农业农村部、中央网信办、工业和信息化部、商务部、国家邮政局等负责）

三、科学合理布局，优化乡村产业空间结构

（十）强化县域统筹。在县域内统筹考虑城乡产业发展，合理规划乡村产业布局，形成县城、中心镇（乡）、中心村层级分工明显、功能有机衔接的格局。推进城镇基础设施和基本公共服务向乡村延伸，实现城乡基础设施互联互通、公共服务普惠共享。完善县城

综合服务功能，搭建技术研发、人才培训和产品营销等平台。（国家发展改革委、自然资源部、生态环境部、住房城乡建设部、农业农村部等负责）

（十一）推进镇域产业聚集。发挥镇（乡）上连县、下连村的纽带作用，支持有条件的地方建设以镇（乡）所在地为中心的产业集群。支持农产品加工流通企业重心下沉，向有条件的镇（乡）和物流节点集中。引导特色小镇立足产业基础，加快要素聚集和业态创新，辐射和带动周边地区产业发展。（国家发展改革委、住房城乡建设部、农业农村部等负责）

（十二）促进镇村联动发展。引导农业企业与农民合作社、农户联合建设原料基地、加工车间等，实现加工在镇、基地在村、增收在户。支持镇（乡）发展劳动密集型产业，引导有条件的村建设农工贸专业村。（国家发展改革委、农业农村部、商务部等负责）

（十三）支持贫困地区产业发展。持续加大资金、技术、人才等要素投入，巩固和扩大产业扶贫成果。支持贫困地区特别是“三区三州”等深度贫困地区开发特色资源、发展特色产业，鼓励农业产业化龙头企业、农民合作社与贫困户建立多种形式的利益联结机制。引导大型加工流通、采购销售、投融资企业与贫困地区对接，开展招商引资，促进产品销售。鼓励农业产业化龙头企业与贫困地区合作创建绿色食品、有机农产品原料标准化生产基地，带动贫困户进入大市场。（农业农村部、国家发展改革委、财政部、商务部、国务院扶贫办等负责）

四、促进产业融合发展，增强乡村产业聚合力

（十四）培育多元融合主体。支持农业产业化龙头企业发展，引导其向粮食主产区和特色农产品优势区集聚。启动家庭农场培育计划，开展农民合作社规范提升行动。鼓励发展农业产业化龙头企业带动、农民合作社和家庭农场跟进、小农户参与的农业产业化联合体。支持发展县域范围内产业关联度高、辐射带动力强、多种主体参与的融合模式，实现优势互补、风险共担、利益共享。（农业农村部、国家发展改革委、财政部、国家林草局等负责）

（十五）发展多类型融合业态。跨界配置农业和现代产业要素，促进产业深度交叉融合，形成“农业＋”多业态发展态势。推进规模种植与林牧渔融合，发展稻渔共生、林下种养等。推进农业与加工流通业融合，发展中央厨房、直供直销、会员农业等。推进农业与文化、旅游、教育、康养等产业融合，发展创意农业、功能农业等。推进农业与信息产业融合，发展数字农业、智慧农业等。（农业农村部、国家发展改革委、教育部、工业和信息化部、文化和旅游部、国家卫生健康委、国家林草局等负责）

（十六）打造产业融合载体。立足县域资源禀赋，突出主导产业，建设一批现代农业产业园和农业产业强镇，创建一批农村产业融合发展示范园，形成多主体参与、多要素聚集、多业态发展格局。（农业农村部、国家发展改革委、财政部、国家林草局等负责）

（十七）构建利益联结机制。引导农业企业与小农户建立契约型、分红型、股权型等合作方式，把利益分配重点向产业链上游倾斜，促进农民持续增收。完善农业股份合作制企业利润分配机制，推广“订单收购＋分红”、“农民入股＋保底收益＋按股分红”等模式。开展土地经营权入股从事农业产业化经营试点。（农业农村部、国家发展

改革委等负责）

五、推进质量兴农绿色兴农，增强乡村产业持续增长力

（十八）健全绿色质量标准体系。实施国家质量兴农战略规划，制修订农业投入品、农产品加工业、农村新业态等方面的国家和行业标准，建立统一的绿色农产品市场准入标准。积极参与国际标准制修订，推进农产品认证结果互认。引导和鼓励农业企业获得国际通行的农产品认证，拓展国际市场。（农业农村部、市场监管总局等负责）

（十九）大力推进标准化生产。引导各类农业经营主体建设标准化生产基地，在国家农产品质量安全县整县推进全程标准化生产。加强化肥、农药、兽药及饲料质量安全管理，推进废旧地膜和包装废弃物等回收处理，推行水产健康养殖。加快建立农产品质量分级及产地准出、市场准入制度，实现从田间到餐桌的全产业链监管。（农业农村部、生态环境部、市场监管总局等负责）

（二十）培育提升农业品牌。实施农业品牌提升行动，建立农业品牌目录制度，加强农产品地理标志管理和农业品牌保护。鼓励地方培育品质优良、特色鲜明的区域公用品牌，引导企业与农户等共创企业品牌，培育一批"土字号"、"乡字号"产品品牌。（农业农村部、商务部、国家知识产权局等负责）

（二十一）强化资源保护利用。大力发展节地节能节水等资源节约型产业。建设农业绿色发展先行区。国家明令淘汰的落后产能、列入国家禁止类产业目录的、污染环境的项目，不得进入乡村。推进种养循环一体化，支持秸秆和畜禽粪污资源化利用。推进加工副产物综合利用。（国家发展改革委、工业和信息化部、自然资源部、生态环境部、水利部、农业农村部等负责）

六、推动创新创业升级，增强乡村产业发展新动能

（二十二）强化科技创新引领。大力培育乡村产业创新主体。建设国家农业高新技术产业示范区和国家农业科技园区。建立产学研用协同创新机制，联合攻克一批农业领域关键技术。支持种业育繁推一体化，培育一批竞争力强的大型种业企业集团。建设一批农产品加工技术集成基地。创新公益性农技推广服务方式。（科技部、农业农村部等负责）

（二十三）促进农村创新创业。实施乡村就业创业促进行动，引导农民工、大中专毕业生、退役军人、科技人员等返乡入乡人员和"田秀才"、"土专家"、"乡创客"创新创业。创建农村创新创业和孵化实训基地，加强乡村工匠、文化能人、手工艺人和经营管理人才等创新创业主体培训，提高创业技能。（农业农村部、国家发展改革委、教育部、人力资源社会保障部、退役军人部、共青团中央、全国妇联等负责）

七、完善政策措施，优化乡村产业发展环境

（二十四）健全财政投入机制。加强一般公共预算投入保障，提高土地出让收入用于农业农村的比例，支持乡村产业振兴。新增耕地指标和城乡建设用地增减挂钩节余指标跨省域调剂收益，全部用于巩固脱贫攻坚成果和支持乡村振兴。鼓励有条件的地方按市场化

方式设立乡村产业发展基金，重点用于乡村产业技术创新。鼓励地方按规定对吸纳贫困家庭劳动力、农村残疾人就业的农业企业给予相关补贴，落实相关税收优惠政策。（财政部、自然资源部、农业农村部、税务总局、国务院扶贫办等负责）

（二十五）创新乡村金融服务。引导县域金融机构将吸收的存款主要用于当地，重点支持乡村产业。支持小微企业融资优惠政策适用于乡村产业和农村创新创业。发挥全国农业信贷担保体系作用，鼓励地方通过实施担保费用补助、业务奖补等方式支持乡村产业贷款担保，拓宽担保物范围。允许权属清晰的农村承包土地经营权、农业设施、农机具等依法抵押贷款。加大乡村产业项目融资担保力度。支持地方政府发行一般债券用于支持乡村振兴领域的纯公益性项目建设。鼓励地方政府发行项目融资和收益自平衡的专项债券，支持符合条件、有一定收益的乡村公益性项目建设。规范地方政府举债融资行为，不得借乡村振兴之名违法违规变相举债。支持符合条件的农业企业上市融资。（人民银行、财政部、农业农村部、银保监会、证监会等负责）

（二十六）有序引导工商资本下乡。坚持互惠互利，优化营商环境，引导工商资本到乡村投资兴办农民参与度高、受益面广的乡村产业，支持发展适合规模化集约化经营的种养业。支持企业到贫困地区和其他经济欠发达地区吸纳农民就业、开展职业培训和就业服务等。工商资本进入乡村，要依法依规开发利用农业农村资源，不得违规占用耕地从事非农产业，不能侵害农民财产权益。（农业农村部、国家发展改革委等负责）

（二十七）完善用地保障政策。耕地占补平衡以县域自行平衡为主，在安排土地利用年度计划时，加大对乡村产业发展用地的倾斜支持力度。探索针对乡村产业的省市县联动"点供"用地。推动制修订相关法律法规，完善配套制度，开展农村集体经营性建设用地入市改革，增加乡村产业用地供给。有序开展县域乡村闲置集体建设用地、闲置宅基地、村庄空闲地、厂矿废弃地、道路改线废弃地、农业生产与村庄建设复合用地及"四荒地"（荒山、荒沟、荒丘、荒滩）等土地综合整治，盘活建设用地重点用于乡村新产业新业态和返乡入乡创新创业。完善设施农业用地管理办法。（自然资源部、农业农村部、司法部、国家林草局等负责）

（二十八）健全人才保障机制。各类创业扶持政策向农业农村领域延伸覆盖，引导各类人才到乡村兴办产业。加大农民技能培训力度，支持职业学校扩大农村招生。深化农业系列职称制度改革，开展面向农技推广人员的评审。支持科技人员以科技成果入股农业企业，建立健全科研人员校企、院企共建双聘机制，实行股权分红等激励措施。实施乡村振兴青春建功行动。（科技部、教育部、人力资源社会保障部、农业农村部、退役军人部、共青团中央、全国妇联等负责）

八、强化组织保障，确保乡村产业振兴落地见效

（二十九）加强统筹协调。各地要落实五级书记抓乡村振兴的工作要求，把乡村产业振兴作为重要任务，摆上突出位置。建立农业农村部门牵头抓总、相关部门协同配合、社会力量积极支持、农民群众广泛参与的推进机制。（农业农村部牵头负责）

（三十）强化指导服务。深化"放管服"改革，发挥各类服务机构作用，为从事乡村产业的各类经营主体提供高效便捷服务。完善乡村产业监测体系，研究开展农村一二三产

业融合发展情况统计。（农业农村部、国家统计局等负责）

（三十一）营造良好氛围。宣传推介乡村产业发展鲜活经验，推广一批农民合作社、家庭农场和农村创新创业典型案例。弘扬企业家精神和工匠精神，倡导诚信守法，营造崇尚创新、鼓励创业的良好环境。（农业农村部、广电总局等负责）

国务院

2019年6月17日

国务院关于加强和规范事中事后监管的指导意见

国发〔2019〕18号

各省、自治区、直辖市人民政府，国务院各部委、各直属机构：

为深刻转变政府职能，深化简政放权、放管结合、优化服务改革，进一步加强和规范事中事后监管，以公正监管促进公平竞争，加快打造市场化法治化国际化营商环境，提出以下意见。

一、总体要求

（一）指导思想。以习近平新时代中国特色社会主义思想为指导，全面贯彻党的十九大和十九届二中、三中全会精神，牢固树立新发展理念，充分发挥市场在资源配置中的决定性作用，更好发挥政府作用，持续深化“放管服”改革，坚持放管结合、并重，把更多行政资源从事前审批转到加强事中事后监管上来，落实监管责任，健全监管规则，创新监管方式，加快构建权责明确、公平公正、公开透明、简约高效的事中事后监管体系，形成市场自律、政府监管、社会监督互为支撑的协同监管格局，切实管出公平、管出效率、管出活力，促进提高市场主体竞争力和市场效率，推动经济社会持续健康发展。

（二）基本原则。

依法监管。坚持权责法定、依法行政，法定职责必须为，法无授权不可为，严格按照法律法规规定履行监管责任，规范监管行为，推进事中事后监管法治化、制度化、规范化。

公平公正。对各类市场主体一视同仁，坚决破除妨碍公平竞争的体制机制障碍，依法保护各类市场主体合法权益，确保权利公平、机会公平、规则公平。

公开透明。坚持以公开为常态、不公开为例外，全面推进政府监管规则、标准、过程、结果等依法公开，让监管执法在阳光下运行，给市场主体以稳定预期。

分级分类。根据不同领域特点和风险程度，区分一般领域和可能造成严重不良后果、涉及安全的重要领域，分别确定监管内容、方式和频次，提升事中事后监管精准化水平。对新兴产业实施包容审慎监管，促进新动能发展壮大。

科学高效。充分发挥现代科技手段在事中事后监管中的作用，依托互联网、大数据、物联网、云计算、人工智能、区块链等新技术推动监管创新，努力做到监管效能最大化、监管成本最优化、对市场主体干扰最小化。

寓管于服。推进政府监管与服务相互结合、相互促进，坚持行“简约”之道，做到程序、要件等删繁就简、利企便民，营造良好发展环境，增强人民群众幸福感、获得感和安全感。

二、夯实监管责任

（三）明确监管对象和范围。要严格按照法律法规和“三定”规定明确的监管职责和监管事项，依法对市场主体进行监管，做到监管全覆盖，杜绝监管盲区和真空。除法律法规另有规定外，各部门对负责审批或指导实施的行政许可事项，负责事中事后监管；实行相对集中行政许可权改革的，要加强审管衔接，把监管责任落到实处，确保事有人管、责有人负；对已经取消审批但仍需政府监管的事项，主管部门负责事中事后监管；对下放审批权的事项，要同时调整监管层级，确保审批监管权责统一；对审批改为备案的事项，主管部门要加强核查，对未经备案从事相关经营活动的市场主体依法予以查处；对没有专门执法力量的行业和领域，审批或主管部门可通过委托执法、联合执法等方式，会同相关综合执法部门查处违法违规行为，相关综合执法部门要积极予以支持。

（四）厘清监管事权。各部门要充分发挥在规则和标准制定、风险研判、统筹协调等方面的作用，指导本系统开展事中事后监管。对涉及面广、较为重大复杂的监管领域和监管事项，主责部门要发挥牵头作用，相关部门要协同配合，建立健全工作协调机制。省级人民政府要统筹制定本行政区域内监管计划任务，指导和督促省级部门、市县级人民政府加强和规范监管执法；垂直管理部门要统筹制定本系统监管计划任务，并加强与属地政府的协同配合。市县级人民政府要把主要精力放在加强公正监管上，维护良好的市场秩序。

三、健全监管规则和标准

（五）健全制度化监管规则。各部门要围绕服务企业发展，分领域制订全国统一、简明易行的监管规则和标准，并向社会公开，以科学合理的规则标准提升监管有效性，降低遵从和执法成本。对边界模糊、执行弹性大的监管规则和标准，要抓紧清理规范和修订完善。要结合权责清单编制，在国家“互联网＋监管”系统监管事项目录清单基础上，全面梳理各级政府和部门职责范围内的监管事项，明确监管主体、监管对象、监管措施、设定依据、处理方式等内容，纳入国家“互联网＋监管”系统统一管理并动态更新，提升监管规范化、标准化水平。强化竞争政策的基础性地位，落实并完善公平竞争审查制度，加快清理妨碍全国统一市场和公平竞争的各种规定和做法。

（六）加强标准体系建设。加快建立完善各领域国家标准和行业标准，明确市场主体应当执行的管理标准、技术标准、安全标准、产品标准，严格依照标准开展监管。精简整合强制性标准，重点加强安全、卫生、节能、环保等领域的标准建设，优化强制性标准底线。鼓励企业、社会团体制定高于强制性标准的标准，开展标准自我声明公开并承诺执行落实，推动有关产品、技术、质量、服务等标准与国际接轨互认。适应新经济新技术发展趋势，及时修订调整已有标准，加快新产业新业态标准的研究制定。加强质量认证体系建设，对涉及安全、健康、环保等方面的产品依法实施强制性认证。

四、创新和完善监管方式

（七）深入推进“互联网＋监管”。依托国家“互联网＋监管”系统，联通汇聚全国信用信息共享平台、国家企业信用信息公示系统等重要监管平台数据，以及各级政府部门、社会投诉举报、第三方平台等数据，加强监管信息归集共享，将政府履职过程中形成的行政检查、行政处罚、行政强制等信息以及司法判决、违法失信、抽查抽检等信息进行关联整合，并归集到相关市场主体名下。充分运用大数据等技术，加强对风险的跟踪预警。探索推行以远程监管、移动监管、预警防控为特征的非现场监管，提升监管精准化、智能化水平。

（八）提升信用监管效能。以统一社会信用代码为标识，依法依规建立权威、统一、可查询的市场主体信用记录。大力推行信用承诺制度，将信用承诺履行情况纳入信用记录。推进信用分级分类监管，依据企业信用情况，在监管方式、抽查比例和频次等方面采取差异化措施。规范认定并设立市场主体信用“黑名单”，建立企业信用与自然人信用挂钩机制，强化跨行业、跨领域、跨部门失信联合惩戒，对失信主体在行业准入、项目审批、获得信贷、发票领用、出口退税、出入境、高消费等方面依法予以限制。建立健全信用修复、异议申诉等机制。在保护涉及公共安全、国家秘密、商业秘密和个人隐私等信息的前提下，依法公开在行政管理中掌握的信用信息，为社会公众提供便捷高效的信用查询服务。

（九）全面实施“双随机、一公开”监管。在市场监管领域全面实行随机抽取检查对象、随机选派执法检查人员、抽查情况及查处结果及时向社会公开，除特殊行业、重点领域外，原则上所有日常涉企行政检查都应通过“双随机、一公开”的方式进行。不断完善“双随机、一公开”监管相关配套制度和工作机制，健全跨部门随机抽查事项清单，将更多事项纳入跨部门联合抽查范围。将随机抽查的比例频次、被抽查概率与抽查对象的信用等级、风险程度挂钩，对有不良信用记录、风险高的要加大抽查力度，对信用较好、风险较低的可适当减少抽查。抽查结果要分别通过国家企业信用信息公示系统、“信用中国”网站、国家“互联网＋监管”系统等全面进行公示。

（十）对重点领域实行重点监管。对直接涉及公共安全和人民群众生命健康等特殊重点领域，依法依规实行全覆盖的重点监管，强化全过程质量管理，加强安全生产监管执法，严格落实生产、经营、使用、检测、监管等各环节质量和安全责任，守住质量和安全底线。对食品、药品、医疗器械、特种设备等重点产品，建立健全以产品编码管理为手段的追溯体系，形成来源可查、去向可追、责任可究的信息链条。地方各级政府可根据区域和行业风险特点，探索建立重点监管清单制度，严格控制重点监管事项数量，规范重点监管程序，并筛选确定重点监管的生产经营单位，实行跟踪监管、直接指导。

（十一）落实和完善包容审慎监管。对新技术、新产业、新业态、新模式，要按照鼓励创新原则，留足发展空间，同时坚守质量和安全底线，严禁简单封杀或放任不管。加强对新生事物发展规律研究，分类量身定制监管规则和标准。对看得准、有发展前景的，要引导其健康规范发展；对一时看不准的，设置一定的“观察期”，对出现的问题及时引导或处置；对潜在风险大、可能造成严重不良后果的，严格监管；对非法经营的，坚决依法予以查处。推进线上线下一体化监管，统一执法标准和尺度。

（十二）依法开展案件查办。对监管中发现的违法违规问题，综合运用行政强制、行政处罚、联合惩戒、移送司法机关处理等手段，依法进行惩处。对情节轻微、负面影响较小的苗头性问题，在坚持依法行政的同时，主要采取约谈、警告、责令改正等措施，及时予以纠正。对情节和后果严重的，要依法责令下架召回、停工停产或撤销吊销相关证照，涉及犯罪的要及时移送司法机关处理。建立完善违法严惩制度、惩罚性赔偿和巨额罚款制度、终身禁入机制，让严重违法者付出高昂成本。

五、构建协同监管格局

（十三）加强政府协同监管。加快转变传统监管方式，打破条块分割，打通准入、生产、流通、消费等监管环节，建立健全跨部门、跨区域执法联动响应和协作机制，实现违法线索互联、监管标准互通、处理结果互认。深化市场监管、生态环境保护、交通运输、农业、文化市场综合行政执法改革，在其他具备条件的领域也要积极推进综合行政执法改革，统筹配置行政处罚职能和执法资源，相对集中行政处罚权，整合精简执法队伍，推进行政执法权限和力量向基层乡镇街道延伸下沉，逐步实现基层一支队伍管执法，解决多头多层重复执法问题。

（十四）强化市场主体责任。建立完善市场主体首负责任制，促使市场主体在安全生产、质量管理、营销宣传、售后服务、诚信纳税等方面加强自我监督、履行法定义务。督促涉及公众健康和安全等的企业建立完善内控和风险防范机制，落实专人负责，强化员工安全教育，加强内部安全检查。规范企业信息披露，进一步加强年报公示，推行“自我声明＋信用管理”模式，推动企业开展标准自我声明和服务质量公开承诺。加快建立产品质量安全事故强制报告制度，切实保障公众知情权。

（十五）提升行业自治水平。推动行业协会商会建立健全行业经营自律规范、自律公约和职业道德准则，规范会员行为。鼓励行业协会商会参与制定国家标准、行业规划和政策法规，制定发布行业产品和服务标准。发挥行业协会商会在权益保护、纠纷处理、行业信用建设和信用监管等方面的作用，支持行业协会商会开展或参与公益诉讼、专业调解工作。规范行业协会商会收费、评奖、认证等行为。

（十六）发挥社会监督作用。建立“吹哨人”、内部举报人等制度，对举报严重违法违规行为和重大风险隐患的有功人员予以重奖和严格保护。畅通群众监督渠道，整合优化政府投诉举报平台功能，力争做到“一号响应”。依法规范牟利性“打假”和索赔行为。培育信用服务机构，鼓励开展信用评级和第三方评估。发挥会计、法律、资产评估、认证检验检测、公证、仲裁、税务等专业机构的监督作用，在监管执法中更多参考专业意见。强化舆论监督，持续曝光典型案件，震慑违法行为。

六、提升监管规范性和透明度

（十七）规范涉企行政检查和处罚。对涉企现场检查事项进行全面梳理论证，通过取消、整合、转为非现场检查等方式，压减重复或不必要的检查事项，着力解决涉企现场检查事项多、频次高、随意检查等问题。清理规范行政处罚事项，对重复处罚、标准不一、上位法已作调整的事项及时进行精简和规范。加强行政执法事项目录管理，从源头上减少不必要的执法事项。健全行政执法自由裁量基准制度，合理确定裁量范围、种类和幅度，严格限定裁量权的行使。禁止将罚没收入与行政执法机关利益挂钩。

（十八）全面推进监管执法公开。聚焦行政执法的源头、过程、结果等关键环节，严格落实行政执法公示、执法全过程记录、重大执法决定法制审核制度。建立统一的执法信息公示平台，按照“谁执法谁公示”原则，除涉及国家秘密、商业秘密、个人隐私等依法不予公开的信息外，行政执法职责、依据、程序、结果等都应对社会公开。对行政执法的启动、调查取证、审核决定、送达执行等全过程进行记录，做到全程留痕和可回溯管理。重大行政执法决定必须经过法制审核，未经法制审核或审核未通过的，不得作出决定。

（十九）健全尽职免责、失职问责办法。全面落实行政执法责任制和问责制，促进监管执法部门和工作人员履职尽责、廉洁自律、公平公正执法。对忠于职守、履职尽责的，要给予表扬和鼓励；对未履行、不当履行或违法履行监管职责的，严肃追责问责；涉嫌犯罪的，移送有关机关依法处理。加快完善各监管执法领域尽职免责办法，明确履职标准和评判界线，对严格依据法律法规履行监管职责、监管对象出现问题的，应结合动机态度、客观条件、程序方法、性质程度、后果影响以及挽回损失等情况进行综合分析，符合条件的要予以免责。

七、强化组织保障

（二十）认真抓好责任落实。各地区、各部门要认真贯彻落实党中央、国务院决策部署，按照本意见提出的各项措施和要求，落实和强化监管责任，科学配置监管资源，鼓励基层探索创新，细化实化监管措施，切实维护公平竞争秩序。将地方政府公正监管水平纳入中国营商环境评价指标体系。国务院办公厅负责对本意见落实工作的跟踪督促，确保各项任务和措施落实到位。

（二十一）加强法治保障。按照重大改革于法有据的要求，根据监管工作需要和经济社会发展变化，加快推进相关法律法规和规章立改废释工作，为事中事后监管提供健全的法治保障。加强监管执法与司法的衔接，建立监管部门、公安机关、检察机关间案情通报机制，完善案件移送标准和程序。

（二十二）加强监管能力建设。加快建设高素质、职业化、专业化的监管执法队伍，扎实做好技能提升工作，大力培养“一专多能”的监管执法人员。推进人财物等监管资源向基层下沉，保障基层经费和装备投入。推进执法装备标准化建设，提高现代科技手段在执法办案中的应用水平。

国务院

2019年9月6日

关于推进基层整合审批服务执法力量的实施意见

基层是党和政府联系人民群众的纽带、服务人民群众的平台。基层管理水平直接关系人民群众生产生活，决定着党执政的社会基础和执政能力、国家治理的根基和水平。要以习近平新时代中国特色社会主义思想为指导，全面贯彻党的十九大和十九届二中、三中全会精神，坚持和加强党的全面领导，适应乡镇和街道工作特点及便民服务需要，加强党的基层组织建设，改革和完善基层管理体制，使基层各类机构、组织在服务保障群众需求上有更大作为。根据党中央关于构建简约高效基层管理体制的部署要求，现就结合乡镇和街道改革推进基层整合审批服务执法力量，提出如下实施意见。

一、综合设置基层审批服务机构

统筹优化和综合设置乡镇和街道党政机构、事业单位，强化乡镇和街道党（工）委领导作用，构建更好服务群众、简约精干的基层组织架构。在整合基层行政审批和公共服务职责基础上，进一步加强乡镇和街道党政综合（便民）服务机构与服务平台建设，实行“一站式服务”、“一门式办理”，充分发挥综合便民服务作用。紧扣城乡基层治理，聚焦基层党的建设、乡村振兴、精准脱贫、新型城镇化等重点工作以及就业和社会保障、医疗保障、不动产登记、社会救助、户籍管理、乡村建设、危（旧）房改造、古村（屋）修缮、改水改厕等群众关心关注的重点事项，建立和完善适应基层实际的办事指南和工作规程，实行“马上办、网上办、就近办、一次办”。加强村（社区）综合服务站点建设，推动基本公共服务事项进驻村（社区）办理，推进村级便民服务点和网上服务站点全覆盖，积极开展代缴代办代理等便民服务，逐步扩大公共服务事项网上受理、网上办理、网上反馈范围。充分发挥市场机制作用，推动公共服务提供主体和提供方式多元化，加快建立政府主导、社会参与、公办民办并举的公共服务供给模式。承接审批服务职责较多、任务较重的经济发达镇和重点镇，在整合现有机构和人员的基础上，可探索设立专门的审批服务机构，实行“一枚印章管审批（服务）”。整合乡镇和街道内部决策、管理、监督职责及力量，为审批服务等工作提供支持和保障。

二、积极推进基层综合行政执法改革

推进行政执法权限和力量向基层延伸和下沉，强化乡镇和街道的统一指挥和统筹协调职责。整合现有站所、分局执法力量和资源，组建统一的综合行政执法机构，按照有关法律规定相对集中行使行政处罚权，以乡镇和街道名义开展执法工作，并接受有关县级主管部门的业务指导和监督，逐步实现基层一支队伍管执法。加强对乡镇和街道综合行政执法机构、执法人员的业务指导和培训，规范执法检查、受立案、调查、审查、决定等程序和行为，建立执法全过程记录制度，实现全程留痕、可追溯、可追责。全面推行行政执法公示制度，做到依据公开、决策公开、执行公开、结果公开、过程公开。严格确定行政执法责任和责任追究机制，加强执法监督，坚决惩治执法腐败现象，确保权力不被滥用。建立健全乡镇和街道与县直部门行政执法案件移送及协调协作机制。除党中央明确要求实行派驻体制的机构外，县直部门设在乡镇和街道的机构原则上实行属地管理。继续实行派驻体制的，要建立健全纳入乡镇和街道统一指挥协调的工作机制，工作考核和主要负责同志任免要听取所在乡镇和街道党（工）委意见。

三、整合基层网格管理和指挥平台

将上级部门在基层设置的多个网格整合为一个综合网格，依托村（社区）合理划分基本网格单元，统筹网格内党的建设、社会保障、综合治理、应急管理、社会救助等工作，实现“多网合一”。强化党建引领，将党支部或党小组建在网格上，选优配强支部书记或党小组组长。合理确定网格监管任务和事项，科学配置网格员力量，实行定人、定岗、定责。推进网格化服务管理标准化建设，提高网格管理规范化精细化水平。整合现有设在乡镇和街道的党的建设、综合治理、社区治理、数字城管等各系统指挥信息资源，建立一体化的信息系统和综合指挥平台。强化信息共享和技术支撑，上级相关部门的视频监控等要尽可能接入基层综合指挥平台，实现互联互通、信息共享、实时监控、综合监测。建立健全发现问题、流转交办、协调联动、研判预警、督查考核等综合指挥工作机制，实现基层管理跨部门、跨层级协同运转。

四、大力推动资源服务管理下沉

按照依法下放、宜放则放原则，将点多面广、基层管理迫切需要且能有效承接的审批服务执法等权限赋予乡镇和街道，由省级政府统一制定赋权清单，依法明确乡镇和街道执法主体地位。各省区市可在试点基础上逐步统一和规范赋权事项，成熟一批，赋予一批，确保放得下、接得住、管得好、有监督。法律规定的县级政府及其部门的管理权限需要赋予乡镇和街道的，按法定程序和要求办理。推进编制资源向乡镇和街道倾斜，鼓励从上往下跨层级调剂使用行政和事业编制，充实加强基层一线工作力量。完善机构编制实名制管理，根据基层对人才的需求，按编制员额及时补充人员，制定用编用人计划优先保障空编的乡镇和街道。整合条线辅助人员，按照属地化管理原则，由乡镇和街道统筹指挥调配。创新基层人员编制管理，统筹使用各类编制资源，赋予乡镇和街道更加灵活的用人自主权。投放基层的公共服务资源，应当以乡镇和街道、村（社区）党组织为主渠道落实。坚持重心下移、力量下沉、保障下倾，加强下放给乡镇和街道事权的人才、技术、资金、网络端口等方面的保障，做到权随事转、人随事转、钱随事转，使基层有人有物有权，保证基层事情基层办、基层权力给基层、基层事情有人办。完善事业单位工作人员待遇保障机制，采取有效措施，进一步调动基层干部队伍积极性，激励担当作为、干事创业。

五、优化上级机关对基层的领导方式

建立健全乡镇和街道机构“一对多”、“多对一”的制度机制，理顺与县直部门的工作对接、请示汇报和沟通衔接关系。严格乡镇和街道机构限额管理，具体由省级党委研究确定。探索建立乡镇和街道职责准入制度，县级职能部门将职责范围内的行政事务委托或交由乡镇和街道承担的，需审核报批并充分听取基层意见。上级部门不得以签订“责任状”、分解下达指标、考核验收等方式，将工作责任转嫁乡镇和街道承担。省级党委要组织力量对上级与乡镇和街道签订的各类“责任状”和考核评比等事项进行全面清理，统一规范针对乡镇和街道的评比达标、示范创建等活动，切实减轻基层负担。除中央和省级党委明确要求外，各部门不得以任何形式对乡镇和街道设置“一票否决”事项。上级部门要积极支持基层改革创新，严禁对基层机构编制事项进行干预，不得要求乡镇和街道对口设立机构，不得要求在村（社区）设立机构和加挂牌子。对不符合基层实际和发展需要的法律法规及政策规定要及时清理、修订、完善，为基层改革创新提供制度支持。

地方各级党委和政府要切实履行领导责任，践行以人民为中心的发展思想，全面贯彻“先立后破、不立不破”原则，把推进基层整合审批服务执法力量工作列入重要议事日程，结合本地区实际细化政策措施，作出统筹安排，不断完善服务基层、服务群众、服务民生的体制机制。做好与基层党的建设、乡村振兴、精准脱贫、新型城镇化等重点工作和相关改革的配套衔接，形成工作合力，增强改革整体效应。继续深化经济发达镇行政管理体制改革，完善经济发达镇和重点镇的城镇规划建设管理等职责和体制机制。加强舆论宣传，注重典型引路，引导基层党员干部群众理解、支持和参与改革，激发基层干事创业热情，营造良好改革氛围。中央编办将会同有关部门加强工作指导。

地方党政领导干部食品安全责任制规定

第一章　总　　则

第一条　为了进一步落实食品安全党政同责要求，强化食品安全属地管理责任，健全食品安全工作责任制，保障人民群众“舌尖上的安全”，根据有关党内法规和国家法律，制定本规定。

第二条　本规定所称食品安全包括食用农产品质量安全。

本规定所称分管食品安全工作是指分管食用农产品质量安全监管、食品安全监管等工作。

本规定所称食品安全相关工作是指卫生健康、生态环境、粮食、教育、政法、宣传、民政、建设、文化、旅游、交通运输等行业或者领域与食品安全紧密相关的工作，以及为食品安全提供支持的发展改革、科技、工信、财政、商务等领域工作。

第三条　本规定适用于县级以上地方各级党委和政府领导班子成员（以下统称地方党政领导干部）。

第四条　实行地方党政领导干部食品安全责任制，必须坚持以习近平新时代中国特色社会主义思想为指导，增强“四个意识”、坚定“四个自信”、做到“两个维护”，牢固树立以人民为中心的发展思想，贯彻落实食品安全“四个最严”的要求，深入实施食品安全战略，承担起“促一方发展、保一方平安”的政治责任，不断提高食品安全工作水平，努力增强人民群众的获得感、幸福感、安全感。

第五条　建立地方党政领导干部食品安全工作责任制，应当遵循以下原则：

（一）坚持党政同责、一岗双责，权责一致、齐抓共管，失职追责、尽职免责；

（二）坚持谋发展必须谋安全，管行业必须管安全，保民生必须保安全；

（三）坚持综合运用考核、奖励、惩戒等措施，督促地方党政领导干部履行食品安全工作职责，确保党中央、国务院关于食品安全工作的决策部署贯彻落实。

第六条　地方各级党委和政府对本地区食品安全工作负总责，主要负责人是本地区食品安全工作第一责任人，班子其他成员对分管（含协管、联系，下同）行业或者领域内的食品安全工作负责。

第二章　职　　责

第七条　地方各级党委主要负责人应当全面加强党对本地区食品安全工作的领导，认真贯彻执行党中央关于食品安全工作的方针政策、决策部署和指示精神，上级党委的决定和相关法律法规要求，职责主要包括：

（一）组织学习贯彻习近平总书记关于食品安全工作的重要指示批示精神和党中央关于食品安全工作的方针政策、决策部署，不断提高地方党政领导干部的政治站位，增强做好食品安全工作的责任感和使命感；

（二）全面加强党对本地区食品安全工作的领导，将食品安全工作作为向党委全会报告的重要内容；

（三）建立健全党委常委会委员食品安全相关工作责任清单，督促党委常委会其他委员履行食品安全相关工作责任，并将食品安全工作纳入地方党政领导干部政绩考核内容；

（四）开展食品安全工作专题调研，召开党委常委会会议或者专题会议，听取食品安全工作专题汇报，及时研究解决食品安全工作重大问题，推动完善食品安全治理体系；

（五）加强食品安全工作部门领导班子建设、干部队伍建设和机构建设，不断提升食品安全治理能力；

（六）协调各方重视和支持食品安全工作，加强食品安全宣传，把握正确舆论导向，营造良好工作氛围。

第八条 地方各级政府主要负责人应当加强对本地区食品安全工作的领导，认真贯彻执行党中央、国务院关于食品安全工作的方针政策、决策部署和指示精神，上级党委和政府、本级党委的决定和相关法律法规要求，职责主要包括：

（一）领导本地区食品安全工作，组织推动地方政府落实食品安全属地管理责任；

（二）坚持新发展理念，正确处理发展和安全的关系，将食品安全工作纳入本地区国民经济和社会发展规划、政府工作重点，并接受人大、政协的监督；

（三）建立健全本地区食品安全监管责任体系，明确本级政府领导班子成员食品安全工作责任和政府相关部门食品安全工作职责，指导督促政府领导班子成员和相关部门落实工作责任；

（四）加强食品安全监管能力、执法能力建设，整合监管力量，优化监管机制，提高监管、执法队伍专业化水平，建立健全食品安全财政投入保障机制，保障监管、执法部门依法履职必需的经费和装备；

（五）开展食品安全工作专题调研，组织召开政府常务会议、办公会议或者专题会议，听取本地区食品安全工作汇报，及时研究解决食品安全工作突出问题；

（六）落实高质量发展要求，推进食品及食品相关产业转型升级，不断提高产业发展水平。

第九条 地方各级党委常委会其他委员应当按照职责分工，加强对分管行业或者领域内食品安全相关工作的领导，协助党委主要负责人，统筹推进分管行业或者领域内食品安全相关工作，督促指导相关部门依法履行工作职责，及时研究解决分管行业或者领域内食品安全相关工作问题。

第十条 地方各级政府分管食品安全工作负责人应当加强对本地区食品安全监管工作的领导，具体负责组织本地区食品安全监管工作，职责主要包括：

（一）协助党委和政府主要负责人落实食品安全属地管理责任，组织制定贯彻落实党中央、国务院关于食品安全工作的方针政策、决策部署和指示精神，上级以及本级党委和政府的决定和相关法律法规的具体措施；

（二）组织开展食品安全工作专题调研，研究制定本地区食品安全专项规划、年度重点工作计划，统筹推进本地区食品安全工作；

（三）组织协调食品安全监管部门和相关部门，及时分析食品安全形势，研究解决食品安全领域相关问题，推动完善“从农田到餐桌”全链条全过程食品安全监管机制；

（四）组织推动食品安全监管部门和相关部门建立信息共享机制，推进“互联网＋”食品安全监管，不断提升食品安全监管效能和治理能力现代化水平；

（五）组织实施食品安全风险防控、隐患排查和专项治理，坚决防范系统性、区域性食品安全风险；

（六）组织制定食品安全事故应急预案，及时组织开展本地区食品安全突发事件应对处置和调查处理；

（七）组织开展食品安全工作评议考核，督促本级政府相关部门和下级政府落实食品安全工作责任；

（八）组织开展食品安全普法和科普宣传、安全教育、诚信体系建设等工作，推动食品安全社会共治。

第十一条 地方各级政府领导班子其他成员应当按照职责分工，加强对分管行业或者领域内食品安全相关工作的领导，协助政府主要负责人，统筹推进分管行业或者领域内食品安全相关工作，督促指导相关部门依法履行工作职责，及时研究解决分管行业或者领域内食品安全相关工作问题。

第三章 考核监督

第十二条 地方各级党委和政府应当对落实食品安全重大部署、重点工作情况进行跟踪督办。

第十三条 地方各级党委应当结合巡视巡察工作安排，对地方党政领导干部履行食品安全工作职责情况进行检查。

第十四条 地方各级党委和政府应当充分发挥评议考核“指挥棒”作用，推动地方党政领导干部落实食品安全工作责任。

第十五条 跟踪督办、履职检查、评议考核结果应当作为地方党政领导干部考核、奖惩和使用、调整的重要参考。因履职不到位被追究责任的地方党政领导干部，在评优评先、选拔任用等方面按照有关规定执行。

第四章 奖 惩

第十六条 地方党政领导干部在食品安全工作中敢于作为、勇于担当、履职尽责，有下列情形之一的，按照有关规定给予表彰奖励：

（一）及时有效组织预防食品安全事故和消除重大食品安全风险隐患，使国家和人民群众利益免受重大损失的；

（二）在食品安全工作中有重大创新并取得显著成效的；

（三）连续在食品安全工作评议考核中成绩优秀的；

（四）作出其他突出贡献的。

第十七条 地方党政领导干部在落实食品安全工作责任中有下列情形之一的，应当按照有关规定进行问责：

（一）未履行本规定职责和要求，或者履职不到位的；

（二）对本区域内发生的重大食品安全事故，或者社会影响恶劣的食品安全事件负有领导责任的；

（三）对本区域内发生的食品安全事故，未及时组织领导有关部门有效处置，造成不良影响或者较大损失的；

（四）对隐瞒、谎报、缓报食品安全事故负有领导责任的；

（五）违规插手、干预食品安全事故依法处理和食品安全违法犯罪案件处理的；

（六）有其他应当问责情形的。

第十八条 地方党政领导干部有本规定第十七条所列情形的，按照干部管理权限依规依纪依法进行问责。涉嫌职务违法犯罪的，由监察机关依法调查处置。

第十九条 地方党政领导干部及时报告失职行为并主动采取补救措施，有效预防或者减少食品安全事故重大损失、挽回社会严重不良影响，或者积极配合问责调查，并主动承担责任的，按照有关规定从轻、减轻追究责任。对工作不力导致重大或者特别重大食品安全事故，或者造成严重不良影响的，应当从重追究责任。

第五章 附　　则

第二十条 乡镇（街道）党政领导干部，各类开发区管理机构党政领导干部，参照本规定执行。

第二十一条 本规定由市场监管总局会同农业农村部解释。

第二十二条 本规定自2019年2月5日起施行。

中共中央办公厅、国务院办公厅关于促进小农户和现代农业发展有机衔接的意见

党的十九大提出，实现小农户和现代农业发展有机衔接。为扶持小农户，提升小农户发展现代农业能力，加快推进农业农村现代化，夯实实施乡村振兴战略的基础，现就促进小农户和现代农业发展有机衔接提出如下意见。

一、重要意义

发展多种形式适度规模经营，培育新型农业经营主体，是增加农民收入、提高农业竞争力的有效途径，是建设现代农业的前进方向和必由之路。但也要看到，我国人多地少，各地农业资源禀赋条件差异很大，很多丘陵山区地块零散，不是短时间内能全面实行规模化经营，也不是所有地方都能实现集中连片规模经营。当前和今后很长一个时期，小农户家庭经营将是我国农业的主要经营方式。因此，必须正确处理好发展适度规模经营和扶持小农户的关系。既要把准发展适度规模经营是农业现代化必由之路的前进方向，发挥其在现代农业建设中的引领作用，也要认清小农户家庭经营很长一段时间内是我国农业基本经营形态的国情农情，在鼓励发展多种形式适度规模经营的同时，完善针对小农户的扶持政策，加强面向小农户的社会化服务，把小农户引入现代农业发展轨道。

（一）促进小农户和现代农业发展有机衔接是巩固完善农村基本经营制度的重大举措。小农户是家庭承包经营的基本单元。以家庭承包经营为基础、统分结合的双层经营体制，是我国农村的基本经营制度，需要长期坚持并不断完善。扶持小农户，在坚持家庭经营基础性地位的同时，促进小农户之间、小农户与新型农业经营主体之间开展合作与联合，有利于激发农村基本经营制度的内在活力，是夯实现代农业经营体系的根基。

（二）促进小农户和现代农业发展有机衔接是推进中国特色农业现代化的必然选择。小农户是我国农业生产的基本组织形式，对保障国家粮食安全和重要农产品有效供给具有重要作用。农业农村现代化离不开小农户的现代化。扶持小农户，引入现代生产要素改造小农户，提升农业经营集约化、标准化、绿色化水平，有利于小农户适应和容纳不同生产力水平，在农业现代化过程中不掉队。

（三）促进小农户和现代农业发展有机衔接是实施乡村振兴战略的客观要求。小农户是乡村发展和治理的基础，亿万农民群众是实施乡村振兴战略的主体。精耕细作的小农生产和稳定有序的乡村社会，构成了我国农村独特的生产生活方式。扶持小农户，更好发挥其在稳定农村就业、传承农耕文化、塑造乡村社会结构、保护农村生态环境等方面的重要作用，有利于发挥农业的多种功能，体现乡村的多重价值，为实施乡村振兴战略汇聚起雄厚的群众力量。

（四）促进小农户和现代农业发展有机衔接是巩固党的执政基础的现实需要。小农户

是党的重要依靠力量和群众基础。党始终把维护农民群众根本利益、促进农民共同富裕作为出发点和落脚点。扶持小农户，提升小农户生产经营水平，拓宽小农户增收渠道，让党的农村政策的阳光雨露惠及广大小农户，有利于实现好、维护好、发展好广大农民根本利益，让广大农民群众的获得感、幸福感、安全感更加充实、更有保障、更可持续。

二、总体要求

（一）指导思想。以习近平新时代中国特色社会主义思想为指导，全面贯彻党的十九大和十九届二中、三中全会精神，坚持小农户家庭经营为基础与多种形式适度规模经营为引领相协调，坚持农业生产经营规模宜大则大、宜小则小，充分发挥小农户在乡村振兴中的作用，按照服务小农户、提高小农户、富裕小农户的要求，加快构建扶持小农户发展的政策体系，加强农业社会化服务，提高小农户生产经营能力，提升小农户组织化程度，改善小农户生产设施条件，拓宽小农户增收空间，维护小农户合法权益，促进传统小农户向现代小农户转变，让小农户共享改革发展成果，实现小农户与现代农业发展有机衔接，加快推进农业农村现代化。

（二）基本原则

——政府扶持、市场引导。充分发挥市场配置资源的决定性作用，更好发挥政府作用。引导小农户土地经营权有序流转，提高小农户经营效率。注重惠农政策的公平性和普惠性，防止人为垒大户，排挤小农户。

——统筹推进、协调发展。统筹兼顾培育新型农业经营主体和扶持小农户，发挥新型农业经营主体对小农户的带动作用，健全新型农业经营主体与小农户的利益联结机制，实现小农户家庭经营与合作经营、集体经营、企业经营等经营形式共同发展。

——因地制宜、分类施策。充分考虑各地资源禀赋、经济社会发展和农林牧渔产业差异，顺应小农户分化趋势，鼓励积极探索不同类型小农户发展的路径。不搞一刀切，不搞强迫命令，保持足够历史耐心，确保我国农业现代化进程走得稳、走得顺、走得好。

——尊重意愿、保护权益。保护小农户生产经营自主权，落实小农户土地承包权、宅基地使用权、集体收益分配权，激发小农户生产经营的积极性、主动性、创造性，使小农户成为发展现代农业的积极参与者和直接受益者。

三、提升小农户发展能力

（一）启动家庭农场培育计划。采取优先承租流转土地、提供贴息贷款、加强技术服务等方式，鼓励有长期稳定务农意愿的小农户稳步扩大规模，培育一批规模适度、生产集约、管理先进、效益明显的农户家庭农场。鼓励各地通过发放良技良艺良法应用补贴、支持农户家庭农场优先承担涉农建设项目等方式，引导农户家庭农场采用先进科技和生产力手段。指导农户家庭农场开展标准化生产，建立可追溯生产记录，加强记账管理，提升经营管理水平。完善名录管理、示范创建、职业培训等扶持政策，促进农户家庭农场健康发展。

（二）实施小农户能力提升工程。以提供补贴为杠杆，鼓励小农户接受新技术培训。支持各地采取农民夜校、田间学校等适合小农户的培训形式，开展种养技术、经营管理、农业面源污染治理、乡风文明、法律法规等方面的培训。新型职业农民培育工程和新型农业经营主体培育工程要将小农户作为重点培训对象，帮助小农户发展成为新型职业农民。涉农职业院校等教育培训机构要发挥专业优势，优先做好农村实用人才带头人示范培训。鼓励各地通过补贴学费等方式，引导各类社会组织向小农户提供技术培训。

（三）加强小农户科技装备应用。加快研发经济作物、养殖业、丘陵山区适用机具和设施装备，推广应用面向小农户的实用轻简型装备和技术。建立健全农业农村社会化服务体系，实施科技服务小农户行动，支持小农户运用优良品种、先进技术、物质装备等发展智慧农业、设施农业、循环农业等现代农业。引导农业科研机构、涉农高校、农业企业、科技特派员到农业生产一线建立农业试验示范基地，鼓励农业科研人员、农业技术推广人员通过下乡指导、技术培训、定向帮扶等方式，向小农户集成示范推广先进适用技术。

（四）改善小农户生产基础设施。鼓励各地通过以奖代补、先建后补等方式，支持村集体组织小农户开展农业基础设施建设和管护。支持各地重点建设小农户急需的通田到地末级灌溉渠道、通村组道路、机耕生产道路、村内道路、农业面源污染治理等设施，合理配置集中仓储、集中烘干、集中育秧等公用设施。加强农业防灾减灾救灾体系建设，提高小农户抗御灾害能力。

四、提高小农户组织化程度

（一）引导小农户开展合作与联合。支持小农户通过联户经营、联耕联种、组建合伙农场等方式联合开展生产，共同购置农机、农资，接受统耕统收、统防统治、统销统结等服务，降低生产经营成本。支持小农户在发展休闲农业、开展产品营销等过程中共享市场资源，实现互补互利。引导同一区域同一产业的小农户依法组建产业协会、联合会，共同对接市场，提升市场竞争能力。支持农村集体经济组织和合作经济组织利用土地资源、整合涉农项目资金、提供社会化服务等，引领带动小农户发展现代农业。

（二）创新合作社组织小农户机制。坚持农户成员在合作社中的主体地位，发挥农户成员在合作社中的民主管理、民主监督作用，提升合作社运行质量，让农户成员切实受益。鼓励小农户利用实物、土地经营权、林权等作价出资办社入社，盘活农户资源要素。财政补助资金形成的资产，可以量化到小农户，再作为入社或入股的股份。支持合作社根据小农户生产发展需要，加强农产品初加工、仓储物流、市场营销等关键环节建设，积极发展农户＋合作社、农户＋合作社＋工厂或公司等模式。健全盈余分配机制，可分配盈余按照成员与合作社的交易量（交易额）比例、成员所占出资份额统筹返还，并按规定完成优先支付权益，使小农户共享合作收益。扶持农民用水合作组织多元化创新发展。支持合作社依法自愿组建联合社，提升小农户合作层次和规模。

（三）发挥龙头企业对小农户带动作用。完善农业产业化带农惠农机制，支持龙头企业通过订单收购、保底分红、二次返利、股份合作、吸纳就业、村企对接等多种形式带动小农户共同发展。鼓励龙头企业通过公司＋农户、公司＋农民合作社＋农户等方式，延长产业链、保障供应链、完善利益链，将小农户纳入现代农业产业体系。鼓励小农户以土地经营权、林权等入股龙头企业并采取特殊保护，探索实行农民负盈不负亏的分配机制。鼓励和支持发展农业产业化联合体，通过统一生产、统一营销、信息互通、技术共享、品牌共创、融资担保等方式，与小农户形成稳定利益共同体。

五、拓展小农户增收空间

（一）支持小农户发展特色优质农产品。引导小农户拓宽经营思路，依靠产品品质和特色提高自身竞争力。各地要结合特色优势农产品区域布局，紧盯市场需求，深挖当地特色优势资源潜力，引导小农户发展地方优势特色产业，形成一村一品、一乡一特、一县一业。探索建立农业产业到户机制，制订“菜单式”产业项目清单，指导小农户自主选择。支持小农户发挥精耕细作优势，引入现代经营管理理念和先进适用技术装备，发展劳动密集化程度高、技术集约化程度高、生产设施化程度高的园艺、养殖等产业，实现小规模基础上的高产出高效益。引导小农户发展高品质农业、绿色生态农业，开展标准化生产、专业化经营，推进种养循环、农牧结合，生产高附加值农产品。实施小农户发展有机农业计划。

（二）带动小农户发展新产业新业态。大力拓展农业功能，推进农业与旅游、文化、生态等产业深度融合，让小农户分享二三产业增值收益。加强技术指导、创业孵化、产权交易等公共服务，完善配套设施，提高小农户发展新产业新业态能力。支持小农户发展康养农业、创意农业、休闲农业及农产品初加工、农村电商等，延伸产业链和价值链。开展电商服务小农户专项行动。支持小农户利用自然资源、文化遗产、闲置农房等发展观光旅游、餐饮民宿、养生养老等项目，拓展增收渠道。

（三）鼓励小农户创业就业。鼓励有条件的地方构建市场准入、资金支持、金融保险、用地用电、创业培训、产业扶持等相互协同的政策体系，支持小农户结合自身优势和特长在农村创业创新。健全就业服务体系，扩大农村劳动力转移就业渠道，鼓励农村劳动力就地就近就业，支持农村劳动力进入二三产业就业。支持小农户在家庭种养基础上，通过发展特色手工和乡村旅游等，实现家庭生产的多业经营、综合创收。

六、健全面向小农户的社会化服务体系

（一）发展农业生产性服务业。大力培育适应小农户需求的多元化多层次农业生产性服务组织，促进专项服务与综合服务相互补充、协调发展，积极拓展服务领域，重点发展小农户急需的农资供应、绿色生产技术、农业废弃物资源化利用、农机作业、农产品初加工等服务领域。搭建区域农业生产性服务综合平台。创新农业技术推广服务机制，促进公益性农技推广机构与经营性服务组织融合发展，为小农户提供多形式技术指导服务。探索通过政府购买服务等方式，为小农户提供生产公益性服务。鼓励和支持农垦企业、供销合作社组织实施农业社会化服务惠农工程，发挥自身组织优势，通过多种方式服务小农户。

（二）加快推进农业生产托管服务。创新农业生产服务方式，适应不同地区不同产业小农户的农业作业环节需求，发展单环节托管、多环节托管、关键环节综合托管和全程托管等多种托管模式。支持农村集体经济组织、供销合作社专业化服务组织、服务型农民合作社等服务主体，面向从事粮棉油糖等大宗农产品生产的小农户开展托管服务。鼓励各地因地制宜选择本地优先支持的托管作业环节，不断提升农业生产托管对小农户服务的覆盖率。加强农业生产托管的服务标准建设、服务价格指导、服务质量监测、服务合同监管，

促进农业生产托管规范发展。实施小农户生产托管服务促进工程。

（三）推进面向小农户产销服务。推进农超对接、农批对接、农社对接，支持各地开展多种形式的农产品产销对接活动，拓展小农户营销渠道。实施供销、邮政服务带动小农户工程。完善农产品物流服务，支持建设面向小农户的农产品贮藏保鲜设施、田头市场、批发市场等，加快建设农产品冷链运输、物流网络体系，建立产销密切衔接、长期稳定的农产品流通渠道。打造一批竞争力较强、知名度较高的特色农业品牌和区域公用品牌，让小农户分享品牌增值收益。加大对贫困地区农产品产销对接扶持力度，扩大贫困地区特色农产品营销促销。

（四）实施互联网＋小农户计划。加快农业大数据、物联网、移动互联网、人工智能等技术向小农户覆盖，提升小农户手机、互联网等应用技能，让小农户搭上信息化快车。推进信息进村入户工程，建设全国信息进村入户平台，为小农户提供便捷高效的信息服务。鼓励发展互联网云农场等模式，帮助小农户合理安排生产计划、优化配置生产要素。发展农村电子商务，鼓励小农户开展网络购销对接，促进农产品流通线上线下有机结合。深化电商扶贫频道建设，开展电商扶贫品牌推介活动，推动贫困地区农特产品与知名电商企业对接。支持培育一批面向小农户的信息综合服务企业和信息应用主体，为小农户提供定制化、专业化服务。

（五）提升小城镇服务小农户功能。实施以镇带村、以村促镇的镇村融合发展模式，将小农户生产逐步融入区域性产业链和生产网络。引导农产品加工等相关产业向小城镇、产业园区适度集中，强化规模经济效应，逐步形成带动小农户生产的现代农业产业集群。鼓励在小城镇建设返乡创业园、创业孵化基地等，为小农户创新创业提供多元化、高质量的空间载体。提升小城镇服务农资农技、农产品交易等功能，合理配置集贸市场、物流集散地、农村电商平台等设施。

七、完善小农户扶持政策

（一）稳定完善小农户土地政策。保持土地承包关系稳定并长久不变，衔接落实好第二轮土地承包到期后再延长三十年的政策。建立健全农村土地承包经营权登记制度，为小农户"确实权、颁铁证"。在有条件的村组，结合高标准农田建设等，引导小农户自愿通过村组内互换并地、土地承包权退出等方式，促进土地小块并大块，引导逐步形成一户一块田。落实农村承包地所有权、承包权、经营权"三权"分置办法，保护小农户土地承包权益，及时调处流转纠纷，依法稳妥规范推进农村承包土地经营权抵押贷款业务，鼓励小农户参与土地资源配置并分享土地规模经营收益。规范土地流转交易，建立集信息发布、租赁合同网签、土地整治、项目设计等功能于一体的综合性土地流转管理服务组织。

（二）强化小农户支持政策。对新型农业经营主体的评优创先、政策扶持、项目倾斜等，要与带动小农生产挂钩，把带动小农户数量和成效作为重要依据。充分发挥财政杠杆作用，鼓励各地采取贴息、奖补、风险补偿等方式，撬动社会资本投入农业农村，带动小农户发展现代农业。对于财政支农项目投入形成的资产，鼓励具备条件的地方折股量化给小农户特别是贫困农户，让小农户享受分红收益。

（三）健全针对小农户补贴机制。稳定现有对小农生产的普惠性补贴政策，创新补贴形式，提高补贴效率。完善粮食等重要农产品生产者补贴制度。鼓励各地对小农户参与生态保护实行补偿，支持小农户参与耕地草原森林河流湖泊休养生息等，对发展绿色生态循环农业、保护农业资源环境的小农户给予合理补偿。健全小农户生产技术装备补贴机制，按规定加大对丘陵山区小型农机具购置补贴力度。鼓励各地对小农户托管土地给予费用补贴。

（四）提升金融服务小农户水平。发展农村普惠金融，健全小农户信用信息征集和评价体系，探索完善无抵押、无担保的小农户小额信用贷款政策，不断提升小农户贷款覆盖面，切实加大对小农户生产发展的信贷支持。支持农村商业银行、农村合作银行、村镇银行等农村中小金融机构立足县域，加大服务小农户力度。支持农村合作金融规范发展，扶持农村资金互助组织，通过试点稳妥开展农民合作社内部信用合作。鼓励产业链金融、互联网金融在依法合规前提下为小农户提供金融服务。鼓励发展为小农户服务的小额贷款机构，开发专门的信贷产品。加大支农再贷款支持力度，引导金融机构增加小农户信贷投放。鼓励银行业金融机构在风险可控和商业可持续的前提下扩大农业农村贷款抵押物范围，提高小农户融资能力。

（五）拓宽小农户农业保险覆盖面。建立健全农业保险保障体系，从覆盖直接物化成本逐步实现覆盖完全成本。发展与小农户生产关系密切的农作物保险、主要畜产品保险、重要“菜篮子”品种保险和森林保险，推广农房、农机具、设施农业、渔业、制种等保险品种。推进价格保险、收入保险、天气指数保险试点。鼓励地方建立特色优势农产品保险制度。鼓励发展农业互助保险。建立第三方灾害损失评估、政府监督理赔机制，确保受灾农户及时足额得到赔付。加大针对小农户农业保险保费补贴力度。

八、保障措施

（一）加强组织领导。各级党委和政府既要注重培育新型农业经营主体，又要重视发挥好小农户在农业农村现代化中的作用，把贯彻落实扶持引导小农户政策和培育新型农业经营主体政策共同作为农村基层工作的重要方面，在政策制定、工作部署、财力投放等各个方面加大工作力度，齐头并进，确保各项政策落到实处。

（二）强化统筹协调。农业农村部门要发挥牵头组织作用，各地区各有关部门要加强协作配合，完善工作机制，形成工作合力。将推进扶持小农户发展与实施乡村振兴战略、打赢脱贫攻坚战统筹安排，推动各项工作做实做细。

（三）注重宣传指导。做好政策宣传，加强调查研究，及时掌握小农户发展的新情况新问题，系统总结小农户与现代农业发展有机衔接的新经验新做法新模式，营造促进小农户健康发展的良好氛围。

农业农村部门要会同有关部门，对本意见实施落实情况进行跟踪分析和评估，重要工作进展情况及时向党中央、国务院报告。

中央农办、农业农村部、国家发展改革委关于深入学习浙江“千村示范、万村整治”工程经验扎实推进农村人居环境整治工作的报告

改善农村人居环境，是以习近平同志为核心的党中央从战略和全局高度作出的重大决策。早在2003年，时任浙江省委书记的习近平同志亲自调研、亲自部署、亲自推动，启动实施“千村示范、万村整治”工程（以下简称“千万工程”）。15年来，浙江省委和省政府始终践行习近平总书记“绿水青山就是金山银山”的重要理念，一以贯之地推动实施“千万工程”，村容村貌发生巨大变化。目前，全省农村生活垃圾集中处理建制村全覆盖，卫生厕所覆盖率98. 6%，规划保留村生活污水治理覆盖率100%，畜禽粪污综合利用、无害化处理率97%，村庄净化、绿化、亮化、美化，造就了万千生态宜居美丽乡村，为全国农村人居环境整治树立了标杆。“千万工程”被当地农民群众誉为“继实行家庭联产承包责任制后，党和政府为农民办的最受欢迎、最为受益的一件实事”。2018年9月，浙江“千万工程”获联合国“地球卫士奖”。习近平总书记多次作出重要批示，要求结合农村人居环境整治三年行动计划和乡村振兴战略实施，进一步推广浙江好的经验做法，建设好生态宜居的美丽乡村。为深入贯彻落实习近平总书记重要指示批示精神，中央农办、农业农村部、国家发展改革委在深入调研基础上，会同浙江省有关方面，研究提出了深入学习浙江“千万工程”经验、扎实推进农村人居环境整治工作的意见建议。

一、深入学习推广浙江经验意义重大

浙江“千万工程”起步早、方向准、举措实、成效好，对全国各地实施乡村振兴战略、推进农村人居环境整治具有重要示范带动作用。

（一）深入学习浙江经验是贯彻落实习近平生态文明思想的重要举措。浙江经验是习近平生态文明思想的生动实践，充分展示了新时代我国生态文明建设的成就。贯彻落实习近平生态文明思想，深入学习浙江经验，多举措改变农村脏乱差现象，多渠道打通“绿水青山”向“金山银山”的转化路径，多形式构建人与自然和谐共生的乡村发展新格局，才能实现农村生态美与百姓富的统一。

（二）深入学习浙江经验是践行以人民为中心的发展思想的内在要求。浙江省在推进“千万工程”中，始终把实现好、维护好、发展好农民群众的福祉作为根本出发点，不断提高农民群众生活质量和健康水平。深入学习浙江经验，始终坚持以人民为中心的发展思想，努力改善农村基础设施条件，才能持续增强农民群众的获得感幸福感。

（三）深入学习浙江经验是实施乡村振兴战略的有效抓手。浙江省通过“千万工程”，

创新升级、与时俱进建设美丽乡村，走出了一条改善农村人居环境与城乡融合发展协同推进的新路子。深入学习浙江经验，下大力气改善农村人居环境，补齐农村建设这块突出短板，切实解决农村发展不平衡不充分问题，才能为乡村振兴打下坚实基础。

（四）深入学习浙江经验是实现农村人居环境整治三年行动目标任务的重要保障。浙江省坚持循序渐进，有重点有步骤地推进“千万工程”，治理农村垃圾、污水，实施农村“厕所革命”，全面改造村容村貌，促进农村人居环境大改善、大提升。深入学习浙江经验，借鉴浙江美丽乡村建设的路径和方法，先点后面、先易后难，从规划示范到全面推开，才能确保全面完成农村人居环境整治三年行动目标任务。

二、浙江经验的主要内容

15 年来，浙江省以实施“千万工程”、建设美丽乡村为载体，聚焦目标，突出重点，持续用力，先后经历了示范引领、整体推进、深化提升、转型升级 4 个阶段，不断推动美丽乡村建设取得新进步。总结浙江省 15 年推动“千万工程”的坚守与实践，主要有以下 7 方面经验。

（一）始终坚持以绿色发展理念引领农村人居环境综合治理。15 年来，浙江省通过深入学习和广泛宣传教育，让习近平总书记“绿水青山就是金山银山”理念深入人心，成为推进“千万工程”的自觉行动。把可持续发展、绿色发展理念贯穿于改善农村人居环境的各阶段各环节全过程，扎实持续改善农村人居环境，发展绿色产业，为增加农民收入、提升农民群众生活品质奠定基础，为农民建设幸福家园和美丽乡村注入动力。

（二）始终坚持高位推动，党政“一把手”亲自抓。习近平总书记在浙江工作期间，每年都出席全省“千万工程”工作现场会，明确要求凡是“千万工程”中的重大问题，地方党政“一把手”都要亲自过问。浙江省历届党委和政府坚持农村人居环境整治“一把手”责任制，成立由各级主要负责同志挂帅的领导小组，每年召开一次全省高规格现场推进会，省委省政府主要领导同志到会部署。全省上下形成了党政“一把手”亲自抓、分管领导直接抓、一级抓一级、层层抓落实的工作推进机制。省委省政府把农村人居环境整治纳入为群众办实事内容，纳入党政干部绩效考核和末位约谈制度，强化监督考核和奖惩激励。注重发挥各级农办统筹协调作用，发展改革、财政、国土、环保、住建等部门配合，明确责任分工，集中力量办大事。

（三）始终坚持因地制宜，分类指导。浙江省注重规划先行，从实际出发，实用性与艺术性相统一，历史性与前瞻性相协调，一次性规划与量力而行建设相统筹，专业人员参与与充分听取农民意见相一致，城乡一体编制村庄布局规划，因村制宜编制村庄建设规划，注意把握好整治力度、建设程度、推进速度与财力承受度、农民接受度的关系，不搞千村一面，不吊高群众胃口，不提超越发展阶段的目标。坚持问题导向、目标导向和效果导向，针对不同发展阶段的主要矛盾问题，制定针对性解决方案和阶段性工作任务。不照搬城市建设模式，区分不同经济社会发展水平，分区域、分类型、分重点推进，实现改善农村人居环境与地方经济发展水平相适应、协调发展。

（四）始终坚持有序改善民生福祉，先易后难。浙江省坚持把良好的生态环境作为最公平的公共产品、最普惠的民生福祉，从解决群众反映最强烈的环境脏乱差做起，到改水改厕、村道硬化、污水治理等提升农村生产生活的便利性，到实施绿化亮化、村庄综合治理提升农村形象，到实施产业培育、完善公共服务设施、美丽乡村创建提升农村生活品质，先易后难，逐步延伸。从创建示范村、建设整治村，以点串线，连线成片，再以星火燎原之势全域推进农村人居环境改善，探索农村人居环境整治新路子，实现了从“千万工程”到美丽乡村、再到美丽乡村升级版的跃迁。

（五）始终坚持系统治理，久久为功。浙江省坚持一张蓝图绘到底，一件事情接着一件事情办，一年接着一年干，充分发挥规划在引领发展、指导建设、配置资源等方面的基础作用，充分体现地方特点、文化特色，融田园风光、人文景观和现代文明于一体。坚决克服短期行为，避免造成“前任政绩、后任包袱”。推进“千万工程”注重建管并重，将加强公共基础设施建设和建立长效管护机制同步抓实抓好。坚持硬件与软件建设同步进行，建设与管护同步考虑，通过村规民约、家规家训“挂厅堂、进礼堂、驻心堂”，实现乡村文明提升与环境整治互促互进。

（六）始终坚持真金白银投入，强化要素保障。浙江省建立政府投入引导、农村集体和农民投入相结合、社会力量积极支持的多元化投入机制，省级财政设立专项资金、市级财政配套补助、县级财政纳入年度预算，真金白银投入。据统计，15年来浙江省各级财政累计投入村庄整治和美丽乡村建设的资金超过1 800亿元。积极整合农村水利、农村危房改造、农村环境综合整治等各类资金，下放项目审批、立项权，调动基层政府积极性主动性。

（七）始终坚持强化政府引导作用，调动农民主体和市场主体力量。浙江省坚持调动政府、农民和市场三方面积极性，建立“政府主导、农民主体、部门配合、社会资助、企业参与、市场运作”的建设机制。政府发挥引导作用，做好规划编制、政策支持、试点示范等，解决单靠一家一户、一村一镇难以解决的问题。注重发动群众、依靠群众，从“清洁庭院”鼓励农户开展房前屋后庭院卫生清理、堆放整洁，到“美丽庭院”绿化因地制宜鼓励农户种植花草果木、提升庭院景观。完善农民参与引导机制，通过“门前三包”、垃圾分类积分制等，激发农民群众的积极性、主动性和创造性。注重发挥基层党组织、工青妇等群团组织贴近农村、贴近农民优势。通过政府购买服务等方式，吸引市场主体参与。同时，通过宣传、表彰等方式，调动引导社会各界和农村先富起来的群体关心支持农村人居环境，广泛动员社会各界力量，形成全社会共同参与推动的大格局。

三、深入学习浙江经验、扎实推进农村人居环境整治的意见建议

2018年以来，各地区各部门认真贯彻落实习近平总书记有关重要指示批示精神，贯彻落实中央农村人居环境整治三年行动方案和全国改善农村人居环境工作会议部署要求，将改善农村人居环境摆上重要议事日程，建立健全工作机制，扎实推进农村人居环境整治各项工作落实落地，农村人居环境整治工作呈现良好态势。但工作中仍然存在责任有待压实、工作进展不够平衡、形式主义不同程度存在、农民内生动力激发不够、资金投入缺口较大等问题。下一步，要以学习浙江“千万工程”经验为突破口和新动力，有力有序扎实推进农村人居环境整治，不断谱写美丽中国建设新篇章，重点抓好以下几个方面。

（一）广泛开展深入学习浙江“千万工程”经验，扎实推进农村人居环境整治活动。深入学习领会习近平生态文明思想和关于改善农村人居环境的重要指示批示精神，加强舆论宣传和经验交流，进一步增强各地区各部门抓好工作的责任感紧迫感和农民群众参与的积极性主动性。认真贯彻落实中央农村人居环境整治三年行动方案，突出农村垃圾污水处理、“厕所革命”、村容村貌整治提升等重点，尽快将工作部署从规划示范转到全面推开上来，以更加有力的举措、更加扎实的行动，确保实现农村人居环境整治三年行动目标。

（二）落实推进机制，合力攻坚克难。坚持中央统筹、省负总责、市县抓落实的工作机制，中央农办、农业农村部发挥好牵头作用，统筹协调工作推进和政策支持。各有关部门按照分工方案，加强协同配合，积极主动做好农村人居环境整治重点工作。落实好地方各级党委和政府主体责任，强化“五级书记”特别是县乡村党组织书记抓落实责任。加强村党组织战斗堡垒作用和党员先锋模范作用。加强督促指导和调研评估，实行通报和末位约谈制度，切实把农村人居环境整治各项任务落到实处。

（三）注重规划引领，加强分类指导。发挥规划引领作用，指导、推动和支持各地抓紧编制好村庄布局和建设规划，做到一张蓝图绘到底。合理规划村庄类别，明确不同的规划建设标准和要求。充分考虑农村差异性，实行分类指导，不搞“一刀切”，鼓励地方探索创造。把村庄道路、污水和垃圾处理、饮水安全工程等设施建设纳入相关专项规划。分类别、分年度推进农村“厕所革命”。从解决农民群众反映最强烈的环境脏乱差问题入手，由易到难、循序渐进，组织开展以治理村庄脏乱差为重点的全国农村人居环境整治村庄清洁行动。

（四）完善投入机制，创新扶持政策。坚持量力而行、尽力而为，建立健全政府、农村集体和农民、社会力量多元投入机制。中央和地方财政资金聚焦农村人居环境整治重点任务，加大投入力度。抓紧出台调整完善土地出让收入使用范围、提高农业农村投入比例的政策性意见，所筹资金可重点安排用于农村人居环境整治。采取以奖代补、先建后补等方式，引导和调动农民主动参与农村人居环境整治，改善自己的生产生活环境。鼓励地方整合农村人居环境整治相关资金项目，最大程度发挥使用效益，同时切实防止增加地方政府债务。坚持建管结合，健全农村人居环境管护长效机制。激发市场活力，鼓励引导科研单位和企业，研发推广一批符合农村实际、简单实用的农村人居环境整治技术、工艺和产品。

法治政府建设与责任落实督察工作规定

第一章 总　　则

第一条 为了加强党对法治政府建设的集中统一领导，充分发挥督察工作对法治政府建设与责任落实的督促推动作用，根据《中共中央关于全面推进依法治国若干重大问题的决定》、《法治政府建设实施纲要（2015－2020年）》和其他有关规定，制定本规定。

第二条 法治政府建设与责任落实督察工作（以下简称督察工作）坚持以习近平新时代中国特色社会主义思想为指导，增强“四个意识”，坚定“四个自信”，做到“两个维护”，紧紧围绕建设中国特色社会主义法治体系、建设社会主义法治国家的总目标，坚持党的领导、人民当家作主、依法治国有机统一，坚持依宪施政、依法行政，坚持问题导向、真督实察、逐层传导、强化问责，努力形成从党政主要负责人到其他领导干部直至全体党政机关工作人员的闭环责任体系，保证党中央、国务院关于法治政府建设的决策部署落到实处，不断把法治政府建设向纵深推进。

第三条 本规定适用于对地方各级党委和政府、县级以上政府部门推进法治政府建设与责任落实情况的督察工作。

第四条 督察工作坚持以下原则：

（一）服务大局、突出重点。根据党和国家中心任务和重点工作部署督察工作，使法治政府建设始终在大局下推进、处处为大局服务。

（二）依法依规、实事求是。严格遵循有关规定开展督察，深入一线、聚焦问题，什么问题突出就督察什么问题，不做表面文章，对不同地区、不同层级的督察因地制宜，不搞上下一般粗。

（三）以督促干、注重实效。综合运用多种督察方式，既督任务、督进度、督成效，也察认识、察责任、察作风，把法治政府建设的任务落实、责任压实、效果抓实。

（四）控制总量、计划管理。贯彻落实党中央关于统筹规范督查检查考核工作的要求，增强督察工作的权威性、科学性、针对性、有效性，不搞层层加码、不增加基层不必要的工作负担。

第五条 中央全面依法治国委员会办公室组织开展对各省（自治区、直辖市）和国务院各部门法治政府建设与责任落实情况的督察工作。

地方各级党委法治建设议事协调机构的办事机构组织开展对本地区法治政府建设与责任落实情况的督察工作。

中央全面依法治国委员会办公室、地方各级党委法治建设议事协调机构的办事机构在本规定中统称“督察单位”。

第二章　督察对象和内容

第六条　地方各级党委履行推进本地区法治建设领导职责。地方各级政府和县级以上政府部门履行推进本地区、本部门法治政府建设主体职责。地方各级政府以及政府部门的党组织领导和监督本单位做好法治政府建设工作。

地方党政主要负责人履行推进法治建设第一责任人职责，将建设法治政府摆在工作全局的重要位置；地方各级党政领导班子其他成员在其分管工作范围内履行推进法治政府建设职责。

第七条　对地方各级党委履行推进本地区法治建设领导职责，加强法治政府建设，主要督察以下工作：

（一）认真学习贯彻习近平新时代中国特色社会主义思想，全面落实党中央、国务院关于法治政府建设的决策部署，充分发挥党委在推进本地区法治政府建设中的领导作用，及时研究解决有关重大问题，每年专题听取上一年度本地区法治政府建设情况汇报；

（二）将法治政府建设纳入本地区经济社会发展总体规划和年度工作计划，与经济社会发展同部署、同推进、同督促、同考核、同奖惩，把法治政府建设成效作为衡量下级党政领导班子及其主要负责人推进法治建设工作实绩的重要内容，纳入政绩考核指标体系；

（三）自觉运用法治思维和法治方式深化改革、推动发展、化解矛盾、维护稳定，指导本级政府推进法治政府建设工作，支持本级人大、政协、法院、检察院对政府依法行政工作加强监督；

（四）坚持重视法治素养和法治能力的用人导向，把遵守法律、依法办事情况作为考察干部的重要内容，相同条件下优先提拔使用法治素养好、依法办事能力强的干部，加强法治工作队伍建设；

（五）建立党委理论学习中心组集体学法制度，每年至少举办 2 次法治专题讲座，加强对党委工作人员的法治教育培训和法治能力考查测试；

（六）其他依法依规应当履行的法治政府建设有关职责。

对地方各级党委重点督察主要负责人履行推进法治建设第一责任人职责，加强法治政府建设的情况，以及党委其他负责人在其分管工作范围内履行相关职责情况。地方各级党委主要负责人应当坚持以身作则、以上率下，带头抓好推进本地区法治建设，加强法治政府建设的各项工作。

第八条　对地方各级政府履行推进本地区法治政府建设主体职责，主要督察以下工作：

（一）认真学习贯彻习近平新时代中国特色社会主义思想，全面落实党中央、国务院关于法治政府建设的决策部署，制订本地区法治政府建设实施规划、年度计划并组织实施，研究解决本地区法治政府建设有关重大问题并及时向本级党委请示汇报；

（二）全面正确履行政府职能，推进政府职能转变和简政放权、放管结合、优化服务，激发市场活力和社会创造力，推动经济社会持续健康发展；

（三）依法制定地方政府规章或者行政规范性文件，加强地方政府规章或者行政规范性文件备案审查和清理工作，全面推行行政规范性文件合法性审核机制；

（四）严格执行重大行政决策法定程序，认真落实政府法律顾问制度、公职律师制度，加强对重大行政决策的合法性审查，切实推进政务公开；

（五）深化行政执法体制改革，推进综合执法，全面推行行政执法公示制度、执法全过程记录制度、重大执法决定法制审核制度，严格执法责任，加强执法监督，支持执法机关依法公正行使职权，推进严格规范公正文明执法；

（六）自觉接受党内监督、人大监督、民主监督、司法监督、社会监督、舆论监督，推动完善政府内部层级监督和专门监督，加强行政复议和行政应诉工作，尊重并执行生效行政复议决定和法院生效裁判；

（七）建立政府常务会议定期学法制度，每年至少举办2次法治专题讲座，加强对政府工作人员的法治教育培训和法治能力考查测试；

（八）积极开展推进依法行政、建设法治政府宣传工作，大力培育法治政府建设先进典型，营造全社会关心、支持和参与法治政府建设的良好氛围；

（九）统筹推进对本地区法治政府建设情况的考核评价和督促检查，对工作不力、问题较多的部门或者下级政府，应当及时约谈、责令整改、通报批评；

（十）其他依法依规应当履行的法治政府建设有关职责。

对地方各级政府重点督察主要负责人履行推进法治政府建设第一责任人职责情况，以及政府其他负责人在其分管工作范围内履行相关职责情况。地方各级政府主要负责人应当坚持以身作则、以上率下，带头抓好推进本地区法治政府建设各项工作。

第九条 对县级以上政府部门履行推进本部门法治政府建设主体职责，主要督察以下工作：

（一）认真学习贯彻习近平新时代中国特色社会主义思想，全面落实党中央、国务院关于法治政府建设的决策部署，制订本部门法治政府建设实施规划、年度计划并组织实施，研究解决本部门法治政府建设重大问题并及时向本级党委和政府请示汇报；

（二）全面正确履行部门职能，推进政府职能转变和简政放权、放管结合、优化服务，激发市场活力和社会创造力，推动经济社会持续健康发展；

（三）依法制定部门规章或者行政规范性文件，加强部门规章或者行政规范性文件备案审查和清理工作，全面推行行政规范性文件合法性审核机制；

（四）严格执行重大行政决策法定程序，认真落实政府法律顾问制度、公职律师制度，加强对重大行政决策的合法性审查，依法依规履行信息发布和政策解读责任，切实推进政务公开；

（五）依法惩处各类违法行为，落实执法人员持证上岗和资格管理制度，全面推行行政执法公示制度、执法全过程记录制度、重大执法决定法制审核制度，完善执法程序，创新执法方式，严格执法责任，加强执法监督，推进严格规范公正文明执法；

（六）加强和改进行政复议工作，纠正违法、不当的行政行为，尊重并执行生效行政复议决定，努力将行政争议化解在基层、化解在行政机关内部；

（七）自觉接受党内监督、人大监督、民主监督、司法监督、社会监督、舆论监督，推动完善部门内部层级监督，加强对重点岗位的制约和监督；

（八）维护司法权威，支持法院依法受理和审理行政案件，落实行政机关负责人依法出庭应诉制度，严格执行法院生效裁判；

（九）建立部门领导班子定期学法制度，每年至少举办2次法治专题讲座，加强对部门工作人员的法治教育培训和法治能力考查测试；

（十）认真落实“谁执法谁普法”普法责任制，加强本部门法治政府建设宣传教育工作，积极总结宣传本部门法治政府建设成功经验和创新做法，大力培育法治政府建设先进典型；

（十一）统筹推进对本部门法治政府建设情况的考核评价和督促检查，对工作不力、问题较多的，应当及时约谈、责令整改、通报批评；

（十二）其他依法依规应当履行的法治政府建设有关职责。

对县级以上政府部门重点督察主要负责人履行推进法治政府建设第一责任人职责情况，以及部门其他负责人在其分管工作范围内履行相关职责情况。县级以上政府部门主要负责人应当坚持以身作则、以上率下，带头抓好本部门推进法治政府建设各项工作。

第十条 对国务院部门和地方各级党政机关工作人员履行推进法治政府建设职责，主要督察以下工作：

（一）认真学习贯彻习近平新时代中国特色社会主义思想，增强“四个意识”，坚定“四个自信”，做到“两个维护”，切实执行党中央、国务院关于法治政府建设的决策部署；

（二）认真学习以宪法为核心的中国特色社会主义法律体系，熟练掌握与本职工作密切相关的法律法规，积极参加法治教育培训；

（三）注重提高法治思维和依法行政能力，想问题、作决策、办事情必须守法律、重程序、受监督，不得以言代法、以权压法、逐利违法、徇私枉法；

（四）依法全面履行岗位职责，严守法定程序，无正当理由不得拖延或者拒绝履行法定职责，不得滥用职权侵犯公民、法人或者其他组织的合法权益；

（五）自觉尊法学法守法用法，大力弘扬社会主义法治精神，认真落实“谁执法谁普法”普法责任制，积极在工作中向人民群众普法，做法律法规的遵守者、执行者、宣传者；

（六）其他依法依规应当履行的法治政府建设有关职责。

第三章　督察组织实施

第十一条 督察单位应当制订督察工作年度计划并按照规定报批，建立督察任务台账，加强督察工作的统筹协调。

第十二条 督察工作主要采取书面督察、实地督察等方式进行。

督察单位组织开展书面督察，应当要求被督察单位进行全面自查，并限期书面报告情况。

督察单位组织开展实地督察，应当深入被督察单位，通过多种形式明察暗访，了解被督察单位实际情况。

第十三条 督察可以采取下列措施：

（一）听取被督察单位以及有关负责人情况汇报；

（二）查阅、复制有关制度文件、会议纪要、执法案卷等；

（三）询问、约谈有关单位和个人；

（四）实地走访、暗访；

（五）对收到的重大违法行政问题线索进行调查、核实或者转交有关部门，必要时可请有关部门予以协助；

（六）其他必要的措施。

第十四条 督察单位可以委托科研院校、专业机构、人民团体、社会组织等对被督察单位开展第三方评估，提出意见建议。

第十五条 督察单位可以就重要指示批示落实、重大行政决策事项、重点领域行政执法等某一方面情况开展专项督察。

专项督察可以根据具体情况选择相应的督察方式或者措施。

第十六条 督察单位开展实地督察，可以成立督察组。督察组进驻后，应当向被督察单位主要负责人通报开展督察工作的目的、安排和要求。

督察组可以邀请人大代表、政协委员、专家学者、新闻记者等方面的代表参加。

第十七条 督察结束后，督察组应当撰写督察报告，客观真实反映被督察单位法治政府建设的进展、成效、责任落实情况以及存在的问题和困难。对存在的问题和困难，应当分析原因、找出症结，提出有针对性的意见建议，并帮助推动解决。

第十八条 督察结束后，督察单位应当向被督察单位反馈督察结果，对存在的问题督促其限期整改。被督察单位应当按照要求整改并及时报告整改情况。

第十九条 督察单位可以通过简报、专报等形式向上级机关和本级纪检监察机关、组织人事等部门通报督察情况或者发现的问题，作为对被督察单位及其领导人员考核评价的重要参考或者监督问责的重要依据。

第二十条 督察单位应当充分运用大数据、云计算等现代信息技术手段，探索推进“互联网＋督察”，提升督察工作精细化和信息化水平，提高督察工作效能。

第二十一条 督察工作人员应当严格履行职责，如实评价被督察单位，不得故意隐瞒或者夸大督察发现的问题；严格遵守中央八项规定及其实施细则精神和各项廉政规定，做到厉行节约、廉洁自律、公开透明，严防形式主义、官僚主义，自觉接受监督。

第二十二条 对在法治政府建设中工作成绩突出的地区、部门以及作出重要贡献的个人，可以按照国家有关规定给予表彰或者奖励。

第四章　年度报告

第二十三条 每年4月1日之前，各省（自治区、直辖市）党委和政府、国务院各部门应当向党中央、国务院报告上一年度法治政府建设情况，同时抄送中央全面依法治国委员会办公室。

每年3月1日之前，县级以上地方各级政府部门应当向本级党委和政府、上一级政府有关部门报告上一年度法治政府建设情况，同时抄送本级督察单位；县级以上地方各级政府应当向同级党委、人大常委会报告上一年度法治政府建设情况；省级以下地方各级党委和政府应当向上一级党委和政府报告上一年度法治政府建设情况，同时抄送上一级督察单位。

第二十四条 每年4月1日之前，地方各级政府和县级以上政府部门的法治政府建设年度报告，除涉及党和国家秘密的，应当通过报刊、网站等新闻媒体向社会公开，接受人民群众监督。

第二十五条 法治政府建设年度报告主要包括以下内容：

（一）上一年度推进法治政府建设的主要举措和成效；

（二）上一年度推进法治政府建设存在的不足和原因；

（三）上一年度党政主要负责人履行推进法治建设第一责任人职责，加强法治政府建设的有关情况；

（四）下一年度推进法治政府建设的主要安排；

（五）其他需要报告的情况。

第二十六条 督察单位应当督促下一级地方党委和政府、本级政府部门按时报送和公开年度报告，对未按照要求报送、公开的，应当通报批评。

第二十七条 督察单位可以邀请人大代表、政协委员、专家学者、新闻记者、政府法律顾问或者委托第三方机构对已公开的法治政府建设年度报告提出意见或者进行评议，有关意见、评议结果应当向被督察单位反馈，并可以向社会公开。

第五章 责任追究

第二十八条 法治政府建设责任追究应当根据《中国共产党问责条例》、《中华人民共和国监察法》、《行政机关公务员处分条例》以及相关党内法规、国家法律法规规定的权限和程序执行。

第二十九条 督察工作中发现被督察单位及其工作人员有下列情形之一的，督察单位应当移送有关单位依纪依法进行责任追究：

（一）对党中央、国务院的法治政府建设决策部署懈怠拖延、落实不力，影响中央政令畅通，造成严重后果的；

（二）制定的规章、行政规范性文件违反宪法、法律、行政法规，破坏国家法制统一的；

（三）违纪违法决策或者依法应当作出决策而久拖不决，造成重大损失或者恶劣影响的；

（四）执法不作为或者乱执法、执法牟利、粗暴执法等，侵犯公民、法人或者其他组织合法权益造成损害的；

（五）违纪违法干预监察工作、行政执法、行政复议或者司法活动，或者拒不执行生效行政复议决定、法院生效裁判的；

（六）在行政复议工作中失职渎职、徇私舞弊、违法违规的；

（七）其他不履行或者不正确履行法治政府建设职责，依法依规需要追责的情形。

第三十条 督察单位可以建立重大责任事项约谈制度、挂牌督办制度，对存在第二十九条规定情形的地方或者部门，督促其限期完成有关查处、整改任务。

第三十一条 督察单位可以建立典型案例通报、曝光制度，除涉及党和国家秘密的，在一定范围内进行通报或者向社会曝光。

第三十二条 被督察单位及其工作人员违反本规定，有下列行为之一的，依纪依法予以责任追究；涉嫌犯罪的，移送有关机关依法处理：

（一）以各种借口拒绝、阻碍或者干扰督察工作的；

（二）拖延或者拒绝提供与督察工作有关的资料，或者伪造相关情况、提供虚假资料的；

（三）未按照要求进行整改或者拖延、拒不整改的；

（四）打击、报复、陷害、刁难督察工作人员或者反映情况的单位和个人的；

（五）其他妨碍督察工作的行为。

第三十三条 督察工作人员违反廉洁自律规定，或者滥用职权、徇私舞弊、玩忽职守的，依纪依法给予处分；涉嫌犯罪的，移送有关机关依法处理。

第六章 附　　则

第三十四条 本规定由中央全面依法治国委员会办公室负责解释。

第三十五条 本规定自2019年4月15日起施行。

数字乡村发展战略纲要

数字乡村是伴随网络化、信息化和数字化在农业农村经济社会发展中的应用，以及农民现代信息技能的提高而内生的农业农村现代化发展和转型进程，既是乡村振兴的战略方向，也是建设数字中国的重要内容。为贯彻落实《中共中央、国务院关于实施乡村振兴战略的意见》、《乡村振兴战略规划（2018—2022 年）》和《国家信息化发展战略纲要》，特制定本纲要。

一、现状与形势

当前，新一代信息技术创新空前活跃，不断催生新技术、新产品、新模式，推动全球经济格局和产业形态深度变革。党的十八大以来，以习近平同志为核心的党中央高度重视网络安全和信息化工作，作出一系列战略决策，统筹推进网信事业快速发展。农村信息基础设施加快建设，线上线下融合的现代农业加快推进，农村信息服务体系加快完善，同时也存在顶层设计缺失、资源统筹不足、基础设施薄弱、区域差异明显等问题，亟须进一步发掘信息化在乡村振兴中的巨大潜力，促进农业全面升级、农村全面进步、农民全面发展。

立足新时代国情农情，要将数字乡村作为数字中国建设的重要方面，加快信息化发展，整体带动和提升农业农村现代化发展。进一步解放和发展数字化生产力，注重构建以知识更新、技术创新、数据驱动为一体的乡村经济发展政策体系，注重建立层级更高、结构更优、可持续性更好的乡村现代化经济体系，注重建立灵敏高效的现代乡村社会治理体系，开启城乡融合发展和现代化建设新局面。

二、总体要求

（一）指导思想

以习近平新时代中国特色社会主义思想为指导，全面贯彻党的十九大和十九届二中、三中全会精神，紧紧围绕统筹推进“五位一体”总体布局和协调推进“四个全面”战略布局，坚持稳中求进工作总基调，牢固树立新发展理念，落实高质量发展要求，坚持农业农村优先发展，按照产业兴旺、生态宜居、乡风文明、治理有效、生活富裕的总要求，着力发挥信息技术创新的扩散效应、信息和知识的溢出效应、数字技术释放的普惠效应，加快推进农业农村现代化；着力发挥信息化在推进乡村治理体系和治理能力现代化中的基础支撑作用，繁荣发展乡村网络文化，构建乡村数字治理新体系；着力弥合城乡“数字鸿沟”，培育信息时代新农民，走中国特色社会主义乡村振兴道路，让农业成为有奔头的产业，让农民成为有吸引力的职业，让农村成为安居乐业的美丽家园。

（二）基本原则

坚持党的领导，全面加强党对农村工作的领导，把数字乡村摆在建设数字中国的重要位置，加强统筹协调、顶层设计、总体布局、整体推进和督促落实。坚持全面振兴，遵循乡村发展规律和信息化发展规律，统筹推进农村经济、政治、文化、社会、生态文明和党的建设等各领域信息化建设，助力乡村全面振兴。坚持城乡融合，创新城乡信息化融合发展体制机制，引导城市网络、信息、技术和人才等资源向乡村流动，促进城乡要素合理配置。坚持改革创新，深化农村改革，充分发挥网络、数据、技术和知识等新要素的作用，激活主体、激活要素、激活市场，不断催生乡村发展内生动力。坚持安全发展，处理好安全和发展的关系，以安全保发展，以发展促安全，积极防范、主动化解风险，确保数字乡村健康可持续发展。坚持以人民为中心，建立与乡村人口知识结构相匹配的数字乡村发展模式，着力解决农民最关心最直接最现实的利益问题，不断提升农民的获得感、幸福感、安全感。

（三）战略目标

到2020年，数字乡村建设取得初步进展。全国行政村4G覆盖率超过98%，农村互联网普及率明显提升。农村数字经济快速发展，建成一批特色乡村文化数字资源库，“互联网+政务服务”加快向乡村延伸。网络扶贫行动向纵深发展，信息化在美丽宜居乡村建设中的作用更加显著。

到2025年，数字乡村建设取得重要进展。乡村4G深化普及、5G创新应用，城乡“数字鸿沟”明显缩小。初步建成一批兼具创业孵化、技术创新、技能培训等功能于一体的新农民新技术创业创新中心，培育形成一批叫得响、质量优、特色显的农村电商产品品牌，基本形成乡村智慧物流配送体系。乡村网络文化繁荣发展，乡村数字治理体系日趋完善。

到2035年，数字乡村建设取得长足进展。城乡“数字鸿沟”大幅缩小，农民数字化素养显著提升。农业农村现代化基本实现，城乡基本公共服务均等化基本实现，乡村治理体系和治理能力现代化基本实现，生态宜居的美丽乡村基本实现。

到本世纪中叶，全面建成数字乡村，助力乡村全面振兴，全面实现农业强、农村美、农民富。

三、重点任务

（一）加快乡村信息基础设施建设

大幅提升乡村网络设施水平。加强基础设施共建共享，加快农村宽带通信网、移动互联网、数字电视网和下一代互联网发展。持续实施电信普遍服务补偿试点工作，支持农村地区宽带网络发展。推进农村地区广播电视基础设施建设和升级改造。在乡村基础设施建设中同步做好网络安全工作，依法打击破坏电信基础设施、生产销售使用“伪基站”设备和电信网络诈骗等违法犯罪行为。

完善信息终端和服务供给。鼓励开发适应“三农”特点的信息终端、技术产品、移动互联网应用（App）软件，推动民族语言音视频技术研发应用。全面实施信息进村入户工程，构建为农综合服务平台。

加快乡村基础设施数字化转型。加快推动农村地区水利、公路、电力、冷链物流、农业生产加工等基础设施的数字化、智能化转型，推进智慧水利、智慧交通、智能电网、智慧农业、智慧物流建设。

（二）发展农村数字经济

夯实数字农业基础。完善自然资源遥感监测“一张图”和综合监管平台，对永久基本农田实行动态监测。建设农业农村遥感卫星等天基设施，大力推进北斗卫星导航系统、高分辨率对地观测系统在农业生产中的应用。推进农业农村大数据中心和重要农产品全产业链大数据建设，推动农业农村基础数据整合共享。

推进农业数字化转型。加快推广云计算、大数据、物联网、人工智能在农业生产经营管理中的运用，促进新一代信息技术与种植业、种业、畜牧业、渔业、农产品加工业全面深度融合应用，打造科技农业、智慧农业、品牌农业。建设智慧农（牧）场，推广精准化农（牧）业作业。

创新农村流通服务体系。实施“互联网＋”农产品出村进城工程，加强农产品加工、包装、冷链、仓储等设施建设。深化乡村邮政和快递网点普及，加快建成一批智慧物流配送中心。深化电子商务进农村综合示范，培育农村电商产品品牌。建设绿色供应链，推广绿色物流。推动人工智能、大数据赋能农村实体店，促进线上线下渠道融合发展。

积极发展乡村新业态。推动互联网与特色农业深度融合，发展创意农业、认养农业、观光农业、都市农业等新业态，促进游憩休闲、健康养生、创意民宿等新产业发展，规范有序发展乡村共享经济。

（三）强化农业农村科技创新供给

推动农业装备智能化。促进新一代信息技术与农业装备制造业结合，研制推广农业智能装备。鼓励农机装备行业发展工业互联网，提升农业装备智能化水平。推动信息化与农业装备、农机作业服务和农机管理融合应用。

优化农业科技信息服务。建设一批新农民新技术创业创新中心，推动产学研用合作。建立农业科技成果转化网络服务体系，支持建设农业技术在线交易市场。完善农业科技信息服务平台，鼓励技术专家在线为农民解决农业生产难题。

（四）建设智慧绿色乡村

推广农业绿色生产方式。建立农业投入品电子追溯监管体系，推动化肥农药减量使用。加大农村物联网建设力度，实时监测土地墒情，促进农田节水。建设现代设施农业园区，发展绿色农业。

提升乡村生态保护信息化水平。建立全国农村生态系统监测平台，统筹山水林田湖草系统治理数据。强化农田土壤生态环境监测与保护。利用卫星遥感技术、无人机、高清远程视频监控系统对农村生态系统脆弱区和敏感区实施重点监测，全面提升美丽乡村建设水平。

倡导乡村绿色生活方式。建设农村人居环境综合监测平台，强化农村饮用水水源水质监测与保护，实现对农村污染物、污染源全时全程监测。引导公众积极参与农村环境网络监督，共同维护绿色生活环境。

（五）繁荣发展乡村网络文化

加强农村网络文化阵地建设。利用互联网宣传中国特色社会主义文化和社会主义思想道德，建设互联网助推乡村文化振兴建设示范基地。全面推进县级融媒体中心建设。推进数字广播电视户户通和智慧广电建设。推进乡村优秀文化资源数字化，建立历史文化名镇、名村和传统村落“数字文物资源库”、“数字博物馆”，加强农村优秀传统文化的保护与传承。以“互联网＋中华文明”行动计划为抓手，推进文物数字资源进乡村。开展重要农业文化遗产网络展览，大力宣传中华优秀农耕文化。

加强乡村网络文化引导。支持“三农”题材网络文化优质内容创作。通过网络开展国家宗教政策宣传普及工作，依法打击农村非法宗教活动及其有组织的渗透活动。加强网络巡查监督，遏制封建迷信、攀比低俗等消极文化的网络传播，预防农村少年儿童沉迷网络，让违法和不良信息远离农村少年儿童。

（六）推进乡村治理能力现代化

推动“互联网＋党建”。建设完善农村基层党建信息平台，优化升级全国党员干部现代远程教育，推广网络党课教育。推动党务、村务、财务网上公开，畅通社情民意。

提升乡村治理能力。提高农村社会综合治理精细化、现代化水平。推进村委会规范化建设，开展在线组织帮扶，培养村民公共精神。推动“互联网＋社区”向农村延伸，提高村级综合服务信息化水平，大力推动乡村建设和规划管理信息化。加快推进实施农村“雪亮工程”，深化平安乡村建设。加快推进“互联网＋公共法律服务”，建设法治乡村。依托全国一体化在线政务服务平台，加快推广“最多跑一次”、“不见面审批”等改革模式，推动政务服务网上办、马上办、少跑快办，提高群众办事便捷程度。

（七）深化信息惠民服务

深入推动乡村教育信息化。加快实施学校联网攻坚行动，推动未联网学校通过光纤、宽带卫星等接入方式普及互联网应用，实现乡村小规模学校和乡镇寄宿制学校宽带网络全覆盖。发展“互联网＋教育”，推动城市优质教育资源与乡村中小学对接，帮助乡村学校开足开好开齐国家课程。

完善民生保障信息服务。推进全面覆盖乡村的社会保障、社会救助系统建设，加快实现城乡居民基本医疗保险异地就医直接结算、社会保险关系网上转移接续。大力发展“互联网＋医疗健康”，支持乡镇和村级医疗机构提高信息化水平，引导医疗机构向农村医疗卫生机构提供远程医疗、远程教学、远程培训等服务。建设完善中医馆健康信息平台，提升中医药服务能力。完善面向孤寡和留守老人、留守儿童、困境儿童、残障人士等特殊人群的信息服务体系。

（八）激发乡村振兴内生动力

支持新型农业经营主体和服务主体发展。完善对农民合作社和家庭农场网络提速降费、平台资源、营销渠道、金融信贷、人才培训等政策支持，培育一批具有一定经营规模、信息化程度较高的生产经营组织和社会化服务组织，促进现代农业发展。

大力培育新型职业农民。实施新型职业农民培育工程，为农民提供在线培训服务，培养造就一支爱农业、懂技术、善经营的新型职业农民队伍。实施“互联网＋小农户”计划，提升小农户发展能力。

激活农村要素资源。因地制宜发展数字农业、智慧旅游业、智慧产业园区，促进农业农村信息社会化服务体系建设，以信息流带动资金流、技术流、人才流、物资流。创新农村普惠金融服务，改善网络支付、移动支付、网络信贷等普惠金融发展环境，为农民提供足不出村的便捷金融服务。降低农村金融服务门槛，为农业经营主体提供小额存贷款、支付结算和保险等金融服务。依法打击互联网金融诈骗等违法犯罪行为。

（九）推动网络扶贫向纵深发展

助力打赢脱贫攻坚战。深入推动网络扶贫行动向纵深发展，强化对产业和就业扶持，充分运用大数据平台开展对脱贫人员的跟踪及分析，持续巩固脱贫成果。

巩固和提升网络扶贫成效。打赢脱贫攻坚战后，保持过渡期的政策稳定，继续开展网络扶志和扶智，不断提升贫困群众生产经营技能，激发贫困人口内生动力。

（十）统筹推动城乡信息化融合发展

统筹发展数字乡村与智慧城市。强化一体设计、同步实施、协同并进、融合创新，促进城乡生产、生活、生态空间的数字化、网络化、智能化发展，加快形成共建共享、互联互通、各具特色、交相辉映的数字城乡融合发展格局。鼓励有条件的小城镇规划先行，因地制宜发展“互联网＋”特色主导产业，打造感知体验、智慧应用、要素集聚、融合创新的“互联网＋”产业生态圈，辐射和带动乡村创业创新。

分类推进数字乡村建设。引导集聚提升类村庄全面深化网络信息技术应用，培育乡村新业态。引导城郊融合类村庄发展数字经济，不断满足城乡居民消费需求。引导特色保护类村庄发掘独特资源，建设互联网特色乡村。引导搬迁撤并类村庄完善网络设施和信息服务，避免形成新的“数字鸿沟”。

加强信息资源整合共享与利用。依托国家数据共享交换平台体系，推进各部门涉农政务信息资源共享开放、有效整合。统筹整合乡村已有信息服务站点资源，推广一站多用，避免重复建设。促进数字乡村国际交流合作。

四、保障措施

（一）加强组织领导。建立数字乡村建设发展统筹协调机制，做好整体规划设计，研究重大政策、重点工程和重要举措，督促落实各项任务，形成工作合力。各地区要将数字乡村工作摆上重要位置，抓好组织推动和督促检查。深化“放管服”改革，处理好政府与市场的关系，充分调动各方力量和广大农民参与数字乡村建设。加强数字乡村理论研究，开展数字乡村发展评价工作，持续提升数字乡村发展水平。

（二）完善政策支持。各地区各有关部门要依据本纲要，将数字乡村建设融入信息化规划和乡村振兴重点工程，完善产业、财政、金融、教育、医疗等领域配套政策措施，持续推进落实。充分发挥财政资金与国家级投资基金的引导作用，撬动金融和社会资本支持数字乡村战略实施。

（三）开展试点示范。选择部分地区按照统筹规划、整合共享、集聚提升的原则，统筹开展数字乡村试点示范工作，边试点、边总结、边推广，探索有益经验。

（四）强化人才支撑。开展信息化人才下乡活动，加强对农村留守儿童和妇女、老年人网络知识普及。充分发挥第一书记、驻村工作队员、大学生村官、科技特派员、西部计划志愿者等主体作用，加强农民信息素养培训，增强农民网络安全防护意识和技能。

（五）营造良好氛围。创新宣传方式，及时宣传党的路线方针政策，营造全社会关注农业、关心农村、关爱农民的浓厚氛围。充分发挥主流媒体和重点新闻网站作用，讲好乡村振兴故事，做好网上舆情引导，为全面实施乡村振兴战略凝聚共识、汇聚力量。

关于加强和改进乡村治理的指导意见

实现乡村有效治理是乡村振兴的重要内容。为深入贯彻落实党的十九大精神和《中共中央、国务院关于实施乡村振兴战略的意见》部署要求，推进乡村治理体系和治理能力现代化，夯实乡村振兴基层基础，现就加强和改进乡村治理提出如下意见。

一、总体要求

（一）指导思想。以习近平新时代中国特色社会主义思想为指导，全面贯彻党的十九大和十九届二中、三中全会精神，紧紧围绕统筹推进“五位一体”总体布局和协调推进“四个全面”战略布局，按照实施乡村振兴战略的总体要求，坚持和加强党对乡村治理的集中统一领导，坚持把夯实基层基础作为固本之策，坚持把治理体系和治理能力建设作为主攻方向，坚持把保障和改善农村民生、促进农村和谐稳定作为根本目的，建立健全党委领导、政府负责、社会协同、公众参与、法治保障、科技支撑的现代乡村社会治理体制，以自治增活力、以法治强保障、以德治扬正气，健全党组织领导的自治、法治、德治相结合的乡村治理体系，构建共建共治共享的社会治理格局，走中国特色社会主义乡村善治之路，建设充满活力、和谐有序的乡村社会，不断增强广大农民的获得感、幸福感、安全感。

（二）总体目标。到 2020 年，现代乡村治理的制度框架和政策体系基本形成，农村基层党组织更好发挥战斗堡垒作用，以党组织为领导的农村基层组织建设明显加强，村民自治实践进一步深化，村级议事协商制度进一步健全，乡村治理体系进一步完善。到 2035 年，乡村公共服务、公共管理、公共安全保障水平显著提高，党组织领导的自治、法治、德治相结合的乡村治理体系更加完善，乡村社会治理有效、充满活力、和谐有序，乡村治理体系和治理能力基本实现现代化。

二、主要任务

（一）完善村党组织领导乡村治理的体制机制。建立以基层党组织为领导、村民自治组织和村务监督组织为基础、集体经济组织和农民合作组织为纽带、其他经济社会组织为补充的村级组织体系。村党组织全面领导村民委员会及村务监督委员会、村集体经济组织、农民合作组织和其他经济社会组织。村民委员会要履行基层群众性自治组织功能，增强村民自我管理、自我教育、自我服务能力。村务监督委员会要发挥在村务决策和公开、财产管理、工程项目建设、惠农政策措施落实等事项上的监督作用。集体经济组织要发挥在管理集体资产、合理开发集体资源、服务集体成员等方面的作用。农民合作组织和其他经济社会组织要依照国家法律和各自章程充分行使职权。村党组织书记应当通过法定程序担任村民委员会主任和村级集体经济组织、合作经济组织负责人，村“两委”班子成员应当交叉任职。村务监督委员会主任一般由党员担任，可以由非村民委员会成员的村党组织班子成员兼任。村民委员会成员、村民代表中党员应当占一定比例。健全村级重要事项、重大问题由村党组织研究讨论机制，全面落实“四议两公开”。加强基本队伍、基本活动、基本阵地、基本制度、基本保障建设，实施村党组织带头人整体优化提升行动，持续整顿软弱涣散村党组织，整乡推进、整县提升，发展壮大村级集体经济。全面落实村“两委”换届候选人县级联审机制，坚决防止和查处以贿选等不正当手段影响、控制村“两委”换届选举的行为，严厉打击干扰破坏村“两委”换届选举的黑恶势力、宗族势力。坚决把受过刑事处罚、存在“村霸”和涉黑涉恶、涉邪教等问题的人清理出村干部队伍。坚持抓乡促村，落实县乡党委抓农村基层党组织建设和乡村治理的主体责任。落实乡镇党委直接责任，乡镇党委书记和党委领导班子成员等要包村联户，村“两委”成员要入户走访，及时发现并研究解决农村基层党组织建设、乡村治理和群众生产生活等问题。健全以财政投入为主的稳定的村级组织运转经费保障制度。

（二）发挥党员在乡村治理中的先锋模范作用。组织党员在议事决策中宣传党的主张，执行党组织决定。组织开展党员联系农户、党员户挂牌、承诺践诺、设岗定责、志愿服务等活动，推动党员在乡村治理中带头示范，带动群众全面参与。密切党员与群众的联系，了解群众思想状况，帮助解决实际困难，加强对贫困人口、低保对象、留守儿童和妇女、老年人、残疾人、特困人员等人群的关爱服务，引导农民群众自觉听党话、感党恩、跟党走。

（三）规范村级组织工作事务。清理整顿村级组织承担的行政事务多、各种检查评比事项多问题，切实减轻村级组织负担。各种政府机构原则上不在村级建立分支机构，不得以行政命令方式要求村级承担有关行政性事务。交由村级组织承接或协助政府完成的工作事项，要充分考虑村级组织承接能力，实行严格管理和总量控制。从源头上清理规范上级对村级组织的考核评比项目，鼓励各地实行目录清单、审核备案等管理方式。规范村级各种工作台账和各类盖章证明事项。推广村级基础台账电子化，建立统一的“智慧村庄”综合管理服务平台。

（四）增强村民自治组织能力。健全党组织领导的村民自治机制，完善村民（代表）会议制度，推进民主选举、民主协商、民主决策、民主管理、民主监督实践。进一步加强自治组织规范化建设，拓展村民参与村级公共事务平台，发展壮大治保会等群防群治力量，充分发挥村民委员会、群防群治力量在公共事务和公益事业办理、民间纠纷调解、治安维护协助、社情民意通达等方面的作用。

（五）丰富村民议事协商形式。健全村级议事协商制度，形成民事民议、民事民办、民事民管的多层次基层协商格局。创新协商议事形式和活动载体，依托村民会议、村民代表会议、村民议事会、村民理事会、村民监事会等，鼓励农村开展村民说事、民情恳谈、百姓议事、妇女议事等各类协商活动。

（六）全面实施村级事务阳光工程。完善党务、村务、财务“三公开”制度，实现公开经常化、制度化和规范化。梳理村级事务公开清单，及时公开组织建设、公共服务、脱贫攻坚、工程项目等重大事项。健全村务档案管理制度。推广村级事务“阳光公开”监管平台，支持建立“村民微信群”、“乡村公众号”等，推进村级事务即时公开，加强群众对村级权力有效监督。规范村级会计委托代理制，加强农村集体经济组织审计监督，开展村干部任期和离任经济责任审计。

（七）积极培育和践行社会主义核心价值观。坚持教育引导、实践养成、制度保障三管齐下，推动社会主义核心价值观落细落小落实，融入文明公约、村规民约、家规家训。通过新时代文明实践中心、农民夜校等渠道，组织农民群众学习习近平新时代中国特色社会主义思想，广泛开展中国特色社会主义和实现中华民族伟大复兴的中国梦宣传教育，用中国特色社会主义文化、社会主义思想道德牢牢占领农村思想文化阵地。完善乡村信用体系，增强农民群众诚信意识。推动农村学雷锋志愿服务制度化常态化。加强农村未成年人思想道德建设。

（八）实施乡风文明培育行动。弘扬崇德向善、扶危济困、扶弱助残等传统美德，培育淳朴民风。开展好家风建设，传承传播优良家训。全面推行移风易俗，整治农村婚丧大操大办、高额彩礼、铺张浪费、厚葬薄养等不良习俗。破除丧葬陋习，树立殡葬新风，推广与保护耕地相适应、与现代文明相协调的殡葬习俗。加强村规民约建设，强化党组织领导和把关，实现村规民约行政村全覆盖。依靠群众因地制宜制定村规民约，提倡把喜事新办、丧事简办、弘扬孝道、尊老爱幼、扶残助残、和谐敦睦等内容纳入村规民约。以法律法规为依据，规范完善村规民约，确保制定过程、条文内容合法合规，防止一部分人侵害另一部分人的权益。建立健全村规民约监督和奖惩机制，注重运用舆论和道德力量促进村规民约有效实施，对违背村规民约的，在符合法律法规前提下运用自治组织的方式进行合情合理的规劝、约束。发挥红白理事会等组织作用。鼓励地方对农村党员干部等行使公权力的人员，建立婚丧事宜报备制度，加强纪律约束。

（九）发挥道德模范引领作用。深入实施公民道德建设工程，加强社会公德、职业道德、家庭美德和个人品德教育。大力开展文明村镇、农村文明家庭、星级文明户、五好家庭等创建活动，广泛开展农村道德模范、最美邻里、身边好人、新时代好少年、寻找最美家庭等选树活动，开展乡风评议，弘扬道德新风。

（十）加强农村文化引领。加强基层文化产品供给、文化阵地建设、文化活动开展和文化人才培养。传承发展提升农村优秀传统文化，加强传统村落保护。结合传统节日、民间特色节庆、农民丰收节等，因地制宜广泛开展乡村文化体育活动。加快乡村文化资源数字化，让农民共享城乡优质文化资源。挖掘文化内涵，培育乡村特色文化产业，助推乡村旅游高质量发展。加强农村演出市场管理，营造健康向上的文化环境。

（十一）推进法治乡村建设。规范农村基层行政执法程序，加强乡镇行政执法人员业务培训，严格按照法定职责和权限执法，将政府涉农事项纳入法治化轨道。大力开展“民主法治示范村”创建，深入开展“法律进乡村”活动，实施农村“法律明白人”培养工程，培育一批以村干部、人民调解员为重点的“法治带头人”。深入开展农村法治宣传教育。

（十二）加强平安乡村建设。推进农村社会治安防控体系建设，落实平安建设领导责任制，加强基础性制度、设施、平台建设。加强农村警务工作，大力推行“一村一辅警”机制，扎实开展智慧农村警务室建设。加强对社区矫正对象、刑满释放人员等特殊人群的服务管理。深入推进扫黑除恶专项斗争，健全防范打击长效机制。加强农民群众拒毒防毒宣传教育，依法打击整治毒品违法犯罪活动。依法加大对农村非法宗教活动、邪教活动打击力度，制止利用宗教、邪教干预农村公共事务，大力整治农村乱建宗教活动场所、滥塑宗教造像。推进农村地区技防系统建设，加强公共安全视频监控建设联网应用工作。健全农村公共安全体系，强化农村安全生产、防灾减灾救灾、食品、药品、交通、消防等安全管理责任。

（十三）健全乡村矛盾纠纷调处化解机制。坚持发展新时代“枫桥经验”，做到“小事不出村、大事不出乡”。健全人民调解员队伍，加强人民调解工作。完善调解、仲裁、行政裁决、行政复议、诉讼等有机衔接、相互协调的多元化纠纷解决机制。发挥信息化支撑作用，探索建立“互联网＋网格管理”服务管理模式，提升乡村治理智能化、精细化、专业化水平。强化乡村信息资源互联互通，完善信息收集、处置、反馈工作机制和联动机制。广泛开展平安教育和社会心理健康服务、婚姻家庭指导服务。推动法院跨域立案系统、检察服务平台、公安综合窗口、人民调解组织延伸至基层，提高响应群众诉求和为民服务能力水平。

（十四）加大基层小微权力腐败惩治力度。规范乡村小微权力运行，明确每项权力行使的法规依据、运行范围、执行主体、程序步骤。建立健全小微权力监督制度，形成群众监督、村务监督委员会监督、上级部门监督和会计核算监督、审计监督等全程实时、多方联网的监督体系。织密农村基层权力运行“廉政防护网”，大力开展农村基层微腐败整治，推进农村巡察工作，严肃查处侵害农民利益的腐败行为。

（十五）加强农村法律服务供给。充分发挥人民法庭在乡村治理中的职能作用，推广车载法庭等巡回审判方式。加强乡镇司法所建设。整合法学专家、律师、政法干警及基层法律服务工作者等资源，健全乡村基本公共法律服务体系。深入推进公共法律服务实体、热线、网络平台建设，鼓励乡镇党委和政府根据需要设立法律顾问和公职律师，鼓励有条件的地方在村民委员会建立公共法律服务工作室，进一步加强村法律顾问工作，完善政府购买服务机制，充分发挥律师、基层法律服务工作者等在提供公共法律服务、促进乡村依法治理中的作用。

（十六）支持多方主体参与乡村治理。加强妇联、团支部、残协等组织建设，充分发挥其联系群众、团结群众、组织群众参与民主管理和民主监督的作用。积极发挥服务性、公益性、互助性社区社会组织作用。坚持专业化、职业化、规范化，完善培养选拔机制，拓宽农村社工人才来源，加强农村社会工作专业人才队伍建设，着力做好老年人、残疾人、青少年、特殊困难群体等重点对象服务工作。探索以政府购买服务等方式，支持农村社会工作和志愿服务发展。

（十七）提升乡镇和村为农服务能力。充分发挥乡镇服务农村和农民的作用，加强乡镇政府公共服务职能，加大乡镇基本公共服务投入，使乡镇成为为农服务的龙头。推进“放管服”改革和“最多跑一次”改革向基层延伸，整合乡镇和县级部门派驻乡镇机构承担的职能相近、职责交叉工作事项，建立集综合治理、市场监管、综合执法、公共服务等于一体的统一平台。构建县乡联动、功能集成、反应灵敏、扁平高效的综合指挥体系，着力增强乡镇统筹协调能力，发挥好乡镇服务、带动乡村作用。大力推进农村社区综合服务设施建设，引导管理服务向农村基层延伸，为农民提供“一门式办理”、“一站式服务”，构建线上线下相结合的乡村便民服务体系。将农村民生和社会治理领域中属于政府职责范围且适合通过市场化方式提供的服务事项，纳入政府购买服务指导性目录。推动各级投放的公共服务资源以乡镇、村党组织为主渠道落实。

三、组织实施

（一）加强组织领导。各级党委和政府要充分认识加强和改进乡村治理的重要意义，把乡村治理工作摆在重要位置，纳入经济社会发展总体规划和乡村振兴战略规划，开展乡村治理试点示范，及时研究解决工作中遇到的重大问题。将加强和改进乡村治理工作纳入乡村振兴考核。将党组织领导的乡村治理工作作为每年市县乡党委书记抓基层党建述职评议考核的重要内容，推动层层落实责任。各省（自治区、直辖市）党委和政府要抓好本意见贯彻落实，每年向党中央、国务院报告推进实施乡村振兴战略进展情况时，要将乡村治理工作情况作为重要内容。

（二）建立协同推进机制。严格落实责任，加强部门联动，建立乡村治理工作协同运行机制。党委农村工作部门要发挥牵头抓总作用，强化统筹协调、具体指导和督促落实，对乡村治理工作情况开展督导，对乡村治理政策措施开展评估。组织、宣传、政法、民政、司法行政、公安等相关部门要按照各自职责，强化政策、资源和力量配备，加强工作指导，做好协同配合，形成工作合力。

（三）强化各项保障。各级党委和政府要加强乡村治理人才队伍建设，充实基层治理力量，指导驻村第一书记、驻村干部等围绕乡村治理主要任务开展工作，聚合各类人才资源，引导农村致富能手、外出务工经商人员、高校毕业生、退役军人等在乡村治理中发挥积极作用。加强乡村社会治安综合治理设施装备保障，落实乡村治理经费。切实保障村干部基本报酬，建立健全与绩效考核相挂钩的报酬兑现机制。有计划、分层次开展村干部培训。坚决整治形式主义、官僚主义，让基层干部从繁文缛节、文山会海、迎来送往中解脱出来。进一步激励干部新时代新担当新作为，鼓励各地创新乡村治理机制。组织开展乡村治理示范村镇创建活动，大力选树宣传乡村治理各类先进典型，营造良好舆论氛围。

（四）加强分类指导。各级党委和政府要结合本地实际，围绕加强和改进乡村治理的主要任务，分类确定落实举措。对于需要普遍执行和贯彻落实的政策措施，要加大工作力度，逐级压实责任，明确时间进度，尽快取得实效。对于需要继续探索的事项，要组织开展改革试点，勇于探索创新，及时总结一批可复制可推广的经验做法，加快在面上推广。对于鼓励提倡的做法，要有针对性地借鉴吸收，形成适合本地的乡村治理机制。

关于在国土空间规划中统筹划定落实三条控制线的指导意见

为统筹划定落实生态保护红线、永久基本农田、城镇开发边界三条控制线（以下简称三条控制线），现提出如下意见。

一、总体要求

（一）指导思想。以习近平新时代中国特色社会主义思想为指导，全面贯彻党的十九大精神，深入贯彻习近平生态文明思想，按照党中央、国务院决策部署，落实最严格的生态环境保护制度、耕地保护制度和节约用地制度，将三条控制线作为调整经济结构、规划产业发展、推进城镇化不可逾越的红线，夯实中华民族永续发展基础。

（二）基本原则

——底线思维，保护优先。以资源环境承载能力和国土空间开发适宜性评价为基础，科学有序统筹布局生态、农业、城镇等功能空间，强化底线约束，优先保障生态安全、粮食安全、国土安全。

——多规合一，协调落实。按照统一底图、统一标准、统一规划、统一平台要求，科学划定落实三条控制线，做到不交叉不重叠不冲突。

——统筹推进，分类管控。坚持陆海统筹、上下联动、区域协调，根据各地不同的自然资源禀赋和经济社会发展实际，针对三条控制线不同功能，建立健全分类管控机制。

（三）工作目标。到2020年年底，结合国土空间规划编制，完成三条控制线划定和落地，协调解决矛盾冲突，纳入全国统一、多规合一的国土空间基础信息平台，形成一张底图，实现部门信息共享，实行严格管控。到2035年，通过加强国土空间规划实施管理，严守三条控制线，引导形成科学适度有序的国土空间布局体系。

二、科学有序划定

（四）按照生态功能划定生态保护红线。生态保护红线是指在生态空间范围内具有特殊重要生态功能、必须强制性严格保护的区域。优先将具有重要水源涵养、生物多样性维护、水土保持、防风固沙、海岸防护等功能的生态功能极重要区域，以及生态极敏感脆弱的水土流失、沙漠化、石漠化、海岸侵蚀等区域划入生态保护红线。其他经评估目前虽然不能确定但具有潜在重要生态价值的区域也划入生态保护红线。对自然保护地进行调整优化，评估调整后的自然保护地应划入生态保护红线；自然保护地发生调整的，生态保护红线相应调整。生态保护红线内，自然保护地核心保护区原则上禁止人为活动，其他区域严格禁止开发性、生产性建设活动，在符合现行法律法规前提下，除国家重大战略项目外，仅允许对生态功能不造成破坏的有限人为活动，主要包括：零星的原住民在不扩大现有建设用地和耕地规模前提下，修缮生产生活设施，保留生活必需的少量种植、放牧、捕捞、养殖；因国家重大能源资源安全需要开展的战略性能源资源勘查，公益性自然资源调查和地质勘查；自然资源、生态环境监测和执法包括水文水资源监测及涉水违法事件的查处等，灾害防治和应急抢险活动；经依法批准进行的非破坏性科学研究观测、标本采集；经依法批准的考古调查发掘和文物保护活动；不破坏生态功能的适度参观旅游和相关的必要公共设施建设；必须且无法避让、符合县级以上国土空间规划的线性基础设施建设、防洪和供水设施建设与运行维护；重要生态修复工程。

（五）按照保质保量要求划定永久基本农田。永久基本农田是为保障国家粮食安全和重要农产品供给，实施永久特殊保护的耕地。依据耕地现状分布，根据耕地质量、粮食作物种植情况、土壤污染状况，在严守耕地红线基础上，按照一定比例，将达到质量要求的耕地依法划入。已经划定的永久基本农田中存在划定不实、违法占用、严重污染等问题的要全面梳理整改，确保永久基本农田面积不减、质量提升、布局稳定。

（六）按照集约适度、绿色发展要求划定城镇开发边界。城镇开发边界是在一定时期内因城镇发展需要，可以集中进行城镇开发建设、以城镇功能为主的区域边界，涉及城市、建制镇以及各类开发区等。城镇开发边界划定以城镇开发建设现状为基础，综合考虑资源承载能力、人口分布、经济布局、城乡统筹、城镇发展阶段和发展潜力，框定总量，限定容量，防止城镇无序蔓延。科学预留一定比例的留白区，为未来发展留有开发空间。城镇建设和发展不得违法违规侵占河道、湖面、滩地。

三、协调解决冲突

（七）统一数据基础。以目前客观的土地、海域及海岛调查数据为基础，形成统一的工作底数底图。已形成第三次国土调查成果并经认定的，可直接作为工作底数底图。相关调查数据存在冲突的，以过去5年真实情况为基础，根据功能合理性进行统一核定。

（八）自上而下、上下结合实现三条控制线落地。国家明确三条控制线划定和管控原则及相关技术方法；省（自治区、直辖市）确定本行政区域内三条控制线总体格局和重点区域，提出下一级划定任务；市、县组织统一划定三条控制线和乡村建设等各类空间实体边界。跨区域划定冲突由上一级政府有关部门协调解决。

（九）协调边界矛盾。三条控制线出现矛盾时，生态保护红线要保证生态功能的系统性和完整性，确保生态功能不降低、面积不减少、性质不改变；永久基本农田要保证适度合理的规模和稳定性，确保数量不减少、质量不降低；城镇开发边界要避让重要生态功能，不占或少占永久基本农田。目前已划入自然保护地核心保护区的永久基本农田、镇村、矿业权逐步有序退出；已划入自然保护地一般控制区的，根据对生态功能造成的影响确定是否退出，其中，造成明显影响的逐步有序退出，不造成明显影响的可采取依法依规相应调整一般控制区范围等措施妥善处理。协调过程中退出的永久基本农田在县级行政区域内同步补划，确实无法补划的在市级行政区域内补划。

四、强化保障措施

（十）加强组织保障。自然资源部会同生态环境部、国家发展改革委、住房城乡建设部、交通运输部、水利部、农业农村部等有关部门建立协调机制，加强对地方督促指导。地方各级党委和政府对本行政区域内三条控制线划定和管理工作负总责，结合国土空间规划编制工作有序推进落地。

（十一）严格实施管理。建立健全统一的国土空间基础信息平台，实现部门信息共享，严格三条控制线监测监管。三条控制线是国土空间用途管制的基本依据，涉及生态保护红线、永久基本农田占用的，报国务院审批；对于生态保护红线内允许的对生态功能不造成破坏的有限人为活动，由省级政府制定具体监管办法；城镇开发边界调整报国土空间规划原审批机关审批。

（十二）严格监督考核。将三条控制线划定和管控情况作为地方党政领导班子和领导干部政绩考核内容。国家自然资源督察机构、生态环境部要按照职责，会同有关部门开展督察和监管，并将结果移交相关部门，作为领导干部自然资源资产离任审计、绩效考核、奖惩任免、责任追究的重要依据。

国务院办公厅关于印发国务院 2019年立法工作计划的通知

国办发〔2019〕18号

各省、自治区、直辖市人民政府，国务院各部委、各直属机构：

《国务院2019年立法工作计划》已经党中央、国务院同意，现印发给你们，请认真贯彻执行。

国务院办公厅

2019年5月1日

（本文有删减）

国务院2019年立法工作计划

2019年是中华人民共和国成立70周年，是决胜全面建成小康社会、实现第一个百年奋斗目标的关键之年。国务院立法工作的总体要求是：以习近平新时代中国特色社会主义思想为指导，全面贯彻落实党的十九大和十九届二中、三中全会精神，认真贯彻习近平总书记全面依法治国新理念新思想新战略，围绕统筹推进"五位一体"总体布局和协调推进"四个全面"战略布局，坚持党的领导、人民当家作主、依法治国有机统一，坚持稳中求进工作总基调，加强党中央对立法工作的集中统一领导，落实十三届全国人大常委会立法规划，深入推进科学立法、民主立法、依法立法，加大立法统筹协调力度，着力提高立法质量和工作效率，为全面深化改革扩大开放、推动高质量发展、决胜全面建成小康社会提供坚实有力的法治保障，以优异成绩庆祝中华人民共和国成立70周年。

一、深入学习贯彻习近平总书记全面依法治国新理念新思想新战略

党的十八大以来，以习近平同志为核心的党中央对全面依法治国作出一系列重大决策，提出一系列全面依法治国新理念新思想新战略，明确了全面依法治国的指导思想、发展道路、工作布局、重点任务，创造性地丰富和发展了中国特色社会主义法治理论。习近平总书记全面依法治国新理念新思想新战略，为全面依法治国提供了根本遵循和行动指南，为加强和改进新时代行政立法工作指明了前进方向、确立了基本原则，必须贯穿于行政立法工作的全过程和各方面。要全面贯彻实施宪法，深化宪法学习宣传教育，以完备

的法律法规推动和保证宪法实施，维护宪法权威。要紧紧抓住全面依法治国的关键环节，不断完善立法体制机制，加强重点领域立法，更好发挥法治固根本、稳预期、利长远的保障作用。要贯彻新发展理念，主动围绕党和国家重大发展战略，围绕打好三大攻坚战，加快推进相关行政立法项目，进一步完善适应高质量发展的制度环境和法律法规，以高质量立法保障和促进高质量发展。要坚持人民主体地位，扩大立法公众参与，努力使每一项立法都符合宪法精神、反映人民意愿、得到人民拥护，不断增强人民群众的获得感、幸福感、安全感。

二、坚决贯彻落实党中央决策部署，科学合理安排立法项目

——围绕打好三大攻坚战，提请全国人大常委会审议固体废物污染环境防治法修订草案，制定非存款类放贷组织条例、处置非法集资条例、私募投资基金管理暂行条例、排污许可管理条例、地下水管理条例，修订外资银行管理条例、报废机动车回收管理办法。

——围绕推动经济高质量发展，提请全国人大常委会审议契税法草案、税收征收管理法修订草案，制定优化营商环境条例、反走私工作条例、企业名称登记管理条例，修订国家科学技术奖励条例、粮食流通管理条例、企业所得税法实施条例、个体工商户条例。

——围绕加强社会主义文化建设，提请全国人大常委会审议著作权法修订草案，制定未成年人网络保护条例，修订水下文物保护管理条例。

——围绕提高保障和改善民生水平，提请全国人大常委会审议退役军人保障法草案，制定保障农民工工资支付条例、消费者权益保护法实施条例、城镇住房保障条例、住房租赁条例、社会保险经办管理服务条例、生物技术研究开发安全管理条例、生物医学新技术临床应用管理条例、建设工程抗震管理条例、城市公共交通管理条例，修订民办教育促进法实施条例、失业保险条例、食品安全法实施条例、生猪屠宰管理条例、医疗器械监督管理条例、化妆品卫生监督条例、收费公路管理条例。

——围绕加强和创新社会治理，提请全国人大常委会审议社区矫正法草案、治安管理处罚法修订草案、海上交通安全法修订草案，制定社会组织登记管理条例、公共安全视频图像信息系统管理条例。

——围绕有效维护国家安全，提请全国人大常委会审议密码法草案、原子能法草案、出口管制法草案、监狱法修订草案，制定领事保护与协助工作条例、外国人永久居留管理条例、关键信息基础设施安全保护条例、人类遗传资源管理条例。

——围绕深化国防和军队改革，提请全国人大常委会审议有关法律草案，制定、修订有关行政法规。

——围绕深入推进依法行政、加强政府自身建设，提请全国人大常委会审议档案法修订草案，制定重大行政决策程序暂行条例、政府督查工作条例、司法所条例，修订预算法实施条例。

为配合中国特色大国外交，推动构建"人类命运共同体"，推动我国积极参与国际规则制定，开展有关国际条约审核工作。

抓紧办好政府职能转变和"放管服"改革、优化营商环境等涉及的法律法规清理工作。抓紧制定外商投资法相关配套法规。配合全国人大及其常委会审议有关法律案。对于

其他正在研究但未列入立法工作计划的立法项目，由有关部门继续研究论证。

对于党中央、国务院交办的其他立法项目，抓紧办理，尽快完成起草和审查任务。

三、坚持党的领导，加强和改进新时代行政立法工作

坚持党中央对立法工作的集中统一领导。要增强“四个意识”，坚定“四个自信”，做到“两个维护”，自觉在思想上政治上行动上同以习近平同志为核心的党中央保持高度一致，着力推进党的领导制度化、法治化。要坚持立法服务党和国家工作大局，主动对接、积极融入党和国家重大发展战略、重大决策部署，确保党的主张通过法定程序成为国家意志，保障党的路线方针政策和决策部署得到全面贯彻和有效执行。要加快推动落实社会主义核心价值观入法入规，用强有力的法律制度保障社会主义核心价值观传播、发展。要严格落实立法工作向党中央请示报告制度，凡重大立法事项，立法涉及的重大体制、重大政策调整，以及需要由党中央研究的立法中的重大问题，要按照规定向党中央请示报告。立法工作计划、重大立法项目按照要求提交中央全面依法治国委员会审议。

深入推进科学立法、民主立法、依法立法。要坚持从我国实际出发，围绕行政立法当中的重点难点问题开展调查研究，提高调查研究实效，防止为了调研而调研、调研与立法工作脱节，确保立法遵循和体现经济社会发展规律。要根据深化党和国家机构改革的精神，坚持精简、统一、效能的原则，科学合理地规定行政机关的职权和责任，增强立法的协调性。要深入推进民主立法，切实提高公众参与行政立法的广泛性、有效性、针对性，确保立法倾听民声、体现民情、汇聚民意、集中民智、深得民心。起草、审查与企业生产经营活动密切相关的立法项目，要充分听取企业和行业协会商会的意见。要严格依法立法，全面准确理解把握现行法律法规，确保立法符合宪法精神和上位法规定，立法程序符合法律法规要求。

切实加强法规规章备案审查。要完善法规规章备案审查机制，探索组织开展集中审查和专家、律师协助审查，着重对法规规章是否存在超越法定权限、突破法律行政法规有关规定等突出问题进行审查，切实做到有件必备、有备必审、有错必纠，坚决维护国家法制统一。

积极开展行政立法宣传工作。要把行政立法工作同普法工作有机结合起来，充分发挥政务微博、微信和移动客户端灵活便捷的优势，进一步加强立法的宣传、解读和阐释，使行政立法工作的过程成为宣传普及法律法规、弘扬法治精神的过程，增强全社会法治观念，促进全民守法。对于社会公众普遍关注的热点难点问题，在立法过程中要主动发声，解疑释惑，增强各方面的认同。要扎实做好新法律、新法规的宣传工作，以通俗易懂的方式方法进行宣传，加大立法解读力度，加强立法舆情回应，增进群众理解，消除群众顾虑，凝聚社会共识。

加强行政立法工作队伍建设。要着力打造忠诚干净担当的高素质专业化行政立法工作队伍，确保行政立法工作人员忠于党、忠于国家、忠于人民、忠于法律，切实做到信念过硬、政治过硬、责任过硬、能力过硬、作风过硬。要增进各地区、各部门之间的学习交流、经验共享、信息互通，加大行政立法工作人员深入基层、深入实践、深入群众的力度，全面提高行政立法工作队伍的政治素质和业务能力。

四、切实抓好立法工作计划的贯彻执行

国务院各部门要高度重视立法工作计划的贯彻执行，加强组织领导、完善工作机制、精细流程管理、强化责任落实、加快工作进度，按规定做好向社会公布征求意见工作，并及时上报送审稿及立法法、行政法规制定程序条例等规定的有关材料，为法规审查、审批等工作留出合理时间。向国务院报送送审稿前，起草部门应当与司法部做好沟通。司法部要及时跟踪了解立法工作计划执行情况，加强组织协调和督促指导。对争议较大的重要立法事项，各有关部门要提高政治站位，妥善处理分歧，争取达成共识，切实保障立法项目按时完成。司法部要加大协调力度，充分利用各种协调机制研究突出问题、协调主要争议。经过充分协调仍不能达成一致意见的，司法部、起草部门应当将争议的主要问题、有关部门的意见以及司法部的意见及时报国务院领导同志协调，或者报国务院决定。

附件：《国务院 2019 年立法工作计划》明确的立法项目及负责起草的单位

附件

《国务院 2019 年立法工作计划》明确的立法项目及负责起草的单位

一、拟提请全国人大常委会审议的法律案（13 件）

1. 契税法草案（财政部、税务总局起草）
2. 退役军人保障法草案（退役军人部起草）
3. 社区矫正法草案（司法部起草）
4. 密码法草案（密码局起草）
5. 原子能法草案（工业和信息化部、国防科工局起草）
6. 出口管制法草案（商务部起草）
7. 固体废物污染环境防治法修订草案（生态环境部起草）
8. 税收征收管理法修订草案（税务总局、财政部起草）
9. 著作权法修订草案（版权局起草）
10. 治安管理处罚法修订草案（公安部起草）
11. 海上交通安全法修订草案（交通运输部起草）
12. 监狱法修订草案（司法部起草）
13. 档案法修订草案（档案局起草）

二、拟制定、修订的行政法规（42 件）

1. 非存款类放贷组织条例（人民银行起草）
2. 处置非法集资条例（银保监会起草）
3. 私募投资基金管理暂行条例（证监会起草）
4. 排污许可管理条例（生态环境部起草）

5. 地下水管理条例（水利部起草）
6. 优化营商环境条例（发展改革委、商务部、财政部、市场监管总局起草）
7. 反走私工作条例（海关总署起草）
8. 企业名称登记管理条例（市场监管总局起草）
9. 未成年人网络保护条例（网信办起草）
10. 保障农民工工资支付条例（人力资源社会保障部起草）
11. 消费者权益保护法实施条例（市场监管总局起草）
12. 城镇住房保障条例（住房城乡建设部起草）
13. 住房租赁条例（住房城乡建设部起草）
14. 社会保险经办管理服务条例（人力资源社会保障部起草）
15. 生物技术研究开发安全管理条例（科技部起草）
16. 生物医学新技术临床应用管理条例（卫生健康委起草）
17. 建设工程抗震管理条例（住房城乡建设部起草）
18. 城市公共交通管理条例（交通运输部起草）
19. 社会组织登记管理条例（民政部起草）
20. 公共安全视频图像信息系统管理条例（公安部起草）
21. 领事保护与协助工作条例（外交部起草）
22. 外国人永久居留管理条例（公安部起草）
23. 关键信息基础设施安全保护条例（网信办、工业和信息化部、公安部起草）
24. 人类遗传资源管理条例（科技部起草）
25. 重大行政决策程序暂行条例（司法部起草）
26. 政府督查工作条例（国务院办公厅、司法部起草）
27. 司法所条例（司法部起草）
28. 外资银行管理条例（修订）（银保监会起草）
29. 报废机动车回收管理办法（修订）（商务部起草）
30. 国家科学技术奖励条例（修订）（科技部起草）
31. 粮食流通管理条例（修订）（发展改革委、粮食和储备局起草）
32. 企业所得税法实施条例（修订）（财政部、税务总局起草）
33. 个体工商户条例（修订）（市场监管总局起草）
34. 水下文物保护管理条例（修订）（文化和旅游部、文物局起草）
35. 民办教育促进法实施条例（修订）（教育部起草）
36. 失业保险条例（修订）（人力资源社会保障部起草）
37. 食品安全法实施条例（修订）（市场监管总局起草）
38. 生猪屠宰管理条例（修订）（农业农村部起草）
39. 医疗器械监督管理条例（修订）（市场监管总局、药监局起草）
40. 化妆品卫生监督条例（修订）（市场监管总局、药监局起草）
41. 收费公路管理条例（修订）（交通运输部起草）
42. 预算法实施条例（修订）（财政部起草）

三、拟完成的其他立法项目

1. 深化国防和军队改革需要提请全国人大常委会审议的法律草案，以及需要制定、修订的行政法规

2. 政府职能转变和“放管服”改革、优化营商环境等涉及的法律法规清理项目

3. 外商投资法相关配套法规

4. 党中央、国务院交办的其他立法项目

国务院办公厅关于加强非洲猪瘟防控工作的意见

国办发〔2019〕31 号

各省、自治区、直辖市人民政府，国务院各部委、各直属机构：

党中央、国务院高度重视非洲猪瘟防控工作。2018 年 8 月非洲猪瘟疫情发生后，各地区各有关部门持续强化防控措施，防止疫情扩散蔓延，取得了阶段性成效。但同时也要看到，生猪产业链监管中还存在不少薄弱环节，有的地区使用餐厨废弃物喂猪现象仍然比较普遍，生猪调运管理不够严格，屠宰加工流通环节非洲猪瘟检测能力不足，基层动物防疫体系不健全，防疫能力仍存在短板，防控形势依然复杂严峻。为加强非洲猪瘟防控工作，全面提升动物疫病防控能力，经国务院同意，现提出以下意见。

一、加强养猪场（户）防疫监管

（一）提升生物安全防护水平。严格动物防疫条件审查，着力抓好养猪场（户）特别是种猪场和规模猪场防疫监管。深入推进生猪标准化规模养殖，逐步降低散养比例，督促落实封闭饲养、全进全出等饲养管理制度，提高养猪场（户）生物安全防范水平。综合运用信贷保险等手段，引导养猪场（户）改善动物防疫条件，完善清洗消毒、出猪间（台）等防疫设施设备，不断提升防疫能力和水平。督促养猪场（户）建立完善养殖档案，严格按规定加施牲畜标识，提高生猪可追溯性。（农业农村部、国家发展改革委、银保监会等负责，地方人民政府负责落实。以下均需地方人民政府落实，不再列出）

（二）落实关键防控措施。指导养猪场（户）有效落实清洗消毒、无害化处理等措施，严格出入场区的车辆和人员管理。鼓励养猪场（户）自行开展非洲猪瘟检测，及早发现和处置隐患。督促养猪场（户）严格规范地报告疫情，做好疫情处置，严防疫情扩散。开展专项整治行动，严厉打击收购、贩运、销售、随意丢弃病死猪的违法违规行为，依法实行顶格处罚。加强病死猪无害化处理监管，指导自行处理病死猪的规模养猪场（户）配备处理设施，确保清洁安全、不污染环境。（农业农村部、公安部、生态环境部等负责）

二、加强餐厨废弃物管理

（三）严防餐厨废弃物直接流入养殖环节。推动尽快修订相关法律法规，进一步明确禁止直接使用餐厨废弃物喂猪，完善罚则。各地要对餐厨废弃物实行统一收集、密闭运输、集中处理、闭环监管，严防未经无害化处理的餐厨废弃物流入养殖环节。督促有关单位做好餐厨废弃物产生、收集、运输、存储、处理等全链条的工作记录，强化监督检查和溯源追踪。按照政府主导、企业参与、市场运作原则，推动建立产生者付费、处理者受益的餐厨废弃物无害化处理和资源化利用长效机制。（农业农村部、住房城乡建设部、市场监管总局、国家发展改革委、司法部、交通运输部、商务部等负责）

（四）落实餐厨废弃物管理责任。各地要尽快逐级明确餐厨废弃物管理牵头部门，细化完善餐厨废弃物全链条管理责任，建立完善全链条监管机制。加大对禁止直接使用餐厨废弃物喂猪的宣传力度，对养猪场（户）因使用餐厨废弃物喂猪引发疫情或造成疫情扩散的，不给予强制扑杀补助，并追究各环节监管责任。（农业农村部、住房城乡建设部、市场监管总局、国家发展改革委、财政部等负责）

三、规范生猪产地检疫管理

（五）严格实施生猪产地检疫。按照法律法规规定和检疫规程，合理布局产地检疫报检点。动物卫生监督机构要严格履行检疫程序，确保生猪检疫全覆盖。研究建立产地检疫风险评估机制，强化资料审核查验、临床健康检查等关键检疫环节，发现疑似非洲猪瘟症状的生猪，要立即采取控制措施并及时按程序报告。加大产地检疫工作宣传力度，落实货主产地检疫申报主体责任。官方兽医要严格按照要求，规范填写产地检疫证明。（农业农村部等负责）

（六）严肃查处违规出证行为。各地要加强对检疫出证人员的教育培训和监督管理，提高其依法履职能力。进一步规范产地检疫证明使用和管理，明确出证人员的权限和责任，严格执行产地检疫证明领用管理制度。对开具虚假检疫证明、不检疫就出证、违规出证以及违规使用、倒卖产地检疫证明等动物卫生证章标志的，依法依规严肃追究有关人员责任。（农业农村部、公安部等负责）

四、加强生猪及生猪产品调运管理

（七）强化运输车辆管理。完善生猪运输车辆备案管理制度，鼓励使用专业化、标准化、集装化的运输工具运输生猪等活畜禽。严格落实有关动物防疫条件要求，完善运输工具清洗消毒设施设备，坚决消除运输工具传播疫情的风险。（农业农村部、交通运输部等负责）

（八）加强运输过程监管。建立生猪指定通道运输制度，生猪调运必须经指定通道运输。在重点养殖区域周边、省际间以及指定通道道口，结合公路检查站等设施，科学设立临时性动物卫生监督检查站，配齐相关检测仪器设施设备。严格生猪及生猪产品调运环节查验，重点查验产地检疫证明、运输车辆备案情况、生猪健康状况等，降低疫病扩散风险。（农业农村部、交通运输部、公安部等负责）

五、加强生猪屠宰监管

（九）落实屠宰厂（场）自检制度。严格执行生猪定点屠宰制度。督促指导生猪屠宰厂（场）落实各项防控措施，配齐非洲猪瘟检测仪器设备，按照批批检、全覆盖原则，全面开展非洲猪瘟检测，切实做好疫情排查和报告。建立生猪屠宰厂（场）暂存产品抽检制度，强化溯源追踪，严格处置风险隐患。（农业农村部等负责）

（十）落实驻场官方兽医制度。各地要在生猪屠宰厂（场）足额配备官方兽医，大型、中小型生猪屠宰厂（场）和小型生猪屠宰点分别配备不少于 10 人、5 人和 2 人，工作经费由地方财政解决。生猪屠宰厂（场）要为官方兽医开展检疫提供人员协助和必要条件。探索建立签约兽医或协检员制度。官方兽医要依法履行检疫和监管职责，严格按照规程开展屠宰检疫并出具动物检疫合格证；严格监督屠宰厂（场）查验生猪产地检疫证明和健康状况、落实非洲猪瘟病毒批批检测制度，确保检测结果（报告）真实有效。（农业农村部、财政部、人力资源社会保障部等负责）

（十一）严格屠宰厂（场）监管。督促指导生猪屠宰厂（场）严格履行动物防疫和生猪产品质量安全主体责任，坚决防止病死猪和未经检疫、检疫不合格的生猪进入屠宰厂（场），对病死猪实施无害化处理。生猪屠宰厂（场）要规范做好生猪入场、肉品品质检验、生猪产品出厂及病死猪无害化处理等关键环节记录，强化各项防控措施落实。加大生猪屠宰厂（场）资格审核清理力度，对环保不达标、不符合动物防疫等条件的，或因检测不到位、造假等原因导致非洲猪瘟疫情扩散的，依法吊销生猪定点屠宰证。加快修订生猪屠宰管理条例，加大对私屠滥宰的处罚力度。持续打击私屠滥宰、注水注药、屠宰贩卖病死猪等违法违规行为，依法予以严厉处罚，涉嫌犯罪的，依法从严追究刑事责任。（农业农村部、公安部、司法部、生态环境部等负责）

六、加强生猪产品加工经营环节监管

（十二）实施加工经营主体检查检测制度。督促猪肉制品加工企业、生猪产品经营者严格履行进货查验和记录责任，严格查验动物检疫合格证、肉品品质检验合格证和非洲猪瘟病毒检测结果（报告），确保生猪产品原料来自定点屠宰厂（场）；采购的进口生猪产品应附有合法的入境检验检疫证明。督促猪肉制品加工企业对未经非洲猪瘟病毒检测的生猪产品原料，自行或委托具有资质的单位开展非洲猪瘟病毒检测并做好记录。未经定点屠宰厂（场）屠宰并经检疫合格的猪肉以及未附有合法的入境检验检疫证明的进口猪肉，均不得进入市场流通和生产加工。（市场监管总局、海关总署等负责）

（十三）强化加工经营环节监督检查。市场监管部门要加强对猪肉制品加工企业、食用农产品集中交易市场、销售企业和餐饮企业的监督检查，并依法依规组织对生猪产品和猪肉制品开展抽检。市场监管部门和畜牧兽医部门要加强沟通联系，明确非洲猪瘟病毒检测方法和相关要求。对非洲猪瘟病毒复检为阳性的，所在地人民政府应组织畜牧兽医部门、市场监管部门及时进行处置并开展溯源调查。加大对流通环节违法违规行为的打击力度。（市场监管总局、农业农村部、公安部、财政部等负责）

七、加强区域化和进出境管理

（十四）加快实施分区防控。制定实施分区防控方案，建立协调监管机制和区域内省际联席会议制度，促进区域内生猪产销大体平衡，降低疫情跨区域传播风险。各地要推进区域联防联控，统筹抓好疫病防控、调运监管和市场供应等工作，科学规划生猪养殖屠宰加工等产业布局，尽快实现主产区出栏生猪就近屠宰。有条件的地方可通过奖补、贴息等政策，支持企业发展冷链物流配送，变“运猪”为“运肉”。加快推进分区防控试点工作，及时总结推广试点经验。（农业农村部、国家发展改革委、财政部、交通运输部、商务部等负责）

（十五）支持开展无疫区建设。加强区域内动物疫病监测、动物卫生监督、防疫屏障和应急处置体系建设，优化流通控制模式，严格易感动物调入监管。制定非洲猪瘟无疫区和无疫小区建设评估标准。鼓励具有较好天然屏障条件的地区和具有较高生物安全防护水平的生猪养殖屠宰一体化企业创建非洲猪瘟无疫区和无疫小区，提升区域防控能力。研究制定非洲猪瘟无疫区、无疫小区生猪及生猪产品调运政策。（农业农村部、国家发展改革委等负责）

（十六）强化进出境检验检疫和打击走私。密切关注国际非洲猪瘟疫情态势，加强外来动物疫病监视监测网络运行管理，强化风险评估预警，完善境外疫情防堵措施。严格进出境检验检疫，禁止疫区产品进口。进口动物及动物产品，应取得海关部门检验检疫合格证。加大对国际运输工具、国际邮寄物、旅客携带物查验检疫力度，规范处置风险物品，完善疫情监测和通报机制。严格边境查缉堵截，强化打击走私生猪产品国际合作，全面落实反走私综合治理各项措施，持续保持海上、关区、陆路边境等打击走私高压态势。全面落实供港澳生猪及生猪产品生产企业防疫主体责任，进一步强化监管措施，动态调整供港澳生猪通道。强化野猪监测巡查，实现重点区域全覆盖，严防野猪传播疫情。（海关总署、公安部、农业农村部、国家林草局、中国海警局等负责）

八、加强动物防疫体系建设

（十七）稳定基层机构队伍。县级以上地方人民政府要高度重视基层动物防疫和市场监管队伍建设，采取有效措施稳定基层机构队伍。依托现有机构编制资源，建立健全动物卫生监督机构和动物疫病预防控制机构，明确工作职责，巩固和加强工作队伍，保障监测、预防、控制、扑灭、检疫、监督等动物防疫工作经费和专项业务经费；加强食品检查队伍的专业化、职业化建设，保障其业务经费。切实落实动物疫病防控技术人员和官方兽医有关津贴。强化执法队伍动物防疫专业力量，加强对畜牧兽医行政执法工作的指导。（农业农村部、市场监管总局、中央编办、财政部、人力资源社会保障部等负责）

（十八）完善动物防疫体系。推进实施动植物保护能力提升工程建设规划，补齐动物防疫设施设备短板，加快病死畜禽无害化处理场所、动物卫生监督检查站、动物检疫申报点、活畜禽运输指定通道等基础设施建设。支持畜牧大县建设生猪运输车辆洗消中心。加强部门信息系统共享，对非洲猪瘟防控各环节实行“互联网＋”监管，用信息化、智能化、大数据等手段提高监管效率和水平。完善病死畜禽无害化处理补助政策，地方人民政府结合当地实际加大支持力度。进一步完善扑杀补助机制，对在国家重点动物疫病预防、控制、扑灭过程中强制扑杀的动物给予补助，加快补助发放进度。加快构建高水平科研创新平台，尽快在防控关键技术和产品上取得突破。（农业农村部、国家发展改革委、科技部、工业和信息化部、财政部、市场监管总局等负责）

九、加强动物防疫责任落实

（十九）明确各方责任。落实地方各级人民政府对本地区非洲猪瘟等动物疫病防控工作负总责、主要负责人是第一责任人的属地管理责任，对辖区内防控工作实施集中统一指挥，加强工作督导，将工作责任明确到人、措施落实到位。落实各有关部门动物防疫监管责任，逐项明确各环节监管责任单位和职责分工，进一步强化部门联防联控机制。依法督促落实畜禽养殖、贩运、交易、屠宰、加工等各环节从业者动物防疫主体责任，加强宣传教育和监督管理。设立非洲猪瘟疫情有奖举报热线，鼓励媒体、单位和个人对生猪生产、屠宰、加工流通等环节进行监督。完善非洲猪瘟疫情统一规范发布制度，健全部门联动和协商机制，涉及疫情相关信息的，由农业农村部会同有关部门统一发布，如实向社会公开疫情。（农业农村部、市场监管总局等负责）

（二十）严肃追责问责。层层压实地方责任，对责任不落实、落实不到位的严肃追责，并向全社会通报。加强对关键防控措施落实情况的监督检查，确保各项措施落实落细。严肃查处动物防疫工作不力等行为，对因隐瞒不报、不及时报告或处置措施不到位等问题导致疫情扩散蔓延的，从严追责问责。加强警示教育和提醒，坚决查处失职渎职等违法违规行为，涉及犯罪的，移交有关机关严肃处理。对在非洲猪瘟等动物疫病防控工作中作出突出贡献的单位和个人，按有关规定予以表彰。（农业农村部、市场监管总局、人力资源社会保障部等负责）

十、稳定生猪生产发展

（二十一）落实“菜篮子”市长负责制。地方各级人民政府要承担当地生猪市场保供稳价主体责任，切实提高生猪生产能力、市场流通能力、质量安全监管能力和调控保障能力。加强市场信息预警，引导养猪场（户）增养补栏。科学划定禁养区，对超范围划定禁养区、随意扩大禁养限养范围等问题，要限期整改。维持生猪市场正常流通秩序，不得层层加码禁运限运、设置行政壁垒，一经发现，在全国范围内通报并限期整改。（农业农村部、国家发展改革委、生态环境部、商务部、市场监管总局等负责）

（二十二）加大对生猪生产发展的政策支持力度。省级财政要通过生猪生产稳定专项补贴等措施，对受影响较大的生猪调出大县的规模化养猪场（户）实行临时性生产救助。金融机构要稳定预期、稳定信贷、稳定支持，不得对养猪场（户）、屠宰加工企业等盲目停贷限贷。省级农业信贷担保机构要在做好风险评估防控的基础上，简化流程、降低门槛，为规模养猪场（户）提供信贷担保支持。各地可根据实际，统筹利用中央财政农业生产发展资金、自有财力等渠道，对符合条件的规模养猪场（户）给予短期贷款贴息支持。落实能繁母猪和育肥猪保险政策，适当提高保险保额，增强风险防范能力。（财政部、农业农村部、银保监会等负责）

（二十三）加快生猪产业转型升级。构建标准化生产体系，继续创建一批高质量的标准化示范场。支持畜牧大县规模养猪场（户）开展粪污资源化利用，适时研究将非畜牧大县规模养猪场（户）纳入项目实施范围。完善设施农用地政策，合理规划、切实保障规模养猪场（户）发展及相关配套设施建设的土地供应。支持生猪养殖企业在省域或区域化管理范围内全产业链发展。调整优化生猪产业布局，生猪自给率低的销区要积极扩大生猪生产，逐步提高生猪自给率。因环境容量等客观条件限制，确实无法满足自给率要求的省份，要主动对接周边省份，合作建立养殖基地，提升就近保供能力。（农业农村部、国家发展改革委、财政部、自然资源部、生态环境部等负责）

国务院办公厅

2019 年 6 月 22 日

国务院办公厅关于印发全国深化“放管服”改革优化营商环境电视电话会议重点任务分工方案的通知

国办发〔2019〕39号

各省、自治区、直辖市人民政府，国务院各部委、各直属机构：

《全国深化“放管服”改革优化营商环境电视电话会议重点任务分工方案》已经国务院同意，现印发给你们，请结合实际认真贯彻落实。

国务院办公厅

2019年8月1日

全国深化“放管服”改革优化营商环境电视电话会议重点任务分工方案

党中央、国务院高度重视深化“放管服”改革、优化营商环境工作。2019年6月25日，李克强总理在全国深化“放管服”改革优化营商环境电视电话会议上发表重要讲话，部署深化“放管服”改革，加快打造市场化法治化国际化营商环境。为确保会议确定的重点任务落到实处，现制定如下分工方案。

一、推动简政放权向纵深发展，进一步放出活力

（一）进一步放宽市场准入，缩减市场准入负面清单事项，清单之外不得另设门槛和隐性限制。（发展改革委、商务部牵头，国务院相关部门及各地区按职责分工负责）

具体措施：

1. 2019年9月底前修订形成新版市场准入负面清单，缩减清单事项，以服务业为重点试点进一步放宽市场准入限制。推行“全国一张清单”管理模式，建立全国统一的清单代码体系，严禁各地区、各部门自行发布市场准入性质的负面清单。（发展改革委、商务部负责）

2. 2019年修订《公平竞争审查制度实施细则（暂行）》，组织各地区、各部门完成存量文件专项清理，修改、废止一批不利于公平竞争的政策措施，加快研究制定实施竞争政

策的指导意见。（市场监管总局牵头，各地区、各部门负责）

3．2019 年 9 月底前部署开展招投标领域专项整治，全面清理各级政府及有关部门规章、行政规范性文件和其他政策措施中对民营、外资企业投标设置不合理限制和壁垒的规定，纠正并查处一批不合理限制或排斥潜在投标人等违法违规行为。（发展改革委等国务院相关部门按职责分工负责）

4．加强对各地区、各部门政府采购活动的指导和监管，清理政府采购领域妨碍统一市场与公平竞争的规定和做法。（财政部、市场监管总局负责）

（二）继续压减中央和地方层面设定的行政许可事项。2019 年内中央层面再取消下放一批行政许可事项。对保留的许可事项要逐项明确许可范围、条件和环节等，能简化的都要尽量简化。（国务院办公厅牵头，各地区、各部门负责）

具体措施：

1．2019 年底前研究提出 50 项以上拟取消下放和改变管理方式的行政许可事项，清理简并多部门、多层级实施的重复审批。编制公布中央层面设定的行政许可事项清单，逐项简化并明确许可范围、许可条件、许可有效期限等，细化审批标准、办理程序和时限等要求。（国务院办公厅牵头，国务院相关部门按职责分工负责）

2．组织清理规范地方层面设定的行政许可事项，2019 年底前以省为单位集中统一公布地方层面设定的行政许可事项清单。（国务院办公厅牵头，各地区负责）

3．深化交通运输领域简政放权。简化道路客运经营许可事项和申请材料，精简道路货运从业驾驶员培训考试。优化机动车产品准入，依法整合汽车产品公告、强制性产品认证、环保型式核准目录、道路运输车辆燃料消耗量达标车型公告等，实现一次送检、全面检测、结果互认。2019 年底前形成货车“三检合一”实施方案。（发展改革委、公安部、交通运输部、生态环境部、工业和信息化部、市场监管总局按职责分工负责）

（三）继续压减工业产品生产许可证，2019 年把许可证种类再压减一半以上。（市场监管总局负责）

具体措施：

1．进一步调整工业产品生产许可证管理目录，2019 年 9 月底前将发证产品种类从 24 类压减至 12 类以内，压缩发证层级，减少产品单元。对保留和退出目录的产品都要制定加强事中事后监管的措施。（市场监管总局负责）

2．2019 年 10 月底前将强制性产品认证目录再压减 30 种以上，继续扩大“自我声明”评价方式实施范围，简化强制性认证管理程序，减少认证证书种类数量。（市场监管总局负责）

3．推动检验检测认证机构与政府部门彻底脱钩，鼓励社会资本进入检验检测认证市场。清理检验检测行政许可，实施统一的资质认定管理，加快实现检验检测认证结果在不同部门、层级和地区间互认通用，避免重复评价。（市场监管总局牵头，国务院相关部门按职责分工负责）

（四）大力清理简并种类过多、划分过细的资质资格许可事项。（人力资源社会保障部、自然资源部、住房城乡建设部、交通运输部等国务院相关部门按职责分工负责）

具体措施：

1. 推动技能人员水平评价类职业资格分批调整退出国家职业资格目录，2019 年底前建立完善职业技能等级制度，推动实现由用人单位和第三方机构开展职业技能等级认定、颁发职业技能等级证书，政府不再颁发职业技能等级证书。对涉及国家安全、公共安全、生态环境安全、人身健康、生命财产安全的水平评价类职业资格，确需实施准入管理的，依照法定程序调整为准入类职业资格。2020 年底前将国家职业资格数量再压减一半以上。（人力资源社会保障部牵头，国务院相关部门按职责分工负责）

2. 大幅压减企业资质资格认定事项，力争 2020 年底前将工程建设、测绘等领域企业资质类别、等级压减三分之一以上，凡是能由市场机制调节的一律取消，对保留的事项要精简资质类别、归并等级设置。探索对部分资质资格实行告知承诺管理。（自然资源部、住房城乡建设部、交通运输部、应急部等国务院相关部门按职责分工负责）

（五）整治各类变相审批，摸清备案、登记、年检、认定等部门管理措施的底数，并持续清理压减。对确需保留的实行清单管理，并向社会公开。（国务院办公厅牵头，各地区、各部门负责）

具体措施：

2019 年底前启动清理规范中央层面规定的目录、备案、计划、规划、登记、注册、年检、年报、监制、认定、认证、审定等管理措施，依法依规取消变相审批，分类编制事项清单并明确办理规则和流程。2020 年 6 月底前研究提出一批简化、优化的管理措施，改为通过信息共享等方式优化办事流程。（国务院办公厅牵头，国务院相关部门按职责分工负责）

（六）继续推进“证照分离”改革，重点是“照后减证”。（国务院办公厅、市场监管总局、司法部牵头，国务院相关部门按职责分工负责）

具体措施：

2019 年底前在自由贸易试验区启动“证照分离”改革全覆盖试点工作，将中央层面和地方层面设定的涉企经营许可事项全部纳入改革范围，通过直接取消审批、审批改为备案、实行告知承诺、优化审批服务等四种方式分类推进改革，2020 年下半年在全国推开。（国务院办公厅、市场监管总局、司法部牵头，相关地区及国务院相关部门按职责分工负责）

（七）进一步压减企业开办时间，2019 年底前压减到 5 个工作日以内，有条件的地方要压减到 3 个工作日以内。（市场监管总局牵头，国务院相关部门及各地区按职责分工负责）

具体措施：

1. 加快电子营业执照、电子印章推广应用，简并现场登记环节。推广企业开办全程网上办，鼓励具备条件的地区加快实现开办企业时申领营业执照、刻制印章、申领发票、申领税控设备、社保登记、住房公积金开户登记等全流程网上申请和办理，现场“一窗”、一次领取企业开办全部材料。（市场监管总局牵头，公安部、住房城乡建设部、人力资源社会保障部、税务总局等国务院相关部门及各地区按职责分工负责）

2. 2019 年底前建成全国统一的电子发票公共服务平台，为纳税人提供免费的电子发票开具服务，加快电子发票的推广应用。尽快研究推进增值税专用发票电子化。2019 年

底前将纳税人办税事项、纳税时间再压减10%，70%以上办税事项实现一次办结。（税务总局、财政部按职责分工负责）

（八）进一步完善市场主体退出机制，促进优胜劣汰。（发展改革委牵头，国务院相关部门及各地区按职责分工负责）

具体措施：

1. 2019年8月底前推动各地建成企业注销网上服务专区，实现企业注销“一网”服务。推行税务注销分类处理，大幅简化社保、商务、海关等注销手续，压缩企业注销时间。推进企业简易注销登记试点，对于被终止简易注销登记的企业，允许其符合条件后再次依程序申请简易注销。（市场监管总局牵头，人力资源社会保障部、商务部、海关总署、税务总局等国务院相关部门及各地区按职责分工负责）

2. 推动各地研究建立办理破产工作统一协调机制，统筹推进破产程序中的业务协调、信息共享等工作。研究建立自然人破产制度，重点解决企业破产产生的自然人连带责任担保债务问题。（发展改革委牵头，国务院相关部门及各地区按职责分工负责）

（九）全面开展工程建设项目审批制度改革，压减审批时间和环节，在确保实现将审批时间压减到120个工作日以内的基础上，有条件的地方要进一步压减审批时间。（住房城乡建设部牵头，国务院相关部门及各地区按职责分工负责）

具体措施：

1. 继续开展工程建设项目审批制度全流程、全覆盖改革，大力精简工程建设项目审批环节和事项，分类优化审批流程，实施联合审图和联合验收等。在试点地区探索取消施工图审查（或缩小审查范围）、实行告知承诺制和设计人员终身负责制，并加强事中事后监管。2019年底前在东部沿海地区率先实现“互联网＋工程审批”，在全国基本实现“一窗受理、并联办理”。（住房城乡建设部牵头，国务院相关部门及各地区按职责分工负责）

2. 推进环评制度改革，对不涉及有毒有害及危险品的仓储、物流配送等一批基本不产生生态环境影响的项目，统一不再纳入环评管理。试点对环境影响小、风险可控的项目，简化环评手续或纳入环境影响登记表备案管理，2019年底前将项目环评审批时间压缩至法定时限的一半。（生态环境部牵头，国务院相关部门及各地区按职责分工负责）

3. 推进用地规划“多审合一、多证合一”改革，合并用地预审和规划选址，整合建设用地规划许可证、建设用地批准书、国有土地划拨决定书，2019年底前减少用地规划相关证照，压缩办理时限。（自然资源部及各地区按职责分工负责）

（十）治理各种不合理收费，防止地方非税收入非正常增长、抵消减税降费的政策效果，决不能再增加收费项目，确保减税降费的目标落实到位。（财政部、发展改革委、民政部、税务总局、市场监管总局等国务院相关部门及各地区按职责分工负责）

具体措施：

1. 2019年9月底前组织开展减税降费政策实施效果监督检查工作，重点关注非税收入增速异常和乱收费等情况，坚决纠正违规开征、多征、预征非税收入的行为，坚决查处乱收费、乱罚款和各种摊派等问题。（财政部负责）

2. 治理政府部门下属单位、行业协会商会、中介机构等涉企收费行为，坚决清理整治乱收费和第三方截留减税降费红利行为。动态调整行政事业性收费和实行政府定价的经营服务性收费目录清单，全面公示收费项目、标准和依据。2019年9月底前制定出台进一步加强和改进行业协会商会收费管理的有关文件。（发展改革委、市场监管总局、工业和信息化部、民政部、财政部等国务院相关部门按职责分工负责）

3. 降低企业物流成本，督促各地做好口岸收费目录清单公示，整治港口、船公司、物流堆场、货代、船代等乱收费、不合理收费行为，2020年底前将全国单个集装箱进出口环节常规收费压减至400美元以内。清理铁路、水路的货运和客运杂费，降低收费标准，2019年底前公布收费和处罚事项清单。（交通运输部、海关总署、发展改革委、财政部、市场监管总局、铁路局等国务院相关部门及各地区按职责分工负责）

4. 2019年底前开展降低融资收费专项清理行动，规范中小企业融资时强制要求办理的担保、保险、评估、公证等事项，减少融资过程中的附加费用。（银保监会牵头，国务院相关部门按职责分工负责）

二、加强公正监管，切实管出公平

（十一）有关部门要分领域抓紧制订全国统一、简明易行的监管规则和标准，并向全社会公开。抓紧清理规范和修订完善那些边界宽泛、执行弹性大的监管规则和标准。（国务院相关部门按职责分工负责）

具体措施：

1. 2019年底前对已取消下放的行政许可事项事中事后监管措施落实情况进行全面评估，按照法律规定和“三定”规定确定的监管职责，进一步明确相应的事中事后监管措施，确保监管全覆盖。（各地区、各部门负责）

2. 2019年9月底前制定出台加强和规范事中事后监管的指导意见，落实放管结合、并重的要求，建立健全适合我国高质量发展要求、全覆盖、保障安全的事中事后监管制度。（国务院办公厅、市场监管总局负责）

3. 2019年底前对现有的主要监管规则标准进行修订完善，尽可能消除模糊和兜底条款，并依法依规向社会公开。在市场监管、生态环境保护、交通运输、农业农村、文化市场等行政执法领域分别制定规范执法自由裁量权的办法，明确法律依据和处罚标准。（生态环境部、交通运输部、农业农村部、文化和旅游部、市场监管总局等国务院相关部门及各地区按职责分工负责）

4. 2019年底前对现有涉企现场检查事项进行全面梳理论证，通过取消、整合、转为非现场检查等方式，压减重复或不必要检查事项，着力解决涉企现场检查事项多、频次高、随意检查等问题。持续清理规范行政处罚事项，对重复处罚、标准不一、上位法已作调整的事项及时进行精简和规范。（国务院相关部门及各地区按职责分工负责）

5. 全面落实行政执法公示、执法全过程记录、重大执法决定法制审核三项制度，2020年底前基本实现各级行政执法机关及时准确公示执法信息、执法全过程留痕和可回溯管理、重大执法决定法制审核全覆盖。（司法部牵头，国务院相关部门及各地区按职责分工负责）

（十二）完善“双随机、一公开”监管制度和工作机制，推动日常监管“双随机、一公开”全覆盖。（市场监管总局牵头，国务院相关部门及各地区按职责分工负责）

具体措施：

推进“双随机、一公开”跨部门联合监管，以省为单位建立统一的监管平台，实现各部门监管信息与省级平台互联互通。2019 年底前市场监管部门完成双随机抽查全流程整合，实现双随机抽查覆盖企业比例达 5%。2020 年底前在市场监管领域实现相关部门“双随机、一公开”监管全覆盖，地方各级人民政府相关部门联合“双随机、一公开”监管常态化。（市场监管总局牵头，国务院相关部门及各地区按职责分工负责）

（十三）对重点领域进行重点监管，特别是对疫苗、药品、特种设备、危险化学品等涉及到人民生命安全、社会关注度高的领域，要实行全主体、全品种、全链条严格监管。（应急部、市场监管总局、药监局等国务院相关部门及各地区按职责分工负责）

具体措施：

1. 加快研究建立违法严惩制度、惩罚性赔偿和巨额罚款制度、内部举报人奖励制度等，提高重点监管效能，让严重违法者付出高昂成本。（市场监管总局牵头，国务院相关部门按职责分工负责）

2. 2019 年 11 月底前组织开展危险化学品质量安全风险隐患排查和专项整治。（市场监管总局等国务院相关部门及各地区按职责分工负责）

3. 建立疫苗生产企业巡查检查制度，实施对全部在产疫苗生产企业全覆盖检查。推行向疫苗生产企业派驻检查员制度。开展中药饮片质量专项整治。加强对国家组织药品集中采购和使用试点中标品种的日常监管、产品抽检和不良反应监测，督促企业落实主体责任。（药监局牵头，国务院相关部门及各地区按职责分工负责）

4. 开展打击欺诈骗保专项治理活动，实现对全国定点医疗机构和零售药店监督检查全覆盖，公开曝光欺诈骗保典型案例。（医保局负责）

（十四）加强社会信用体系建设，大力推进信用监管，推行承诺制，让市场主体和公民讲诚信，自主承诺。对违背承诺、搞虚假承诺甚至坑蒙拐骗的，一经发现要严厉惩罚。（发展改革委、人民银行、市场监管总局牵头，国务院相关部门及各地区按职责分工负责）

具体措施：

1. 规范认定并设立市场主体信用“黑名单”，建立健全信用修复、异议申诉等机制。2019 年底前修订《严重违法失信企业名单管理暂行办法》，完善经营异常名录和严重违法失信企业名单管理等制度。（发展改革委、市场监管总局等国务院相关部门按职责分工负责）

2. 围绕信用承诺、信用修复、失信联合惩戒、信用大数据开发利用等工作，2020 年启动信用建设和信用监管试点示范。（发展改革委牵头，各地区、各部门负责）

3. 2020 年底前建立全国统一的信用报告标准，推动信用报告结果实现异地互认。（发展改革委、人民银行牵头，各地区、各部门负责）

4. 依托国家“互联网＋监管”等系统，有效整合公共信用信息、市场信用信息、投诉举报信息和互联网及第三方相关信息，充分运用大数据、人工智能等新一代信息技术，加快实现信用监管数据可比对、过程可追溯、问题可监测。（国务院办公厅、发展改革委、市场监管总局牵头，各部门按职责分工负责）

5. 建立完善以信用为基础的新型海关监管机制，根据企业信用等级实施差别化通关

监管措施，2019年底前出台对跨境电子商务等企业的认证标准。（海关总署负责）

6. 推进知识产权领域信用体系建设，研究制定知识产权（专利）领域严重失信联合惩戒对象名单管理办法。加强对商标抢注和恶意注册、非正常专利申请等行为的信用监管。研究制定规范商标注册申请行为的有关规定。（知识产权局负责）

（十五）加快推进“互联网＋监管”，及时总结推广地方好的经验做法，提高监管及时性、精准性、有效性。（国务院办公厅牵头，国务院相关部门及各地区按职责分工负责）

具体措施：

1. 2019年9月底前完成国家“互联网＋监管”系统主体功能建设并上线运行，归集共享各类监管数据，建立完善相关风险预警模型，实现对违法行为早发现、早提醒、早处置。（国务院办公厅负责）

2. 加快推进地方和部门“互联网＋监管”系统建设并与国家“互联网＋监管”系统对接联通，推动形成统一规范、信息共享、协同联动的全国“互联网＋监管”体系。（国务院办公厅牵头，各地区、各部门负责）

（十六）坚持对新兴产业实施包容审慎监管，在监管中找到新生事物发展规律，该处置的处置，该客观对待的客观对待，不简单封杀，但也决不能放任不管，推动新业态更好更健康发展。（国务院相关部门及各地区按职责分工负责）

具体措施：

1. 2019年8月底前出台促进平台经济规范健康发展的指导意见，加大政策支持力度，创新监管方式，落实和完善包容审慎监管要求，推动建立健全适应平台经济发展特点的新型监管机制。（国务院办公厅牵头，国务院相关部门及各地区按职责分工负责）

2. 优化新业态发展环境，放宽新兴行业企业名称登记限制，完善互联网平台企业用工、灵活就业人员相关政策，加强政府部门与互联网平台数据共享，2019年底前建成全国一体化在线政务服务平台电子证照共享服务系统。鼓励各地探索适应新业态特点、有利于公平竞争的公正监管办法，更好支持新业态发展。（国务院办公厅、市场监管总局、人力资源社会保障部等国务院相关部门及各地区按职责分工负责）

三、大力优化政府服务，努力服出便利

（十七）切实增强服务意识，不断提升服务能力和水平，大力提升政务服务效率，针对群众办事来回跑、环节多材料多、政府服务效率低等问题，对政务服务流程、方式进行系统化改革。（国务院办公厅牵头，国务院相关部门及各地区按职责分工负责）

具体措施：

1. 2019年9月底前制定出台建立政务服务“好差评”制度有关指导意见，倒逼各级政府部门不断改进工作。（国务院办公厅负责）

2. 加快实现公安、市场监管、住房城乡建设、税务、司法、民政等部门信息与不动产登记信息共享集成。对登记中涉及多个部门交叉办理的事项，通过信息化手段整合集成业务流程，2019年底前在全国基本实现“一窗受理、并行办理”，东部沿海地区力争率先实现办理一般登记、抵押登记时间压缩至5个工作日以内；2020年底前“互联网＋不动产登记”在地级及以上城市全面实施，办理一般登记、抵押登记时间力争全部压缩至5个

工作日以内。（自然资源部牵头，国务院相关部门及各地区按职责分工负责）

3. 提升跨境贸易便利化水平，加强国际贸易“单一窗口”与银行、保险、民航、铁路、港口等相关行业机构合作对接，2019年底前实现主要申报业务应用率达100%。进一步精简进出口环节监管证件数量，加快推行进出口“提前申报”、“两步申报”通关模式和无纸化通关作业。（海关总署牵头，交通运输部、银保监会、民航局、铁路局等国务院相关部门及各地区按职责分工负责）

4. 试点建立统一的现代动产担保系统，2020年底前力争整合各类动产登记和权利担保登记系统，实现企业担保在一个平台上登记，各相关部门按职责分别实施后台监管。（人民银行牵头，交通运输部、市场监管总局、知识产权局等国务院相关部门按职责分工负责）

5. 扩大异地就医结算范围，2019年底前基本实现异地就医患者在定点医院住院持卡看病、即时结算，2020年底前基本实现符合条件的跨省异地就医患者在所有定点医院能直接结算。（医保局及各地区按职责分工负责）

6. 加快建成全国统一的社会保险公共服务平台，实现个人权益记录查询、自主认证、养老保险待遇测算、社保卡应用状态查询等“一站式”功能，全面取消领取社保待遇资格集中认证，优化社保卡服务，加快推进电子社保卡。2019年底前实现养老保险关系转移接续业务网上办理。（人力资源社会保障部及各地区按职责分工负责）

7. 推广商标和专利电子化申请，2019年底前将高价值专利审查周期压缩至17.5个月、商标注册平均审查周期压缩到5个月，消减发明专利审查积压10万件。（知识产权局负责）

8. 2019年10月底前改进优化来华工作外国人入境和居留管理制度办法，优化外国人来华相关审批、审查服务，压减办理时间。同时，向全社会开放出入境证件身份认证服务平台，为境内港澳居民、华侨持用出入境证件办理金融、教育、医疗等社会事务提供便利。（公安部、科技部、人力资源社会保障部、移民局按职责分工负责）

9. 2020年6月底前全面推广证明事项告知承诺制。进一步改进和规范基层群众性自治组织出具证明工作，解决群众反映强烈的“万能居委会”、“社区万能章”等问题。（司法部、民政部按职责分工负责）

（十八）依托全国一体化在线政务服务平台，加快打造全国政务服务“一张网”，实现更大范围“一网通办”、异地可办、“掌上可办”，确需到现场办的再到政务服务大厅办理。在办理政务服务事项过程中要注意保护商业秘密和个人隐私。（国务院办公厅牵头，国务院相关部门及各地区按职责分工负责）

具体措施：

1. 2019年9月底前上线运行以国家政务服务平台为总枢纽的全国一体化在线政务服务平台，建立完善全国一体化在线政务服务平台标准规范体系、安全保障体系和法规制度体系，在更大范围实现“一网通办”、异地可办。2019年底前首批推动10种高频电子证照全国标准化应用和互信互认，推动100项以上政务服务事项在各省（区、市）内和跨省（区、市）实现“一网通办”。2020年底前基本完成对依申请办理的政务服务事项名称、编码、依据、类型等基本要素和办事指南要素在国家、省、市、县四级统一。（国务院办

公厅牵头，各地区、各部门负责）

2. 更大力度推动央地数据共享，建立权威高效的数据共享协调机制，2019年再新增拓展1000项共享数据，将直接关系到企业和群众办事、应用频次高的数据优先纳入共享范围，满足30项以上全国普遍性高频政务服务事项的数据共享需求。加快推进“互联网+可信身份认证”平台、全国人口信息社会应用平台等多种网上身份认证能力融合，为全国一体化在线政务服务平台提供统一身份认证支撑。（国务院办公厅、发展改革委、公安部按职责分工负责）

3. 提升政务服务大厅“一站式”功能，2019年底前政务服务事项进驻综合性实体政务服务大厅基本实现“应进必进”，70%以上政务服务事项实现“一窗”分类受理。推动政务服务大厅与政务服务平台全面对接融合。（国务院办公厅牵头，各地区、各部门负责）

（十九）一些带有垄断性质的供电、供水、供气、供暖等公用事业单位及医院、银行等服务机构，要从方便市场主体和人民群众出发，提高服务质量和效率，大幅压减自来水、电力、燃气、供暖办理时间，提高相关政策透明度，大力推行App办事、移动支付等。（发展改革委、住房城乡建设部、水利部、卫生健康委、人民银行、银保监会、能源局等国务院相关部门及各地区按职责分工负责）

具体措施：

1. 2019年底前研究制定规范水电气暖等行业收费、管理、服务等方面的综合性意见。（发展改革委牵头，住房城乡建设部等国务院相关部门按职责分工负责）

2. 进一步压减办电时间，加快推广低压小微企业用电报装“三零”（零上门、零审批、零投资）服务，2019年底前在全国各直辖市、省会城市实现低压小微企业用电报装“三零”服务，将办电时间压缩至30个工作日以内。地方政府要大幅压缩电力接入工程审批时间。研究建立针对供电企业停电超过一定频次和时间的处罚机制。（能源局及各地区按职责分工负责）

3. 优化水气报装服务，指导地方落实新修订的《城镇供水服务》、《燃气服务导则》等国家标准，将水气设施报装提前到施工许可证核发后即可办理，2019年底前将供水新增、扩容改装的报装时间分别压缩至20个、15个工作日以内，将燃气报装时间压缩至16个工作日以内，大幅压减报装、安装费用。（住房城乡建设部、发展改革委及各地区按职责分工负责）

4. 指导督促商业银行优化服务，2019年底前解决银行卡解绑和异地注销难、“睡眠卡”收费不透明等一批群众反映强烈的问题，加快推动解决继承财产支取难问题。优化电信服务，持续推进降低电信收费、异地销户、携号转网等工作。持续优化老年证、居住证、流动人员人事档案管理等证件或手续办理流程，减少公用企事业单位索要的证明材料。（银保监会、工业和信息化部、公安部、民政部、卫生健康委、人力资源社会保障部、发展改革委、住房城乡建设部、司法部等国务院相关部门及各地区按职责分工负责）

（二十）大力发展服务业，采用政府和市场多元化投入的方式，引导鼓励更多社会资本进入服务业，扩大服务业对外开放，结合城镇老旧小区改造，大力发展养老、托幼、家政和“互联网+教育”、“互联网+医疗”等服务，有效增加公共服务供给、提高供给质量，更好满足人民群众需求。（发展改革委、教育部、民政部、住房城乡建设部、商务部、

卫生健康委等国务院相关部门及各地区按职责分工负责）

具体措施：

1. 2019年8月底前制定出台加快发展“互联网＋社会服务”的意见，提出进一步推进“互联网＋”与教育、健康医疗、养老、文化、旅游、体育、家政等领域深度融合发展的政策措施，充分发挥社会领域公共服务资源作用，创新服务模式，更好惠及人民群众。（发展改革委牵头，教育部、民政部、商务部、文化和旅游部、卫生健康委、体育总局等国务院相关部门按职责分工负责）

2. 结合城镇老旧小区改造，深入落实养老、托幼、家政等服务业有关政策意见。推进建设城乡便民消费服务中心，进一步扩大建设范围和数量，鼓励建设社区生活服务中心，在城乡社区推动包括家政服务在内的居民生活服务业发展，更好满足群众需要。支持社会力量发展普惠性托育服务，增加普惠性托育服务有效供给，促进婴幼儿照护服务标准化、规范化发展。（住房城乡建设部、商务部、民政部、卫生健康委、发展改革委等国务院相关部门按职责分工负责）

3. 2020年底前落实互联网诊疗和互联网医院管理相关政策，推动二级以上医院普遍提供分时段预约诊疗、诊间结算、移动支付等服务。探索建立老年人长期护理需求认定和等级评定标准体系，加强医疗护理员培训，促进老龄健康服务业发展。（卫生健康委、医保局按职责分工负责）

四、强化责任担当，确保“放管服”改革不断取得新成效

（二十一）抓紧研究制定《优化营商环境条例》，为营商环境建设提供法治保障。2019年要开展营商环境百项诉求处理行动，破解一批营商环境痛点难点。（发展改革委、司法部、国务院办公厅牵头，国务院相关部门及各地区按职责分工负责）

具体措施：

1. 抓紧研究制定《优化营商环境条例》，2019年8月底前完成向各有关方面征求意见和法规审查工作、形成草案，9月底前公布实施。（发展改革委、司法部、国务院办公厅牵头，国务院相关部门按职责分工负责）

2. 围绕开办企业、办理建筑许可、获得电力、登记财产、纳税、跨境贸易等优化营商环境重点领域，搜集一批企业和群众反映强烈的问题，2019年底前推动各地区、各部门研究出台具体解决措施。（发展改革委牵头，国务院相关部门及各地区按职责分工负责）

3. 对标国际先进水平，聚焦营商环境关键领域和薄弱环节，研究制定优化营商环境重点任务台账，并抓好落实。（财政部、国务院办公厅牵头，国务院相关部门及各地区按职责分工负责）

（二十二）鼓励支持各地大胆创新，及时指导帮助地方解决改革中遇到的难题。要进一步加大向地方放权特别是综合授权的力度，充分调动和发挥地方推进改革发展的积极性、主动性和创造性。（国务院相关部门及各地区按职责分工负责）

（二十三）对滞后于改革要求、不利于优化营商环境、制约新产业新业态新模式发展的有关规定，要加快清理修改。对与改革决策相抵触的行政法规、部门规章和行政规范性文件，要应改尽改、应废尽废。涉及到修改法律的，要与改革方案同步提出修法建议。各

地区可通过制定地方性法规、规章，将实践证明行之有效、人民群众满意、市场主体支持的改革举措固化下来。（各地区、各部门负责）

（二十四）要把“放管服”改革、优化营商环境各项举措落实情况，作为2019年国务院大督查的重点。继续用好督查奖惩这个有效办法，对成效明显的加大表扬和政策激励力度，对不作为乱作为延误改革的要严肃问责。（国务院办公厅牵头，各地区、各部门负责）

各地区、各部门的贯彻落实情况，年底前书面报国务院。工作中取得的重大进展、存在的突出问题要及时报告。

国务院办公厅关于稳定生猪生产促进转型升级的意见

国办发〔2019〕44号

各省、自治区、直辖市人民政府，国务院各部委、各直属机构：

养猪业是关乎国计民生的重要产业，猪肉是我国大多数居民最主要的肉食品。发展生猪生产，对于保障人民群众生活、稳定物价、保持经济平稳运行和社会大局稳定具有重要意义。近年来，我国养猪业综合生产能力明显提升，但产业布局不合理、基层动物防疫体系不健全等问题仍然突出，一些地方忽视甚至限制养猪业发展，猪肉市场供应阶段性偏紧和猪价大幅波动时有发生。非洲猪瘟疫情发生以来，生猪产业的短板和问题进一步暴露，能繁母猪和生猪存栏下降较多，产能明显下滑，稳产保供压力较大。为稳定生猪生产，促进转型升级，增强猪肉供应保障能力，经国务院同意，现提出如下意见。

一、总体要求

（一）指导思想。以习近平新时代中国特色社会主义思想为指导，全面贯彻党的十九大和十九届二中、三中全会精神，按照党中央、国务院决策部署，坚持稳中求进工作总基调，发挥市场在资源配置中的决定性作用，以保障猪肉基本自给为目标，立足当前恢复生产保供给，着眼长远转变方式促转型，强化责任落实，加大政策扶持，加强科技支撑，推动构建生产高效、资源节约、环境友好、布局合理、产销协调的生猪产业高质量发展新格局，更好满足居民猪肉消费需求，促进经济社会平稳健康发展。

（二）发展目标。生猪产业发展的质量效益和竞争力稳步提升，稳产保供的约束激励机制和政策保障体系不断完善，带动中小养猪场（户）发展的社会化服务体系逐步健全，猪肉供应保障能力持续增强，自给率保持在95%左右。到2022年，产业转型升级取得重要进展，养殖规模化率达到58%左右，规模养猪场（户）粪污综合利用率达到78%以上。到2025年，产业素质明显提升，养殖规模化率达到65%以上，规模养猪场（户）粪污综合利用率达到85%以上。

（三）省负总责。各省（区、市）人民政府对本地区稳定生猪生产、保障市场供应工作负总责，主要负责人是第一责任人，要加强组织领导，强化规划引导，出台专门政策，在养殖用地、资金投入、融资服务、基层动物防疫机构队伍建设等方面优先安排、优先保障。生猪主产省份要积极发展生猪生产，做到稳产增产；主销省份要确保一定的自给率。各地区要增强大局意识，把握发展阶段，尊重市场规律，不得限制养猪业发展；严格落实“菜篮子”市长负责制，尽快将生猪生产恢复到正常水平，切实做好生猪稳产保供工作。

二、稳定当前生猪生产

(四)促进生产加快恢复。继续实施种猪场和规模养猪场(户)贷款贴息政策,期限延长至2020年12月31日,并将建设资金贷款纳入贴息范围。对2020年底前新建、改扩建种猪场、规模养猪场(户)和禁养区内规模养猪场(户)异地重建加大支持力度,重点加强动物防疫、环境控制等设施建设。鼓励地方结合实际加大生猪生产扶持力度。省级财政要落实生猪生产稳定专项补贴等措施,对受影响较大的生猪调出大县的规模养猪场(户)给予临时性生产补助,稳定能繁母猪和生猪存栏。银行业金融机构要积极支持生猪产业发展,不得对养猪场(户)和屠宰加工企业盲目限贷、抽贷、断贷。省级农业信贷担保公司在做好风险防控的基础上,要把支持恢复生猪生产作为当前的重要任务,对发生过疫情及扑杀范围内的养猪场(户),提供便利、高效的信贷担保服务。

(五)规范禁养区划定与管理。严格依法依规科学划定禁养区,除饮用水水源保护区,风景名胜区,自然保护区的核心区和缓冲区,城镇居民区、文化教育科学研究区等人口集中区域以及法律法规规定的其他禁止养殖区域之外,不得超范围划定禁养区。各地区要深入开展自查,对超越法律法规规定范围划定的禁养区立即进行调整。对禁养区内确需关停搬迁的规模养猪场(户),地方政府要安排用地支持异地重建。各省(区、市)要于2019年10月底前将自查结果及调整后的禁养区划定情况报生态环境部、农业农村部备核。

(六)保障种猪、仔猪及生猪产品有序调运。进一步细化便捷措施,保障符合条件的种猪和仔猪调运,不得层层加码禁运限运。优化种猪跨省调运检疫程序,重点检测非洲猪瘟,对其他病种开展风险评估,简化实验室检测,降低调运成本。将仔猪及冷鲜猪肉纳入鲜活农产品运输"绿色通道"政策范围。2020年6月30日前,对整车合法运输种猪及冷冻猪肉的车辆,免收车辆通行费。

(七)持续加强非洲猪瘟防控。进一步压实政府、部门和生猪产业各环节从业者责任,不折不扣落实疫情监测排查报告、突发疫情应急处置、生猪运输和餐厨废弃物监管等现行有效防控措施,确保疫情不反弹,增强养殖信心。坚持疫情日报告制度,严格实施产地检疫和屠宰检疫,对瞒报、迟报疫情导致疫情扩散蔓延的,从严追责问责。落实好非洲猪瘟强制扑杀补助政策,加快补助资金发放,由现行按年度结算调整为每半年结算发放一次。对财政困难的县市,省级财政要加大对扑杀补助的统筹支持力度,降低或取消县市级财政承担比例。

(八)加强生猪产销监测。加大生猪生产统计调查频次,为宏观调控决策提供及时有效支撑。建立规模养猪场(户)信息备案管理和生产月度报告制度,及时、准确掌握生猪生产形势变化。强化分析预警,定期发布市场动态信息,引导生产,稳定预期。

(九)完善市场调控机制。认真执行《缓解生猪市场价格周期性波动调控预案》,严格落实中央和地方冻猪肉储备任务,鼓励和支持有条件的社会冷库资源参与猪肉收储。合理把握冻猪肉储备投放节奏和力度,多渠道供应销售猪肉,确保重要节假日猪肉市场有效供应,保持猪肉价格在合理范围。及时启动社会救助和保障标准与物价上涨挂钩联动机制,有效保障困难群众基本生活。加快发展禽肉、牛羊肉等替代肉品生产。统筹利用国际国内两个市场、两种资源,更好地保障市场供应。

三、加快构建现代养殖体系

（十）大力发展标准化规模养殖。按照“放管服”改革要求，对新建、改扩建的养猪场（户）简化程序、加快审批。有条件的地方要积极支持新建、改扩建规模养猪场（户）的基础设施建设。中央预算内投资继续支持规模养猪场（户）提升设施装备条件。深入开展生猪养殖标准化示范创建，在全国创建一批可复制、可推广的高质量标准化示范场。调整优化农机购置补贴机具种类范围，支持养猪场（户）购置自动饲喂、环境控制、疫病防控、废弃物处理等农机装备。

（十一）积极带动中小养猪场（户）发展。鼓励有意愿的农户稳步扩大养殖规模。各地区要创新培训形式，帮助中小养猪场（户）提高生产经营管理水平。鼓励各地区通过以奖代补、先建后补等方式，支持中小养猪场（户）改进设施装备条件。发挥龙头企业和专业合作经济组织带动作用，通过统一生产、统一营销、技术共享、品牌共创等方式，与中小养猪场（户）形成稳定利益共同体。培育壮大生产性服务业，采取多种方式服务中小养猪场（户）。对散养农户要加强指导帮扶，不得以行政手段强行清退。

（十二）推动生猪生产科技进步。加强现代生猪良种繁育体系建设，实施生猪遗传改良计划，提升核心种源自给率，提高良种供应能力。加大现代种业提升工程投入，推动核心育种场建设与生猪产能相适应，支持地方猪保种场、保护区和基因库完善基础设施条件，促进地方猪种保护与开发。实施生猪良种补贴，推广人工授精技术，积极支持养猪场（户）购买优良种猪精液。推进生猪养殖抗菌药物减量使用，实施促生长抗菌药物退出计划，研发和推广替代产品。加快推进生猪全产业链信息化，推广普及智能养猪装备，提高生产经营效率。

（十三）加快养殖废弃物资源化利用。继续实施粪污资源化利用项目，将符合条件的非畜牧大县纳入实施范围。推行种养结合，支持粪肥就地就近运输和施用，配套建设粪肥田间贮存池、沼液输送管网、沼液施用设施等，打通粪肥还田通道。各地区要建立健全病死猪无害化处理体系，及时足额落实地方补助资金，确保无害化处理企业可持续运行。

（十四）加大对生猪主产区支持力度。统筹资源环境条件，引导生猪养殖向环境容量大的地区转移，支持大型生猪养殖企业全产业链布局。鼓励生猪主销省份支持主产省份发展生猪生产，通过资源环境补偿、跨区合作建立养殖基地等方式，推动形成销区补偿产区的长效机制。发挥生猪调出大县支撑保障作用，加大对生猪调出大县的支持力度，增加奖励资金规模，优化生猪调出大县动态调整机制，支持生猪生产发展和流通基础设施建设。

四、完善动物疫病防控体系

（十五）提升动物疫病防控能力。统筹做好非洲猪瘟以及口蹄疫、猪瘟、高致病性猪蓝耳病等重大动物疫病防控工作。加快非洲猪瘟疫苗研发。加强疫病防控技术培训和分类指导，提升养猪场（户）生物安全防护水平。加快实施分区防控，建立健全区域联防联控工作机制。支持有条件的地区和企业建设无疫区和无疫小区。

（十六）强化疫病检测和动物检疫。加强公共检测机构能力建设，支持县级动物疫病预防控制中心完善设施装备，改善基层兽医实验室疫病检测条件。鼓励发展多种形式的第三方检测服务机构，推行政府购买社会化兽医服务。指导督促生产经营主体配备检测设施装备，提升自检能力。动物卫生监督机构和工作人员要严格执行检疫规程，认真履职尽责。严肃查处不检疫就出证或无正当理由拒绝检疫出证等违规行为。

（十七）加强基层动物防疫队伍建设。依托现有机构编制资源，建立健全动物卫生监督机构和动物疫病预防控制机构。在农业综合行政执法改革中，结合建立执法事项清单，落实动物防疫执法责任，突出强化动物防疫执法力量。加强乡镇畜牧兽医站建设，配备与养殖规模和工作任务相适应的防疫检疫等专业技术人员，县级畜牧兽医管理部门要加强监督指导，必要时采取措施增强工作力量。地方财政要保障工作经费和专项业务经费，改善设施装备条件，落实工资待遇和有关津贴，确保基层动物防疫、检疫和监督工作正常开展。

五、健全现代生猪流通体系

（十八）加快屠宰行业提挡升级。引导生猪屠宰加工向养殖集中区域转移，鼓励生猪就地就近屠宰，实现养殖屠宰匹配、产销顺畅衔接。开展生猪屠宰标准化创建，加快小型生猪屠宰厂（场）点撤停并转。严格执行生猪屠宰环节非洲猪瘟自检和驻场官方兽医制度，对不符合检疫检测要求的屠宰厂（场），要依法限期整改，整改不到位的责令关停。鼓励生猪调出大县建设屠宰加工企业和洗消中心，在用地、信贷等方面给予政策倾斜。

（十九）变革传统生猪调运方式。顺应猪肉消费升级和生猪疫病防控的客观要求，实现“运猪”向“运肉”转变，逐步减少活猪长距离跨省（区、市）调运。加强大区域内生猪产销衔接，生猪主销省份要主动与主产省份建立长期稳定的供销关系，实现大区域内供需大体平衡，除种猪和仔猪外，原则上活猪不跨大区域调运。推行猪肉产品冷链调运，加快建立冷鲜肉品流通和配送体系，实现“集中屠宰、品牌经营、冷链流通、冷鲜上市”。冷链物流企业用水、用电、用气价格与工业同价，降低物流成本。加强猪肉消费宣传引导，提高冷鲜肉消费比重。

（二十）加强冷链物流基础设施建设。逐步构建生猪主产区和主销区有效对接的冷链物流基础设施网络。鼓励屠宰企业建设标准化预冷集配中心、低温分割加工车间、冷库等设施，提高生猪产品加工储藏能力。鼓励屠宰企业配备必要的冷藏车等设备，提高长距离运输能力。鼓励生猪产品主销区建设标准化流通型冷库、低温加工处理中心、冷链配送设施和冷鲜肉配送点，提高终端配送能力。

六、强化政策措施保障

（二十一）加大金融政策支持。完善生猪政策性保险，提高保险保额、扩大保险规模，并与病死猪无害化处理联动，鼓励地方继续开展并扩大生猪价格保险试点。创新金融信贷产品，探索将土地经营权、养殖圈舍、大型养殖机械等纳入抵质押物范围。银行业金融机构要立足自身职能定位，在依法合规、风险可控的前提下积极为生猪生产发展提供信贷支持。

（二十二）保障生猪养殖用地。各地区要遵循种养结合、农牧循环的客观要求，在编制国土空间规划时，合理安排新增生猪养殖用地。完善设施农用地政策，合理增加附属设施用地规模，取消 15 亩上限，保障废弃物处理等设施用地需要。鼓励利用农村集体建设用地和“四荒地”（荒山、荒沟、荒丘、荒滩）发展生猪生产，各地区可根据实际情况制定支持政策措施。

（二十三）强化法治保障。加快修订动物防疫法、生猪屠宰管理条例，研究修订兽药管理条例等法律法规，健全生猪产业法律制度体系。严格落实畜牧法、动物防疫法、农产品质量安全法、食品安全法等法律法规，加大执法监管力度，督促养猪场（户）、屠宰加工企业等市场主体依法依规开展生产经营活动。加强对畜牧兽医行政执法工作的指导，依法查处生猪养殖、运输、屠宰、无害化处理等环节的违法违规行为。

各地区、各有关部门要根据本意见精神，按照职责分工，加大工作力度，抓好工作落实。各省（区、市）要在今年年底前，将贯彻落实情况报国务院。明年国务院将适时开展生猪生产和供应情况督查，督查情况通报各地区。

国务院办公厅

2019 年 9 月 6 日

国务院办公厅关于深化农村公路管理养护体制改革的意见

国办发〔2019〕45号

各省、自治区、直辖市人民政府，国务院各部委、各直属机构：

农村公路是服务“三农”的公益性基础设施，是打赢脱贫攻坚战、实施乡村振兴战略的重要抓手。党的十八大以来，以习近平同志为核心的党中央高度重视农村公路工作，多次对“四好农村路”建设作出重要部署。为切实解决“四好农村路”工作中管好、护好的短板问题，加快建立农村公路管理养护长效机制，经国务院同意，现就深化农村公路管理养护体制改革提出以下意见：

一、总体要求

以习近平新时代中国特色社会主义思想为指导，全面贯彻党的十九大精神，认真落实习近平总书记关于“四好农村路”的重要指示精神和党中央、国务院决策部署，践行以人民为中心的发展思想，紧紧围绕打赢脱贫攻坚战、实施乡村振兴战略和统筹城乡发展，以质量为本、安全至上、自然和谐、绿色发展为原则，深化农村公路管理养护体制改革，加强农村公路与农村经济社会发展统筹协调，形成上下联动、密切配合、齐抓共管的工作局面，推动“四好农村路”高质量发展，为广大农民群众致富奔小康、加快推进农业农村现代化提供更好保障。

二、工作目标

到2022年，基本建立权责清晰、齐抓共管的农村公路管理养护体制机制，形成财政投入职责明确、社会力量积极参与的格局。农村公路治理能力明显提高，治理体系初步形成。农村公路通行条件和路域环境明显提升，交通保障能力显著增强。农村公路列养率达到100%，年均养护工程比例不低于5%，中等及以上农村公路占比不低于75%。

到2035年，全面建成体系完备、运转高效的农村公路管理养护体制机制，基本实现城乡公路交通基本公共服务均等化，路况水平和路域环境根本性好转，农村公路治理能力全面提高，治理体系全面完善。

三、完善农村公路管理养护体制

（一）省、市级人民政府加强统筹和指导监督。省级人民政府要制定相关部门和市、县级人民政府农村公路管理养护权力和责任清单，强化省级统筹和政策引导，建立健全规章制度，筹集养护补助资金，加强养护管理机构能力建设指导，对市、县级人民政府进行绩效管理。市级人民政府要发挥好承上启下作用，完善支持政策和养护资金补助机制，加强指导监督。

（二）县级人民政府履行主体责任。县级人民政府要按照“县道县管、乡村道乡村管”的原则，建立健全农村公路管理养护责任制，明确相关部门、乡级人民政府农村公路管理养护权力和责任清单，并指导监督相关部门和乡级人民政府履职尽责。大力推广县、乡、村三级路长制，各级路长负责相应农村公路管理养护工作，建立“精干高效、专兼结合、以专为主”的管理体系。按照“有路必养、养必到位”的要求，将农村公路养护资金及管理机构运行经费和人员支出纳入一般公共财政预算，加大履职能力建设和管理养护投入力度。

（三）发挥乡村两级作用和农民群众积极性。乡级人民政府要确定专职工作人员，指导村民委员会组织好村道管理养护工作。村民委员会要按照“农民自愿、民主决策”的原则，采取一事一议、以工代赈等办法组织村道的管理养护工作。要加强宣传引导，将爱路护路要求纳入乡规民约、村规民约；鼓励采用以奖代补等方式，推广将日常养护与应急抢通捆绑实施并交由农民承包；鼓励农村集体经济组织和社会力量自主筹资筹劳参与农村公路管理养护工作，通过将农村公路管理养护纳入公益岗位等方式，为贫困户提供就业机会。

四、强化农村公路管理养护资金保障

（四）落实成品油税费改革资金。完善成品油税费改革转移支付政策，合理确定转移支付规模，加大对普通公路养护的支持力度。成品油税费改革新增收入替代原公路养路费部分，不得低于改革基期年（2009 年）公路养路费收入占“六费”（公路养路费、航道养护费、公路运输管理费、公路客货运附加费、水路运输管理费、水运客货运附加费）收入的比例。成品油税费改革转移支付用于普通公路养护的比例一般不得低于 80%且不得用于公路新建。2022 年起，该项资金不再列支管理机构运行经费和人员等其他支出。继续执行省级人民政府对农村公路养护工程的补助政策，省级补助资金与切块到市县部分之和占成品油税费改革新增收入替代原公路养路费部分的比例不得低于 15%，实际高于上述比例的不得再降低。

（五）加大财政资金支持力度。农村公路养护属于地方财政事权，资金原则上由地方通过自有财力安排，对县级人民政府落实支出责任存在的收支缺口，上级人民政府可根据不同时期发展目标给予一定的资金支持。中央在均衡性转移支付中将进一步考虑农村公路管理养护因素，加大对重点贫困地区支持力度，继续安排车购税资金支持农村公路升级改造、安全生命防护工程建设和危桥改造等。地方各级人民政府要确保财政支出责任落实到位，将相关税收返还用于农村公路养护。省、市、县三级公共财政资金用于农村公路日常养护的总额不得低于以下标准：县道每年每公里 10 000 元，乡道每年每公里 5 000 元，村道每年每公里 3 000 元，省、市、县三级公共财政投入比例由各省（区、市）根据本地区实际情况确定，并建立与养护成本变化等因素相关联的动态调整机制。

（六）强化养护资金使用监督管理。财政部、交通运输部要建立对省级人民政府的农村公路管理养护考核机制，将考核结果与相关投资挂钩。对地方各级公共财政用于农村公路养护的资金实施全过程预算绩效管理，确保及时足额拨付到位。地方各级财政和交通运输主管部门要加强农村公路养护资金使用监管，严禁农村公路建设采用施工方带资的建设—移交（BT）模式，严禁地方以“建养一体化”名义新增隐性债务，公共资金使用情况要按有关规定对社会公开，接受群众监督。村务监督委员会要将村道养护资金使用和养护质量等情况纳入监督范围。审计部门要定期对农村公路养护资金使用情况进行审计。

（七）创新农村公路发展投融资机制。地方各级人民政府要发挥政府资金的引导作用，采取资金补助、先养后补、以奖代补、无偿提供料场等多种方式支持农村公路养护。将农村公路发展纳入地方政府一般债券支持范围。鼓励地方人民政府将农村公路建设和一定时期的养护进行捆绑招标，将农村公路与产业、园区、乡村旅游等经营性项目实行一体化开发，运营收益用于农村公路养护。鼓励保险资金通过购买地方政府一般债券方式合法合规参与农村公路发展，探索开展农村公路灾毁保险。

五、建立农村公路管理养护长效机制

（八）加快推进农村公路养护市场化改革。将人民群众满意度和受益程度、养护质量和资金使用效率作为衡量标准，分类有序推进农村公路养护市场化改革，逐步建立政府与市场合理分工的养护生产组织模式。引导符合市场属性的事业单位转制为现代企业，鼓励将干线公路建设养护与农村公路捆绑招标，支持养护企业跨区域参与市场竞争。鼓励通过签订长期养护合同、招投标约定等方式，引导专业养护企业加大投入，提高养护机械化水平。

（九）加强安全和信用管理。公路安全设施要与主体工程同时设计、同时施工、同时投入使用，县级人民政府要组织公安、应急等职能部门参与农村公路竣（交）工验收。已建成但未配套安全设施的农村公路要逐步完善。加强农村公路养护市场监管，着力建立以质量为核心的信用评价机制，实施守信联合激励和失信联合惩戒，并将信用记录按照国家有关规定纳入全国信用信息共享平台，依法向社会公开。

（十）强化法规政策和队伍建设。推动公路法修订，研究制定农村公路条例，探索通过民事赔偿保护路产路权。坚持经济实用、绿色环保理念，全面开展“美丽公路”创建工作，提高农村公路养护技术，完善路政管理指导体系，建立县有路政员、乡有监管员、村有护路员的路产路权保护队伍。

各地区、各部门要将深化农村公路管理养护体制改革作为打赢脱贫攻坚战、实施乡村振兴战略、推进农业农村现代化的一项先行工程，同步部署落实。各省级人民政府要加强统筹和指导，制定本辖区改革实施方案，协调解决重大问题，督促地方各级人民政府压实责任，认真抓好任务落实。各有关部门要密切配合，按照职责完成各项任务。交通运输部要加强工作指导和督促检查，重大情况及时报告国务院。

本意见自印发之日起施行。《国务院办公厅关于印发农村公路管理养护体制改革方案的通知》（国办发〔2005〕49号）同时废止。

国务院办公厅
2019年9月5日

国务院办公厅关于切实加强高标准农田建设提升国家粮食安全保障能力的意见

国办发〔2019〕50号

各省、自治区、直辖市人民政府，国务院各部委、各直属机构：

确保重要农产品特别是粮食供给，是实施乡村振兴战略的首要任务。建设高标准农田，是巩固和提高粮食生产能力、保障国家粮食安全的关键举措。近年来，各地各有关部门认真贯彻党中央、国务院决策部署，大力推进高标准农田建设，取得了明显成效。但我国农业基础设施薄弱、防灾抗灾减灾能力不强的状况尚未根本改变，粮食安全基础仍不稳固。为切实加强高标准农田建设，提升国家粮食安全保障能力，经国务院同意，现提出以下意见。

一、总体要求

（一）指导思想。以习近平新时代中国特色社会主义思想为指导，全面贯彻党的十九大和十九届二中、三中、四中全会精神，紧紧围绕实施乡村振兴战略，按照农业高质量发展要求，推动藏粮于地、藏粮于技，以提升粮食产能为首要目标，聚焦重点区域，统筹整合资金，加大投入力度，完善建设内容，加强建设管理，突出抓好耕地保护、地力提升和高效节水灌溉，大力推进高标准农田建设，加快补齐农业基础设施短板，提高水土资源利用效率，切实增强农田防灾抗灾减灾能力，为保障国家粮食安全提供坚实基础。

（二）基本原则。

夯实基础，确保产能。突出粮食和重要农产品优势区，着力完善农田基础设施，提升耕地质量，持续改善农业生产条件，稳步提高粮食生产能力，确保谷物基本自给、口粮绝对安全。

因地制宜，综合治理。严守生态保护红线，依据自然资源禀赋和国土空间、水资源利用等规划，根据各地农业生产特征，科学确定高标准农田建设布局、标准和内容，推进田水林路电综合配套。

依法严管，良田粮用。稳定农村土地承包关系，强化用途管控，实行最严格的保护措施，完善管护机制，确保长期发挥效益。建立健全激励和约束机制，支持高标准农田主要用于粮食生产。

政府主导，多元参与。切实落实地方政府责任，持续加大资金投入，积极引导社会力量开展农田建设。鼓励农民和农村集体经济组织自主筹资投劳，参与农田建设和运营管理。

（三）目标任务。到2020年，全国建成8亿亩集中连片、旱涝保收、节水高效、稳产高产、生态友好的高标准农田；到2022年，建成10亿亩高标准农田，以此稳定保障1万亿斤以上粮食产能；到2035年，通过持续改造提升，全国高标准农田保有量进一步提高，不断夯实国家粮食安全保障基础。

二、构建集中统一高效的管理新体制

（四）统一规划布局。开展高标准农田建设专项清查，全面摸清各地高标准农田数量、质量、分布和利用状况。结合国土空间、水资源利用等相关规划，修编全国高标准农田建设规划，形成国家、省、市、县四级农田建设规划体系，找准潜力区域，明确目标任务和建设布局，确定重大工程、重点项目和时序安排。把高效节水灌溉作为高标准农田建设重要内容，统筹规划，同步实施。在永久基本农田保护区、粮食生产功能区、重要农产品生产保护区，集中力量建设高标准农田。粮食主产区要立足打造粮食生产核心区，加快区域化整体推进高标准农田建设。粮食主销区和产销平衡区要加快建设一批高标准农田，保持粮食自给率。优先支持革命老区、贫困地区以及工作基础好的地区建设高标准农田。（农业农村部、国家发展改革委、财政部、自然资源部、水利部和地方各级人民政府按职责分工负责。以下均需地方各级人民政府负责，不再列出）

（五）统一建设标准。加快修订高标准农田建设通则，研究制定分区域、分类型的高标准农田建设标准及定额，健全耕地质量监测评价标准，构建农田建设标准体系。各省（区、市）可依据国家标准编制地方标准，因地制宜开展农田建设。完善高标准农田建设内容，统一规范工程建设、科技服务和建后管护等要求。综合考虑农业农村发展要求、市场价格变化等因素，适时调整建设内容和投资标准。在确保完成新增高标准农田建设任务的基础上，鼓励地方结合实际，对已建项目区进行改造提升。（农业农村部、国家发展改革委、财政部、水利部、国家标准委按职责分工负责）

（六）统一组织实施。及时分解落实高标准农田年度建设任务，同步发展高效节水灌溉。统筹整合各渠道农田建设资金，提升资金使用效益。规范开展项目前期准备、申报审批、招标投标、工程施工和监理、竣工验收、监督检查、移交管护等工作，实现农田建设项目集中统一高效管理。严格执行建设标准，确保建设质量。充分发挥农民主体作用，调动农民参与高标准农田建设积极性，尊重农民意愿，维护好农民权益。积极支持新型农业经营主体建设高标准农田，规范有序推进农业适度规模经营。（农业农村部、国家发展改革委、财政部、水利部按职责分工负责）

（七）统一验收考核。建立健全“定期调度、分析研判、通报约谈、奖优罚劣”的任务落实机制，确保年度建设任务如期保质保量完成。按照粮食安全省长责任制考核要求，进一步完善高标准农田建设评价制度。强化评价结果运用，对完成任务好的予以倾斜支持，对未完成任务的进行约谈处罚。严格按程序开展农田建设项目竣工验收和评价，向社会统一公示公告，接受社会和群众监督。（农业农村部、国家发展改革委、财政部、国家粮食和储备局按职责分工负责）

（八）统一上图入库。运用遥感监控等技术，建立农田管理大数据平台，以土地利用现状图为底图，全面承接高标准农田建设历史数据，统一标准规范、统一数据要求，把各级农田建设项目立项、实施、验收、使用等各阶段相关信息上图入库，建成全国农田建设“一张图”和监管系统，实现有据可查、全程监控、精准管理、资源共享。各地要加快完成高标准农田上图入库工作，有关部门要做好相关数据共享和对接移交等工作。（农业农村部牵头，国家发展改革委、财政部、自然资源部、水利部按职责分工负责）

三、强化资金投入和机制创新

（九）加强财政投入保障。建立健全农田建设投入稳定增长机制。各地要优化财政支出结构，将农田建设作为重点事项，根据高标准农田建设任务、标准和成本变化，合理保障财政资金投入。加大土地出让收入对高标准农田建设的支持力度。各地要按规定及时落实地方支出责任，省级财政应承担地方财政投入的主要支出责任。鼓励有条件的地区在国家确定的投资标准基础上，进一步加大地方财政投入，提高项目投资标准。（财政部、国家发展改革委、农业农村部按职责分工负责）

（十）创新投融资模式。发挥政府投入引导和撬动作用，采取投资补助、以奖代补、财政贴息等多种方式支持高标准农田建设。鼓励地方政府有序引导金融和社会资本投入高标准农田建设。在严格规范政府债务管理的同时，鼓励开发性、政策性金融机构结合职能定位和业务范围支持高标准农田建设，引导商业金融机构加大信贷投放力度。完善政银担合作机制，加强与信贷担保等政策衔接。鼓励地方政府在债务限额内发行债券支持符合条件的高标准农田建设。有条件的地方在债券发行完成前，对预算已安排债券资金的项目可先行调度库款开展建设，债券发行后及时归垫。加强国际合作与交流，探索利用国外贷款开展高标准农田建设。（财政部、中国人民银行、中国银保监会、农业农村部按职责分工负责）

（十一）完善新增耕地指标调剂收益使用机制。优化高标准农田建设新增耕地和新增产能的核定流程、核定办法。高标准农田建设新增耕地指标经核定后，及时纳入补充耕地指标库，在满足本区域耕地占补平衡需求的情况下，可用于跨区域耕地占补平衡调剂。加强新增耕地指标跨区域调剂统筹和收益调节分配，拓展高标准农田建设资金投入渠道。土地指标跨省域调剂收益要按规定用于增加高标准农田建设投入。各地要将省域内高标准农田建设新增耕地指标调剂收益优先用于农田建设再投入和债券偿还、贴息等。（财政部、自然资源部、农业农村部按职责分工负责）

（十二）加强示范引领。开展绿色农田建设示范，推动耕地质量保护提升、生态涵养、农业面源污染防治和田园生态改善有机融合，提升农田生态功能。选取一批土壤盐碱化、酸化、退化和工程性缺水等区域，针对农业生产存在的主要障碍因素，采取专项工程措施开展高标准农田建设，为相同类型区域高标准农田建设进行试验示范。在潜力大、基础条件好、积极性高的地区，推进高标准农田建设整县示范。（农业农村部、生态环境部按职责分工负责）

（十三）健全工程管护机制。结合农村集体产权制度和农业水价综合改革，建立健全高标准农田管护机制，明确管护主体，落实管护责任。各地要建立农田建设项目管护经费合理保障机制，调动受益主体管护积极性，确保建成的工程设施正常运行。将建后管护落实情况纳入年度高标准农田建设评价范围。（农业农村部、国家发展改革委、财政部、自

然资源部、水利部按职责分工负责）

四、保障措施

（十四）加强组织领导。农田建设实行中央统筹、省负总责、市县抓落实、群众参与的工作机制。强化省级政府一把手负总责、分管领导直接负责的责任制，抓好规划实施、任务落实、资金保障、监督评价和运营管护等工作。农业农村部门要全面履行好农田建设集中统一管理职责，发展改革、财政、自然资源、水利、人民银行、银保监等相关部门按照职责分工，密切配合，做好规划指导、资金投入、新增耕地核定、水资源利用和管理、金融支持等工作，协同推进高标准农田建设。及时总结和推广好经验好做法，营造农田建设良好氛围。（农业农村部牵头，国家发展改革委、财政部、自然资源部、水利部、中国人民银行、中国银保监会按职责分工负责）

（十五）加大基础支撑。推进农田建设法规制度建设，制定完善项目管理、资金管理、监督评估和监测评价等办法。加强农田建设管理和技术服务体系队伍建设，重点配强县乡两级工作力量，与当地高标准农田建设任务相适应。围绕农田建设关键技术问题，开展科学研究，组织科技攻关。大力引进推广高标准农田建设先进实用技术，加强工程建设与农机农艺技术的集成和应用，推动科技创新与成果转化。加强农田建设行业管理服务，加大相关技术培训力度，提升农田建设管理技术水平。（农业农村部、国家发展改革委、科技部、财政部、水利部按职责分工负责）

（十六）严格保护利用。对建成的高标准农田，要划为永久基本农田，实行特殊保护，防止“非农化”，任何单位和个人不得损毁、擅自占用或改变用途。严格耕地占用审批，经依法批准占用高标准农田的，要及时补充，确保高标准农田数量不减少、质量不降低。对水毁等自然损毁的高标准农田，要纳入年度建设任务，及时进行修复或补充。完善粮食主产区利益补偿机制和种粮激励政策，引导高标准农田集中用于重要农产品特别是粮食生产。探索合理耕作制度，实行用地养地相结合，加强后续培肥，防止地力下降。严禁将不达标污水排入农田，严禁将生活垃圾、工业废弃物等倾倒、排放、堆存到农田。（农业农村部、自然资源部、国家发展改革委、财政部、生态环境部按职责分工负责）

（十七）加强风险防控。树立良好作风，强化廉政建设，严肃工作纪律，切实防范农田建设管理风险。加强对农田建设资金全过程绩效管理，科学设定绩效目标，做好绩效运行监控和评价，强化结果应用。加强工作指导，对发现的问题及时督促整改。严格跟踪问责，对履职不力、监管不严、失职渎职的，依法依规追究有关人员责任。（农业农村部、国家发展改革委、财政部按职责分工负责）

国务院办公厅

2019 年 11 月 13 日

四、农业农村部规章和规范性文件

中华人民共和国农业植物品种保护名录（第十一批）

（农业农村部令2019年第1号）

属或者种名	学　　名
甜菜	*Beta vulgaris* L.
稷（糜子）	*Panicum miliaceum* L.
大麻槿（红麻）	*Hibiscus cannabinus* L.
可可	*Theobroma cacao* L.
苋属	*Amaranthus* L.
狗牙根属	*Cynodon* Rich.
鸭茅	*Dactylis glomerata* L.
红车轴草（红三叶）	*Trifolium pratense* L.
黑麦草属	*Lolium* L.
羊茅属	*Festuca* L.
狼尾草属	*Pennisetum* Rich.
白车轴草（白三叶）	*Trifolium repens* L.
魔芋属	*Amorphophallus* Bl. ex Decne.
芋	*Colocasia esculenta*（L.）Schott
荠	*Capsella bursa-pastoris*（L.）Medic.
蕹菜（空心菜）	*Ipomoea aquatica* Forsk.
芫荽（香菜）	*Coriandrum sativum* L.
韭菜	*Allium tuberosum* Rottl. ex Spreng.
紫苏	*Perilla frutescens*（L.）Britt.
芭蕉属	*Musa* L.
量天尺属	*Hylocereus*（Berg.）Britt. et Rose
西番莲属	*Passiflora* L.
梅	*Prunus mume* Sieb. et Zucc

（续）

属或者种名	学　名
石蒜属	*Lycoris* Herb.
睡莲属	*Nymphaea* L.
天竺葵属	*Pelargonium* L'Herit. ex Ait.
鸢尾属	*Iris* L.
芍药组	*Paeonia* Sect. Paeonia DC. Prodr.
六出花属	*Alstroemeria* L.
香雪兰属	*Freesia* Klatt
蟹爪兰属	*Zygocactus* K. Schum.
朱顶红属	*Hippeastrum* Herb.
满天星	*Gypsophila paniculata* L.
金针菇	*Flammulina velutipes*（E.）Singer
蛹虫草	*Cordyceps militaris*（L. ex Fr.）Link.
长根菇	*Hymenopellis raphanipes*（Berk.）R. H. Pertersen
猴头菌	*Hericium erinaceum*（Bull.）Pers.
毛木耳	*Auricularia cornea* Ehrenb.
蝉花	*Isaria cicadae* Miquel
真姬菇	*Hypsizygus marmoreus*（Peck）H. E. Bigelow
平菇（糙皮侧耳、弗罗里达侧耳）	*Pleurotus ostreatus*（Jacq.）P. Kumm. & *Pleurotus floridanus* Singer
秀珍菇（肺形侧耳）	*Pleurotus pulmonarius*（Fr.）Quél.
红花	*Carthamus tinctorius* L.
淫羊藿属	*Epimedium* L.
松果菊属	*Echinacea* Moench.
金银花	*Lonicera japonica* Thumb.
柴胡属	*Bupleurum* L.
黄芪属	*Astragalus* L.
美丽鸡血藤（牛大力）	*Callerya speciosa*（Champ. Ex Benth.）Schot
穿心莲	*Andrographis paniculata*（Burm. f.）Nees
丹参	*Salvia miltiorrhiza* Bge.
黄花蒿	*Artemisia annua* L.
砂仁	*Amomum villosum* Lour.

农业农村部关于修改和废止部分规章、规范性文件的决定

（农业农村部令 2019 年第 2 号）

为了贯彻落实党中央、国务院关于机构改革、政府职能转变、减证便民、产权保护和生态环境保护等的决策部署，进一步推进简政放权、放管结合、优化服务改革，加强法治政府建设，农业农村部对规章和规范性文件进行了全面清理。经过清理，农业农村部决定：

一、对 17 部规章和 3 部规范性文件的部分条款予以修改。（附件 1）

二、对 5 部规章和 3 部规范性文件予以废止。（附件 2）

本决定自公布之日起施行。

附件：1. 农业农村部决定修改的规章和规范性文件

2. 农业农村部决定废止的规章和规范性文件

附件 1

农业农村部决定修改的规章和规范性文件

一、修改的规章

1. 农业转基因生物加工审批办法（2006 年 1 月 27 日农业部令第 59 号公布）

删去第五条第六项。

2. 农产品地理标志管理办法（2007 年 12 月 25 日农业部令第 11 号公布）

删去第九条第二项。

3. 绿色食品标志管理办法（2012 年 7 月 30 日农业部令 2012 年第 6 号公布）

删去第十一条第二项。

4. 新兽药研制管理办法（2005 年 8 月 31 日农业部令第 55 号公布，2016 年 5 月 30 日农业部令 2016 年第 3 号修订）

删去第八条第一款第五项、第八项、第九项。

5. 兽药进口管理办法（2007 年 7 月 31 日农业部、海关总署令第 2 号公布）

删去第五条第一款第三项中的“兽药生产许可证”“及其所生产产品的批准文号证明文件”、第四项。

6. 乡村兽医管理办法（2008年11月26日农业部令第17号公布）

删去第七条第二项中的“或者乡镇畜牧兽医站出具的从业年限证明”。

7. 动物检疫管理办法（2010年1月21日农业部令2010年第6号公布）

删去第四十一条第一项。

8. 兽药产品批准文号管理办法（2015年12月3日农业部令2015年第4号公布）

删去第六条第一款第二项、第三项，第七条第一款第二项、第三项、第四项中的“或《进口兽药注册证书》”，第八条第一款第二项、第三项，第九条第一款第二项、第三项、第四项中的“或《进口兽药注册证书》”，第十一条第一款第二项、第三项。

9. 农业部关于下发《海洋渔业船舶船员证书》考试发证收费标准的通知（1989年7月20日（1989）农（渔政）字第28号公布）

删去第十六条。

10. 中华人民共和国水生野生动物利用特许办法（1999年6月24日农业部令第15号公布，2004年7月1日农业部令第38号、2010年11月26日农业部令2010年第11号、2013年12月31日农业部令2013年第5号、2017年11月30日农业部令2017年第8号修订）

删去第九条、第二十四条。

将第二十九条第一款、第二款合并，修改为：“出口国家重点保护的水生野生动物或者其产品，进出口中国参加的国际公约所限制进出口的水生野生动物或者其产品的，应当向农业部申请，农业部应当自申请受理之日起20日内作出是否同意进出口的决定。”

将第三十一条修改为：“从国外引进水生野生动物的，应当向农业部申请，农业部应当自申请受理之日起20日内作出是否同意引进的决定。”

11. 中韩渔业协定暂定措施水域和过渡水域管理办法（2001年2月16日农业部令第47号公布，2004年7月1日农业部令第38号修订）

删去第六条第一项中的“电台执照”。

12. 中华人民共和国渔业船舶登记办法（2012年10月22日农业部令2012年第8号公布，2013年12月31日农业部令2013年第5号修订）

将第二条、第三十二条第一款、第四十四条第一款中的“公民或法人”修改为：“公民、法人或非法人组织”。

13. 主要农作物品种审定办法（2016年7月8日农业部令2016年第4号公布）

删去第十三条第四项。

14. 农作物种子生产经营许可管理办法（2016年7月8日农业部令2016年第5号公布，2017年11月30日农业部令2017年第8号修订）

删去第十一条第三项、第十二条第三项中的“及其企业缴纳的社保证明复印件”。

将第十一条第四项中的“证明材料”修改为：“说明材料”。

15. 联合收割机跨区作业管理办法（2003年7月4日农业部令第29号公布，2004年7月1日农业部令第38号、2007年11月8日农业部令第6号修订）

删去第三十二条。

16. 拖拉机驾驶培训管理办法（2004年8月15日农业部令第41号公布）

删去第四条，第十条第一项、第四项。

将第十条第二项中“教学场所使用权证明”修改为：“教学场所说明材料”。

将第十九条修改为：“完成规定课程并考试合格的学员，培训机构向学员提供素质评价、培训课时、教练员签名等记录。培训记录保存期不得少于 4 年。”

17. 农业机械维修管理规定（2006 年 5 月 10 日农业部、工商总局令第 57 号公布，2016 年 5 月 30 日农业部令 2016 年第 3 号修订）

删去第七条中的“取得相应类别和等级的《农业机械维修技术合格证》”。

删去第八条、第九条、第十条、第十二条、第二十四条。

将第十一条修改为：“农业机械维修者应公开维修工时定额和收费标准。”

将第二十五条修改为：“违反本规定，不能保持设备、设施、人员、质量管理、安全生产和环境保护等技术条件符合要求的，由农业机械化主管部门给予警告，限期整改；拒不改正的，依照《农业机械安全监督管理条例》有关规定予以处罚。”

将第二十八条修改为：“农业机械维修者未按规定填写维修记录和报送年度维修情况统计表的，由农业机械化主管部门给予警告，限期改正；逾期拒不改正的，处 100 元以下罚款。”

二、修改的规范性文件

1. 转基因棉花种子生产经营许可规定（2016 年 9 月 18 日农业部公告第 2436 号公布）

删去第四条第三项中的“及其企业缴纳的社保证明复印件”。

将第四条第四项中的“证明材料”修改为：“说明材料”。

将第四条第七项修改为“种子生产地点检疫说明材料”。

2. 农业部关于加强水族馆和展览、表演、驯养繁殖、科研利用水生野生动物管理有关问题的通知（1996 年 1 月 22 日农渔发〔1996〕3 号公布）

删去第四项中的“因驯养繁殖需捕捉、收购、利用水生野生动物的，在申报审批报告中，应附驯养繁殖技术报告和维持所需物种数量生存的资金来源证明”。

3. 农业部办公厅关于进一步规范远洋渔船证件和远洋渔业项目办理程序有关事项的通知（2009 年 9 月 2 日农办渔〔2009〕90 号公布）

删去第四项中的“当其恢复生产重新办理远洋渔船证书时，要提供报停手续和渔政机构出具的船舶证书失效期间是否违规从事渔业活动等证明材料”。

附件 2

农业农村部决定废止的规章和规范性文件

一、废止的规章

1. 农业部规范性文件管理规定（2012 年 1 月 12 日农业部令 2012 年第 1 号公布）

2. 农民专业合作社示范章程（2007年6月29日农业部令第4号公布）

3. 中华人民共和国船舶进出渔港签证办法（1990年1月26日农业部令第11号公布，1997年12月25日农业部令第39号修订）

4. 中华人民共和国水生动植物自然保护区管理办法（1997年10月17日农业部令第24号公布，2010年11月26日农业部令2010年第11号、2013年12月31日农业部令2013年第5号、2014年4月25日农业部令2014年第3号、2017年11月30日农业部令2017年第8号修订）

5. 关于设立外商投资农作物种子企业审批和登记管理的规定（1997年9月8日农农发〔1997〕9号公布）

二、废止的规范性文件

1. 《农业部关于加强管理促进农药产业健康发展的意见》（2017年6月25日农农发〔2017〕4号公布）

2. 农业部关于征收水生野生动物资源保护费有关问题的通知（2000年4月25日农渔发〔2000〕10号公布）

3. 农业部关于转发《濒危野生动植物种国际贸易公约》附录水生野生物种目录的通知（2009年4月1日农渔发〔2009〕9号公布）

农作物种子质量检验机构考核管理办法

（农业农村部令2019年第3号）

第一章　总　　则

第一条　为了加强农作物种子质量检验机构（以下简称“种子检验机构”）管理，规范种子检验机构考核工作，保证检验能力，根据《中华人民共和国种子法》，制定本办法。

第二条　本办法所称考核，是指省级人民政府农业农村主管部门（以下简称“考核机关”）依据有关法律、法规、标准和技术规范的规定，对种子检验机构的检测条件、能力等资质进行考评和核准的活动。

第三条　从事下列活动的种子检验机构，应当经过考核合格：

（一）为行政机关作出的行政决定、司法机关作出的裁判、仲裁机构作出的仲裁裁决等出具有证明作用的数据、结果的；

（二）为社会经济活动出具有证明作用的数据、结果的；

（三）其他依法应当经过考核合格的。

第四条　省级人民政府农业农村主管部门负责本行政区域内种子检验机构的考核、监管、技术指导等工作。

农业农村部负责制定种子检验机构考核相关标准，监督、指导考核工作。具体工作由全国农业技术推广服务中心承担。

第五条　种子检验机构考核应当遵循统一规范、客观公正、科学准确、公开透明的原则，采取文件审查、现场评审和能力验证相结合的方式，实行考核要求、考核程序、证书标志、监督管理统一的制度。

种子检验机构考核的申请、受理、公示、证书打印等通过中国种业大数据平台办理。

第二章　申请与受理

第六条　申请考核的种子检验机构应当具备下列条件：

（一）依法成立并能够承担相应法律责任的法人或者其他组织；

（二）具有与其从事检验活动相适应的检验技术人员和管理人员；

（三）具有不少于100平方米的固定工作场所，工作环境满足检验要求；

（四）具备与申请检验活动相匹配的检验设备设施；

（五）具有有效运行且保证其检验活动独立、公正、科学、诚信的管理体系；

（六）符合有关法律法规或者标准、技术规范规定的特殊要求。

第七条 申请种子检验机构考核的，应当向考核机关提交下列材料，并对所提交材料的真实性负责：

（一）申请书（按附录A格式填写）；

（二）满足检验能力所需办公场所、仪器设备等说明材料；

（三）检验技术人员和管理人员数量与基本情况说明材料；

（四）质量管理体系文件，包括质量手册、程序文件、作业指导书等材料；

（五）检验报告2份（按附录B要求制作）。

第八条 办公场所、仪器说明材料包括场所面积、结构，仪器名称、数量、型号、功能等。

人员说明材料主要包括人员数量、姓名及接受教育程度和工作经历。

第九条 质量手册包括以下内容：

（一）种子检验机构负责人对手册发布的声明及签名；

（二）公正性声明、质量方针声明；

（三）种子检验机构概况、范围、术语定义、组织机构；

（四）资源管理、检验实施和质量管理及其支持性程序等。

第十条 程序文件是质量手册的支持性文件，包括以下内容：

（一）公正性和保密程序；

（二）人员培训管理程序；

（三）仪器设备管理维护程序；

（四）仪器设备和标准物质检定校准确认程序；

（五）合同评审、外部服务和供应管理程序；

（六）样品管理程序；

（七）数据保护程序、检验报告和CASL（中国合格种子检验机构，China Accredited Seed Laboratory）标志使用管理程序；

（八）文件控制程序；

（九）记录控制和质量控制程序；

（十）内部审核、申诉投诉处理、不符合工作控制、纠正和预防措施控制、管理评审等程序。

第十一条 作业指导书包括扦取和制备样品的工作规范、使用仪器设备的操作规程、指导检验过程及数据处理的方法细则等。

第十二条 考核机关对申请人提出的申请材料，应当根据下列情况分别作出处理：

（一）申请材料不齐全或者不符合法定形式的，当场或在5个工作日内一次告知申请人需要补正的全部内容，逾期不告知的，自收到申请材料之日起即为受理，业务办理系统中将自动显示为受理状态；

（二）申请材料存在可以更正的错误的，允许申请人即时更正；

（三）申请材料齐全、符合法定形式，或者申请人按照要求提交全部补正材料的，予以受理。

第三章　考　　核

第十三条　考核机关受理申请后应当组织考核，进行能力验证和现场考评。

能力验证时间由考核机关和申请人商定。能力验证合格后，考核机关应当及时组织现场考评。

第十四条　能力验证采取比对试验法，应根据申请检验项目的范围设计。

能力验证的样品由考核机关组织制备，制备应按照已实施标准或规范性文件要求执行。

申请人应当在规定时间内完成项目检验，并报送检验结果。

第十五条　考核机关应当建立考评专家库。

考评专家可以从全国范围内遴选，应当具备副高以上专业技术职称或四级主任科员以上职级，从事种子检验或管理工作5年以上，熟悉考核程序和技术规范。

第十六条　考核机关应当从考评专家库中抽取不少于3名专家组成专家组，并指定考评组组长。

考评专家组实行组长负责制，对种子检验机构开展现场考评，制作考评报告。

第十七条　现场考评应当包括以下内容：

（一）质量管理体系文件、能力验证结果、检验报告的规范性和准确性；

（二）办公场所、检验场所和仪器设备设施条件；

（三）废弃物处理情况；

（四）检验操作情况。

第十八条　质量管理体系文件、检验报告应当完整、真实、有效、适宜，符合相关标准或规程。

检验报告和能力验证的结果应当准确。

第十九条　办公场所应满足开展检测工作的基本需求。

检验场所应当有预防超常温度、湿度、灰尘、电磁干扰或其它超常情况发生的保护措施；有关规定对环境控制条件有要求的，应当安装适宜的设备进行监测、控制和记录。

第二十条　仪器设备、电气线路和管道布局应当合理，符合安全要求。

互有影响或者互不相容的区域应当进行有效隔离。需要限制活动的区域应明确标示。

第二十一条　仪器设备应当满足扦样、样品制备、检验、贮存、数据处理与分析等工作需要，有完善的管理程序和档案，重要设备由专人管理；用于检验的仪器设备，还应当达到规定的准确度和规范要求。

仪器设备档案应当包括以下内容：

（一）仪器设备名称，制造商名称、型号和编号或者其他唯一性标识、放置地点；

（二）接收、启用日期和验收记录；

（三）制造商提供的资料或者使用说明书；

（四）历次检定、校准报告和确认记录；

（五）使用和维护记录；

（六）仪器设备损坏、故障、改装或者修理记录。

第二十二条 标准样品、标准溶液等标准物质的质量应当稳定，有安全运输、存放、使用、处置的规范程序和防止污染、损坏的措施。

危害性废弃物管理、处理应当符合国家有关规定。

第二十三条 检验操作程序、数据处理应当符合有关国家标准、行业标准或规范性文件规定。

第二十四条 考评专家组在现场考评中发现有不符合考评要求的，应当书面通知申请人限期整改，整改期限不得超过30个工作日。逾期未按要求整改，或整改后仍不符合要求的，相应的考评项目应当判定为不合格。

第二十五条 考评专家组应当在考核结束后2个工作日内出具考核报告。考核报告经专家组成员半数以上通过并由专家组全体成员签字后生效。对考核报告有不同意见的，应当予以注明。

第二十六条 考核机关应当自受理申请之日起20个工作日内完成考核，申请人整改和能力验证时间不计算在内。能力验证时间不得超过45个工作日。

第四章 审查与决定

第二十七条 考核机关根据考核报告结论作出考核决定。对符合要求的，考核机关应当在中国种业大数据平台公示考核结果，公示时间不得少于7个工作日；经公示无异议的或异议已得到妥善处理的，考核机关应颁发种子检验机构合格证书。对不符合要求的，书面通知申请人并说明理由。

第二十八条 合格证书有效期为6年。合格证书应当载明机构名称、证书编号、检验范围、有效期限、考核机关。

证书编号格式为"×中种检字××××第×××号"，其中"×"为省、自治区、直辖市简称，"××××"为年号，"×××"为证书序号。

检验范围应当包括检验项目、检验内容、适用范围等内容。

第二十九条 考核合格的种子检验机构，由考核机关予以公告。

第五章 变更与延续

第三十条 有下列情形之一的，种子检验机构应当向考核机关申请办理变更手续：

（一）机构名称或地址发生变更的；

（二）检验范围发生变化的；

（三）依法需要办理变更的其他事项。

机构名称或地址发生变更的，当场办理变更手续。

第三十一条 种子检验机构新增检验项目或者变更检验内容的，应当按照本办法规定申请考核。考核机关应当简化程序，对新增项目或变更检验内容所需仪器、场所及检验能力进行考核。

第三十二条　合格证书有效期届满后需要继续从事本办法第三条规定活动内容的，应当在有效期届满6个月前向考核机关提出延续申请。

第六章　监督管理

第三十三条　种子检验机构从事本办法第三条第一项、第二项检验服务，应当在其出具的检验报告上标注CASL标志。

第三十四条　省级以上农业农村主管部门根据需要对考核通过的种子检验机构进行现场检查或能力验证，种子检验机构应当予以配合，不得拒绝。

第三十五条　在合格证书有效期内，种子检验机构不再从事检验范围内的种子检验服务或者自愿申请终止的，应当向考核机关申请办理合格证书注销手续。

第三十六条　合格证书有效期届满，未申请延续或依法不予延续批准的，考核机关应当予以注销。

第三十七条　考评专家在考核活动中，有下列情形之一的，考核机关可以根据情节轻重，作出告诫、暂停或者取消其从事考核活动的处理：

（一）未按照规定的要求和时间开展考核的；

（二）与所考核的种子检验机构有利害关系或者可能对公正性产生影响，未进行回避的；

（三）透露工作中所知悉的国家秘密、商业秘密或者技术秘密的；

（四）向所考核的种子检验机构谋取不正当利益的；

（五）出具虚假或者不实的考核结论的。

第三十八条　种子检验机构有下列情形之一的，省级以上农业农村主管部门责令其暂停对外开展种子检验工作：

（一）拒绝接受监督检查的；

（二）监督检查不合格的；

（三）未按本办法规定办理变更手续的。

被暂停开展检验活动的种子检验机构在3个月内实施了有效整改，经考核机关确认后，可以恢复对外开展种子检验活动。

第三十九条　种子检验机构有下列情形之一的，由考核机关撤销资格：

（一）以欺骗、贿赂等不正当手段骗取合格证书的；

（二）伪造检验记录、数据或者出具虚假结果和证明的；

（三）超出检验范围出具标注CASL标志检验报告的；

（四）超过暂停规定期限仍不能确认恢复检验工作的；

（五）以种子检验机构的名义向社会推荐或者以监制等方式参与种子经营活动，经督促仍不改正的或者造成恶劣影响的；

（六）连续两次能力验证结果不合格的。

被撤销资格的种子检验机构，3年内不得申请考核。

第七章　附　　则

第四十条　种子检验机构合格证书和CASL标志的格式由农业农村部统一规定（按附录C格式和附录D格式制作）。

第四十一条　本办法自2019年10月1日起施行。原农业部2008年1月2日发布，2013年12月31日修订的《农作物种子质量检验机构考核管理办法》和《农业部关于印发〈农作物种子质量检验机构考核准则〉等文件的通知》（农农发〔2008〕16号）同时废止。

附录：A. 农作物种子质量检验机构资格考核申请书（略）

B. 农作物种子质量检验报告（略）

C. 农作物种子质量检验机构合格证书格式（略）

D. 农作物种子质量检验机构合格标志（略）

农田建设项目管理办法

（农业农村部令2019年第4号）

第一章　总　　则

第一条　为规范农田建设项目管理，确保项目建设质量，实现项目预期目标，依据《中华人民共和国农业法》《基本农田保护条例》《政府投资条例》等法律、行政法规，制定本办法。

第二条　本办法所称农田建设，是指各级人民政府为支持农业可持续发展，改善农田基础设施条件，提高农田综合生产能力，贯彻落实“藏粮于地、藏粮于技”战略，安排资金对农田进行综合治理和保护的活动。本办法所称农田建设项目，是指为开展农田建设而实施的高标准农田建设等项目类型。

第三条　农田建设实行集中统一管理体制，统一规划布局、建设标准、组织实施、验收评价、上图入库。

第四条　农业农村部负责管理和指导全国农田建设工作，制定农田建设政策、规章制度，牵头组织编制农田建设规划，建立全国农田建设项目评审专家库，统筹安排农田建设任务，管理农田建设项目，对各地农田建设项目管理进行监督评价。

省级人民政府农业农村主管部门负责指导本地区农田建设工作，牵头拟订本地区农田建设政策和规划，组织完成中央下达的建设任务，提出本地区农田建设年度任务方案，建立省级农田建设项目评审专家库，审批项目初步设计文件，组织开展项目竣工验收和监督检查，确定本地区各级人民政府农业农村主管部门农田建设项目管理职责，对本地区农田建设项目进行管理。

地（市、州、盟）级人民政府农业农村主管部门负责指导本地区农田建设工作，承担省级下放或委托的项目初步设计审批、竣工验收等职责，对本地区农田建设项目进行监督检查和统计汇总等。

县级人民政府农业农村主管部门负责本地区农田建设工作，制定县域农田建设规划，建立项目库，组织编制项目初步设计文件，申报项目，组织开展项目实施和初步验收，落实监管责任，开展日常监管。

第五条　农田建设项目遵循规划编制、前期准备、申报审批、计划管理、组织实施、竣工验收、监督评价等管理程序。

第二章　规划编制

第六条　农田建设项目坚持规划先行。规划应遵循突出重点、集中连片、整体推进、分期建设的原则，明确农田建设区域布局，优先扶持粮食生产功能区和重要农产品生产保护区（以下简称“两区”），把“两区”耕地全部建成高标准农田。

第七条 农业农村部负责牵头组织制定全国农田建设规划，报经国务院批准后实施。省级人民政府农业农村主管部门根据全国农田建设规划，研究编制本省农田建设规划，经省级人民政府批准后发布实施，并报农业农村部备案。

第八条 县级人民政府农业农村主管部门对接省级农田建设规划任务，牵头组织编制本级农田建设规划，并与当地水利、自然资源等部门规划衔接。

县级农田建设规划要根据区域水土资源条件，按流域或连片区域规划项目，落实到地块，形成规划项目布局图和项目库（单个项目达到项目可行性研究深度）。县级规划经本级人民政府批准后发布实施，并报省、市两级人民政府农业农村主管部门备案。

第九条 省级人民政府农业农村主管部门汇总县级项目库，形成省级农田建设项目库。

第三章　项目申报与审批

第十条 农田建设项目实行常态化申报，纳入项目库的项目，在征求项目区农村集体经济组织和农户意见后，在完成项目区实地测绘和勘察的基础上，编制项目初步设计文件。

第十一条 农田建设项目初步设计文件由县级人民政府农业农村主管部门牵头组织编制。初步设计文件包括初步设计报告、设计图、概算书等材料。

第十二条 初步设计文件应由具有相应勘察、设计资质的机构进行编制，并达到规定的深度。

第十三条 县级人民政府农业农村主管部门依据规划任务、工作实际等情况，将项目初步设计文件报送上级人民政府农业农村主管部门。省级人民政府农业农村主管部门会同有关部门，结合本地实际，按照地方法规要求，确定项目审批主体。

第十四条 省、受托的地（市、州、盟）组织或委托第三方机构开展初步设计文件评审工作。评审专家从评审专家库中抽取。评审可行的项目要向社会公示（涉及国家秘密的内容除外），公示期一般不少于5个工作日。公示无异议的项目要适时批复。

第十五条 省级人民政府农业农村主管部门依据本省农田建设规划以及前期工作情况，以县为单元向农业农村部申报年度建设任务。农业农村部根据全国农田建设规划并结合省级监督评价等情况，下达年度农田建设任务。

第十六条 地方各级人民政府农业农村主管部门应当依据经批复的项目初步设计文件，编制、汇总农田建设项目年度实施计划。省级人民政府农业农村主管部门负责批复本地区农田建设项目年度实施计划，并报农业农村部备案。

第四章　组织实施

第十七条 农田建设项目应按照批复的初步设计文件和年度实施计划组织实施，按期完工，并达到项目设计目标。建设期一般为1—2年。

第十八条 农田建设项目应当推行项目法人制，按照国家有关招标投标、政府采购、合同管理、工程监理、资金和项目公示等规定执行。省级人民政府农业农村主管部门根据本地区实际情况，对具备条件的新型经营主体或农村集体经济组织自主组织实施的农田建设项目，可简化操作程序，以先建后补等方式实施，县级人民政府农业农村主管部门应选定工程监理单位监督实施。

第十九条 组织开展农田建设应坚持农民自愿、民主方式，调动农民主动参与项目规划、建设和管护等积极性。鼓励在项目建设中开展耕地小块并大块的宜机化整理。

第二十条 参与项目建设的工程施工、监理、审计及专业化管理等单位或机构应具有相应资质。

第二十一条 项目实施应当严格按照年度实施计划和初步设计批复执行，不得擅自调整或终止。确需进行调整或终止的，按照“谁审批、谁调整”的原则，依据有关规定办理审核批复。项目调整应确保批复的建设任务不减少，建设标准不降低。

终止项目和省级部门批复调整的项目应当报农业农村部备案。

第二十二条 农田建设项目执行定期调度和统计调查制度，各级人民政府农业农村主管部门应按照有关要求，及时汇总上报建设进度，定期报送项目年度实施计划完成情况。

第五章　竣工验收

第二十三条 农田建设项目按照“谁审批、谁验收”的原则，由审批项目初步设计单位组织竣工验收。

第二十四条 申请竣工验收的项目应当具备下列条件：

（一）完成批复的初步设计文件中各项建设内容；

（二）技术文件材料分类立卷，技术档案和施工管理资料齐全、完整；

（三）主要设备及配套设施运行正常，达到项目设计目标；

（四）各单项工程已经设计单位、施工单位、监理单位和建设单位等四方验收；

（五）编制竣工决算，并经有资质的机构审计。

第二十五条 县级人民政府农业农村主管部门组织初验，初验合格后，提出竣工验收申请报告。

竣工验收申请报告应依照竣工验收条件对项目实施情况进行分类总结，并附初验意见、竣工决算审计报告等。

第二十六条 项目初步设计审批部门在收到项目竣工验收申请报告后，及时组织竣工验收。由地（市、州、盟）级人民政府农业农村主管部门组织验收的项目，验收结果应报省级人民政府农业农村主管部门备案。省级每年应对不低于10%的当年竣工验收项目进行抽查。

对竣工验收合格的项目，核发由农业农村部统一格式的竣工验收合格证书。

第二十七条 农田建设项目全部竣工验收后，要在项目区设立统一规范的公示标牌和标志，将农田建设项目建设单位、设计单位、施工单位、监理单位、项目年度、建设区域、投资规模以及管护主体等信息进行公示，接受社会和群众监督。

第二十八条 项目竣工验收后，应及时按有关规定办理资产交付手续。按照“谁受益、谁管护，谁使用、谁管护”的原则明确工程管护主体，拟定管护制度，落实管护责任，保证工程在设计使用期限内正常运行。

第二十九条 项目竣工验收后，县级人民政府农业农村主管部门应按照有关规定对项目档案进行收集、整理、组卷、存档。

第三十条 加强农田建设新增耕地核定工作，并按相关要求将新增耕地指标调剂收益优先用于高标准农田建设。

第六章 监督管理

第三十一条 各级人民政府农业农村主管部门应当按照《中华人民共和国政府信息公开条例》等有关规定，公开农田建设项目建设相关信息，接受社会监督。

第三十二条 各级人民政府农业农村主管部门应当制定、实施内部控制制度，对农田建设项目管理风险进行预防和控制，加强事前、事中、事后的监督检查，发现问题及时纠正。

第三十三条 各级人民政府农业农村主管部门应当加强对农田建设项目的监督评价。农业农村部结合粮食安全省长责任制考核，采取直接组织或委托第三方的方式，对各省农田建设项目开展监督评价和检查。

第三十四条 农田建设项目实施过程中发现存在严重违法违规问题的，各级人民政府农业农村主管部门应当及时终止项目，协助有关部门追回项目财政资金，并依法依规追究相关人员责任。

第三十五条 各级人民政府农业农村主管部门应当积极配合相关部门的审计和监督检查，对发现的问题及时整改。

第三十六条 各级人民政府农业农村主管部门应当及时在信息平台上填报农田建设项目的任务下达、初步设计审批、实施管理、竣工验收等工作信息。

县级人民政府农业农村主管部门应当在项目竣工验收后，对项目建档立册、上图入库并与规划图衔接。

第七章 附　　则

第三十七条 省级人民政府农业农村主管部门根据本办法，结合本地区的实际情况，制定具体实施办法，报农业农村部备案。

第三十八条 本办法为农田建设项目管理程序性规定，涉及资金管理和中央预算内投资计划管理相关事宜按照相关规定执行。

第三十九条 在本办法施行之前，原由相关部门已经批复的农田建设项目，仍按原规定执行。

第四十条 本办法自 2019 年 10 月 1 日起施行。

水生野生动物及其制品价值评估办法

（农业农村部令 2019 年第 5 号）

第一条 为了规范水生野生动物及其制品的价值评估方法和标准，根据《中华人民共和国野生动物保护法》规定，制定本办法。

第二条 《中华人民共和国野生动物保护法》规定保护的珍贵濒危水生野生动物及其制品价值的评估，适用本办法。

本办法规定的水生野生动物，是指国家重点保护水生野生动物及《濒危野生动植物种国际贸易公约》附录水生物种的整体（含卵）。

本办法规定的水生野生动物制品，是指水生野生动物的部分及其衍生物。

第三条 水生野生动物成年整体的价值，按照对应物种的基准价值乘以保护级别系数计算。

农业农村部负责制定、公布并调整《水生野生动物基准价值标准目录》。

第四条 国家一级重点保护水生野生动物的保护级别系数为 10。国家二级重点保护水生野生动物的保护级别系数为 5。

《濒危野生动植物种国际贸易公约》附录所列水生物种，已被农业农村部核准为国家重点保护野生动物的，按照对应保护级别系数核算价值；未被农业农村部核准为国家重点保护野生动物的，保护级别系数为 1。

第五条 水生野生动物幼年整体的价值，按照该物种成年整体价值乘以发育阶段系数计算。

发育阶段系数不应超过 1，由核算其价值的执法机关或者评估机构综合考虑该物种繁殖力、成活率、发育阶段等实际情况确定。

第六条 水生野生动物卵的价值，有单独基准价值的，按照其基准价值乘以保护级别系数计算；没有单独基准价值的，按照该物种成年整体价值乘以繁殖力系数计算。

爬行类野生动物卵的繁殖力系数为十分之一；两栖类野生动物卵的繁殖力系数为千分之一；无脊椎、鱼类野生动物卵的繁殖力系数综合考虑该物种繁殖力、成活率进行确定。

第七条 水生野生动物制品的价值，按照该物种整体价值乘以涉案部分系数计算。

涉案部分系数不应超过 1；系该物种主要利用部分的，涉案部分系数不应低于 0.7。具体由核算其价值的执法机关或者评估机构综合考虑该制品利用部分、对动物伤害程度等因素确定。

第八条 人工繁育的水生野生动物及其制品的价值，根据本办法第四至七条规定计算后的价值乘以物种来源系数计算。

列入人工繁育国家重点保护水生野生动物名录物种的人工繁育个体及其制品，物种来源系数为0.25；其它物种的人工繁育个体及其制品，物种来源系数为0.5。

第九条 水生野生动物及其制品有实际交易价格，且实际交易价格高于按照本办法评估价值的，按照实际交易价格执行。

第十条 本办法施行后，新列入《国家重点保护野生动物名录》或《濒危野生动植物种国际贸易公约》附录，但尚未列入《水生野生动物基准价值标准目录》的水生野生动物，其基准价值参照与其同属、同科或同目的最近似水生野生动物的基准价值核算。

第十一条 未被列入《濒危野生动植物种国际贸易公约》附录的地方重点保护水生野生动物，可参照本办法计算价值，保护级别系数可按1计算。

第十二条 本办法自2019年10月1日起施行。

附表

水生野生动物基准价值标准目录

物种名称	学名	单位	基准价值（元）
脊索动物门 Chordata 哺乳纲 Mammalia			
食肉目 Carnivora			
鼬科 Mustelidae			
水獭亚科 Lutrinae			
小爪水獭	*Aonyx cinerea*	只	2 000
水獭亚科其他种		只	1 800
鳍足类 Pinnipedia			
海象科 Odobenidae			
海象	*Odobenus rosmarus*	头	3 000
海狗科 Otariidae			
毛皮海狮属所有种	*Arctocephalus* spp.	头	8 000
海豹科 Phocidae			
斑海豹	*Phoca largha*	头	10 000
僧海豹属所有种	*Monachus* spp.	头	10 000
南象海豹	*Mirounga leonina*	头	5 000
鳍足类其他种		头	2 000
鲸目 Cetacea			
露脊鲸科所有种	Balaenidae spp.	头	150 000
须鲸科所有种	Balaenopteridae spp.	头	120 000
海豚科 Delphinidae			
中华白海豚	*Sousa chinensis*	头	200 000
海豚科其他种		头	50 000
灰鲸科所有种	Eschrichtiidae spp.	头	100 000
亚马孙河豚科 Iniidae			
白鱀豚	*Lipotes vexillifer*	头	600 000
亚马孙河豚科其他种		头	50 000
鼠海豚科 Phocoenidae			

（续）

物种名称	学名	单位	基准价值（元）
窄脊江豚长江种群（长江江豚）	*Neophocaena asiaeorientalis*	头	250 000
鼠海豚科其他种		头	50 000
抹香鲸科所有种	Physeteridae spp.	头	150 000
鲸目其他种		头	75 000
海牛目 Sirenia			
儒艮科 *Dugongidae*			
儒艮	*Dugong dugon*	头	250 000
海牛科所有种	Trichechidae spp.	头	150 000
爬行纲 Reptilia			
鳄目 Crocodylia			
鳄目所有种（除鼍）	Crocodylia spp.	尾	500
蛇目 Serpentes			
蛇目所有种（仅瘰鳞蛇、水蛇及海蛇）	Serpentes spp.	条	300
龟鳖目 Testudines			
两爪鳖科所有种	Carettochelyidae spp.	只	500
蛇颈龟科所有种	Chelidae spp.	只	500
海龟科 Cheloniidae			
绿海龟	*Chelonia mydas*	只	15 000
玳瑁	*Eretmochelys imbricata*	只	20 000
蠵龟	*Caretta caretta*	只	15 000
太平洋丽龟	*Lepidochelys olivacea*	只	15 000
海龟科其他种		只	10 000
棱皮龟科 Dermochelyidae			
棱皮龟	*Dermochelys coriacea*	只	20 000
鳄龟科所有种	Chelydridae spp.	只	300
泥龟科所有种	Dermatemydidae spp.	只	500
龟科所有种	Emydidae spp.	只	500
地龟科 Geoemydidae			
三线闭壳龟	*Cuora trifasciata*	只	10 000
云南闭壳龟	*Cuora yunnanensis*	只	30 000

（续）

物种名称	学名	单位	基准价值（元）
百色闭壳龟	*Cuora mccordi*	只	30 000
金头闭壳龟	*Cuora aurocapitata*	只	30 000
潘氏闭壳龟	*Cuora pani*	只	30 000
周氏闭壳龟	*Cuora zhoui*	只	30 000
黄额闭壳龟	*Cuora galbinifrons*	只	600
图纹闭壳龟	*Cuora picturata*	只	600
布氏闭壳龟	*Cuora bourreti*	只	600
地龟科其他种		只	500
侧颈龟科所有种	Podocnemididae spp.	只	500
鳖科 Trionychidae			
山瑞鳖	*Palea steindachneri*	只	1 000
鼋属所有种	*Pelochelys* spp.	只	150 000
斑鳖	*Rafetus swinhoei*	只	200 000
鳖科其他种		只	500
两栖纲 Amphibia			
有尾目 Caudata			
隐鳃鲵科 Cryptobranchidae			
大鲵	*Andrias davidianus*	只	2 500
隐鳃鲵科其他种		只	500
蝾螈科 Salamandridae			
细痣疣螈	*Tylototrirtion asperrimus*	只	400
镇海疣螈	*Tylototritrion chinhaiensis*	只	400
贵州疣螈	*Tylototritrion kweichowensis*	只	400
大凉疣螈	*Tylototritrion taliangensis*	只	500
红瘰疣螈	*Tylototritrion verrucosus*	只	350
有尾目其他种		只	300
无尾目 Anura			
无尾目所有种	Anura spp.	只	100
板鳃亚纲 Elasmobranchii			
鼠鲨目 Lamniformes			

（续）

物种名称	学名	单位	基准价值（元）
姥鲨科 Cetorhinidae			
姥鲨	*Cetorhinus maximus*	尾	50 000
鼠鲨科 Lamnidae			
噬人鲨	*Carcharodon carcharias*	尾	20 000
鲼目 Myliobatiformes			
鲼科所有种	Myliobatidae spp.	尾	200
江魟科所有种	Potamotrygonidae spp.	尾	150
须鲨目 Orectolobiformes			
鲸鲨科 Rhincodontidae			
鲸鲨	*Rhincodon typus*	尾	40 000
鲨类其他种		尾	200
锯鳐目 Pristiformes			
锯鳐科所有种	Pristidae spp.	尾	5 000
辐鳍亚纲 Actinopteri			
鲟形目 Acipenseriformes			
鲟科 Acipenseridae			
中华鲟	*Acipenser sinensis*	尾	50 000
中华鲟（卵）		万粒	20 000
达氏鲟	*Acipenser dabryanus*	尾	50 000
达氏鲟（卵）		万粒	20 000
匙吻鲟科 Polyodontidae			
白鲟（成体）	*Psephurus gladius*	尾	500 000
白鲟（卵）	*Psephurus gladius*	万粒	200 000
鲟形目其他种（成体）		尾	5 000
鲟形目其他种（卵）		万粒	2 000
鳗鲡目 Anguilliformes			
鳗鲡科 Anguillidae			
花鳗鲡	*Anguilla marmorata*	尾	500
鳗鲡科其他种		尾	50
鲤形目 Cypriniformes			

（续）

物种名称	学名	单位	基准价值（元）
胭脂鱼科 Catostomidae			
胭脂鱼	*Myxocyprinus asiaticus*	尾	200
胭脂鱼科其他种		尾	150
鲤科 Cyprinidae			
唐鱼	*Tanichthys albonubes*	尾	50
大头鲤	*Cyprinus pellegrini*	尾	100
金线鲃	*Sinocyclocheilus grahami*	尾	100
新疆大头鱼	*Aspiorhynchus laticeps*	尾	500
大理裂腹鱼	*Schizothorax taliensis*	尾	100
鲤科其他种		尾	100
骨舌鱼目 Osteoglossiformes			
巨骨舌鱼科 Arapaimidae			
巨巴西骨舌鱼	*Arapaima gigas*	尾	500
骨舌鱼科 Osteoglossidae			
美丽硬仆骨舌鱼（包括丽纹硬骨舌鱼）	*Scleropages formosus*	尾	500
鲈形目 Perciformes			
隆头鱼科 Labridae			
波纹唇鱼（苏眉）	*Cheilinus undulatus*	尾	5 000
杜父鱼科 Cottidae			
松江鲈鱼	*Trachidermus fasciatus*	尾	100
石首鱼科 Sciaenidae			
黄唇鱼	*Bahaba flavolabiata*	尾	16 000
加利福尼亚湾石首鱼	*Totoaba macdonaldi*	尾	16 000
海龙鱼目 Syngnathiformes			
海龙鱼科 Syngnathidae			
克氏海马	*Hippocampus kelloggi*	尾	200
海马属其他种	*Hippocampus* spp.	尾	30
鲑型目 Salmoniformes			
鲑科 Salmonidae			
川陕哲罗鲑	*Hucho bleekeri*	尾	2 000

（续）

物种名称	学名	单位	基准价值（元）
秦岭细鳞鲑	*Brachymystax lenok tsinlingensis*	尾	1 000
肺鱼亚纲 Dipneusti			
角齿肺鱼目 Ceratodontiformes			
角齿肺鱼科 Ceratodontidae			
澳大利亚肺鱼	*Neoceratodus forsteri*	尾	100
腔棘亚纲 Coelacanthi			
腔棘鱼目 Coelacanthiformes			
矛尾鱼科 Latimeriidae			
矛尾鱼属所有种	*Latimeria* spp.	尾	100 000
文昌鱼纲 Appendicularia			
文昌鱼目 Amphioxiformes			
文昌鱼科 Branchiostomatidae			
文昌鱼	*Branchiostoma belcheri*	尾	10
半索动物门 Hemichordata			
肠鳃纲 Enteropneusta			
柱头虫科 Balanoglossidae			
多鳃孔舌形虫	*Glossobalanus Polybranchioporus*	只	100
玉钩虫科 Harrimaniidae			
黄岛长吻虫	*Saccoglossus hwangtauensis*	只	100
棘皮动物门 Echinodermata			
海参纲所有种	Holothuroidea spp.	只	10
环节动物门 Annelida			
蛭纲 Hirudinoidea			
无吻蛭目 Arhynchobdellida			
医蛭科所有种	Hirudinidae spp.	只	10
软体动物门 Mollusca			
腹足纲 Gastropoda			
中腹足目 Mesogastropoda			
宝贝科 Cypraeidae			
虎斑宝贝	*Cypraea tigris*	只	50

（续）

<table>
<tr><th>物种名称</th><th>学名</th><th>单位</th><th>基准价值（元）</th></tr>
<tr><td colspan="4">冠螺科 Cassididae</td></tr>
<tr><td>冠螺</td><td>Cassis cornuta</td><td>只</td><td>100</td></tr>
<tr><td colspan="4">瓣鳃纲 Lamellibranchia</td></tr>
<tr><td colspan="4">异柱目 Anisomyria</td></tr>
<tr><td colspan="4">珍珠贝科 Pteriidae</td></tr>
<tr><td>大珠母贝</td><td>Pinctada maxima</td><td>只</td><td>100</td></tr>
<tr><td colspan="4">真瓣鳃目 Eulamellibranchia</td></tr>
<tr><td colspan="4">砗磲科 Tridacnidae</td></tr>
<tr><td rowspan="2">库氏砗磲</td><td rowspan="2">Tridacna cookiana</td><td>只</td><td>5 000</td></tr>
<tr><td>千克</td><td>60</td></tr>
<tr><td colspan="2">砗磲科其他种</td><td>只</td><td>200</td></tr>
<tr><td colspan="4">蚌科 Unionidae</td></tr>
<tr><td>佛耳丽蚌</td><td>Lamprotula mansuyi</td><td>只</td><td>100</td></tr>
<tr><td colspan="4">头足纲 Cephalopoda</td></tr>
<tr><td colspan="4">鹦鹉螺目 Nautilida</td></tr>
<tr><td>鹦鹉螺科所有种</td><td>Nautilidae spp.</td><td>只</td><td>3 000</td></tr>
<tr><td colspan="4">刺胞亚门 Cnidaria</td></tr>
<tr><td colspan="4">珊瑚虫纲 Anthozoa</td></tr>
<tr><td colspan="4">柳珊瑚目 Gorgonaceae</td></tr>
<tr><td>红珊瑚科所有种</td><td>Coralliidae spp.</td><td>千克</td><td>50 000</td></tr>
<tr><td colspan="2">珊瑚类其他种</td><td>千克</td><td>500</td></tr>
</table>

中央农村工作领导小组办公室、农业农村部、国家发展改革委、财政部、自然资源部、商务部、人民银行、市场监管总局、银保监会、全国供销合作总社、国家林草局关于实施家庭农场培育计划的指导意见

中农发〔2019〕16号

各省、自治区、直辖市人民政府，国务院各部委、各直属机构：

家庭农场以家庭成员为主要劳动力，以家庭为基本经营单元，从事农业规模化、标准化、集约化生产经营，是现代农业的主要经营方式。党的十八大以来，各地区各部门按照党中央、国务院决策部署，积极引导扶持农林牧渔等各类家庭农场发展，取得了初步成效，但家庭农场仍处于起步发展阶段，发展质量不高、带动能力不强，还面临政策体系不健全、管理制度不规范、服务体系不完善等问题。为贯彻落实习近平总书记重要指示精神，加快培育发展家庭农场，发挥好其在乡村振兴中的重要作用，经国务院同意，现就实施家庭农场培育计划提出以下意见。

一、总体要求

（一）指导思想。以习近平新时代中国特色社会主义思想为指导，全面贯彻党的十九大和十九届二中、三中全会精神，紧紧围绕统筹推进"五位一体"总体布局和协调推进"四个全面"战略布局，落实新发展理念，坚持高质量发展，以开展家庭农场示范创建为抓手，以建立健全指导服务机制为支撑，以完善政策支持体系为保障，实施家庭农场培育计划，按照"发展一批、规范一批、提升一批、推介一批"的思路，加快培育出一大批规模适度、生产集约、管理先进、效益明显的家庭农场，为促进乡村全面振兴、实现农业农村现代化夯实基础。

（二）基本原则。

坚持农户主体。坚持家庭经营在农村基本经营制度中的基础性地位，鼓励有长期稳定务农意愿的农户适度扩大经营规模，发展多种类型的家庭农场，开展多种形式合作与联合。

坚持规模适度。引导家庭农场根据产业特点和自身经营管理能力，实现最佳规模效

益，防止片面追求土地等生产资料过度集中，防止“垒大户”。

坚持市场导向。遵循家庭农场发展规律，充分发挥市场在推动家庭农场发展中的决定性作用，加强政府对家庭农场的引导和支持。

坚持因地制宜。鼓励各地立足实际，确定发展重点，创新家庭农场发展思路，务求实效，不搞一刀切，不搞强迫命令。

坚持示范引领。发挥典型示范作用，以点带面，以示范促发展，总结推广不同类型家庭农场的示范典型，提升家庭农场发展质量。

（三）发展目标。到2020年，支持家庭农场发展的政策体系基本建立，管理制度更加健全，指导服务机制逐步完善，家庭农场数量稳步提升，经营管理更加规范，经营产业更加多元，发展模式更加多样。到2022年，支持家庭农场发展的政策体系和管理制度进一步完善，家庭农场生产经营能力和带动能力得到巩固提升。

二、完善登记和名录管理制度

（四）合理确定经营规模。各地要以县（市、区）为单位，综合考虑当地资源条件、行业特征、农产品品种特点等，引导本地区家庭农场适度规模经营，取得最佳规模效益。把符合条件的种养大户、专业大户纳入家庭农场范围。（农业农村部牵头，林草局等参与）

（五）优化登记注册服务。市场监管部门要加强指导，提供优质高效的登记注册服务，按照自愿原则依法开展家庭农场登记。建立市场监管部门与农业农村部门家庭农场数据信息共享机制。（市场监管总局、农业农村部牵头）

（六）健全家庭农场名录系统。完善家庭农场名录信息，把农林牧渔等各类家庭农场纳入名录并动态更新，逐步规范数据采集、示范评定、运行分析等工作，为指导家庭农场发展提供支持和服务。（农业农村部牵头，林草局等参与）

三、强化示范创建引领

（七）加强示范家庭农场创建。各地要按照“自愿申报、择优推荐、逐级审核、动态管理”的原则，健全工作机制，开展示范家庭农场创建，引导其在发展适度规模经营、应用先进技术、实施标准化生产、纵向延伸农业产业链价值链以及带动小农户发展等方面发挥示范作用。（农业农村部牵头，林草局等参与）

（八）开展家庭农场示范县创建。依托乡村振兴示范县、农业绿色发展先行区、现代农业示范区等，支持有条件的地方开展家庭农场示范县创建，探索系统推进家庭农场发展的政策体系和工作机制，促进家庭农场培育工作整县推进，整体提升家庭农场发展水平。（农业农村部牵头，林草局等参与）

（九）强化典型引领带动。及时总结推广各地培育家庭农场的好经验好模式，按照可学习、易推广、能复制的要求，树立一批家庭农场发展范例。鼓励各地结合实际发展种养结合、生态循环、机农一体、产业融合等多种模式和农林牧渔等多种类型的家庭农场。按照国家有关规定，对为家庭农场发展作出突出贡献的单位、个人进行表彰。（农业农村部牵头，人力资源社会保障部、林草局等参与）

（十）鼓励各类人才创办家庭农场。总结各地经验，鼓励乡村本土能人、有返乡创业意愿和回报家乡愿望的外出农民工、优秀农村生源大中专毕业生以及科技人员等人才创办家庭农场。实施青年农场主培养计划，对青年农场主进行重点培养和创业支持。（农业农村部牵头，教育部、科技部、林草局等参与）

（十一）积极引导家庭农场发展合作经营。积极引导家庭农场领办或加入农民合作社，开展统一生产经营。探索推广家庭农场与龙头企业、社会化服务组织的合作方式，创新利益联结机制。鼓励组建家庭农场协会或联盟。（农业农村部牵头，林草局等参与）

四、建立健全政策支持体系

（十二）依法保障家庭农场土地经营权。健全土地经营权流转服务体系，鼓励土地经营权有序向家庭农场流转。推广使用统一土地流转合同示范文本。健全县乡两级土地流转服务平台，做好政策咨询、信息发布、价格评估、合同签订等服务工作。健全纠纷调解仲裁体系，有效化解土地流转纠纷。依法保护土地流转双方权利，引导土地流转双方合理确定租金水平，稳定土地流转关系，有效防范家庭农场租地风险。家庭农场通过流转取得的土地经营权，经承包方书面同意并向发包方备案，可以向金融机构融资担保。（农业农村部牵头，人民银行、银保监会、林草局等参与）

（十三）加强基础设施建设。鼓励家庭农场参与粮食生产功能区、重要农产品生产保护区、特色农产品优势区和现代农业产业园建设。支持家庭农场开展农产品产地初加工、精深加工、主食加工和综合利用加工，自建或与其他农业经营主体共建集中育秧、仓储、烘干、晾晒以及保鲜库、冷链运输、农机库棚、畜禽养殖等农业设施，开展田头市场建设。支持家庭农场参与高标准农田建设，促进集中连片经营。（农业农村部牵头，发展改革委、财政部、林草局等参与）

（十四）健全面向家庭农场的社会化服务。公益性服务机构要把家庭农场作为重点，提供技术推广、质量检测检验、疫病防控等公益性服务。鼓励农业科研人员、农技推广人员通过技术培训、定向帮扶等方式，为家庭农场提供先进适用技术。支持各类社会化服务组织为家庭农场提供耕种防收等生产性服务。鼓励和支持供销合作社发挥自身组织优势，通过多种形式服务家庭农场。探索发展农业专业化人力资源中介服务组织，解决家庭农场临时性用工需求。（农业农村部牵头，科技部、人力资源社会保障部、林草局、供销合作总社等参与）

（十五）健全家庭农场经营者培训制度。国家和省级农业农村部门要编制培训规划，县级农业农村部门要制定培训计划，使家庭农场经营者至少每三年轮训一次。在农村实用人才带头人等相关涉农培训中加大对家庭农场经营者培训力度。支持各地依托涉农院校和科研院所、农业产业化龙头企业、各类农业科技和产业园区等，采取田间学校等形式开展培训。（农业农村部牵头，教育部、林草局等参与）

（十六）强化用地保障。利用规划和标准引导家庭农场发展设施农业。鼓励各地通过多种方式加大对家庭农场建设仓储、晾晒场、保鲜库、农机库棚等设施用地支持。坚决查处违法违规在耕地上进行非农建设的行为。（自然资源部牵头，农业农村部等参与）

（十七）完善和落实财政税收政策。鼓励有条件的地方通过现有渠道安排资金，采取以奖代补等方式，积极扶持家庭农场发展，扩大家庭农场受益面。支持符合条件的家庭农场作为项目申报和实施主体参与涉农项目建设。支持家庭农场开展绿色食品、有机食品、地理标志农产品认证和品牌建设。对符合条件的家庭农场给予农业用水精准补贴和节水奖励。家庭农场生产经营活动按照规定享受相应的农业和小微企业减免税收政策。（财政部牵头，水利部、农业农村部、税务总局、林草局等参与）

（十八）加强金融保险服务。鼓励金融机构针对家庭农场开发专门的信贷产品，在商业可持续的基础上优化贷款审批流程，合理确定贷款的额度、利率和期限，拓宽抵质押物范围。开展家庭农场信用等级评价工作，鼓励金融机构对资信良好、资金周转量大的家庭农场发放信用贷款。全国农业信贷担保体系要在加强风险防控的前提下，加快对家庭农场的业务覆盖，增强家庭农场贷款的可得性。继续实施农业大灾保险、三大粮食作物完全成本保险和收入保险试点，探索开展中央财政对地方特色优势农产品保险以奖代补政策试点，有效满足家庭农场的风险保障需求。鼓励开展家庭农场综合保险试点。（人民银行、财政部、银保监会牵头，农业农村部、林草局等参与）

（十九）支持发展“互联网＋”家庭农场。提升家庭农场经营者互联网应用水平，推动电子商务平台通过降低入驻和促销费用等方式，支持家庭农场发展农村电子商务。鼓励市场主体开发适用的数据产品，为家庭农场提供专业化、精准化的信息服务。鼓励发展互联网云农场等模式，帮助家庭农场合理安排生产计划、优化配置生产要素。（商务部、农业农村部分别负责）

（二十）探索适合家庭农场的社会保障政策。鼓励有条件的地方引导家庭农场经营者参加城镇职工社会保险。有条件的地方可开展对自愿退出土地承包经营权的老年农民给予养老补助试点。（人力资源社会保障部、农业农村部分别负责）

五、健全保障措施

（二十一）加强组织领导。地方各级政府要将促进家庭农场发展列入重要议事日程，制定本地区家庭农场培育计划并部署实施。县乡政府要积极采取措施，加强工作力量，及时解决家庭农场发展面临的困难和问题，确保各项政策落到实处。（农业农村部牵头）

（二十二）强化部门协作。县级以上地方政府要建立促进家庭农场发展的综合协调工作机制，加强部门配合，形成合力。农业农村部门要认真履行指导职责，牵头承担综合协调工作，会同财政部门统筹做好家庭农场财政支持政策；自然资源部门负责落实家庭农场设施用地等政策支持；市场监管部门负责在家庭农场注册登记、市场监管等方面提供支撑；金融部门负责在信贷、保险等方面提供政策支持；其他有关部门依据各自职责，加强对家庭农场支持和服务。（各有关部门分别负责）

（二十三）加强宣传引导。充分运用各类新闻媒体，加大力度宣传好发展家庭农场的重要意义和任务要求。密切跟踪家庭农场发展状况，宣传好家庭农场发展中出现的好典型、好案例以及各地发展家庭农场的好经验、好做法，为家庭农场发展营造良好社会舆论氛围。（农业农村部牵头）

（二十四）推进家庭农场立法。加强促进家庭农场发展的立法研究，加快家庭农场立法进程，为家庭农场发展提供法律保障。鼓励各地出台规范性文件或相关法规，推进家庭农场发展制度化和法制化。（农业农村部牵头，司法部等参与）

中央农村工作领导小组办公室　农业农村部　国家发展改革委
财政部　自然资源部　商务部
人民银行　市场监管总局　银保监会
全国供销合作总社　国家林草局
2019年8月27日

关于开展农民合作社规范提升行动的若干意见

中农发〔2019〕18号

各省（自治区、直辖市）人民政府，国务院有关部门：

农民合作社是广大农民群众在家庭承包经营基础上自愿联合、民主管理的互助性经济组织，是实现小农户和现代农业发展有机衔接的中坚力量。经过多年不懈努力，我国农民合作社数量快速增长，产业类型日趋多样，合作内容不断丰富，服务能力持续增强，但其发展基础仍然薄弱，还面临运行不够规范、与成员联结不够紧密、扶持政策精准性不强、指导服务体系有待健全等问题。为贯彻落实习近平总书记重要指示精神，推动农民合作社高质量发展，经国务院同意，现就开展农民合作社规范提升行动提出以下意见。

一、总体要求

（一）指导思想。以习近平新时代中国特色社会主义思想为指导，全面贯彻党的十九大和十九届二中、三中全会精神，紧紧围绕统筹推进“五位一体”总体布局和协调推进“四个全面”战略布局，按照党中央、国务院决策部署，落实新发展理念，坚持以农民为主体，以满足农民群众对合作联合的需求为目标，围绕规范发展和质量提升，加强示范引领，优化扶持政策，强化指导服务，不断增强农民合作社经济实力、发展活力和带动能力，充分发挥其服务农民、帮助农民、提高农民、富裕农民的功能作用，赋予双层经营体制新的内涵，为推进乡村全面振兴、加快农业农村现代化提供有力支撑。

（二）基本原则

坚持党的领导。全面加强农村基层党组织对农民合作社的领导，加强农民合作社的党建工作，充分发挥党组织战斗堡垒作用和党员先锋模范作用，引导农民合作社始终坚持为农服务的正确方向。

坚持高质量发展。把农民合作社规范运行作为指导服务的核心任务，把农民合作社带动服务农户能力作为政策支持的主要依据，把农民合作社发展质量作为绩效评价的首要标准，实现由注重数量增长向注重质量提升转变。

坚持服务成员。把握农民合作社“姓农属农为农”属性，尊重农民主体地位和首创精神，为农民合作社成员提供低成本便利化服务，切实解决小农户生产经营面临的困难。

坚持市场导向。发挥市场在资源配置中的决定性作用，运用市场手段促进生产要素向农民合作社优化配置，拓展农民合作社经营内容和领域，创新合作模式和机制，以市场需求引导农民合作社高质量发展。

坚持依法指导监督。更好发挥政府对农民合作社的指导扶持服务作用，增强针对性和有效性。推进依法办社和规范治理，强化督促检查，确保政策措施落实落地。

（三）主要目标。到2020年，农民合作社质量提升整县推进稳步扩大，运行管理制度更加健全，民主管理水平进一步提升，成员权利得到切实保障，支持政策更加完善。到2022年，农民合作社质量提升整县推进基本实现全覆盖，示范社创建取得重要进展，辅导员队伍基本建成，农民合作社规范运行水平大幅提高，服务能力和带动效应显著增强。

二、提升规范化水平

（四）完善章程制度。指导农民合作社参照示范章程制定符合自身特点的章程，并根据章程规定加强内部管理和从事生产经营活动。农民合作社要加强档案管理，建立健全基础台账，实行社务公开，逐步实现公开事项、方式、时间、地点的制度化。（农业农村部等负责）

（五）健全组织机构。农民合作社要依法建立成员（代表）大会、理事会、监事会等组织机构。各组织机构应密切配合、协调运转，分别履行好成员（代表）大会议事决策、理事会日常执行、监事会内部监督等职责。规范经理选聘程序和任职要求，明确其工作职责。理事长、理事、经理和财务会计人员不得兼任监事。推动在具备条件的农民合作社中建立党组织，加强对农民合作社成员的教育引导和组织发动，维护成员合法权益，增强党组织的政治功能和组织力。（农业农村部等负责）

（六）规范财务管理。指导农民合作社认真执行财务会计制度，合理配备财务会计人员或进行财务委托代理。鼓励地方探索建立农民合作社信息管理平台，推动农民合作社财务和运营管理规范化，建立农民合作社发展动态监测机制。农民合作社要按规定设置会计账簿，建立会计档案，规范会计核算，及时向所在地县级农业农村部门报送会计报表，定期公开财务报告。依法为农民合作社每个成员建立成员账户，加强内部审计监督。农民合作社与其成员和非成员的交易，应当分别核算。国家财政直接补助形成的财产应依法量化到每个成员，农民合作社解散、破产清算时要按照相关办法处置。财政补助形成资产由农民合作社持有管护的，应建立健全管护制度。（财政部、农业农村部等负责）

（七）合理分配收益。农民合作社应按照法律和章程制定盈余分配方案，经成员（代表）大会批准实施。农民合作社可以从当年盈余中提取公积金，用于弥补亏损、扩大生产经营或者转为成员出资。可分配盈余主要按照成员与所在农民合作社的交易量（额）比例返还。农民合作社可以按章程规定或经成员（代表）大会决定，对提供管理、技术、信息、商标使用许可等服务或作出其他突出贡献的成员，给予一定报酬或奖励，在提取可分配盈余之前列支。（农业农村部等负责）

（八）加强登记管理。严格依法开展农民合作社登记注册，对农民合作社所有成员予以备案。农民合作社要按时向登记机关报送年度报告，未按时报送年报、年报中弄虚作假、通过登记住所无法取得联系的，由市场监管部门依法依规列入经营异常名录，并推送至全国信用信息共享平台，通过国家企业信用信息公示系统进行公示。列入经营异常的农民合作社不得纳入示范社评定范围。（市场监管总局、发展改革委、农业农村部等负责）

三、增强服务带动能力

（九）发展乡村产业。鼓励农民合作社利用当地资源禀赋，带动成员开展连片种植、规模饲养，提高标准化生产能力，保障农产品质量安全，壮大优势特色产业。引导农民合作社推行绿色生产方式，发展循环农业，实现投入品减量化、生产清洁化、废弃物资源化利用。支持农民合作社开发农业多种功能，发展休闲农业、乡村旅游、民间工艺制造业、信息服务和电子商务等新产业新业态，培育农业品牌，积极开展绿色食品、有机农产品认证，加强地理标志保护和商标注册，强化品牌营销推介，提高品牌知名度和市场认可度。（农业农村部、文化和旅游部、市场监管总局、林草局、知识产权局等负责）

（十）强化服务功能。鼓励农民合作社加强农产品初加工、仓储物流、技术指导、市场营销等关键环节能力建设。鼓励农民合作社延伸产业链条，拓宽服务领域，由种养业向产加销一体化拓展。发挥供销合作社综合服务平台作用，领办创办农民合作社。支持农民合作社开展农业生产托管，为小农户和家庭农场提供农业生产性服务。鼓励农民合作社和农民合作社联合社依法依规开展互助保险。（农业农村部、财政部、银保监会、林草局、供销合作总社等负责）

（十一）参与乡村建设。鼓励农民合作社建设运营农业废弃物、农村垃圾处理和资源化利用等设施，参与农村基础设施建设，发挥其在农村人居环境整治、美丽乡村建设中的积极作用。引导农民合作社参与乡村文化建设。（发展改革委、财政部、住房城乡建设部、农业农村部、文化和旅游部、供销合作总社等负责）

（十二）加强利益联结。鼓励支持农民合作社与其成员、周边农户特别是贫困户建立紧密的利益联结关系，鼓励农民合作社成员用实物、知识产权、土地经营权、林权等可以依法转让的非货币财产作价出资。鼓励农民合作社吸纳有劳动能力的贫困户自愿入社发展生产经营。允许将财政资金量化到农村集体经济组织和农户后，以自愿出资的方式投入农民合作社，让农户共享发展收益。（农业农村部、财政部、林草局、扶贫办等负责）

（十三）推进合作与联合。积极引导家庭农场组建或加入农民合作社，开展统一生产经营服务。鼓励同业或产业密切关联的农民合作社在自愿前提下，通过兼并、合并等方式进行组织重构和资源整合。支持农民合作社依法自愿组建联合社，增强市场竞争力和抗风险能力。不得对新建农民合作社的数量下指标、定任务、纳入绩效考核。（农业农村部等负责）

四、开展“空壳社”专项清理

（十四）合理界定清理范围。清理工作按照农民合作社所在地实行属地管理。在对农民合作社发展情况摸底排查基础上，重点对被列入经营异常名录、群众反映和举报存在问题以及在“双随机”抽查中发现异常情形的农民合作社依法依规进行清理。（农业农村部、市场监管总局、水利部、林草局、扶贫办等负责）

（十五）实行分类处置。各地对列入清理范围的农民合作社，要逐一排查，精准甄别存在的问题。依托农民合作社综合协调机制共同会商，按照“清理整顿一批、规范提升一批、扶持壮大一批”的办法，实行分类处置。切实加强对清理工作的指导监督和协调配合，建立健全部门信息共享和通报工作机制。（农业农村部、市场监管总局、水利部、林

草局、扶贫办等负责）

（十六）畅通退出机制。拓展企业简易注销登记适用范围，对企业简易注销登记改革试点地区符合条件的农民合作社，可适用简易注销程序退出市场。加强政策宣传和服务，为农民合作社自主申请注销提供便利服务。（市场监管总局、税务总局等负责）

五、加强试点示范引领

（十七）扎实开展质量提升整县推进试点。深入开展农民合作社质量提升整县推进试点，发展壮大单体农民合作社、培育发展农民合作社联合社、提升县域指导扶持服务水平。扩大试点范围，优先将贫困县纳入。建立县域内农民合作社登记协同监管机制。鼓励各地开展整县推进农民合作社规范化建设，创建一批农民合作社高质量发展示范县。（农业农村部等负责）

（十八）深入推进示范社创建。完善农民合作社示范社评定指标体系，持续开展示范社评定，建立示范社名录，推进国家、省、市、县级示范社四级联创。将农民合作社纳入农村信用体系建设范畴，鼓励各地建立农民合作社信用档案，对信用良好的农民合作社，在示范社评定和政策扶持方面予以倾斜。健全农民合作社示范社动态监测制度，及时淘汰不合格的农民合作社。（农业农村部、人民银行等负责）

（十九）充分发挥典型引领作用。认真总结各地整县推进农民合作社质量提升和示范社创建的经验做法，树立一批制度健全、运行规范的农民合作社典型，加大宣传推广力度。按照国家有关规定，对发展农民合作社事业作出突出贡献的单位和个人予以表彰奖励。（农业农村部、人力资源社会保障部等负责）

六、加大政策支持力度

（二十）加大财政项目扶持。统筹整合资金加大对农民合作社的支持力度，把深度贫困地区的农民合作社、县级及以上农民合作社示范社、农民合作社联合社等作为支持重点。各级财政支持的各类小型项目可以安排农民合作社作为建设管护主体。鼓励有条件的农民合作社参与实施农村土地整治、高标准农田建设、农技推广、农业社会化服务、现代农业产业园等涉农项目。落实农民合作社有关税收优惠政策。鼓励有条件的地方对农民合作社申请并获得农产品质量认证、品牌创建等给予适当奖励。（财政部、农业农村部、税务总局等负责）

（二十一）创新金融服务。支持金融机构结合职能定位和业务范围，对农民合作社提供金融支持。鼓励全国农业信贷担保体系创新开发适合农民合作社的担保产品，加大担保服务力度，着力解决农民合作社融资难、融资贵问题。开展中央财政对地方优势特色农产品保险奖补试点。鼓励各地探索开展产量保险、农产品价格和收入保险等保险责任广、保障水平高的农业保险品种，满足农民合作社多层次、多样化风险保障需求。鼓励各地利用新型农业经营主体信息直报系统，点对点为农民合作社对接信贷、保险等服务。探索构建农民合作社信用评价体系。防范以农民合作社名义开展非法集资活动。（人民银行、银保监会、财政部、农业农村部、林草局等负责）

（二十二）落实用地用电政策。农民合作社从事设施农业，其生产设施用地、附属设施用地、生产性配套辅助设施用地，符合国家有关规定的，按农用地管理。各地在安排土地利用年度计划时，加大对农民合作社的支持力度，保障其合理用地需求。鼓励支持农民合作社与农村集体经济组织合作，依法依规盘活现有农村集体建设用地发展产业。通过城乡建设用地增减挂钩节余的用地指标积极支持农民合作社开展生产经营。落实农民合作社从事农产品初加工等用电执行农业生产电价政策。（自然资源部、农业农村部、发展改革委等负责）

（二十三）强化人才支撑。分级建立农民合作社带头人人才库，分期分批开展农民合作社骨干培训。依托贫困村创业致富带头人培训，加大对农民合作社骨干的培育，增强其带贫减贫能力。鼓励支持各类乡村人才领办创办农民合作社，引导大中专毕业生到农民合作社工作。鼓励有条件的农民合作社聘请职业经理人。鼓励支持普通高校设置农民合作社相关课程、农业职业院校设立农民合作社相关专业或设置专门课程，为农民合作社培养专业人才。鼓励各地开展农民合作社国际交流合作。（教育部、人力资源社会保障部、农业农村部等负责）

七、强化指导服务

（二十四）建立综合协调工作机制。全国农民合作社发展部际联席会议成员单位要充分发挥职能作用，密切协调配合，合力推进农民合作社规范提升。地方各级政府要建立健全农业农村部门牵头的农民合作社工作综合协调机制，统筹指导、协调、推动农民合作社建设和发展。各地要强化指导服务，深入调查研究，加强形势研判，组织动员社会力量支持农民合作社发展。充分发挥农民合作社联合会在行业自律、信息交流、教育培训等方面的作用。（全国农民合作社发展部际联席会议各成员单位负责）

（二十五）建立健全辅导员队伍。重点加强县乡农民合作社辅导员队伍建设，有条件的地方可通过政府购买服务等方式，为乡镇选聘农民合作社辅导员，采取多种方式，对农民合作社登记注册、民主管理、市场营销等给予指导。大力开展基层农民合作社辅导员培训。（农业农村部等负责）

（二十六）加强基础性制度建设。抓紧修订农民合作社相关配套法规，完善农民合作社财务制度和会计制度。各地要加快制修订农民合作社地方性法规。大力开展农民合作社相关法律法规教育宣传，加强舆论引导，为促进农民合作社规范发展营造良好环境。（农业农村部、财政部等负责）

中央农办　农业农村部　发展改革委
财政部　水利部　税务总局
市场监管总局　银保监会　林草局
供销合作社总社　国务院扶贫办
2019 年 9 月 4 日

中央农办、农业农村部、中央组织部、中央宣传部、中央文明办、教育部、民政部、司法部、文化和旅游部、共青团中央、全国妇联关于印发《关于进一步推进移风易俗建设文明乡风的指导意见》的通知

中农发〔2019〕19号

各省、自治区、直辖市和新疆生产建设兵团有关部门、机构：

《关于进一步推进移风易俗 建设文明乡风的指导意见》已经中央全面深化改革委员会第八次会议审议通过。现予印发，请结合实际认真贯彻落实。

中央农办　农业农村部　中央组织部
中央宣传部　中央文明办　教育部
民政部　司法部　文化和旅游部
共青团中央　全国妇联
2019年8月23日

附件：

关于进一步推进移风易俗建设文明乡风的指导意见

为深入贯彻落实党的十九大和《中共中央 国务院关于实施乡村振兴战略的意见》精神，有效遏制陈规陋习，树立文明新风，不断提升农村精神文明建设水平，现就进一步推进移风易俗、建设文明乡风提出以下意见。

一、总体要求

（一）指导思想。以习近平新时代中国特色社会主义思想为指导，全面贯彻党的十九大和十九届二中、三中全会精神，紧紧围绕统筹推进“五位一体”总体布局和协调推进“四个全面”战略布局，认真落实党中央、国务院决策部署，以实施乡村振兴战略为总抓

手，以社会主义核心价值观为引领，加强农村思想道德建设，充分发挥农村基层党组织战斗堡垒作用和党员先锋模范作用，有效发挥村民自治重要作用，创新工作措施和方法，通过农民群众自我管理、自我约束、自我提高，推进移风易俗，不断改善农民精神风貌，提高乡村社会文明程度。

（二）基本原则。

坚持党的领导。把推进文明乡风建设作为地方各级党委和政府的一项重要任务，建立健全党委统一领导、政府负责、各部门分工落实的工作机制。

坚持依法依规。出台有关政策措施要符合法律法规，村规民约内容要符合宪法和法律精神。农村基层群众性自治组织有关约束性措施的制定和实施要符合村民自治程序和规范。

坚持依靠群众。充分尊重农民意愿，加强教育宣传和引导，做好思想工作，反映群众诉求，调动农民群众积极性。注意方式方法，让群众自己管理自己，得到群众认可。

坚持因地制宜。与当地经济社会发展水平和文化传统相适应，尊重不同民族和区域风俗习惯。充分考虑群众接受程度，不搞强制命令，不搞“一刀切”。

（三）总体目标。争取通过 3 到 5 年的努力，文明乡风管理机制和工作制度基本健全，农村陈规陋习蔓延势头得到有效遏制，婚事新办、丧事简办、孝亲敬老等社会风尚更加浓厚，农民人情支出负担明显减轻，乡村社会文明程度进一步提高，农民群众有实实在在的获得感。

二、发挥村民自治作用，提高群众参与度

（四）支持依据村规民约采取约束性措施。县乡两级党委和政府要指导制定或修订村规民约，充实婚事新办、丧事简办、孝亲敬老等移风易俗内容。在村党组织统一领导下，引导和鼓励村民委员会依据村规民约出台具体约束性措施，对红白喜事大操大办、不赡养老人等进行治理。通过教育、规劝、奖惩等措施，引导村民遵守相关规定。出台约束性措施要按照村民委员会组织法等有关法律法规和规定，完整履行村民自治等程序。相关部门要加强具体指导。（牵头单位：民政部、中央农办、农业农村部；参加单位：中央组织部、中央文明办、中央政法委、国家民委、司法部、财政部、文化和旅游部、共青团中央、全国妇联）

（五）发挥农村基层群众组织作用。规范村内红白理事会、老年人协会、村民议事会、道德评议会等群众组织运行，完善组织章程和各项制度，广泛开展议事协商，积极组织开展婚丧嫁娶服务、邻里互助和道德评议等活动。在推选农村基层群众组织负责人时，要邀请婚事丧事操办人、敬老爱老机构人员和敬老爱老模范等人员参与。（牵头单位：民政部、中央组织部；参加单位：中央文明办、人力资源社会保障部、农业农村部、文化和旅游部、共青团中央、全国妇联）

三、加强宣传教育，强化价值认同

（六）加强舆论引导。各级各类新闻媒体要广泛深入报道婚事新办、丧事简办、孝亲敬老的事迹，积极引导树立正确婚丧观和弘扬中华孝道。充分利用县乡电视广播系统、乡

镇政务场所、农村集市、村务公开栏、村大喇叭、村文化墙等直接面向农民群众的宣传阵地，用身边事教育身边人。有针对性地开展舆论监督，坚决抵制婚丧陋习、天价彩礼、孝道式微和老无所养等不良社会风气。（牵头单位：中央宣传部；参加单位：中央文明办、农业农村部、文化和旅游部、广电总局）

（七）广泛开展道德教育。把道德教育作为新时代文明实践中心的重要工作，调动各方，统筹推进，引导农民爱党爱国、向上向善、孝老爱亲、重义守信、勤俭持家。推进道德宣讲团等道德文化阵地建设。充分发挥共青团、妇联等群团组织作用，加强青年婚育观教育。强化家庭、学校主体责任，让良好道德观贯穿始终，让中华孝道成为公民特质。充分发挥农村老党员、老干部和各类人才作用，用嘉言懿行垂范乡里、影响群众。（牵头单位：中央文明办；参加单位：中央组织部、中央宣传部、教育部、农业农村部、文化和旅游部、共青团中央、全国妇联）

（八）发挥文化传承和浸润作用。丰富农村地区公共文化产品和服务供给，繁荣相关文艺作品创作。支持以树立正确婚丧观和弘扬中华孝道为主要内容的各类演出活动，规范文艺演出参与婚庆和丧事活动。把弘扬正确婚丧观和中华孝道列为文化下乡活动重要内容，采取群众喜闻乐见、具有地方特色的形式，培育熏染农民群众道德情操。加强对历史遗迹、革命遗迹、传统村落、传统建筑等历史文化遗产的保护，努力保存文化传承的载体和环境。结合农村实际，推动中国特色社会主义文化融入农村社会思想道德教育、文化知识教育和社会实践各环节。（牵头单位：中央宣传部、文化和旅游部；参加单位：中央统战部、中央文明办、教育部、国家民委、住房城乡建设部、农业农村部、国家文物局）

四、加强典型示范，注重实践养成

（九）以党风政风引领农村新风。各级领导干部应以身作则，率先垂范，在移风易俗中走在前头。建立农村党员干部操办婚丧事宜报备制度，该向群众公示的要向群众公示。可依据党内有关法规和制度，对农村党员干部婚事新办、丧事简办、孝亲敬老、抵制天价彩礼等作出相关规定，发挥好党员干部模范带头作用。发挥组织监督和群众监督作用，对违反相关规定的党员干部进行相应处理。（责任单位：中央纪委国家监委机关、中央组织部、中央文明办、中央农办、民政部、农业农村部等按职责分工负责）

（十）营造弘扬文明乡风的实践氛围。广泛开展"婚育新风进万家"、"敬老月"、"雷锋日"、"小手拉大手"等相关主题实践活动。重视在春节、清明、七夕、中秋、重阳等传统民族节日中引导践行正确婚丧观和中华孝道。培育、选树、宣传婚事新办、丧事简办、孝亲敬老典型，充分发挥榜样示范作用。推进农村敬老爱老和婚丧嫁娶志愿服务，开展邻里互助和爱心公益活动，让农民群众在参与中改变观念、在实践中提高认识。（牵头单位：中央文明办；参加单位：中央宣传部、国家民委、民政部、农业农村部、卫生健康委、共青团中央、全国妇联）

五、加强制度保障，实施有效管理

（十一）强化法律约束。推动在相关法律法规修订中增加文明乡风相关内容。加强对农村婚介机构和农村"媒婆"的管理。教育引导农民自觉承担责任、树立良好家风，巩固家庭养老基础地位。对孝道式微等现象要加强批评教育，对不赡养、虐待父母等行为要加大惩处力度。基层司法执法部门要对利用婚丧嫁娶敛财等违法犯罪行为进行重点整治。（责任单位：中央政法委、中央文明办、全国人大常委会法工委、公安部、民政部、司法部、农业农村部、卫生健康委、最高人民法院等按职责分工负责）

（十二）建立正面激励机制。对于在推进文明乡风建设方面做出表率的模范家庭和先进个人，相关部门和地方可以在精神和物质方面给予相应奖励。支持村级组织通过互评亮榜等方式宣传正确婚丧观和孝道典型。总结推广"乡村道德银行"、"文明积分"等奖励模式，对先进典型进行奖励，让德者有得。（牵头单位：中央文明办；参加单位：中央宣传部、发展改革委、教育部、民政部、财政部、农业农村部、卫生健康委、人民银行、银保监会、共青团中央、全国妇联）

六、推动工作创新，发挥群众创造性

（十三）创新青年婚介服务方式。充分发挥共青团、妇联等群团组织作用，搭建农村青年婚恋教育、婚恋交友、婚姻服务平台。鼓励村妇联主席成为农村义务红娘，为农村青年提供婚恋服务，宣传引导抵制高额彩礼、奢华婚礼。充分利用农民春节返乡等时间节点举办农村集体婚礼，倡导家庭婚礼、旅行婚礼等有纪念意义的婚礼，引导婚事新办。（牵头单位：民政部、共青团中央、全国妇联；参加单位：中央宣传部、中央文明办、教育部、农业农村部）

（十四）创新农村养老服务方式。推广农村互助型养老，积极引入相关公益组织，不断完善服务方式、内容等。在有条件的地区依托村级综合服务设施，逐步建立日间照料中心、老年驿站、老年幸福餐桌等互助性养老设施，改造提升特困人员供养服务设施（敬老院），对条件适宜的整合提升为区域性养老服务中心，为农村留守、失能、孤寡老年人解决实际生活困难。鼓励村级组织通过与赡养人子女签订家庭赡养协议书等方式，督促子女从经济供养、生活照料、权益维护等方面自觉承担家庭责任。高度重视老年人感情需求和人文关怀，建立对农村留守、孤寡老年人的定期巡访联系制度，及时发现、防范和化解老年人独自生活风险。（牵头单位：民政部；参加单位：中央组织部、中央文明办、发展改革委、财政部、人力资源社会保障部、农业农村部、文化和旅游部、卫生健康委、共青团中央、全国妇联）

（十五）创新农村婚丧宴席举办方式。鼓励依托村级综合服务设施等场所，为村民举办婚丧宴席提供便利。鼓励有条件的地区建立农村宴席服务队，明确服务项目、收费标准和服务承诺，防止大操大办、浪费攀比。（牵头单位：中央文明办、民政部；参加单位：中央宣传部、财政部、住房城乡建设部、农业农村部、文化和旅游部）

七、强化责任落实，建立健全长效机制

（十六）强化党委领导责任。地方县级以上各级党委要把农村移风易俗摆上重要位置，在全面从严治党、乡村振兴、脱贫攻坚中大力推进移风易俗，深入研究当地婚丧陋习、孝道式微等问题的形成原因，建立管用有效的工作机制，制定有针对性的政策措施，统筹调动各方力量，推动农村婚丧、孝道风气实现好转。（牵头单位：中央组织部、中央农办、

农业农村部；参加单位：中央纪委国家监委机关、中央宣传部、中央文明办、民政部）

（十七）落实农村基层党组织责任。乡镇党委和村党组织要充分发挥政治功能和组织优势，把推动革除婚丧陋习、抵制天价彩礼、解决孝道式微等问题列为重要工作内容，加强组织推动，深入教育宣传和发动群众，扎实做好落实工作。（牵头单位：中央组织部；参加单位：中央文明办、民政部、农业农村部、共青团中央、全国妇联）

（十八）健全监督机制。落实地方党政一把手责任，在对地方党政领导班子和有关领导干部进行综合考核评价、开展评先树优时，注意了解推进农村移风易俗工作相关情况。对文明乡风建设工作成效显著的予以奖励，对工作不力的严肃问责。各有关部门要强化协同联动，相互支持，相互配合，切实解决好文明乡风建设方面存在的问题。（牵头单位：中央组织部、中央农办、农业农村部；参加单位：各有关单位）

农业农村部、国家发展改革委、工业和信息化部、财政部、生态环境部、国家市场监督管理总局关于加快推进农用地膜污染防治的意见

农科教发〔2019〕1号

各省、自治区、直辖市农业农村（农牧）厅（局、委）、发展改革委、工业和信息化主管部门、财政厅（局）、生态环境厅（局）、市场监管局（厅、委），新疆生产建设兵团农业农村局、发展改革委、工业和信息化委员会、财政局、生态环境局、市场监督管理局：

地膜是重要的农业生产资料。我国地膜覆盖面积大、应用范围广，在增加农作物产量、提高作物品质、丰富农产品供给结构等方面发挥了重要作用。但长期以来重使用、轻回收，造成部分地区地膜残留污染问题日益严重。为加快推进地膜污染防治，推动农业绿色发展，现提出以下意见。

一、总体要求

（一）指导思想

以习近平新时代中国特色社会主义思想为指导，全面贯彻党的十九大及十九届二中、三中全会精神，牢固树立新发展理念，认真落实中央一号文件关于下大力气治理白色污染的要求，以主要覆膜地区为治理重点，以回收利用、减量使用传统地膜和推广应用安全可控替代产品为主要治理方式，健全制度体系，强化责任落实，完善扶持政策，严格执法监管，加强科技支撑，全面推进地膜污染治理，加快建设农业绿色发展新格局，为全面建成小康社会提供有力支撑。

（二）基本原则

统筹兼顾，重点推进。统筹地膜污染的环境压力、农产品供给保障能力和废旧地膜回收利用能力，协同推进生产发展和环境保护，奖惩并举，疏堵结合，重点推进覆膜面积大、残留量高地区的农业绿色发展，保障产业稳定、环境改善。

因地制宜，多措并举。根据不同区域、不同覆膜类型、不同残留程度，以回收利用为主要手段，同时探索源头不用、少用的减量化措施，在部分地区适宜作物上开展安全可控替代产品的推广应用，有效解决地膜污染问题。

强化管理，落实责任。地膜污染治理由地方人民政府负责。各有关部门在本级人民政府的统一领导下，健全工作机制，加强工作督导，做好协同配合，监督指导地膜生产、销

售、使用等各主体切实履行主体责任。

政府引导，多方参与。完善以绿色生态为导向的农业补贴制度，发挥市场配置资源的决定性作用，政府重点在地膜使用和回收环节进行引导和支持，在循环利用环节鼓励社会资本投入，培育废旧地膜资源化利用循环产业。

（三）主要目标

到2020年建立工作机制，明确主体责任，回收体系基本建立，农膜回收率达到80%以上，全国地膜覆盖面积基本实现零增长。到2025年，农膜基本实现全回收，全国地膜残留量实现负增长，农田白色污染得到有效防控。

二、完善农田地膜污染防治制度建设

（四）加快法律法规制定

落实严格的农膜管理制度，对农膜生产、销售、使用、回收、再利用等环节加强管理。农业农村部、工业和信息化部、生态环境部、国家市场监督管理总局联合制定农用薄膜管理办法，建立全程监管体系，加强农膜回收利用的法律保障。同时，对地方制定相应办法和规定提出要求。

（五）建立地方负责制度

地方各级人民政府要对本行政区域内的地膜污染防治工作负责，压实地方政府主体责任，明确地膜污染防治的第一责任主体。要结合本地实际，细化任务分工，健全工作机制，加大资金投入，完善政策措施，强化日常监管，确保各项任务落实到位。

（六）建立使用管控制度

加强地膜使用控制，开展地膜覆盖技术适宜性评价，因地制宜调减部分作物覆膜面积，促进地膜覆盖技术合理利用。完善可降解地膜评价认证和降解产物检测评估体系，加强可降解地膜产品操作性、功能性、可控性等的农田适宜性评价，开展新产品的对比试验，进一步降低产品成本，在符合标准基础上开展可降解地膜示范推广。

（七）建立监测统计制度

研究制定农田地膜残留调查技术规范和回收率、残留量等测算方法，进一步完善农田地膜残留和回收利用监测网络，建立健全农田地膜残留监测点，开展常态化、制度化的监测评估。加强地膜使用和回收利用统计工作。

（八）建立绩效考核制度

把地膜污染治理纳入地方政府有关农业绿色发展的考核指标，加强对地膜污染防治的监督和考核，定期通报考核结果，层层传导压力。强化考核结果应用，建立激励和责任追究机制。

三、做好农田地膜污染防治工作落实

（九）规范企业生产行为

地膜生产者应具备产品质量检测能力和相关设备，不得利用再生料进行生产，禁止生产厚度、强度、耐候性能等不符合国家强制性标准的地膜，产品质量检验合格证应当标注地膜推荐使用时间。各地工业和信息化部门负责地膜生产指导工作，市场监督管理部门负责地膜质量监督管理工作。

（十）强化市场监管

地膜销售者采购和销售地膜应当依法查验产品包装、标签、产品质量检验合格证，不得采购和销售不符合国家强制性标准的地膜。各地市场监督管理部门负责地膜流通领域的监督管理工作，依法打击非标地膜的生产和销售。

（十一）推动减量增效

示范推广一膜多用、行间覆盖等技术，加强粮棉、菜棉轮作等轮作倒茬制度探索，降低地膜覆盖依赖度，减少地膜用量。推广机械捡拾、适时揭膜等技术，降低地膜残留风险。鼓励和支持农业生产者使用生物可降解农膜。对利用政府性资金采购的或政府组织集中采购的地膜，有关单位要加强需求确定和履约验收管理，不得采购不合格地膜产品。各地农业农村部门负责指导地膜的科学合理使用工作。

（十二）强化回收利用

坚持政府引导、部门联动、公众参与、多方回收，因地制宜建立政府扶持、市场主导的地膜回收利用体系。推进地膜专业化回收利用，完善废旧地膜回收网络，盘活已有地膜加工再利用能力。明确种植大户、农民合作社、龙头企业等新型经营主体在地膜回收方面的约束性责任，引导相关主体开展废弃地膜回收，鼓励地膜回收利用体系与可再生资源、垃圾处理、农资销售体系等相结合，就近就地、合理布局，确保环保达标。探索推动地膜生产者责任延伸制度试点。对地膜重度污染农田，各地要通过农田综合整治等方式开展存量残膜专项治理。各地农业农村部门负责指导地膜回收利用工作，生态环境部门负责地膜回收利用过程的环境污染防治监督管理工作。

四、加强农田地膜污染防治政策保障

（十三）加大政策扶持力度

中央财政继续支持地方开展废弃地膜回收利用工作，继续推动农膜回收示范县建设。地膜使用量大、污染严重的地区，省级政府可根据当地实际安排地膜回收利用资金，对从事废弃地膜回收的网点、资源化利用主体等给予支持，对机械化捡拾作业等给予适当补贴。

（十四）加强科技支撑

加大对地膜回收捡拾机具、符合国家标准的可降解地膜及其配套农艺技术、高强度地膜、地膜资源化利用等关键技术和设备研发的支持力度。加大符合标准的可降解地膜试验示范力度，针对其可操作性、可控性、经济性、安全性及全生命周期环境影响做好性能验证和技术评价，优先在重点用膜地区开展验证性推广。开展主要农作物地膜覆盖适宜性研究，促进地膜覆盖技术合理利用。

（十五）强化组织保障

各地区、各有关部门要根据本意见精神，明确目标任务、职责分工和具体要求，建立协同推进机制，确保各项政策措施落到实处。农业农村部要会同有关部门对本意见落实情况进行跟踪评估。各地要强化宣传发动，引导公众参与，切实增强农膜生产者、销售者、使用者、回收者自觉履行生态环境责任的积极性和主动性，形成多方参与、共同治理的良好局面。

农业农村部　国家发展改革委　工业和信息化部
财政部　生态环境部　国家市场监督管理总局
2019年6月26日

非洲猪瘟防控期间全面开展生猪屠宰及生猪产品流通等环节非洲猪瘟检测

（农业农村部公告第 119 号）

为进一步做好非洲猪瘟防控工作，降低生猪屠宰以及生猪产品流通环节病毒扩散风险，切实保障生猪产业健康发展，根据《中华人民共和国动物防疫法》《重大动物疫情应急条例》《生猪屠宰管理条例》等法律法规及有关规定，在非洲猪瘟防控期间，全面开展生猪屠宰及生猪产品流通等环节非洲猪瘟检测。现就有关事项公告如下。

一、生猪屠宰厂（场）应当按照有关规定，严格做好非洲猪瘟排查、检测及疫情报告工作，并主动接受监督检查。

二、生猪屠宰厂（场）要严格入场查验，发现有下列情形之一的，不得收购、屠宰有关生猪：

（一）无有效动物检疫证明的；

（二）耳标不齐全或检疫证明与耳标信息不一致的；

（三）违规调运生猪的；

（四）发现其他违法违规调运行为的。

三、生猪屠宰厂（场）要按照规定，严格落实生猪待宰、临床巡检、屠宰检验检疫等制度。在待宰圈发现生猪疑似非洲猪瘟的，应当立即暂停同一待宰圈生猪上线屠宰；在屠宰线发现疑似非洲猪瘟的，应当立即暂停屠宰活动。同时，按规定采集相应病（死）猪的血液样品或脾脏、淋巴结、肾脏等组织样品等进行非洲猪瘟病毒检测，检测结果为阴性的，同批生猪方可继续上线屠宰。

四、生猪屠宰厂（场）应当在驻场官方兽医组织监督下，按照生猪不同来源实施分批屠宰，每批生猪屠宰后，对暂储血液进行抽样并检测非洲猪瘟病毒。经 PCR 检测试剂盒或免疫学检测试纸条检测为阴性的，同批生猪产品方可上市销售。其中，经 PCR 检测为阴性的，有关生猪产品可按照规定在本省或跨省销售；经免疫学检测试纸条检测为阴性的，有关生猪产品仅可在本省范围内销售。

五、按照本公告第三、第四条规定，检出非洲猪瘟病毒阳性的，生猪屠宰厂（场）应当第一时间将检测结果报告当地畜牧兽医部门，并及时将阳性样品送所在地省级动物疫病预防控制机构检测（确诊）。经确诊为非洲猪瘟病毒阳性的，生猪屠宰厂（场）要在当地畜牧兽医部门监督下，按规定扑杀所有待宰圈生猪，连同阳性批次的猪肉、猪血及副产品进行无害化处理，对屠宰车间和相关场所进行彻底清洗消毒。48 小时后，可向当地畜牧兽医部门申请评估，经评估合格的，方可恢复生产。

六、生猪屠宰厂（场）非洲猪瘟病毒检测结果须经驻场官方兽医签字确认。对非洲猪瘟病毒检测结果为阴性且按照检疫规程检疫合格的生猪产品出具动物检疫证明，并注明检测方法、检测日期和检测结果等信息，其中，出具跨省调运动物检疫证明（产品A）的，要求PCR检测结果为阴性。对未经非洲猪瘟病毒检测或检测结果为阳性的，不得出具动物检疫证明。生猪屠宰厂（场）应当主动配合驻场官方兽医工作，不得拒绝、阻碍或干扰官方兽医监督核查。

七、各地畜牧兽医主管部门要组织制定生猪屠宰厂（场）样品采集和检测等有关要求，强化培训指导和监督检查，规范采样、检测和记录等工作。要结合当地工作实际，建立上市生猪产品和屠宰厂（场）暂存产品抽样检测核查制度，确保屠宰厂（场）采集样品和检测结果的真实性和代表性。在风险评估和追溯调查工作中，省级以上兽医机构实验室在生猪产品中检出非洲猪瘟病毒阳性的，应当就地销毁相关生猪产品，有关生猪屠宰厂（场）应当主动做好同批产品及流行病学相关风险产品的流向调查，并按规定销毁，暂停屠宰活动，并按照本公告第五条规定实施清洗消毒，按规定程序恢复生产。发现因检测造假造成生猪产品上市，被省级以上兽医机构实验室检测为非洲猪瘟病毒阳性的，除按照上述规定执行外，生猪屠宰厂（场）应当彻底清洗消毒，1个潜伏期（15天）后，方可按照本公告第五条规定程序恢复生产。

八、在生猪屠宰厂（场）检出非洲猪瘟病毒阳性的，当地畜牧兽医主管部门要组织做好阳性生猪和生猪产品的溯源追踪，对生猪来源养殖场（户）及其周边地区进行严格检测排查，涉及其他行政区域的，应当及时将相关情况和资料通报有关地方畜牧兽医主管部门，共同开展溯源追踪。

九、检测非洲猪瘟病毒，应当使用农业农村部批准或经中国动物疫病预防控制中心比对符合要求的检测方法开展检测。

十、本公告自2019年2月1日起执行。

农业农村部

2019年1月2日

氟虫胺管理措施

（农业农村部公告第 148 号）

为保障农产品质量安全和生态环境安全，根据《中华人民共和国食品安全法》《农药管理条例》有关规定及履行《关于持久性有机污染物的斯德哥尔摩公约》的相关要求，在风险评估、全国农药登记评审委员会审议、公开征求意见的基础上，决定对氟虫胺采取以下管理措施。

一、自本公告发布之日起，不再受理、批准含氟虫胺农药产品（包括该有效成分的原药、单剂、复配制剂，下同）的农药登记和登记延续。

二、自 2019 年 3 月 26 日起，撤销含氟虫胺农药产品的农药登记和生产许可。

三、自 2020 年 1 月 1 日起，禁止使用含氟虫胺成分的农药产品。

农业农村部

2019 年 3 月 22 日

农业农村部关于印发《非洲猪瘟疫情应急实施方案（2019 年版）》的通知

农牧发〔2019〕5 号

各省、自治区、直辖市及计划单列市畜牧兽医（农业农村、农牧）厅（局、委、办），新疆生产建设兵团畜牧兽医局，部属有关事业单位：

为进一步做好非洲猪瘟疫情应急处置工作，我部根据《中华人民共和国动物防疫法》《重大动物疫情应急条例》《国家突发重大动物疫情应急预案》等有关法律法规规定，组织制定了《非洲猪瘟疫情应急实施方案（2019 年版）》。现印发给你们，请遵照执行。《农业部关于印发〈非洲猪瘟防治技术规范（试行）〉的通知》（农医发〔2015〕31 号）和《农业部关于印发〈非洲猪瘟疫情应急预案〉的通知》（农医发〔2017〕28 号）同时废止。

农业农村部
2019 年 1 月 24 日

附件

非洲猪瘟疫情应急实施方案（2019 年版）

为有效预防、控制和扑灭非洲猪瘟疫情，切实维护养猪业稳定健康发展，保障猪肉产品供给安全，根据《中华人民共和国动物防疫法》《中华人民共和国进出境动植物检疫法》《重大动物疫情应急条例》《国家突发重大动物疫情应急预案》等有关规定，制定本实施方案。

一、疫情报告与确认

任何单位和个人，一旦发现生猪、野猪异常死亡等情况，应立即向当地畜牧兽医主管部门、动物卫生监督机构或者动物疫病预防控制机构报告。

县级以上动物疫病预防控制机构接到报告后，根据临床诊断和流行病学调查结果怀疑发生非洲猪瘟疫情的，应判定为可疑疫情，并及时采样送省级动物疫病预防控制机构进行检测。相关单位在开展疫情报告、送检、调查等工作时，要及时做好记录备查。

对首次发生疑似非洲猪瘟疫情的省份，省级动物疫病预防控制机构根据检测结果判定为疑似疫情后，应立即将样品送中国动物卫生与流行病学中心确诊，同时按要求将疑似疫情信息以快报形式报中国动物疫病预防控制中心。

对再次发生疑似非洲猪瘟疫情的省份，由省级动物疫病预防控制机构进行确诊，同时按要求将确诊疫情信息以快报形式报中国动物疫病预防控制中心，将病料样品送中国动物卫生与流行病学中心备份。

对由中国动物卫生与流行病学中心确诊的疫情，中国动物卫生与流行病学中心按规定同时将确诊结果通报样品来源省级动物疫病预防控制机构和中国动物疫病预防控制中心。中国动物疫病预防控制中心按程序将有关信息报农业农村部。农业农村部根据确诊结果和相关信息，认定并发布非洲猪瘟疫情。

在生猪运输过程中，动物卫生监督检查站查到的非洲猪瘟疫情，其疫情认定程序，由农业农村部另行规定。

各地海关、林业和草原部门发现可疑非洲猪瘟疫情的，要及时通报所在地省级畜牧兽医主管部门。所在地省级畜牧兽医主管部门按照上述要求及时组织开展样品送检、信息上报等工作，按职责分工，与海关、林业和草原部门共同做好疫情处置工作。农业农村部根据确诊结果，认定并发布疫情。

二、疫情响应

（一）疫情分级

根据疫情流行特点、危害程度和涉及范围，将非洲猪瘟疫情划分为四级：特别重大（Ⅰ级）、重大（Ⅱ级）、较大（Ⅲ级）和一般（Ⅳ级）。

1. 特别重大（Ⅰ级）疫情

全国新发疫情持续增加、快速扩散，30 天内多数省份发生疫情，对生猪产业发展和经济社会运行构成严重威胁。

2. 重大（Ⅱ级）疫情

30 天内，5 个以上省份发生疫情，疫区集中连片，且疫情有进一步扩散趋势。

3. 较大（Ⅲ级）疫情

30 天内，2 个以上、5 个以下省份发生疫情。

4. 一般（Ⅳ级）疫情

30 天内，1 个省份发生疫情。必要时，农业农村部将根据防控实际对突发非洲猪瘟疫情具体级别进行认定。

（二）疫情预警

发生特别重大（Ⅰ级）、重大（Ⅱ级）、较大（Ⅲ级）疫情时，由农业农村部向社会发布疫情预警。发生一般（Ⅳ级）疫情时，农业农村部可授权相关省级畜牧兽医主管部门发布疫情预警。

（三）分级响应

发生非洲猪瘟疫情时，各地、各有关部门按照属地管理、分级响应的原则作出应急响应。

1. 特别重大（Ⅰ级）疫情响应

农业农村部根据疫情形势和风险评估结果，报请国务院启动Ⅰ级应急响应，启动国家应急指挥机构；或经国务院授权，由农业农村部启动Ⅰ级应急响应，并牵头启动多部门组成的应急指挥机构。

全国所有省份的省、市、县级人民政府立即启动应急指挥机构，实施非洲猪瘟防控工作日报告制度，组织开展紧急流行病学调查和排查工作。对发现的疫情及时采取应急处置措施。各有关部门按照职责分工共同做好非洲猪瘟疫情防控工作。

2. 重大（Ⅱ级）疫情响应

农业农村部，以及发生疫情省份及相邻省份的省、市、县级人民政府立即启动Ⅱ级应急响应，并启动应急指挥机构工作，实施非洲猪瘟防控工作日报告制度，组织开展监测排查。对发现的疫情及时采取应急处置措施。各有关部门按照职责分工共同做好非洲猪瘟疫情防控工作。

3. 较大（Ⅲ级）疫情响应

农业农村部，以及发生疫情省份的省、市、县级人民政府立即启动Ⅲ级应急响应，并启动应急指挥机构工作，实施非洲猪瘟防控工作日报告制度，组织开展监测排查。对发现的疫情及时采取应急处置措施。各有关部门按照职责分工共同做好非洲猪瘟疫情防控工作。

4. 一般（Ⅳ级）疫情响应

农业农村部，以及发生疫情省份的省、市、县级人民政府立即启动Ⅳ级应急响应，并启动应急指挥机构工作，实施非洲猪瘟防控工作日报告制度，组织开展监测排查。对发现的疫情及时采取应急处置措施。各有关部门按照职责分工共同做好非洲猪瘟疫情防控工作。

发生特别重大（Ⅰ级）、重大（Ⅱ级）、较大（Ⅲ级）、一般（Ⅳ级）等级别疫情时，要严格限制生猪及其产品由高风险区向低风险区调运，对生猪与生猪产品调运实施差异化管理，关闭相关区域的生猪交易场所，具体调运监管方案由农业农村部另行制定发布并适时调整。

（四）响应级别调整与终止

根据疫情形势和防控实际，农业农村部或相关省级畜牧兽医主管部门组织对疫情形势进行评估分析，及时提出调整响应级别或终止应急响应的建议由原启动响应机制的人民政府或应急指挥机构调整响应级别或终止应急响应。

三、应急处置

（一）可疑和疑似疫情的应急处置

对发生可疑和疑似疫情的相关场点实施严格的隔离、监视，并对该场点及有流行病学关联的养殖场（户）进行采样检测。禁止易感动物及其产品、饲料及垫料、废弃物、运载工具、有关设施设备等移动，并对其内外环境进行严格消毒。必要时可采取封锁、扑杀等措施。

（二）确诊疫情的应急处置

疫情确诊后，县级以上畜牧兽医主管部门应当立即划定疫点、疫区和受威胁区，开展追溯追踪调查，向本级人民政府提出启动相应级别应急响应的建议，由当地人民政府依法作出决定。

1. 划定疫点、疫区和受威胁区

疫点：发病猪所在的地点。相对独立的规模化养殖场（户）、隔离场，以病猪所在的养殖场（户）、隔离场为疫点；散养猪以病猪所在的自然村为疫点；放养猪以病猪活动场地为疫点；在运输过程中发现疫情的，以运载病猪的车辆、船只、飞机等运载工具为疫点；在牲畜交易场所发生疫情的，以病猪所在场所为疫点；在屠宰加工过程中发生疫情的，以屠宰加工厂（场）（不含未受病毒污染的肉制品生产加工车间）为疫点。

疫区：一般是指由疫点边缘向外延伸3公里的区域。受威胁区：一般是指由疫区边缘向外延伸10公里的区域。对有野猪活动地区，受威胁区应为疫区边缘向外延伸50公里的区域。划定疫点、疫区和受威胁区时，应根据当地天然屏障（如河流、山脉等）、人工屏障（道路、围栏等）、行政区划、饲养环境、野猪分布情况，以及疫情追溯追踪调查和风险分析结果，必要时考虑特殊供给保障需要，综合评估后划定。

2. 封锁

疫情发生所在地的县级畜牧兽医主管部门报请本级人民政府对疫区实行封锁，由当地人民政府依法发布封锁令。疫区跨行政区域时，由有关行政区域共同的上一级人民政府对疫区实行封锁，或者由各有关行政区域的上一级人民政府共同对疫区实行封锁。必要时，上级人民政府可以责成下级人民政府对疫区实行封锁。

3. 疫点内应采取的措施

疫情发生所在地的县级人民政府依法及时组织扑杀疫点内的所有生猪，并对所有病死猪、被扑杀猪及其产品进行无害化处理。

对排泄物、餐厨剩余物、被污染或可能被污染的饲料和垫料、污水等进行无害化处理。对被污染或可能被污染的物品、交通工具、用具、猪舍、场地环境等进行彻底清洗消毒。出入人员、运载工具和相关设施设备要按规定进行消毒。禁止易感动物出入和相关产品调出。疫点为生猪屠宰加工企业的，停止生猪屠宰活动。

4. 疫区内应采取的措施

疫情发生所在地的县级以上人民政府应按照程序和要求，组织设立警示标志，设置临时检查消毒站，对出入的相关人员和车辆进行消毒。禁止易感动物出入和相关产品调出。关闭生猪交易场所。对生猪养殖场（户）、交易场所等进行彻底消毒，并做好流行病学调查和风险评估工作。

对疫区内的养殖场（户）进行严格隔离，经病原学检测为阴性的，存栏生猪可继续饲养或就近屠宰。对病原学检测为阳性的养殖场户，应扑杀其所有生猪，并做好清洗消毒等工作。疫区内的生猪屠宰企业，停止生猪屠宰活动，采集猪肉、猪血和环境样品送检，并进行彻底清洗消毒。

对疫点、疫区内扑杀的生猪原则上应当就地进行无害化处理，确需运出疫区进行无害化处理的，须在当地畜牧兽医部门监管下，使用密封装载工具（车辆）运出，严防遗撒渗漏；启运前和卸载后，应当对装载工具（车辆）进行彻底清洗消毒。

5. 受威胁区应采取的措施

禁止生猪调出调入，关闭生猪交易场所。疫情发生所在地畜牧兽医部门及时组织对生猪养殖场（户）全面开展临床监视，必要时采集样品送检，掌握疫情动态，强化防控措施。

受威胁区内的生猪屠宰企业，应当暂停生猪屠宰活动，并彻底清洗消毒；经当地畜牧兽医部门对其环境样品和猪肉产品检测合格，由疫情发生所在县的上一级畜牧兽医主管部门组织开展动物疫病风险评估通过后，可恢复生产。

6. 运输途中发现疫情的疫点、疫区和受威胁区应采取的措施

疫情发生所在地的县级人民政府依法及时组织扑杀疫点内的所有生猪，对所有病死猪、被扑杀猪及其产品进行无害化处理，对运载工具进行彻底清洗消毒，不得劝返。当地可根据风险评估结果，确定是否需划定疫区和受威胁区并采取相应处置措施。

（三）野猪和虫媒控制

养殖场户要采取措施避免饲养的生猪与野猪接触。各地林业和草原部门要对疫区、受威胁区及周边地区野猪分布状况进行调查和监测。在钝缘软蜱分布地区，疫点、疫区、受威胁区的养猪场户要采取杀灭钝缘软蜱等虫媒控制措施，畜牧兽医部门要加强监测和风险评估工作。当地畜牧兽医部门与林业和草原部门应定期相互通报有关信息。

（四）疫情排查监测

各地要按要求及时组织开展全面排查，对疫情发生前至少 1 个月以来疫点生猪调运、猪只病死情况、饲喂方式等进行核查并做好记录；对重点区域、关键环节和异常死亡的生猪加大监测力度，及时发现疫情隐患。

要加大对生猪交易场所、屠宰场、无害化处理厂的巡查力度，有针对性地开展监测。要加大入境口岸、交通枢纽周边地区以及中欧班列沿线地区的监测力度。要高度关注生猪、野猪的异常死亡情况，排查中发现异常情况，必须按规定立即采样送检并采取相应处置措施。

（五）疫情追踪和追溯

对疫情发生前至少 30 天内以及疫情发生后采取隔离措施前，从疫点输出的易感动物、相关产品、运载工具及密切接触人员的去向进行追踪调查，对有流行病学关联的养殖、屠宰加工场所进行采样检测，分析评估疫情扩散风险。

对疫情发生前至少 30 天内，引入疫点的所有易感动物、相关产品、运输工具和人员往来情况等进行溯源性调查，对有流行病学关联的相关场所、运载工具进行采样检测，分析疫情来源。疫情追踪追溯过程中发现异常情况的，应根据检测结果和风险分析情况采取相应处置措施。

（六）解除封锁和恢复生产

1. 疫点为养殖场、交易场所的

疫点和疫区应扑杀范围内的生猪全部死亡或扑杀完毕，并按规定进行消毒和无害化处理 42 天后（未采取“哨兵猪”监测措施的）未出现新发疫情的；或者按规定进行消毒和无害化处理 15 天后，引入哨兵猪继续饲养 15 天后，哨兵猪未发现临床症状且病原学检测为阴性，未出现新发疫情的，经疫情发生所在县的上一级畜牧兽医主管部门组织验收合格后，由所在地县级畜牧兽医主管部门向原发布封锁令的人民政府申请解除封锁，由该人民政府发布解除封锁令，并通报毗邻地区和有关部门。

2. 疫点为生猪屠宰加工企业的

对畜牧兽医部门排查发现的疫情，应对屠宰场进行彻底清洗消毒，经当地畜牧兽医部门对其环境样品和生猪产品检测合格，经过 15 天后，由疫情发生所在县的上一级畜牧兽医主管部门组织开展动物疫病风险评估通过后，方可恢复生产。对疫情发生前生产的生猪产品，抽样检测和风险评估表明未污染非洲猪瘟病毒的，经就地高温处理后可加工利用。

对屠宰场主动排查报告的疫情，应进行彻底清洗消毒，经当地畜牧兽医部门对其环境样品和生猪产品检测合格，经过 48 小时后，由疫情发生所在县的上一级畜牧兽医主管部门组织开展动物疫病风险评估通过后，可恢复生产。对疫情发生前生产的生猪产品，抽样检测表明未污染非洲猪瘟病毒的，经就地高温处理后可加工利用。

疫区内的生猪屠宰企业，企业应进行彻底清洗消毒，经当地畜牧兽医部门对其环境样品和生猪产品检测合格，经过 48 小时后，由疫情发生所在县的上一级畜牧兽医主管部门组织开展动物疫病风险评估通过后，可恢复生产。

解除封锁后，在疫点和疫区应扑杀范围内，对需继续饲养生猪的养殖场（户），应引入哨兵猪并进行临床观察，饲养 45 天后（期间猪只不得调出），对哨兵猪进行血清学和病原学检测，均为阴性且观察期内无临床异常的，相关养殖场（户）方可补栏。

（七）扑杀补助

对强制扑杀的生猪及人工饲养的野猪，按照有关规定给予补偿，扑杀补助经费由中央财政和地方财政按比例承担。

四、信息发布和科普宣传

及时发布疫情信息和防控工作进展，同步向国际社会通报情况。坚决打击造谣、传谣行为。未经农业农村部授权，地方各级人民政府及各部门不得擅自发布发生疫情信息和排除疫情信息。坚持正面宣传、科学宣传，及时解疑释惑、以正视听，第一时间发出权威解读和主流声音，做好防控宣传工作。科学宣传普及防控知识，针对广大消费者的疑虑和关切，及时答疑解惑，引导公众科学认知非洲猪瘟，理性消费生猪产品。

五、善后处理

（一）后期评估

应急响应结束后，疫情发生地人民政府畜牧兽医主管部门组织有关单位对应急处置情况进行系统总结评估，形成评估报告。重大（Ⅱ级）以上疫情评估报告，应逐级上报至农业农村部。

（二）责任追究

在疫情处置过程中，发现生猪养殖、贩运、交易、屠宰等环节从业者存在主体责任落实不到位，以及相关部门工作人员存在玩忽职守、失职、渎职等违法行为的，依据有关法律法规严肃追究当事人的责任。

（三）抚恤补助

地方各级人民政府要组织有关部门对因参与应急处置工作致病、致残、死亡的人员，按照国家有关规定，给予相应的补助和抚恤。

六、附则

（一）本实施方案有关数量的表述中，“以上”含本数，“以下”不含本数。

（二）供港澳生猪及其产品在执行本实施方案中的有关事宜，由农业农村部商海关总署另行规定。

（三）家养野猪发生疫情的，按家猪疫情处置；野猪发生疫情的，根据流行病学调查和风险评估结果，参照本实施方案采取相关处置措施，防止野猪疫情向家猪和家养野猪扩散。

（四）在饲料及其添加剂、猪相关产品检出阳性样品的，经评估有疫情传播风险的，对饲料及其添加剂、猪相关产品予以销毁。

（五）本实施方案由农业农村部负责解释。

附件：

1. 非洲猪瘟诊断规范
2. 非洲猪瘟样品的采集、运输与保存要求
3. 非洲猪瘟消毒规范
4. 非洲猪瘟无害化处理要求

附件1

非洲猪瘟诊断规范

一、流行病学

（一）传染源

感染非洲猪瘟病毒的家猪、野猪（包括病猪、康复猪和隐性感染猪）和钝缘软蜱为主要传染源。

（二）传播途径

主要通过接触非洲猪瘟病毒感染猪或非洲猪瘟病毒污染物（餐厨剩余物、饲料、饮水、圈舍、垫草、衣物、用具、车辆等）传播，消化道和呼吸道是最主要的感染途径；也可经钝缘软蜱等媒介昆虫叮咬传播。

（三）易感动物

家猪和欧亚野猪高度易感，无明显的品种、日龄和性别差异。疣猪和薮猪虽可感染，但不表现明显临床症状。

（四）潜伏期

因毒株、宿主和感染途径的不同，潜伏期有所差异，一般为5～19天，最长可达21天。世界动物卫生组织《陆生动物卫生法典》将潜伏期定为15天。

（五）发病率和病死率

不同毒株致病性有所差异，强毒力毒株可导致感染猪在12～14天内100%死亡，中

等毒力毒株造成的病死率一般为 30%～50%，低毒力毒株仅引起少量猪死亡。

（六）季节性

该病季节性不明显。

二、临床表现

（一）最急性：无明显临床症状突然死亡。

（二）急性：体温可高达 42℃ ，沉郁，厌食，耳、四肢、腹部皮肤有出血点，可视黏膜潮红、发绀。眼、鼻有黏液脓性分泌物；呕吐；便秘，粪便表面有血液和黏液覆盖；或腹泻，粪便带血。共济失调或步态僵直，呼吸困难，病程延长则出现其它神经症状。妊娠母猪流产。病死率可达 100% 。病程 4～10 天。

（三）亚急性：症状与急性相同，但病情较轻，病死率较低。体温波动无规律，一般高于 40.5℃ 。仔猪病死率较高。病程 5～30 天。

（四）慢性：波状热，呼吸困难，湿咳。消瘦或发育迟缓，体弱，毛色暗淡。关节肿胀，皮肤溃疡。死亡率低。病程 2～15 个月。

三、病理变化

典型的病理变化包括浆膜表面充血、出血，肾脏、肺脏表面有出血点，心内膜和心外膜有大量出血点，胃、肠道黏膜弥漫性出血；胆囊、膀胱出血；肺脏肿大，切面流出泡沫性液体，气管内有血性泡沫样黏液；脾脏肿大，易碎，呈暗红色至黑色，表面有出血点，边缘钝圆，有时出现边缘梗死。颌下淋巴结、腹腔淋巴结肿大，严重出血。

最急性型的个体可能不出现明显的病理变化。

四、鉴别诊断

非洲猪瘟临床症状与古典猪瘟、高致病性猪蓝耳病、猪丹毒等疫病相似，必须通过实验室检测进行鉴别诊断。

五、实验室检测

（一）样品的采集、运输和保存（见附件 2）

（二）抗体检测

抗体检测可采用间接酶联免疫吸附试验、阻断酶联免疫吸附试验和间接荧光抗体试验等方法。

抗体检测应在符合相关生物安全要求的省级动物疫病预防控制机构实验室，以及受委托的相关实验室进行。

（三）病原学检测

1. 病原学快速检测：可采用双抗体夹心酶联免疫吸附试验、聚合酶链式反应和实时荧光聚合酶链式反应等方法。

2. 病毒分离鉴定：可采用细胞培养等方法。从事非洲猪瘟病毒分离鉴定工作，必须经农业农村部批准。

（四）结果判定

1. 临床可疑疫情猪群符合下述流行病学、临床症状、剖检病变标准之一的，判定为临床可疑疫情。

（1）流行病学标准

①已经按照程序规范免疫猪瘟、高致病性猪蓝耳病等疫苗，但猪群发病率、病死率依然超出正常范围；

②饲喂餐厨剩余物的猪群，出现高发病率、高病死率；

③调入猪群、更换饲料、外来人员和车辆进入猪场、畜主和饲养人员购买生猪产品等可能风险事件发生后，15天内出现高发病率、高死亡率；

④野外放养有可能接触垃圾的猪出现发病或死亡。

符合上述4条之一的，判定为符合流行病学标准。

（2）临床症状标准

①发病率、病死率超出正常范围或无前兆突然死亡；

②皮肤发红或发紫；

③出现高热或结膜炎症状；

④出现腹泻或呕吐症状；

⑤出现神经症状。

符合第①条，且符合其他条之一的，判定为符合临床症状标准。

（3）剖检病变标准

①脾脏异常肿大；

②脾脏有出血性梗死；

③下颌淋巴结出血；

④腹腔淋巴结出血。

符合上述任何一条的，判定为符合剖检病变标准。

2. 疑似疫情

对临床可疑疫情，经病原学快速检测方法检测，结果为阳性的，判定为疑似疫情。

3. 确诊疫情

对疑似疫情，按有关要求经中国动物卫生与流行病学中心或省级动物疫病预防控制机构实验室复核，结果为阳性的，判定为确诊疫情。

附件2

非洲猪瘟样品的采集、运输与保存要求

可采集发病动物或同群动物的血清样品和病原学样品，病原学样品主要包括抗凝血、脾脏、扁桃体、淋巴结、肾脏和骨髓等。如环境中存在钝缘软蜱，也应一并采集。

样品的包装和运输应符合农业农村部《高致病性动物病原微生物菌（毒）种或者样本

运输包装规范》等规定。规范填写采样登记表，采集的样品应在冷藏密封状态下运输到相关实验室。

一、血清样品

无菌采集5ml血液样品，室温放置12～24h，收集血清，冷藏运输。到达检测实验室后，冷冻保存。

二、病原学样品

（一）抗凝血样品

无菌采集5ml乙二胺四乙酸抗凝血，冷藏运输。到达检测实验室后，－70℃冷冻保存。

（二）组织样品

首选脾脏，其次为扁桃体、淋巴结、肾脏、骨髓等，冷藏运输。样品到达检测实验室后，－70℃保存。

（三） 钝缘软蜱将收集的钝缘软蜱放入有螺旋盖的样品瓶/管中，放入少量土壤，盖内衬以纱布，常温保存运输。到达检测实验室后，－70℃冷冻保存或置于液氮中；如仅对样品进行形态学观察，可以放入100%酒精中保存。

附件3

非洲猪瘟消毒规范

一、消毒产品种类

最有效的消毒产品是10%的苯及苯酚、次氯酸、强碱类及戊二醛。强碱类（氢氧化钠、氢氧化钾等）、氯化物和酚化合物适用于建筑物、木质结构、水泥表面、车辆和相关设施设备消毒。酒精和碘化物适用于人员消毒。

二、场地及设施设备消毒

（一）消毒前准备

1. 消毒前必须清除有机物、污物、粪便、饲料、垫料等。
2. 选择合适的消毒产品。
3. 备有喷雾器、火焰喷射枪、消毒车辆、消毒防护用具（如口罩、手套、防护靴等）、消毒容器等。

（二）消毒方法

1. 对金属设施设备，可采用火焰、熏蒸和冲洗等方式消毒。
2. 对圈舍、车辆、屠宰加工、贮藏等场所，可采用消毒液清洗、喷洒等方式消毒。

3. 对养殖场（户）的饲料、垫料，可采用堆积发酵或焚烧等方式处理，对粪便等污物作化学处理后采用深埋、堆积发酵或焚烧等方式处理。

4. 对疫区范围内办公、饲养人员的宿舍、公共食堂等场所，可采用喷洒方式消毒。

5. 对消毒产生的污水应进行无害化处理。

（三）人员及物品消毒

1. 饲养管理人员可采取淋浴消毒。

2. 对衣、帽、鞋等可能被污染的物品，可采取消毒液浸泡、高压灭菌等方式消毒。

（四）消毒频率

疫点每天消毒3～5次，连续7天，之后每天消毒1次，持续消毒15天；疫区临时消毒站做好出入车辆人员消毒工作，直至解除封锁。

附件4

非洲猪瘟无害化处理要求

在非洲猪瘟疫情处置过程中，对病死猪、被扑杀猪及相关产品进行无害化处理，按照《病死及病害动物无害化处理规范》（农医发〔2017〕25号）有关规定执行。

药物饲料添加剂退出和管理政策调整公告

（农业农村部公告第194号）

根据《兽药管理条例》《饲料和饲料添加剂管理条例》有关规定，按照《遏制细菌耐药国家行动计划（2016—2020年）》和《全国遏制动物源细菌耐药行动计划（2017—2020年）》部署，为维护我国动物源性食品安全和公共卫生安全，我部决定停止生产、进口、经营、使用部分药物饲料添加剂，并对相关管理政策作出调整。现就有关事项公告如下。

一、自2020年1月1日起，退出除中药外的所有促生长类药物饲料添加剂品种，兽药生产企业停止生产、进口兽药代理商停止进口相应兽药产品，同时注销相应的兽药产品批准文号和进口兽药注册证书。此前已生产、进口的相应兽药产品可流通至2020年6月30日。

二、自2020年7月1日起，饲料生产企业停止生产含有促生长类药物饲料添加剂（中药类除外）的商品饲料。此前已生产的商品饲料可流通使用至2020年12月31日。

三、2020年1月1日前，我部组织完成既有促生长又有防治用途品种的质量标准修订工作，删除促生长用途，仅保留防治用途。

四、改变抗球虫和中药类药物饲料添加剂管理方式，不再核发“兽药添字”批准文号，改为“兽药字”批准文号，可在商品饲料和养殖过程中使用。2020年1月1日前，我部组织完成抗球虫和中药类药物饲料添加剂品种质量标准和标签说明书修订工作。

五、2020年7月1日前，完成相应兽药产品“兽药添字”转为“兽药字”批准文号变更工作。

六、自2020年7月1日起，原农业部公告第168号和第220号废止。

农业农村部

2019年7月9日

非洲猪瘟疫情有奖举报暂行办法

（农业农村部公告第 233 号）

根据《中华人民共和国动物防疫法》、《国务院办公厅关于加强非洲猪瘟防控工作的意见》（国办发〔2019〕31 号）、《国务院办公厅关于稳定生猪生产促进转型升级的意见》（国办发〔2019〕44 号）精神，为加强非洲猪瘟防控工作，鼓励群众对违反非洲猪瘟防控相关规定的行为进行监督举报，我部制定了《非洲猪瘟疫情有奖举报暂行办法》，并确定了农业农村部非洲猪瘟疫情有奖举报电话，现予公告。

农业农村部

2019 年 11 月 18 日

为加强非洲猪瘟防控工作，充分发挥“群防群治”力量，有效打击违反非洲猪瘟防控相关规定的行为，根据《中华人民共和国动物防疫法》、《国务院办公厅关于加强非洲猪瘟防控工作的意见》（国办发〔2019〕31 号）、《国务院办公厅关于稳定生猪生产促进转型升级的意见》（国办发〔2019〕44 号）等的规定，制定本暂行办法。

一、适用范围

社会公众举报非洲猪瘟疫情以及违反非洲猪瘟相关防控规定情形的线索，经查证举报属实给予相应奖励的，适用本办法。

二、奖励条件范围

（一）举报内容

存在以下情况导致非洲猪瘟疫情发生或扩散的；

1. 养殖场（户）直接使用餐厨废弃物（泔水）喂猪；

2. 养殖场（户）发现生猪异常死亡不予报告；

3. 未及时报告畜牧兽医主管部门，擅自处理不明原因死亡的生猪；

4. 藏匿、转移、盗掘已被依法隔离、封存、处理的生猪及其产品；

5. 开具虚假检疫证明、不检疫就出证、违规出证以及违规使用、倒卖产地检疫证明等动物卫生证章标志；

6. 私屠滥宰或屠宰、加工、销售病死生猪及其产品；

7. 生产、销售、屠宰、加工、贮藏、运输未经检验检疫的生猪及其产品；

8. 故意丢弃死猪并制造和传播养殖场（户）发生疫情舆论，借机大幅压低价格收购生猪等方式从事“炒猪”牟取暴利；

9. 违法违规生产、经营、使用非洲猪瘟防治药物（包括任何形式的疫苗）；

10. 其他引发疫情或违反法定非洲猪瘟防控措施的行为。

（二）举报要件

1. 有明确的举报对象和具体的举报事实及证据；

2. 举报内容事先未被畜牧兽医主管部门掌握；

3. 举报情况经畜牧兽医主管部门记录，并查证属实。

三、举报方式

各级畜牧兽医主管部门应通过设立并公布举报电话等方式，受理举报。

举报人可以通过电话等方式向当地畜牧兽医主管部门或农业农村部举报。农业农村部受理举报电话为：010－59194768。

举报内容由受理举报部门为主组织核查。对核查发现的问题，依据有关规定由相关责任部门进行处理。

四、举报奖励

（一）奖励原则

1. 对经查证属实的举报，给予奖励。

2. 举报人举报的事项应客观真实，不得捏造、歪曲事实，不得诬告、陷害他人。

3. 对同一行为由两人及以上举报的，只奖励符合本办法有关要求的第一时间举报人（以受理举报时间为准）；对同一举报人向不同部门举报的同一事项，不重复奖励。

4. 最终认定的违法违规事实与举报事项不一致的，不予奖励；举报人提供线索与非洲猪瘟防控无关、举报事项已发现或正在查处的，不予奖励。

5. 各级畜牧兽医主管部门工作人员或者依照相关法律法规及规定负有法定监督、报告违法行为义务人员进行的举报，不予奖励。

（二）奖励标准

由农业农村部受理经查证属实并符合奖励原则的举报，农业农村部给予举报人每次3 000～10 000元（税前）不等的奖励。具体的奖励标准另行规定。

举报为防控非洲猪瘟作出特别重大贡献的，可一次性给予举报人高于前款规定标准并不超过 30 000 元（税前）的奖励。

五、奖励程序

（一）举报事项查证核实并全部处理完毕后，对于符合本办法规定奖励条件的，由举报受理部门在 15 个工作日内向举报人反馈办理结果，并根据举报人意愿启动奖励程序。

（二）举报人应当在被告知奖励决定之日起 30 个工作日内，由本人凭有效身份证明领取奖励。委托他人代领的，受托人需同时持有举报人授权委托书、举报人和受托人的有效身份证明。举报人无正当理由逾期未领取奖金的，视为放弃奖励。

（三）奖励资金的支付，按照国库集中支付制度有关规定执行。具备非现金支付条件的，奖励资金应当采取非现金支付方式支付。

(四) 举报人无法现场领取奖金且无受托人的，可及时说明情况并提供举报人身份证明、银行账号，由举报奖励部门将奖金汇至指定账户，提供的账户名应当与举报人姓名一致。

六、监督管理

（一）各级畜牧兽医主管部门应当建立健全举报奖励档案，并做好汇总统计工作。

（二）各级畜牧兽医主管部门应当依法保护举报人的合法权益，不得泄露举报人的相关信息。

（三）各级畜牧兽医主管部门工作人员在实施举报奖励过程中有下列情形的，视情节轻重给予行政处分；构成犯罪的，移送司法机关依法追究刑事责任：

1. 伪造或者教唆、伙同他人伪造举报材料，冒领举报奖金的；

2. 未经举报人同意，泄露举报人相关信息的；

3. 贪污、挪用、私分、截留奖励资金的；

4. 其他应当依法承担法律责任的行为。

（四）举报人故意捏造事实诬告他人，或者弄虚作假骗取奖励的，依法承担相应责任；构成犯罪的，移送司法机关处理。

七、附则

（一）各地可依据本办法，制定本行政区域内的举报奖励办法，对奖励的决定、审批、发放程序及资金安排等作出具体规定。

（二）本办法自发布之日起实行。

无规定动物疫病小区评估管理办法

（农业农村部公告第242号）

第一章 总 则

第一条 为推进动物疫病区域化管理，规范实施无规定动物疫病小区建设和评估活动，有效控制和消灭动物疫病，提高动物卫生及动物产品安全水平，促进动物及动物产品贸易，根据《中华人民共和国动物防疫法》《无规定动物疫病区评估管理办法》等，制定本办法。

第二条 本办法适用于中华人民共和国境内无规定动物疫病小区的评估管理。

第三条 本办法所称无规定动物疫病小区是指处于同一生物安全管理体系下的养殖场区，在一定期限内没有发生一种或几种规定动物疫病的若干动物养殖和其他辅助生产单元所构成的特定小型区域。

第四条 本办法所称无规定动物疫病小区评估，是指按照《无规定动物疫病小区管理技术规范》，对处于同一生物安全管理体系下的若干动物养殖场及其辅助生产单元所构成的特定区域的规定动物疫病状况和生物安全管理能力的综合评价。

第五条 农业农村部负责无规定动物疫病小区评估管理工作，制定发布《无规定动物疫病小区管理技术规范》。农业农村部设立的全国动物卫生风险评估专家委员会（以下简称风险评估委员会）组织无规定动物疫病小区评估工作。省级人民政府畜牧兽医主管部门应当设立省级动物卫生风险评估专家委员会，承担无规定动物疫病小区自评估工作。

第六条 无规定动物疫病小区建设和评估应当符合有关国际组织确定的生物安全隔离区划及风险评估的总体要求，遵循政府引导、企业建设、行业监管、专家评估的原则。

第二章 申 请

第七条 无规定动物疫病小区建成并符合《无规定动物疫病小区管理技术规范》要求的，由企业填报《无规定动物疫病小区评估申请书（基本样式）》（见附件1），向所在地县级人民政府畜牧兽医主管部门提交评估申请。

第八条 县级人民政府畜牧兽医主管部门对申请书格式、内容及规定动物疫病状况报告等审核合格后，连同县级畜牧兽医机构监管情况报告，经地市级人民政府畜牧兽医主管部门审核同意后报省级人民政府畜牧兽医主管部门。跨县（市、区）的无规定动物疫病小区，应当分别由涉及的县级人民政府畜牧兽医主管部门进行审核，并提交相应监管情况报告。

第九条 县级兽医机构监管情况报告包括以下主要内容：（一）畜牧兽医机构体系

（包括实验室）建设情况，包括机构设置、人员配备、经费保障、制度建设等基本情况；（二）所在县（市、区）规定动物疫病状况及规定动物疫病监测情况；（三）畜牧兽医机构对无规定动物疫病小区的监管情况；（四）规定动物疫病应急预案、应急储备、应急演练和疫情报告体系等基本情况；（五）其他需要说明的事项。

第十条 省级人民政府畜牧兽医主管部门接到申请后，应当根据本办法和《无规定动物疫病小区管理技术规范》要求，开展省级评估，并形成评估报告。评估报告应包括评估方案、实施情况及评估结论等内容。

第十一条 省级评估合格的，省级人民政府畜牧兽医主管部门向农业农村部提出评估申请，申请材料应包括：（一）企业申请书；（二）县级畜牧兽医机构监管情况报告及地市级畜牧兽医机构审核意见；（三）省级评估报告；（四）其他需要说明的事项。

第十二条 农业农村部自收到申请之日起10个工作日内作出是否受理的决定，并书面通知申请单位和风险评估专家委员会办公室。

第三章 评　　估

第十三条 风险评估委员会办公室收到农业农村部通知后，应当在5个工作日内组建评估专家组并指定组长。评估专家组由3人以上单数组成，实行组长负责制。风险评估专家委员会办公室派出观察员和工作人员指导、协助评估工作。

第十四条 评估专家组按照本办法和《无规定动物疫病小区管理技术规范》的要求，制定评估方案，开展评估工作。无规定动物疫病小区评估应当遵循科学、公平、公正的原则，采取书面评审和现场评审相结合的方式进行。

第十五条 评估专家组应当在5个工作日内完成书面评审。书面评审应包括以下主要内容：（一）申请报告格式是否符合规定，有无缺项、漏项；（二）申报材料内容是否符合《无规定动物疫病小区管理技术规范》要求。

第十六条 书面评审不合格的，由风险评估委员会办公室报请农业农村部书面通知申请单位在规定期限内补充有关材料。逾期未报送的，按撤回申请。

第十七条 书面评审合格的，评估专家组应当制定现场评审方案，并在5个工作日内完成现场评审。

第十八条 现场评审应包括以下主要内容：（一）宣布现场评审方案和评估纪律等；（二）听取畜牧兽医部门关于监管情况的介绍；（三）听取申请单位关于建设情况的介绍；（四）现场核查。

第十九条 现场核查场点按照随机的原则抽取。种畜禽养殖场和商品畜禽养殖场应按以下原则分别进行抽样：养殖场数量在10个以上的，抽取比例不应少于30%；在10个以内的，抽取数量不少于3个；在3个（含）以内的，全部抽取。每种辅助生产单元至少抽取1个。

第二十条 评估专家组根据《无规定动物疫病小区管理技术规范》要求及《无规定动物疫病小区现场评审表》（见附件2）中的评审要素，逐项进行现场核查。现场核查方法包括召开会议、听取汇报、座谈交流、查阅文件档案、实地查看等。评估专家组组长根据现场评审需要，可就评审过程中发现的问题，召集临时会议并座谈，必要时可要求相关方书面说明有关情况。

第二十一条 申请单位应当如实提供评估专家组所要求的有关资料，配合专家组开展评审。

第二十二条 现场评审遵循“木桶原理”，对评审要素逐项进行评判，给出符合、基本符合、不符合的评审意见；如果评审要素在有关场点不存在，则判为“不适用”。评估专家组现场评审结果分为“建议通过”、“建议整改后通过”和“建议不予通过”。

第二十三条 现场评审结果为“建议通过”的，应当符合下列条件：（一）现场评审指标中的关键项全部为“符合”，重点项没有“不符合”项；（二）“符合”项占总项数80%（含）以上。其中，重点项中“基本符合”项数不超过重点项总项数的15%；普通项中“不符合”项总项数不超过普通项总项数的10%。

第二十四条 现场评审结果为“建议整改后通过”的，应当符合下列条件：（一）关键项中没有“不符合”项；（二）“符合”项总项数达到60%（含）以上但不足80%；（三）通过限期整改可以达到“建议通过”条件。

第二十五条 有下列情形之一的，现场评审结果为“建议不予通过”：（一）关键项中有“不符合”项；（二）“符合”项总项数不足60%；（三）申请单位实际状况与申请资料描述严重不符。

第二十六条 需要整改的，由风险评估委员会办公室根据评估专家组建议，书面通知申请单位在规定期限内进行整改。

第二十七条 申请单位在规定期限内完成整改后，将整改报告及相关证明材料报评估专家组审核，必要时评估专家组可进行现场核查，形成评审结果。申请单位未在规定期限内提交整改报告及相关证明材料的，视同撤回申请。

第二十八条 评估专家组应当在现场评审或整改审核结束后20个工作日内向风险评估委员会办公室提交评估报告，经风险评估委员会审核后报农业农村部。

第二十九条 评审过程中，评估专家组应当遵守有关法律法规和工作制度，坚持原则，客观公正，认真负责，廉洁自律，对申请单位提供的信息资料保密。

第四章　公　　布

第三十条 农业农村部自收到评估报告后20个工作日内完成审核，并作出是否合格的决定。

第三十一条 农业农村部将审核合格的无规定动物疫病小区列入国家无规定动物疫病小区名录并对外公布；不合格的，书面通知申请单位并说明理由。

第三十二条 对通过评估验收的无规定动物疫病小区，农业农村部适时向有关国际组织、国家或地区通报。

第五章　监督管理

第三十三条　农业农村部对已公布的无规定动物疫病小区开展监督抽查。县级畜牧兽医机构负责对辖区内无规定动物疫病小区进行日常监管。

第三十四条　有下列情形之一的，暂停无规定动物疫病小区资格：（一）生物安全管理体系不能正常运行的；（二）监测证据不能证明规定动物疫病无疫状况的；（三）当地畜牧兽医机构不能对无规定动物疫病小区实施有效监管的；（四）其他需要暂停的情形。

第三十五条　被暂停资格的无规定动物疫病小区，应当在规定期限内完成整改，并向农业农村部提交整改报告，经风险评估委员会评估合格的，农业农村部恢复其无规定动物疫病小区资格。

第三十六条　有下列情形之一的，撤销无规定动物疫病小区资格：（一）发生规定动物疫病的；（二）出现第三十四条规定情形，且未能在规定时间内完成整改的；（三）其他需要撤销的情形。

第三十七条　无规定动物疫病小区被撤销资格后，重新达到《无规定动物疫病小区管理技术规范》要求的，所在地省级人民政府畜牧兽医主管部门向农业农村部提出恢复申请，申请材料应包括与资格撤销原因有关的整改说明、规定动物疫病状况、生物安全管理体系运行情况等。经风险评估委员会评估通过的，农业农村部重新认定其无规定动物疫病小区资格。

第三十八条　通过评估的无规定动物疫病小区需要新增生产单元或变更生产单元用途的，经自评估合格后，由省级人民政府畜牧兽医主管部门向农业农村部提出变更申请。经风险评估委员会评估通过的，农业农村部重新认定其无规定动物疫病小区生产单元的数量、名称和地理位置，并对外公布。

第六章　附　　则

第三十九条　境外无规定动物疫病小区的等效评估，参照本办法执行。

农业农村部关于实行海河、辽河、松花江和钱塘江等4个流域禁渔期制度的通告

农业农村部通告〔2019〕1号

为养护水生生物资源、保护生物多样性、促进渔业可持续发展和生态文明建设，根据《中华人民共和国渔业法》有关规定和《中国水生生物资源养护行动纲要》要求，我部决定自2019年起实行海河、辽河、松花江和钱塘江等4个流域禁渔期制度。现通告如下。

一、海河流域禁渔期制度

（一）禁渔区

滦河、蓟运河、潮白河、北运河、永定河、海河、大清河、子牙河、漳卫河、徒骇河、马颊河等主要河流的干、支流，位于上述河流之间独立入海的小型河流和人工水道，以及主要河流干、支流所属的水库、湖泊、湿地。

（二）禁渔期

每年5月16日12时至7月31日12时。

（三）禁止作业类型

除钓具之外的所有作业方式。

二、辽河流域禁渔期制度

（一）禁渔区

辽河及大凌河、小凌河和洋河水系。辽河包括西辽河、东辽河、辽河干流，西拉木伦河、老哈河、教来河、布哈腾河、招苏台河、清河、柴河、秀水河、柳河、绕阳河、浑河、太子河等支流，以及干、支流所属的水库、湖泊、湿地。

（二）禁渔期

每年5月16日12时至7月31日12时。

（三）禁止作业类型

除钓具之外的所有作业方式。

三、松花江流域禁渔期制度

（一）禁渔区

嫩江、松花江吉林省段和松花江三岔河口至同江段，以及上述江段所属的支流、水库、湖泊、水泡等水域。

（二）禁渔期

每年5月16日12时至7月31日12时。

（三）禁止作业类型

除钓具之外的所有作业方式。

四、钱塘江流域禁渔期制度

（一）禁渔区

钱塘江干流（含南北支源头）、支流及湖泊、水库。

（二）禁渔期

钱塘江干流统一禁渔时间为每年3月1日0时至6月30日24时。

钱塘江支流、湖泊、水库的渔业管理制度由省级渔业主管部门制定。

（三）禁止作业类型

除娱乐性游钓和休闲渔业以外的所有作业方式。

五、其他事项

（一）各省级渔业主管部门可根据本地实际，在上述禁渔规定基础上，制定更严格的禁渔管理措施。

（二）禁渔区和禁渔期内，因科学研究和驯养繁殖等活动需采捕天然渔业资源的，须经省级渔业主管部门批准。

（三）松花江、辽河、海河水库内和钱塘江千岛湖水域增殖渔业资源的利用和管理，可由省级渔业主管部门另行规定。

六、实施时间

本通告自2019年3月1日起实施。

农业农村部

2019年1月15日

农业农村部关于施行渔船进出渔港报告制度的通告

农业农村部通告〔2019〕2号

为加强渔船进出渔港管理，落实安全生产主体责任，便利渔船进出渔港，加强捕捞渔获物监管，依据《中华人民共和国渔业法》《中华人民共和国海上交通安全法》《中华人民共和国渔港水域交通安全管理条例》等相关法律法规和《国务院关于取消一批行政许可等事项的决定》（国发〔2018〕28号）文件精神，我部决定施行渔船进出渔港报告制度。现通告如下。

一、适用范围

进出我国渔港的大中型（船长12米及以上）海洋渔业船舶（以下简称“渔船”）应当遵守本通告。

二、管理主体

各级渔业行政主管部门及其渔政渔港监督管理机构（以下简称“管理部门”）负责渔船进出渔港报告的监督管理。

三、报告责任

船长为渔船进出港报告第一责任人，应当在渔船进出渔港前向拟进出渔港的管理部门报告，并对报告的真实性负责。

四、报告程序

渔船进出港报告应通过进出渔港报告系统（以下简称“系统”）进行，2019年3月1日起可在中国渔政管理指挥系统平台下载系统软件并试运行。用户登录后填报基础信息，基础信息发生变化的应及时更新。

出港报告内容包括：拟出港时间、配员情况、安全通导、救生、消防等安全装备配备情况、携带网具情况等。

进港报告内容包括：拟进渔港、拟进港时间、配员情况、渔获品种和数量等。

渔船提交进出港报告信息后，将收到系统校验的反馈信息。未收到反馈信息的，应主动联系管理部门获取。系统校验不合格的，应及时整改。

渔船因天气或应急等特殊原因不能按照规定程序报告的，应当在进出港后24小时内补办报告手续。

五、管理要求

为加强渔船安全生产管理，对未报告、系统校验不合格进出港的渔船，管理部门应实行重点监控检查。对报告虚假信息或拒不整改的渔船，管理部门应依据相关法律法规对其进行处罚。

六、设备要求

渔船应当始终保持船载通导终端设备处于正常工作状态，不得故意屏蔽、关闭、损毁，确保渔船能够准确定位。因设备故障或其他原因导致无法定位的，视为不符合安全适航条件，应当立即向管理部门报告。

七、其他事项

进出港的非渔业船舶应参照本制度向渔港所在地管理部门报告。

内陆和船长12米以下海洋渔业船舶进出渔港的报告制度可由各省（自治区、直辖市）渔业行政主管部门根据本地实际另行规定。

本制度自2019年8月1日施行。

农业农村部

2019年1月21日

农业农村部关于印发《远洋渔船船位监测管理办法》的通知

农渔发〔2019〕22 号

有关省、自治区、直辖市农业农村厅（局、委），福建省海洋与渔业局，计划单列市渔业主管局，中国远洋渔业协会，各远洋渔业企业：

自 2014 年 10 月 27 日我部下发《远洋渔船船位监测管理办法》（农办渔〔2014〕58 号）以来，远洋渔船船位监测工作逐步完善，对强化远洋渔业管理、保障远洋渔船航行作业安全、严格执行远洋渔业扶持政策等发挥了重要作用。

随着国际社会对渔业资源保护以及打击非法捕鱼日益重视，相关区域性渔业组织和入渔国对渔船管理提出了越来越严格的要求。为进一步强化远洋渔业规范管理，切实履行负责任国家义务，适应国际国内渔业管理的新变化新要求，促进远洋渔业规范有序健康发展，我部在广泛征求有关方面意见基础上，对《远洋渔船船位监测管理办法》进行了修订。

现将修订后的《远洋渔船船位监测管理办法》印发给你们，请遵照执行。

农业农村部

2019 年 8 月 1 日

远洋渔船船位监测管理办法

第一章 总 则

第一条 为强化远洋渔业管理，严格执行国家远洋渔业扶持政策，保障远洋渔船航行作业安全，促进远洋渔业规范有序发展，履行相关国际义务，适应国际渔业管理要求，根据《远洋渔业管理规定》，制定本办法。

第二条 经农业农村部批准从事远洋渔业生产的渔船（含渔业辅助船），应当安装船位监测设备并纳入农业农村部远洋渔船船位监测系统（以下简称“船位监测系统”），由农业农村部实施船位监测。

第三条 远洋渔船纳入船位监测系统是远洋渔业项目审批的必要条件，船位信息报告情况是项目年审的重要内容，船位数据是核定有关政策性补贴、监督执行有关政策的主要依据。

第四条 船位监测系统由农业农村部统一管理，委托中国远洋渔业协会（以下简称

“远洋渔业协会”）承担技术维护、组织协调及技术培训等工作，保证系统正常运行。

第五条 各有关省（区、市）及计划单列市渔业主管部门（以下简称“省级渔业主管部门”）负责本行政区域内远洋渔船船位监测工作的监督管理，并对本辖区远洋渔船船位进行日常监测。市、县级渔业主管部门应当协助省级渔业主管部门做好本辖区远洋渔船船位监测相关工作。远洋渔业企业负责本企业远洋渔船船位日常监测，企业法人为第一责任人，企业应配备专门人员负责日常监测工作。

第二章 船位监测设备的安装

第六条 远洋渔船应当安装与船位监测系统兼容的船位监测设备，并可正常调取船位。对入渔国明确规定不允许安装船位监测设备的远洋渔船，应当使用安装的船舶自动识别设备（AIS）报送相关信息。

第七条 远洋渔业企业参考信号覆盖范围自主选择符合第六条要求的监测设备，自行完成设备的采购、安装和入网。安装完成后，企业应及时通过船位监测系统将渔船注册信息，包括船舶登记信息、船位监测设备信息等报远洋渔业协会，并申请纳入船位监测系统。渔船注册信息应真实、准确和完整。

第八条 远洋渔业协会应及时组织对企业安装的船位监测设备进行技术检测，并将检测结果通知申请企业，同时抄报农业农村部渔业渔政管理局和省级渔业主管部门。船位监测设备检测合格的渔船将自动纳入船位监测系统。

第九条 任何单位和个人不得以任何方式随意移动、损坏、拆卸已安装好的船位监测设备。远洋渔业协会应组织研发船位监测设备防拆卸自动报警功能。如因维修或更换设备确需拆卸的，须向远洋渔业协会报备。

第十条 远洋渔船纳入船位监测系统后，不得随意更改渔船注册信息。确需变更的，须凭渔船国籍证书、远洋渔业项目审批通知等相关材料到远洋渔业协会变更渔船注册信息，并报农业农村部渔业渔政管理局和省级渔业主管部门备案。

第三章 船位的日常报告和监测

第十一条 纳入船位监测系统的远洋渔船，船位监测设备日常自动报告船位信息的频率不得少于每日24次，每1小时1次，有效船位每日不得少于18次。农业农村部和省级渔业主管部门可根据管理需要调取远洋渔船船位信息。船位信息包括：渔船船名，渔船地理位置（纬度和经度），渔船在上述位置的日期和时间、航向、航速。

第十二条 因不可抗力或设备故障造成船位监测设备无法正常自动报告船位时，相关企业应及时联系远洋渔业协会，并向省级渔业主管部门报告，采取有效措施，尽快排除设备故障，但最长期限不得超过30天。在设备故障期间，相关企业须通过船位监测系统，每日报送设备故障渔船前24小时的每1小时1次的船位信息。如设备故障在30天后仍无法排除修复的，渔船应立即停止生产，回港修复设备后再继续生产。

第十三条 对船位监测设备无法正常自动报告船位信息的渔船，远洋渔业协会应及时通知企业查明原因，尽快修复设备。修复期间，相关企业应按第十二条要求每日手动报告船位。

第十四条 远洋渔业协会对日常接收的船位数据进行汇总和分析，并于每月 15 日前将上月船位监测情况、每年 1 月 15 日前将上年渔船船位监测情况，通报省级渔业主管部门及企业，并抄报农业农村部渔业渔政管理局。

第四章 船位监测设备的使用维护

第十五条 远洋渔业企业在执行远洋渔业项目期间，应保证远洋渔船船位监测设备正常使用和每天 24 小时开机且正常运行，及时准确报告船位信息，不得关闭船位监测设备。

第十六条 远洋渔船船位监测设备的使用、管理由船长直接负责。远洋渔船应及时、准确报告船位信息，不得以任何方式进行改动，不得人为干扰、破坏监测设备工作。

第十七条 远洋渔业企业应为渔船配备具有相关技术能力的人员，保障设备正常工作，并对船位监测设备进行保养和维护，对严重老化或损坏、无法正常使用或不再被区域性渔业管理组织列入其认可设备清单的船位监测设备应及时更换。

第十八条 远洋渔业协会应协调有关技术支持单位，及时解决企业在船位监测中出现的技术问题，保障船位监测系统正常运行。

第五章 监督管理

第十九条 为加强远洋渔船安全生产，减少和避免发生越界生产等违法违规事件，远洋渔业协会应不断完善船位监测系统，建立渔船越界预警和越界报警等功能。

第二十条 远洋渔船在公海作业时，如未按农业农村部要求与相关国家专属经济区（EEZ）边界保持安全距离，船位监测系统将发出越界预警信息。远洋渔业协会应及时通知有关省级渔业主管部门督促相关企业采取措施，要求所属渔船立即驶离预警区，避免越界作业。

第二十一条 远洋渔船进入未经农业农村部批准作业的海域或有关国家争议、敏感海域时，船位监测系统将发出越界报警信息。远洋渔业协会应立即向有关省级渔业主管部门和农业农村部渔业渔政管理局报告，并通知相关企业在 24 小时内，向所属省级渔业主管部门作出说明。省级渔业主管部门应就相关情况进行调查，并将调查结果和处理意见报农业农村部渔业渔政管理局。

第二十二条 远洋渔船正常航行通过有关国家专属经济区（EEZ）或未经批准作业的国家管辖外海域时，相关企业应提前向远洋渔业协会报告，以免船位监测系统发出预警或报警信息。

第二十三条 未按本办法实施船位监测的渔船不得从事远洋渔业生产，农业农村部不批准及确认其远洋渔业项目。

第二十四条 对纳入船位监测系统的远洋渔船，农业农村部对船位报告状况实施年度审查。

第二十五条 远洋渔船的年可监测船位天数是核算渔船政策性补贴的基础依据。年可监测船位天数是指一年中渔船能按本办法要求报告船位的总天数。

第二十六条 因船位监测设备故障无法正常自动报告船位的远洋渔船，手动填报船位全年累计最长不得超过30天，超过30天的天数，不计入可监测船位天数。设备故障期间，未按第十二条要求手动报告船位的，不计入可监测船位天数。

第二十七条 擅自移动、拆除、关闭、损坏船位监测设备或故意伪报和擅自更改渔船注册信息的，扣除相关渔船当年政策性补贴。

第二十八条 远洋渔船船位监测设备的购买、安装、维护，以及按农业农村部规定频率日常报告船位的费用由企业承担。远洋渔业协会应做好相关协调服务工作，降低企业成本。因管理工作需要额外调取船位的费用由调取单位承担。

第六章　其他事项

第二十九条 任何单位、企业和个人不得对船位的原始数据进行增减、篡改和删除，违者将按相关法规追究责任。

第三十条 远洋渔船船位监测系统的船位数据为农业农村部所有，相关单位在监测工作中应遵循船位监测数据安全、保密原则，未经批准不得对外提供使用。远洋渔业协会应采取措施保障船位数据安全，及时对系统采取定级、备案、测评等防护措施，妥善储存近5年船位数据并报农业农村部渔业渔政管理局备案。省级渔业主管部门可调阅本辖区内远洋渔船船位数据。远洋渔业企业可调阅本企业执行远洋渔业项目渔船的船位数据。

第三十一条 如我国加入的区域渔业管理组织或入渔国实施更为严格的船位监测管理措施，则我国远洋渔船应遵守并实施该区域渔业管理组织或入渔国关于渔船监测的管理措施。

第三十二条 本办法自2020年1月1日起执行。农业部办公厅2014年10月27日印发的《远洋渔船船位监测管理办法》（农办渔〔2014〕58号）同时废止。

农业农村部关于长江流域重点水域禁捕范围和时间的通告

农业农村部通告〔2019〕4号

根据《中华人民共和国渔业法》《国务院办公厅关于加强长江水生生物保护工作的意见》（国办发〔2018〕95号）和《农业农村部 财政部 人力资源社会保障部关于印发〈长江流域重点水域禁捕和建立补偿制度实施方案〉的通知》（农长渔发〔2019〕1号）等有关规定，长江流域捕捞渔民按照国家和所在地相关政策开展退捕转产，重点水域分类实行禁捕，现将相应范围和时间通告如下。

一、水生生物保护区

《农业部关于公布率先全面禁捕长江流域水生生物保护区名录的通告》（农业部通告〔2017〕6号）公布的长江上游珍稀特有鱼类国家级自然保护区等332个自然保护区和水产种质资源保护区，自2020年1月1日0时起，全面禁止生产性捕捞。有关地方政府或渔业主管部门宣布在此之前实行禁捕的，禁捕起始时间从其规定。

今后长江流域范围内新建立的以水生生物为主要保护对象的自然保护区和水产种质资源保护区，自建立之日起纳入全面禁捕范围。

二、干流和重要支流

长江干流和重要支流是指《农业部关于调整长江流域禁渔期制度的通告》（农业部通告〔2015〕1号）公布的有关禁渔区域，即青海省曲麻莱县以下至长江河口（东经122°、北纬31°36′30″、北纬30°54′之间的区域）的长江干流江段；岷江、沱江、赤水河、嘉陵江、乌江、汉江等重要通江河流在甘肃省、陕西省、云南省、贵州省、四川省、重庆市、湖北省境内的干流江段；大渡河在青海省和四川省境内的干流河段；以及各省确定的其他重要支流。

长江干流和重要支流除水生生物自然保护区和水产种质资源保护区以外的天然水域，最迟自2021年1月1日0时起实行暂定为期10年的常年禁捕，期间禁止天然渔业资源的生产性捕捞。鼓励有条件的地方在此之前实施禁捕。有关地方政府或渔业主管部门宣布在此之前实行禁捕的，禁捕起始时间从其规定。

三、大型通江湖泊

鄱阳湖、洞庭湖等大型通江湖泊除水生生物自然保护区和水产种质资源保护区以外的天然水域，由有关省级渔业主管部门划定禁捕范围，最迟自2021年1月1日0时起，实行暂定为期10年的常年禁捕，期间禁止天然渔业资源的生产性捕捞。鼓励有条件的地方在此之前实施禁捕。有关地方政府或渔业主管部门宣布在此之前实行禁捕的，禁捕起始时间从其规定。

四、其他重点水域

与长江干流、重要支流、大型通江湖泊连通的其他天然水域，由省级渔业行政主管部门确定禁捕范围和时间。

五、专项（特许）捕捞

禁捕期间，因育种、科研、监测等特殊需要采集水生生物的，或在通江湖泊、大型水库针对特定渔业资源进行专项（特许）捕捞的，由有关省级渔业主管部门根据资源状况制定管理办法，对捕捞品种、作业时间、作业类型、作业区域、准用网具和捕捞限额等作出规定，报农业农村部批准后组织实施。专项（特许）捕捞作业需要跨越省级管辖水域界限的，由交界水域有关省级渔业主管部门协商管理。

在特定水域开展增殖渔业资源的利用和管理，由省级渔业主管部门另行规定并组织实施，避免对禁捕管理产生不利影响。

六、执法监督管理

在长江流域重点水域禁捕范围和时间内违法从事天然渔业资源捕捞的，依照《渔业法》和《刑法》关于禁渔区、禁渔期的规定处理。

长江流域各级渔业主管部门应当在各级人民政府的领导下，加强与相关部门协同配合，建立“护鱼员”协管巡护制度，加强禁捕宣传教育引导，强化执法队伍和能力建设，严格渔政执法监管，确保长江流域重点水域禁捕制度顺利实施。

各级渔业主管部门应当对在长江流域重点水域禁捕范围和时间内从事娱乐性游钓和休闲渔业活动进行规范管理，避免对禁捕管理和资源保护产生不利影响。

七、其他事项

本通告自2020年1月1日0时起实施。原《农业部关于调整长江流域禁渔期制度的通告》（农业部通告〔2015〕1号）自2021年1月1日0时起废止，原通告规定的淮河干流河段禁渔期制度，在我部另行规定前继续按照每年3月1日0时至6月30日24时执行。

农业农村部

2019年12月27日

农业农村部关于印发《农业机械试验鉴定工作规范》的通知

农机发〔2019〕3号

各省、自治区、直辖市农业农村（农牧、农机）厅（局、委、办）及农机鉴定站，新疆生产建设兵团农业局、黑龙江省农垦总局及所属农机鉴定站：

为贯彻落实《农业机械试验鉴定办法》（农业农村部令2018年第3号），我部制定了《农业机械试验鉴定工作规范》（简称《规范》），现予印发，请遵照执行。同时，就《规范》实施中几个具体问题明确如下。

一、关于已受理产品的鉴定。对于2019年4月1日前受理的申请，农机鉴定机构可按照受理时执行的鉴定大纲和办法开展鉴定工作，发放《农业机械推广鉴定证书》的时间不得晚于2019年11月30日。对其中按《规范》重新申请鉴定的，予以优先安排鉴定。

二、关于《农业机械推广鉴定证书》有效期。《农业机械推广鉴定证书》到期或者持有人提前申请换领《农业机械试验鉴定证书》的，由发证的农机鉴定机构依据新的鉴定大纲，对产品的一致性及证书、标志使用情况进行检查，符合要求的颁发新证书。

三、关于证书和标志的监督。农机鉴定机构对发放的证书和标志使用情况进行监督，应依据产品鉴定时所用大纲，并按《规范》执行。

农业农村部

2019年3月8日

农业机械试验鉴定工作规范

第一章　总　　则

第一条　为贯彻落实《农业机械试验鉴定办法》，规范农业机械试验鉴定（以下简称“农机鉴定”）工作的实施，制定本规范。

第二条　本规范适用于农机鉴定的大纲制修订、产品种类指南制定发布、申请和受理、鉴定实施、证书发放与标志使用、监督管理有关工作。

第三条　农机鉴定工作推行信息化管理。建立全国农业机械试验鉴定管理服务信息化平台（以下简称“平台”），统一公开农机鉴定的大纲、产品种类指南、鉴定结果和证书等信息，由农业农村部农业机械试验鉴定总站（以下简称“鉴定总站”）负责运维管理。

第二章　大纲制修订

第四条　农机鉴定大纲（以下简称“大纲”）分为推广鉴定大纲和专项鉴定大纲，分别由鉴定总站和省级农机鉴定机构负责技术归口管理。尚无推广鉴定大纲或现行推广鉴定大纲不能涵盖其新增功能和结构特点的创新产品，制定专项鉴定大纲。鼓励生产企业、有关机构提出制修订大纲的建议、草案。

第五条　大纲按以下程序制修订：

（一）技术归口单位公开征求社会意见，提出制修订计划。其中专项鉴定大纲制修订计划上报省级主管部门前应报鉴定总站备案；

（二）主管部门审定并下达制修订计划；

（三）技术归口单位组织相关承担单位依据大纲编写规则起草大纲草案，公开征求社会意见；

（四）技术归口单位组织大纲的审定。审定一般采用专家会议审查形式。审查结论应协商一致，需要表决时，必须有不少于出席会议专家的四分之三同意为通过审定；

（五）主管部门公示、批准、编号、发布；

（六）技术归口单位在大纲发布后10个工作日内，将大纲文本上传至平台。专项鉴定大纲上传至平台后，视同完成备案。

第六条　大纲实施过程中，如发现有技术内容必须进行修改或补充时，主管部门或技术归口单位应及时提出大纲修改单，按照公开征求意见、专家审定、主管部门批准的程序公布实施。

第七条　大纲全国通用。各省在采用其他省专项鉴定大纲时，可以结合实际调整适用地区性能试验内容，以大纲修改单的形式公布，由本省鉴定机构实施。专项鉴定大纲具备条件后应列入推广鉴定大纲制修订计划，转化为推广鉴定大纲。

第三章　指南发布

第八条　农机鉴定机构（以下简称“鉴定机构”）原则上每年制定或调整、发布农机鉴定产品种类指南（以下简称“指南”），明确可鉴定产品的种类、范围和要求。

第九条　制定指南应坚持服务大局、开放共享，坚持积极作为、挖潜扩能，坚持突出重点、鼓励创新，根据农业生产和农机化发展需要，结合鉴定能力、经费预算等因素综合确定鉴定产品种类范围。

第十条　指南应包括产品类别、品目、名称，以及受理单位和要求等内容。

第十一条　指南应报同级主管部门同意后发布，并在发布后10个工作日内上传至平台。

第四章　申请和受理

第十二条　申请鉴定的产品应在农业机械生产者（以下简称“生产者”）营业执照

（境外生产者为法定登记注册文件）的经营范围内。农机鉴定一般由生产者进行申请，由销售者申请的，应当提交生产者签署的委托书。

第十三条 申请者通过网上农机鉴定管理服务信息系统填写《农业机械试验鉴定申请表》（式样见附件1），提交申请。同一产品不得在不同鉴定机构之间重复申请。

申请者填报完毕后，下载打印申请表，经生产者法定代表人或委托代理人签字加盖单位印章后寄送受理的鉴定机构。

第十四条 农机鉴定申请表应当按照一个独立的申请产品填写，符合大纲规定的涵盖机型或鉴定单元，应与主机型合并申报。

第十五条 申请农机鉴定的产品有下列情形之一的，不予受理：

（一）未列入指南的；

（二）生产量、销售量不满足大纲要求的；

（三）申请材料不全或不符合要求且未按要求补正的；

（四）已向其他鉴定机构申请的；

（五）其他应当不予受理的。

第五章 鉴定实施

第十六条 鉴定机构按照大纲要求，采信申请者申请时提供、由具有资质的检验检测机构出具的检验检测结果。

第十七条 鉴定机构在符合相关规定的情况下，可共享鉴定资源，也可采取任务委托等合作方式。合作鉴定由受理或牵头承担任务的鉴定机构出具鉴定报告。

第十八条 申请者因故延期或终止鉴定项目，应向鉴定机构提交申请，经鉴定机构审核确认后予以延期或终止。鉴定机构因故延期或终止鉴定项目时，应向申请者说明原因。项目延期时间不超过12个月。

第十九条 鉴定机构原则上按季度在指定媒体上公布通过农机鉴定产品的相关信息，包括主要技术规格参数信息和检测结果，并在10个工作日内上传至平台。

第六章 证书发放与标志使用

第二十条 《农业机械试验鉴定证书》（以下简称“证书”）应当载明鉴定类型、生产者名称和注册地址、产品名称、产品型号、涵盖型号或鉴定单元（适用时）、证书编号、换证日期（变更时适用）、注册日期（适用时）、有效期等相关内容。证书规格为A4竖版，其式样见附件2。

第二十一条 推广鉴定标志的名称为“农业机械推广鉴定证章”，其式样及规格参数见附件3。专项鉴定标志的名称为“农业机械专项鉴定证章”，其式样及规格参数见附件4。

标志由基本图案、产品型号、证书编号、信息二维码组成，二维码的信息应包含发证机构、生产者名称、注册地址、产品名称、产品型号、涵盖型号或鉴定单元（如有）、有效期、售后服务联系方式。二维码由发证机构通过信息系统生成，申请者下载制作。

第二十二条 证书编号由鉴定机构统一编制。证书编号由鉴定类型、颁发年号、鉴定机构编号和颁发顺序号四部分组成。编号规则如下：

T（或Z） ＊＊＊＊XXYY＃＃＃＃

其中：T表示推广鉴定，Z表示专项鉴定

＊＊＊＊-4位年号

XX表示受理机构代码

YY表示承担机构代码

＃＃＃＃-4位顺序号

受理机构代码和承担机构代码由鉴定总站发布。

第二十三条 通过农机鉴定的产品，生产者按照农业农村部发布的式样自行制作标志，并将标志加施在获证产品本体的显著位置。

第二十四条 鉴定机构对生产者申请变更换证所提交的材料进行审查，经确认后15个工作日内完成证书变更。变更后的证书编号和发证日期保持不变，原证书作废。对经批准变更的证书，按证书发布程序和要求予以公布并上传平台。

第二十五条 证书有效期满前6个月内，生产者在对下述情况确认无误后，从信息系统自行注册，由鉴定机构换发证书。

（一）产品在证书有效期满时符合现行大纲的要求；

（二）生产者营业执照或登记注册文件合法有效；

（三）证书信息未发生改变或证书信息发生改变已按规定进行变更；

（四）产品结构、型式和主要技术参数未发生变化或发生变化未超出现行大纲允许范围；

（五）产品未在国家产品质量监督抽查或市场质量监督检查中出现不合格；

（六）未涂改、转让、超范围使用证书。

第七章 监督与管理

第二十六条 鉴定机构负责对发放的证书和标志使用情况进行监督，采取日常监督或专项监督的方式实施。

日常监督是指鉴定机构定期对获得证书的生产者及产品开展的抽查监督。专项监督是指当获证生产者涉嫌存在《农业机械试验鉴定办法》第二十五条、第三十条所列情形时而开展的针对性监督。

第二十七条 日常监督采取“双随机一公开”的抽查方式实施，按比例随机抽取监督对象和监督人员。监督的内容包括：

（一）生产者名称、地址及产品一致性情况；

（二）证书和标志使用情况。

专项监督的方式根据获证企业及产品的违规情形确定。

第二十八条 鉴定机构应通过平台公布监督投诉联系方式，便利公众对获证企业及产品违规行为的投诉举报，并及时关注相关职能单位信息公开情况，监测获证产品有效期满注册情况，加强获证产品监督管理。

第二十九条 监督抽查应制定实施方案，明确样机的确定、对象和人员、内容和方法，判定规则以及处理办法等。

第三十条 监督检查不合格的撤销其证书；无法联系的生产企业，在指定媒体公示公告 15 日无异议后，注销其鉴定证书。

第三十一条 鉴定机构在完成证书和标志使用情况监督检查后，公布结果并依规处理相关违规企业和产品，编制监督工作报告抄报主管部门。

第三十二条 鉴定机构对生产者违背所作承诺的行为应当做出不予受理申请、撤销所获鉴定证书等处理，并予公开通报。

第三十三条 鉴定机构依照《农业机械试验鉴定办法》和本规范对违规生产者作出处理前，应履行书面告知或者约谈程序听取意见，经集体研究作出有关处理决定，并予以公布。涉事生产者在规定时限内不予以回复或者不接受、不配合约谈的，视同无异议。有关调查处理材料应留存备查，保存期 3 年。

第三十四条 省级以上主管部门应当将农机鉴定工作成效纳入对鉴定机构的绩效管理考核，加强监督。监督考核的主要内容包括：

（一）受理申请、完成鉴定的产品情况；

（二）制修订大纲的情况；

（三）信息公开与上传平台的情况；

（四）企业投诉情况；

（五）执行廉洁纪律情况；

（六）承担、完成鉴定总站组织的国家支持的推广鉴定工作情况等。

第三十五条 鉴定机构应当建立健全工作规则、操作规范、风险防控等制度，加强内部监督制约，规范鉴定行为，保证工作质量，防范廉政风险。

农机鉴定人员由所在的鉴定机构对其进行相关法律法规、技术规范、试验方法和仪器操作方法的培训和考核，成绩合格者方可从事农机鉴定工作。

第三十六条 农机鉴定人员被举报或投诉的，其所在的鉴定机构应当及时进行调查核实。经查证属实的，视情节轻重进行批评教育、取消农机鉴定资格或依法给予处分。

第三十七条 鉴定机构应当建立规范的档案管理制度，完整保存证书有效产品的相关材料；农机鉴定档案保存期（含证书注册延展期）至证书失效后 1 年止。

第八章　附　　则

第三十八条 本规范自 2019 年 4 月 1 日起施行，《农业机械推广鉴定实施办法》（农业部公告第 2331 号）、《农业部农业机械试验鉴定大纲管理办法》（农办机〔2011〕61 号）、《通过农机推广鉴定的产品及证书使用情况监督检查工作规范》（农办机〔2013〕36 号）和《农业机械试验鉴定机构部级鉴定能力认定实施细则》（农办机〔2016〕24 号）同时废止。

附件：1. 农业机械试验鉴定申请表式样（略）
2. 农业机械试验鉴定证书式样（略）
3. 农业机械推广鉴定标志式样及规格参数（略）
4. 农业机械专项鉴定标志式样及规格参数（略）

农业农村部办公厅关于种子法有关条款适用的意见

农办法〔2019〕1号

各省、自治区、直辖市农业农村（农牧）厅（局、委），新疆生产建设兵团农业局：

为贯彻落实《中华人民共和国种子法》（以下简称《种子法》）的有关规定，我部针对近年来各地在执行《种子法》中遇到的共性问题进行了研究。现就有关条款的适用提出以下意见。

一、关于花粉是否属于《种子法》规定的种子问题

根据《种子法》第二条第二款规定，种子是指农作物和林木的种植材料或者繁殖材料，包括籽粒、果实、根、茎、苗、芽、叶、花等。用于繁殖的花粉，属于《种子法》规定的种子。

二、关于《种子法》第七十八条规定的“应当审定未经审定的农作物品种进行推广销售”如何认定问题

有下列情形之一的，属于推广、销售应当审定未经审定的农作物品种的行为，应当按照《种子法》第七十八条第一款第一项的规定处罚：

（一）推广、销售的主要农作物品种未经国家级审定通过，也未经省级审定通过的；

（二）通过国家级审定的主要农作物品种在品种审定公告确定的适宜生态区域外推广、销售的；

（三）通过省级审定的主要农作物品种在品种审定公告确定的本省、自治区、直辖市适宜生态区域外推广、销售的；

（四）通过省级审定的主要农作物品种在其他省、自治区、直辖市的同一适宜生态区域外推广、销售的。

三、《种子法》第七十八条仅对推广、销售未经审定主要农作物品种的行为作了处罚规定，但对数量没有规定。对市场检查中出现的推广、销售少量未经审定品种的行为应如何处理？

根据《种子法》第二十三条、第七十八条的规定，只要存在推广、销售未经审定主要农作物品种的违法行为，就应当予以处罚，经营、推广未经审定品种的数量不是定性的依据。但经营、推广的种子数量可以作为认定违法行为情节轻重的依据之一，在确定罚款幅度时予以考虑。

四、关于2016年1月1日前农业行政主管部门公告退出的品种，是否属于《种子法》规定的撤销审定品种问题

2016年1月1日前，农业行政主管部门依照原《主要农作物品种审定办法》（中华人民共和国农业部令2013年第4号）的规定公告退出的品种，不能等同于撤销审定的品种。在其品种审定未依法撤销前，不能按《种子法》第七十八条第一款第三项的规定处罚。

五、关于《种子法》第二十九条中“农民自繁自用”应当如何界定的问题

《种子法》第二十九条第二项所称农民，是指以家庭联产承包责任制的形式签订农村土地承包合同的农民个人。农民专业合作社、家庭农场等新型农业生产经营主体使用授权品种的繁殖材料用于生产的，不属于农民自繁自用，应当取得植物新品种权人的许可。

六、关于商品种子外包装上固定有注明品种名称、产地和生产时间的布条是否属于附有标签

按照《种子法》第四十一条、第九十二条第二款第十一项规定，商品种子外包装上固定有注明品种名称、产地和生产时间的布条，应认定种子附有标签但标签内容不符合规定，应当按照《种子法》第八十条第二项处罚。

七、以商品粮冒充种子、以大田用种（良种）冒充原种，是否属于假冒种子行为？

根据《种子法》第四十九条规定，以商品粮冒充种子、以大田用种（良种）冒充原种，属于假冒种子行为。

八、关于在制种基地查获的假劣种子如何计算货值问题

种子行政执法过程中查获的假劣种子，以违法生产、销售的假劣种子的标价计算货值金额。没有标价的，按照同类合格产品的市场中间价格计算。货值金额难以确定的，按照原国家计划委员会、最高人民法院、最高人民检察院、公安部1997年4月22日联合发布的《扣押、追缴、没收物品估价管理办法》的规定，委托指定的估价机构确定。

农业农村部办公厅
2019年1月4日

农业农村部、自然资源部关于规范农村宅基地审批管理的通知

农经发〔2019〕6号

各省、自治区、直辖市农业农村（农牧）厅（局、委）、自然资源主管部门，新疆生产建设兵团农业农村局、自然资源局：

为贯彻党和国家机构改革精神，落实新修订的土地管理法有关要求，深化“放管服”改革，进一步加强部门协作配合，落实属地管理责任，现就规范农村宅基地用地建房申请审批有关事项通知如下。

一、切实履行部门职责

农村宅基地用地建房审批管理事关亿万农民居住权益，涉及农业农村、自然资源等部门。各级农业农村、自然资源部门要增强责任意识和服务意识，按照部门职能和国务院“放管服”改革要求，在党委政府的统一领导下，切实履行各自职责。农业农村部门负责农村宅基地改革和管理工作，建立健全宅基地分配、使用、流转、违法用地查处等管理制度，完善宅基地用地标准，指导宅基地合理布局、闲置宅基地和闲置农房利用；组织开展农村宅基地现状和需求情况统计调查，及时将农民建房新增建设用地需求通报同级自然资源部门；参与编制国土空间规划和村庄规划。自然资源部门负责国土空间规划、土地利用计划和规划许可等工作，在国土空间规划中统筹安排宅基地用地规模和布局，满足合理的宅基地需求，依法办理农用地转用审批和规划许可等相关手续。各级农业农村、自然资源部门要建立部门协调机制，做好信息共享互通，推进管理重心下沉，共同做好农村宅基地审批和建房规划许可管理工作。

二、依法规范农村宅基地审批和建房规划许可管理

农村村民住宅用地，由乡镇政府审核批准；其中，涉及占用农用地的，依照《土地管理法》第四十四条的规定办理农用地转用审批手续。乡镇政府要切实履行属地责任，优化审批流程，提高审批效率，加强事中事后监管，组织做好农村宅基地审批和建房规划许可有关工作，为农民提供便捷高效的服务。

（一）明确申请审查程序

符合宅基地申请条件的农户，以户为单位向所在村民小组提出宅基地和建房（规划许可）书面申请。村民小组收到申请后，应提交村民小组会议讨论，并将申请理由、拟用地位置和面积、拟建房层高和面积等情况在本小组范围内公示。公示无异议或异议不成立的，村民小组将农户申请、村民小组会议记录等材料交村集体经济组织或村民委员会（以

下简称村级组织）审查。村级组织重点审查提交的材料是否真实有效、拟用地建房是否符合村庄规划、是否征求了用地建房相邻权利人意见等。审查通过的，由村级组织签署意见，报送乡镇政府。没有分设村民小组或宅基地和建房申请等事项已统一由村级组织办理的，农户直接向村级组织提出申请，经村民代表会议讨论通过并在本集体经济组织范围内公示后，由村级组织签署意见，报送乡镇政府。

（二）完善审核批准机制

市、县人民政府有关部门要加强对宅基地审批和建房规划许可有关工作的指导，乡镇政府要探索建立一个窗口对外受理、多部门内部联动运行的农村宅基地用地建房联审联办制度，方便农民群众办事。公布办理流程和要件，明确农业农村、自然资源等有关部门在材料审核、现场勘查等各环节的工作职责和办理期限。审批工作中，农业农村部门负责审查申请人是否符合申请条件、拟用地是否符合宅基地合理布局要求和面积标准、宅基地和建房（规划许可）申请是否经过村组审核公示等，并综合各有关部门意见提出审批建议。自然资源部门负责审查用地建房是否符合国土空间规划、用途管制要求，其中涉及占用农用地的，应在办理农用地转用审批手续后，核发乡村建设规划许可证；在乡、村庄规划区内使用原有宅基地进行农村村民住宅建设的，可按照本省（区、市）有关规定办理规划许可。涉及林业、水利、电力等部门的要及时征求意见。

根据各部门联审结果，由乡镇政府对农民宅基地申请进行审批，出具《农村宅基地批准书》，鼓励地方将乡村建设规划许可证由乡镇一并发放，并以适当方式公开。乡镇要建立宅基地用地建房审批管理台账，有关资料归档留存，并及时将审批情况报县级农业农村、自然资源等部门备案。

（三）严格用地建房全过程管理

全面落实“三到场”要求。收到宅基地和建房（规划许可）申请后，乡镇政府要及时组织农业农村、自然资源部门实地审查申请人是否符合条件、拟用地是否符合规划和地类等。经批准用地建房的农户，应当在开工前向乡镇政府或授权的牵头部门申请划定宅基地用地范围，乡镇政府及时组织农业农村、自然资源等部门到现场进行开工查验，实地丈量批放宅基地，确定建房位置。农户建房完工后，乡镇政府组织相关部门进行验收，实地检查农户是否按照批准面积、四至等要求使用宅基地，是否按照批准面积和规划要求建设住房，并出具《农村宅基地和建房（规划许可）验收意见表》。通过验收的农户，可以向不动产登记部门申请办理不动产登记。各地要依法组织开展农村用地建房动态巡查，及时发现和处置涉及宅基地使用和建房规划的各类违法违规行为。指导村级组织完善宅基地民主管理程序，探索设立村级宅基地协管员。

三、工作要求

各级农业农村、自然资源部门和县乡政府要切实履职尽责，有序开展工作，确保农民住宅建设用地供应、宅基地分配、农民建房规划管理等工作的连续性和稳定性。

（一）建立共同责任机制

按照部省指导、市县主导、乡镇主责、村级主体的要求，各地要建立健全农村宅基地管理机制。省级农业农村、自然资源等部门要主动入位，加强制度建设，完善相关政策，指导和督促基层开展工作。市县政府要加强组织领导，统筹组织协调相关部门、乡镇政府、村级组织依法履行职责。乡镇政府要充实力量，健全机构，切实承担起宅基地审批和管理职责。村级组织要健全宅基地申请审核有关制度，确保宅基地分配使用公开、公平、公正。

（二）优化细化工作流程

各地要对现行宅基地审批和建房规划许可办事指南、申请表单、申报材料清单等进行梳理，参照附件表单（附件1－6），结合本地实际进一步简化和规范申报材料，抓紧细化优化审批流程和办事指南。要加快信息化建设，逐步实现宅基地用地和建房规划许可数字化管理。

（三）严肃工作纪律

坚决杜绝推诿扯皮和不作为、乱作为的现象，防止出现工作“断层”“断档”。对工作不力、玩忽职守、滥用职权、徇私舞弊的，要依法严肃追责。

附件：1. 农村宅基地和建房（规划许可）申请表（略）
2. 农村宅基地使用承诺书（略）
3. 农村宅基地和建房（规划许可）审批表（略）
4. 乡村建设规划许可证（略）
5. 农村宅基地批准书（略）
6. 农村宅基地和建房（规划许可）验收意见表（略）

农业农村部　自然资源部

2019年12月12日

自然资源部、农业农村部关于加强和改进永久基本农田保护工作的通知

自然资规〔2019〕1号

各省、自治区、直辖市及计划单列市自然资源、农业农村主管部门，新疆生产建设兵团自然资源、农业农村主管部门，中央军委后勤保障部军事设施建设局，国家林业和草原局，中国地质调查局及部其他直属单位，各派出机构，部机关各司局：

按照党中央、国务院关于全面划定永久基本农田并实行特殊保护的决策部署，自然资源部、农业农村部（以下简称“两部”）精心组织，各省（区、市）党委政府扎实推进，完成了永久基本农田划定工作，并纳入各级土地利用总体规划，实现了上图入库、落到实地，取得积极成效。当前，我国经济转向高质量发展阶段，新型工业化、城镇化建设深入推进，农业供给侧结构性改革逐步深入，对守住耕地红线和永久基本农田控制线提出了更高要求。为巩固划定成果，有效解决划定不实、非法占用等问题，完善保护措施，提高监管水平，现就有关事项通知如下：

一、总体要求

（一）指导思想。以习近平新时代中国特色社会主义思想为指导，深入贯彻党的十九大和十九届二中、三中全会精神，牢固树立新发展理念，实施乡村振兴战略，坚持最严格的耕地保护制度和最严格的节约用地制度，落实“藏粮于地、藏粮于技”战略，以确保国家粮食安全和农产品质量安全为目标，加强耕地数量、质量、生态“三位一体”保护，构建保护有力、集约高效、监管严格的永久基本农田特殊保护新格局，牢牢守住耕地红线。

（二）基本原则。

坚持从严保护。坚守十分珍惜、合理利用土地和切实保护耕地的基本国策，牢固树立山水林田湖草是一个生命共同体理念，强化永久基本农田特殊保护意识，将永久基本农田作为国土空间规划的核心要素，摆在突出位置，强化永久基本农田对各类建设布局的约束，严格控制非农建设占用，保护利用好永久基本农田。

坚持底线思维。坚守土地公有制性质不改变、耕地红线不突破、粮食生产能力不降低、农民利益不受损四条底线，永久基本农田一经划定，要纳入国土空间规划，任何单位和个人不得擅自占用或改变用途，充分尊重农民自主经营意愿和保护农民土地承包经营权，鼓励农民发展粮食和重要农产品生产。

坚持问题导向。凡是存在划定不实、补划不足、非法占用、查处不力等问题的，查明情况、分析原因，提出分类处置措施，落实整改、严肃问责，确保永久基本农田数量不减、质量提升、布局稳定。

坚持权责一致。充分发挥市场配置资源的决定性作用，更好发挥政府作用，完善监督考核制度，地方各级政府主要负责人要承担起耕地保护第一责任人的责任，健全管控、建设和激励多措并举的保护机制。

二、巩固永久基本农田划定成果

（三）全面开展划定成果核实工作。各省（区、市）自然资源主管部门会同农业农村主管部门要充分运用卫星遥感和信息化技术手段，以 2017 年度土地变更调查、地理国情监测、耕地质量调查监测与评价等成果为基础，结合第三次全国国土调查、自然资源督察、土地资源全天候遥感监测、永久基本农田划定成果专项检查、粮食生产功能区和重要农产品生产保护区（以下简称“两区”）划定等工作中发现的问题，组织对本省（区、市）永久基本农田划定成果进行全面核实，找准划定不实、违法占用等问题，梳理问题清单，提出分类处置意见，以县级行政区划为单元编制整改补划方案（具体要求详见附件 1）。

（四）全面清理划定不实问题。根据《土地管理法》《基本农田保护条例》等法律法规要求，对下列不符合要求的耕地或其他土地错划入永久基本农田的，按照“总体稳定、局部微调、量质并重”的原则，进行整改补划，并相应对“两区”进行调整，按法定程序修改相应的土地利用总体规划。

1. 将不符合《基本农田划定技术规程》要求的建设用地、林地、草地、园地、湿地、水域及水利设施用地等划入永久基本农田的；

2. 河道两岸堤防之间范围内不适宜稳定利用的耕地；

3. 受自然灾害严重损毁且无法复垦的耕地；

4. 因采矿造成耕作层损毁、地面塌陷无法耕种且无法复垦的耕地；

5. 依据《土壤污染防治法》列入严格管控类且无法恢复治理的耕地；

6. 公路铁路沿线、主干渠道、城市规划区周围建设绿色通道或绿化隔离的林带和公园绿化占用永久基本农田的用地；

7. 永久基本农田划定前已批准建设项目占用的土地或已办理设施农用地备案手续的土地；

8. 法律法规确定的其他禁止或不适宜划入永久基本农田保护的土地。

（五）依法处置违法违规建设占用问题。对各类未经批准或不符合规定要求的建设项目、临时用地、农村基础设施、设施农用地，以及人工湿地、景观绿化工程等占用永久基本农田的，县级以上自然资源主管部门应依法依规严肃处理，责令限期恢复原种植条件。经县级自然资源主管部门会同农业农村主管部门组织核实，市级自然资源主管部门会同农业农村主管部门论证审核确实不能恢复的，按有关要求整改补划永久基本农田和修改相应的土地利用总体规划。对违法违规占用永久基本农田建窑、建房、建坟、挖沙、采石、采矿、取土、堆放固体废弃物或者从事其他活动破坏永久基本农田，毁坏种植条件的，按《土地管理法》《基本农田保护条例》等法律法规进行查处，构成犯罪的，依法移送司法机关追究刑事责任。

（六）严格规范永久基本农田上农业生产活动。按照“尊重历史、因地制宜、农民受益、社会稳定、生态改善”的原则，在确保谷物基本自给和口粮绝对安全、确保粮食种植规模基本稳定、确保耕地耕作层不破坏的前提下，对永久基本农田上农业生产活动有序规范引导，在永久基本农田数据库、国土调查中标注实际利用情况和管理信息，强化动态监督管理。

永久基本农田不得种植杨树、桉树、构树等林木，不得种植草坪、草皮等用于绿化装饰的植物，不得种植其他破坏耕作层的植物。本通知印发前，已经种植的，由县级自然资源主管部门和农业农村主管部门根据农业生产现状和对耕作层的影响程度组织认定，能恢复粮食作物生产的，5年内恢复；确实不能恢复的，在核实整改工作中调出永久基本农田，并按要求补划。

三、严控建设占用永久基本农田

（七）严格占用和补划审查论证。一般建设项目不得占用永久基本农田；重大建设项目选址确实难以避让永久基本农田的，在可行性研究阶段，省级自然资源主管部门负责组织对占用的必要性、合理性和补划方案的可行性进行严格论证，报自然资源部用地预审；农用地转用和土地征收依法报批。深度贫困地区、集中连片特困地区、国家扶贫开发工作重点县省级以下基础设施、易地扶贫搬迁、民生发展等建设项目，确实难以避让永久基本农田的，可以纳入重大建设项目范围，由省级自然资源主管部门办理用地预审，并按照规定办理农用地转用和土地征收。严禁通过擅自调整县乡土地利用总体规划，规避占用永久基本农田的审批。

重大建设项目占用永久基本农田的，按照“数量不减、质量不降、布局稳定”的要求进行补划，并按照法定程序修改相应的土地利用总体规划。补划的永久基本农田必须是坡度小于25度的耕地，原则上与现有永久基本农田集中连片。占用城市周边永久基本农田的，原则上在城市周边范围内补划，经实地踏勘论证确实难以在城市周边补划的，按照空间由近及远、质量由高到低的要求进行补划。重大建设项目用地预审和审查中要严格把关，切实落实最严格的节约集约用地制度，尽量不占或少占永久基本农田；重大建设项目在用地预审时不占永久基本农田、用地审批时占用的，按有关要求报自然资源部用地预审。线性重大建设项目占用永久基本农田用地预审通过后，选址发生局部调整、占用永久基本农田规模和区位发生变化的，由省级自然资源主管部门论证审核后完善补划方案，在用地审查报批时详细说明调整和补划情况。非线性重大建设项目占用永久基本农田用地预审通过后，所占规模和区位原则上不予调整。

临时用地一般不得占用永久基本农田，建设项目施工和地质勘查需要临时用地、选址确实难以避让永久基本农田的，在不修建永久性建（构）筑物、经复垦能恢复原种植条件的前提下，土地使用者按法定程序申请临时用地并编制土地复垦方案，经县级自然资源主管部门批准可临时占用，并在市级自然资源主管部门备案，一般不超过两年，同时，通过耕地耕作层土壤剥离再利用等工程技术措施，减少对耕作层的破坏。临时用地到期后土地使用者应及时复垦恢复原种植条件，县级自然资源主管部门会同农业农村等相关主管部门开展土地复垦验收，验收合格的，继续按照永久基本农田保护和管理；验收不合格的，责令土地使用者进行整改，经整改仍不合格的，按照《土地复垦条例》规定由县级自然资源主管部门使用缴纳的土地复垦费代为组织复垦，并由县级自然资源主管部门会同农业农村等相关主管部门开展土地复垦验收。县级自然资源主管部门要切实履行职责，对在临时用地上修建永久性建（构）筑物或其他造成无法恢复原种植条件的行为依法进行处理；市级自然资源主管部门负责临时用地使用情况的监督管理，通过日常检查、年度卫片执法检查等，及时发现并纠正临时用地中存在的问题。

（八）处理好涉及永久基本农田的矿业权设置。全国矿产资源规划确定的战略性矿产，区分油气和非油气矿产、探矿和采矿阶段、露天和井下开采等情况，在保护永久基本农田的同时，做好矿产资源勘查和开发利用。非战略性矿产，申请新设矿业权，应避让永久基本农田，其中地热、矿泉水勘查开采，不造成永久基本农田损毁、塌陷破坏的，可申请新设矿业权。

矿业权申请人依法申请战略性矿产探矿权，开展地质勘查需临时用地的，应依法办理临时用地审批手续。石油、天然气、页岩气、煤层气等油气战略性矿产的地质勘查，经批准可临时占用永久基本农田布设探井。在试采和取得采矿权后转为开采井的，可直接依法办理农用地转用和土地征收审批手续，按规定补划永久基本农田。

煤炭等非油气战略性矿产，矿业权人申请采矿权涉及永久基本农田的，根据露天、井下开采方式实行差别化管理。对于露天方式开采，开采项目应符合占用永久基本农田重大建设项目用地要求；对于井下方式开采，矿产资源开发利用与生态保护修复方案应落实保护性开发措施。井下开采方式所配套建设的地面工业广场等设施，要符合占用永久基本农田重大建设项目用地要求。

已设矿业权与永久基本农田空间重叠的，各级地方自然资源主管部门要加强永久基本农田保护、土地复垦等日常监管，允许在原矿业权范围内办理延续变更等登记手续。已取得探矿权申请划定矿区范围或探矿权转采矿权的按上述煤炭等非油气战略性矿产管理规定执行。矿业权人申请扩大勘查区块范围或扩大矿区范围、申请将勘查或开采矿种由战略性矿产变更为非战略性矿产，涉及与永久基本农田空间重叠的，按新设矿业权处理。矿业权人不依法履行土地复垦义务的，不得批准新设矿业权，不得批准新的建设用地。

四、统筹生态建设和永久基本农田保护

（九）协调安排生态建设项目。党中央、国务院确定建设的重大生态建设项目，确实难以避让永久基本农田的，按有关要求调整补划永久基本农田和修改相应的土地利用总体规划。省级人民政府为落实党中央、国务院决策部署，提出具有国家重大意义的生态建设项目，经国务院同意，确实难以避让永久基本农田的，按照有关要求调整补划。其他景观公园、湖泊湿地、植树造林、建设绿色通道和城市绿化隔离带等人造工程，严禁占用永久基本农田。

（十）妥善处理好生态退耕。对位于国家级自然保护地范围内禁止人为活动区域的永久基本农田，经自然资源部和农业农村部论证确定后应逐步退出，原则上在所在县域范围内补划，确实无法补划的，在所在市域范围内补划；非禁止人为活动的保护区域，结合国土空间规划统筹调整生态保护红线和永久基本农田控制线。不得擅自将永久基本农田和已实施坡改梯耕地纳入退耕范围。对不能实现水土保持的25度以上的陡坡耕地、重要水源地15～25度的坡耕地、严重沙漠化和石漠化耕地、严重污染耕地、移民搬迁后确实无法

耕种的耕地等，综合考虑粮食生产实际种植情况，经国务院同意，结合生态退耕有序退出永久基本农田。根据生态退耕检查验收和土地变更调查结果，以实际退耕面积核减有关省份的耕地保有量和永久基本农田保护面积，在国土空间规划编制时予以调整。

五、加强永久基本农田建设

（十一）开展永久基本农田质量建设。根据全国土地利用总体规划纲要、全国高标准农田建设规划和全国土地整治规划安排，优先在永久基本农田上开展高标准农田建设，提高永久基本农田质量。开展农村土地综合整治涉及永久基本农田调整的，在确保耕地数量有增加、质量有提升、生态有改善的前提下，制定所在项目区范围内永久基本农田调整方案，由省级自然资源主管部门会同农业农村主管部门负责审核，按法定程序修改相应的土地利用总体规划，“两部”负责事中事后监管。项目完成并通过验收后，更新完善永久基本农田数据库。

（十二）建立健全耕地质量调查监测与评价制度。定期对全国耕地和永久基本农田质量水平进行全面评价并发布评价结果。完善耕地和永久基本农田质量监测网络，开展耕地质量年度调查监测成果更新。加强耕地质量保护与提升，采取工程、化学、生物、农艺等措施，开展农田整治、土壤培肥改良、退化耕地综合治理、污染耕地阻控修复等，有效提高耕地特别是永久基本农田综合生产能力。

（十三）建立永久基本农田储备区。为提高重大建设项目用地审查报批效率，做到保质保量补划落地，在永久基本农田之外其他质量较好的耕地中，划定永久基本农田储备区。省级自然资源主管部门会同农业农村主管部门根据未来一定时期内重大建设项目占用、生态建设等补划永久基本农田需要，确定市县永久基本农田储备区划定目标任务，负责组织验收永久基本农田储备区划定方案和成果数据库（具体要求详见附件2）并汇交到“两部”。重大建设项目占用或整改补划永久基本农田的，直接在储备区中补划。储备区内耕地补划前按一般耕地管理和使用，并根据补划和土地综合整治、农田整治、高标准农田建设和土地复垦等新增加耕地情况，结合年度土地变更调查对永久基本农田储备区进行补充更新。

六、健全永久基本农田保护监管机制

（十四）构建动态监管体系。修订《基本农田划定技术规程》，统一永久基本农田划定、建设、补划、管理和数据库建设标准。完善动态监测监管系统，统一国土空间基础信息平台，建立数据库更新和共享机制。省级自然资源主管部门和农业农村主管部门分别负责组织将本地区永久基本农田保护和“两区”信息变化情况，通过监测监管系统汇交到自然资源部和农业农村部，实时更新和共享永久基本农田占用、补划信息及永久基本农田储备区信息。结合自然资源调查、年度变更调查、耕地质量调查监测与评价、自然资源督察等，对永久基本农田数量、质量变化情况进行全程跟踪，实现动态管理。

（十五）严格监督检查。县级以上自然资源主管部门要强化日常监管，及时发现、制止和严肃查处违法违规占用耕地特别是永久基本农田的行为。经查实属于主观故意、谋利为主、非程序性、非政策性等严重违法行为的，依照法律法规严肃查处并适时公开曝光。

各派驻地方的国家自然资源督察局要加强监督检查，对督察发现的违法侵占永久基本农田问题，及时向地方政府提出整改意见并督促整改，整改不力的，按规定移送有权机关追责问责。

（十六）强化考核机制。按照《省级政府耕地保护责任目标考核办法》要求，将永久基本农田保护情况列入省级政府耕地保护责任目标考核、粮食安全省长责任制考核、领导干部自然资源资产离任审计的重要内容，与安排年度土地利用计划、高标准农田建设资金和耕地质量提升资金等相挂钩。对检查考核中发现突出问题的省份，及时公开通报，限期进行整改。

（十七）完善激励补偿机制。省级自然资源主管部门和农业农村主管部门要会同相关部门，认真总结地方经验，按照“谁保护、谁受益”的原则，探索实行耕地保护激励性补偿和跨区域资源性补偿。鼓励有条件的地区建立耕地保护基金，与整合有关涉农补贴政策、完善粮食主产区利益补偿机制相衔接，与生态补偿机制相联动，依据永久基本农田保护任务和“两区”划定与建设任务落实情况、实际粮食生产情况，对农村集体经济组织和农户给予奖补。

七、保障措施

（十八）落实工作责任。各省（区、市）自然资源主管部门和农业农村主管部门要根据通知要求，结合地方实际情况，研究制定加强和改进永久基本农田保护的具体操作办法，明确措施、落实责任；以县级行政区划为单元，组织开展好已划定成果核实整改、严格规范永久基本农田上农业生产活动和建立永久基本农田储备区等各项工作。

县级自然资源主管部门会同农业农村主管部门负责根据永久基本农田现状核实情况，按照问题清单，提出分类处置建议，编制整改补划方案和永久基本农田储备区划定方案，并同步开展永久基本农田数据库更新完善和土地利用总体规划修改报批工作；市级自然资源主管部门会同农业农村主管部门负责对县级提交的工作成果进行论证审核，省级自然资源主管部门会同农业农村主管部门负责验收，并以县级行政区划为单元汇交“两部”。2019 年 12 月 31 日前，与第三次全国国土调查工作同步完成全国永久基本农田储备区建设和核实整改工作。

（十九）严肃工作纪律。各级地方自然资源主管部门和农业农村主管部门要站在讲政治、顾大局的高度，履职尽责、求真务实、敢于碰硬，已经划定的永久基本农田不得随意调整，确保永久基本农田成果的稳定性与信息的真实性。各派驻地方的国家自然资源督察局对加强和改进永久基本农田保护工作跟踪监督，对督察发现的主观故意或明知问题不报告、不查处的，对不按政策要求核实整改补划的，对弄虚作假、敷衍了事的，要督促有关地方人民政府全面整改、严肃问责。自然资源部会同农业农村部将按一定比例以随机抽查方式进行实地核查，发现问题的，督促地方举一反三落实整改。

（二十）营造良好氛围。各地要结合整改补划工作，补充更新永久基本农田保护标志牌和界桩、保护档案等，规范标识内容，保障群众知情权，接受社会监督；要充分依靠中央和地方主流媒体，用好部门媒体，通过多种形式及时做好永久基本农田划定和特殊保护政策解读与宣传工作；要及时回应社会关切，凝聚起全社会保护耕地共识，营造良好的舆论氛围。

本通知自印发之日起施行，有效期5年。原国土资源部印发的《关于全面实行永久基本农田特殊保护的通知》中有关开展永久基本农田整备区建设、临时用地占用永久基本农田等政策按本通知要求执行。

附件：1. 永久基本农田整改补划方案编制要点
　　　2. 永久基本农田储备区划定工作要求

自然资源部　农业农村部
2019年1月3日

附件1

永久基本农田整改补划方案编制要点

一、永久基本农田划定有关情况

详细说明县级永久基本农田划定总体情况，包括城市周边永久基本农田划定情况、各地类情况、坡度情况、质量情况等，并填写《永久基本农田划定有关情况表》（详见附表1）。

二、永久基本农田核实整改情况

〔永久基本农田核实整改总体情况〕详细说明核实工作总体情况，采取整改补划的工作措施、技术方法和技术手段等情况。

〔永久基本农田核实整改分类情况〕按照分类处置的要求，对涉及永久基本农田的主要类型、具体位置、质量等基本情况进行详细说明，并按填表说明逐图斑填写对应附表。涉及城市周边永久基本农田的，详细说明城市周边具体规模、图斑数量、平均质量等情况，并附需整改永久基本农田分布示意图（包含城市周边范围线）。填写《永久基本农田核实整改情况汇总表》（详见附表2）。充分利用永久基本农田监测监管系统和国土调查云系统，对需核实整改的永久基本农田现场拍摄照片并录制视频，作为整改补划的重要基础和依据。

1. 永久基本农田划定过程中，将不符合《基本农田划定技术规程》要求的建设用地、林地、草地、园地、湿地、水域及水利设施用地等划入永久基本农田的；河道两岸堤防之间范围内不适宜稳定利用的耕地；受自然灾害严重损毁且无法复垦的耕地；因采矿造成耕作层损毁、地面塌陷无法耕种且无法复垦的耕地；依据《土壤污染防治法》列入严格管控类且无法恢复治理的耕地；公路铁路沿线、主干渠道、城市规划区周围建设绿色通道或绿化隔离的林带和公园绿化占用永久基本农田的用地；永久基本农田划定前已批准建设项目占用的土地或已办理设施农用地备案手续的土地；法律法规确定的其他禁止或不适宜划入永久基本农田保护的土地。填写《永久基本农田各类划定不实情况表》(详见附表3)。

2. 永久基本农田划定后，各类未经批准或不符合规定要求的建设项目、临时用地、农村基础设施、设施农用地，以及人工湿地、景观绿化工程等占用永久基本农田，填写《违法违规建设占用永久基本农田情况表》(详见附表4)。违法违规占用永久基本农田建窑、建房、建坟、挖沙、采石、采矿、取土、堆放固体废弃物或者从事其他活动破坏永久基本农田的，毁坏种植条件的，填写《违法违规占用破坏永久基本农田情况表》(详见附表5)。

3. 永久基本农田上种植杨树、桉树、构树等林木，种植草坪、草皮等用于绿化装饰的植物或种植其他破坏耕作层的植物确实不能恢复粮食作物生产的，填写《种植植物影响永久基本农田情况表》(详见附表6)。

三、拟整改补划永久基本农田原因分析

按照上述类别，详细说明拟整改补划永久基本农田的整改原因、整改依据，在相应表格中填写原因代码，并提供证明材料。违法违规占用确实无法恢复原状的，提供县级自然资源主管部门会同农业农村主管部门出具的核实意见。

四、违法违规占用永久基本农田查处情况

〔违法违规建设占用永久基本农田〕按照未经批准或不符合规定要求的建设项目、临时用地、农村基础设施、设施农用地、人工湿地、景观绿化工程等类别详细说明对违法违规占用永久基本农田的查处情况和整改恢复情况。其中，查处情况包括各类情况涉及的项目数、查处的案件数、罚没款金额、拆除或没收违法建筑面积、追责问责情况等，填写《违法违规建设占用永久基本农田情况表》(详见附表4)。

〔违法违规占用破坏永久基本农田〕详细说明对违法违规占用破坏永久基本农田的处罚情况和限期整改恢复情况。其中，查处情况包括各类情况涉及查处的案件数、罚没款金额、拆除或没收违法建筑面积、追责问责情况等，填写《违法违规占用破坏永久基本农田情况表》(详见附表5)。

五、永久基本农田补划情况

按照永久基本农田划定要求，上述两种类别情况，每种情况为一个单元，详细说明补划永久基本农田规模（含水田面积）、平均质量、空间位置等情况。补划城市周边永久基本农田的，详细说明城市周边补划永久基本农田规模（含水田面积）、平均质量、空间位置等情况，填写《永久基本农田补划情况表》(详见附表7)，并附补划永久基本农田分布示意图（包含城市周边范围线），同时提交补划永久基本农田拐点坐标表（电子版本）。

六、其他需要说明的情况

说明补划永久基本农田后是否影响县级行政区划永久基本农田保护任务完成等情况。

附表：1. 永久基本农田划定有关情况表（略）

2. 永久基本农田核实整改情况汇总表（略）
3. 永久基本农田各类划定不实情况表（略）
4. 违法违规建设占用永久基本农田情况表（略）
5. 违法违规占用破坏永久基本农田情况表（略）
6. 种植植物影响永久基本农田情况表（略）
7. 永久基本农田补划情况表（略）

附件2

永久基本农田储备区划定工作要求

为提高重大建设项目用地审查报批效率，做到保质保量补划落地，在永久基本农田之外其他质量较好的耕地中，划定永久基本农田储备区。

一、划定依据与工作基础

永久基本农田储备区划定工作应在已划定永久基本农田控制线的基础上，根据《土地管理法》《农业法》《基本农田保护条例》等法律法规，依据2017年度土地变更调查、第三次全国国土调查、地理国情监测、土地利用总体规划和土地整治规划、耕地质量调查监测与评价、土地综合整治、高标准农田建设、建设项目用地审批和矿业权审批登记等成果，结合当地实际，按照永久基本农田划定、质量调查监测与评价、保护与监管、数据库建设等工作要求和技术标准，依法依规有序开展。

二、划定要求

（一）合理确定划定规模。各省（区、市）自然资源主管部门会同农业农村主管部门根据划定工作要求，结合重大建设项目、生态建设、灾毁等占用需求或减少永久基本农田情况，合理确定各市、县储备区划定目标任务。

（二）严格确定划定标准。在已划定永久基本农田以外的耕地上，按照“质量不降、布局稳定”的要求，严格确定永久基本农田储备区划定标准。

1. 优先划为永久基本农田储备区的耕地。已建成的高标准农田，经土地综合整治新增加的耕地，正在实施整治的中低产田；与已划定的永久基本农田集中连片，质量高于本地区平均水平且坡度小于15度的耕地；城镇周边和交通沿线，依据《土壤污染防治法》列入优先保护类、安全利用类的耕地；已经划入“两区”的优质耕地；集中连片、规模较大，有良好的水利与水土保持设施的耕地等。

2. 严禁划为永久基本农田储备区的耕地。位于生态保护红线范围内的耕地；依据《土壤污染防治法》列入严格管控类耕地；因自然灾害和生产建设活动严重损毁且无法复垦的耕地；纳入生态退耕还林还草范围的耕地；25度以上的坡耕地；可调整地类等。

三、工作方法与程序

各省（区、市）应按照划定要求，制定具体工作方案，明确目标任务、工作步骤、时间安排和保障措施等，规范有序开展划定工作，确保完成永久基本农田储备区划定任务。

（一）调查摸底。各省（区、市）自然资源主管部门会同农业农村主管部门以2017年度土地变更调查数据为底图，套合叠加永久基本农田划定、已建成高标准农田、全国耕地质量评价、建设项目用地审批等成果数据，分析整合形成永久基本农田储备区后备资源潜力成果，结合实际情况，明确各市、县永久基本农田储备区划定目标，并逐级将目标分解落实到县（市、区、旗）。

（二）实地核实。各级自然资源主管部门和农业农村主管部门要密切配合，充分运用最新的卫星遥感影像、年度土地变更调查、地理国情监测、耕地质量调查监测与评价等成果，结合高标准农田建设、自然保护区设立等成果，组织开展实地核实，形成与实地相符的永久基本农田储备区。

（三）编制方案。根据上级下达的划定任务，县级自然资源主管部门会同农业农村主管部门编制本级永久基本农田储备区划定方案，划定方案应包括以下主要内容：永久基本农田储备区划定潜力图斑及核实情况、划定依据、全域永久基本农田储备区划定情况、城市周边范围内永久基本农田储备区划定情况（应包括数量、质量、坡度、布局、地类、落实到图斑等）、分布图（包含城市周边范围线）等。

（四）建立数据库。根据储备区划定情况，按照永久基本农田储备区数据库数据结构（详见附表1），完善相关数据信息，以县级行政区划为单元，建立永久基本农田储备区数据库。依据永久基本农田数据库质检标准和程序，逐级对数据库进行质检。

1. 空间定位基础。平面坐标系采用“2000国家大地坐标系”，高程基准采用“1985国家高程基准”，地图投影采用“高斯—克吕格投影”（1∶1万比例尺图采用标准3度分带，1∶5万以下比例尺图采用标准6度分带）。

2. 数据库格式：Personal Geodatabase（.MDB）格式，命名为（县级行政区划代码6位）××省××市××县永久基本农田储备区划定成果数据库.MDB。

（五）论证审核。县级自然资源主管部门会同农业农村主管部门按照划定工作要求组织开展储备区划定工作，并按照县级自验、市级论证、省级验收自下而上的程序，逐级对储备区划定情况进行审核。

（六）成果汇交。永久基本农田储备区划定成果以县级行政区划为单元，于2019年12月31日前及时汇交“两部”。汇交成果包括：划定方案、划定成果数据库、划定情况表（详见附表2）、划定成果图件。

附表：1. 永久基本农田储备区图斑属性数据表（略）

2. ××省（区、市）××市××县（市、区、旗）永久基本农田储备区划定情况表（略）

自然资源部、农业农村部关于设施农业用地管理有关问题的通知

自然资规〔2019〕4号

各省、自治区、直辖市自然资源主管部门、农业农村（农牧、农垦）主管部门，新疆生产建设兵团自然资源主管部门、农业农村主管部门：

随着农业现代化水平不断提升，设施农业生产日益增多，用地面临新的情况和需求。为改进用地管理，建立长效机制，促进现代农业健康发展，现通知如下：

一、设施农业用地包括农业生产中直接用于作物种植和畜禽水产养殖的设施用地。其中，作物种植设施用地包括作物生产和为生产服务的看护房、农资农机具存放场所等，以及与生产直接关联的烘干晾晒、分拣包装、保鲜存储等设施用地；畜禽水产养殖设施用地包括养殖生产及直接关联的粪污处置、检验检疫等设施用地，不包括屠宰和肉类加工场所用地等。

二、设施农业属于农业内部结构调整，可以使用一般耕地，不需落实占补平衡。种植设施不破坏耕地耕作层的，可以使用永久基本农田，不需补划；破坏耕地耕作层，但由于位置关系难以避让永久基本农田的，允许使用永久基本农田但必须补划。养殖设施原则上不得使用永久基本农田，涉及少量永久基本农田确实难以避让的，允许使用但必须补划。

设施农业用地不再使用的，必须恢复原用途。设施农业用地被非农建设占用的，应依法办理建设用地审批手续，原地类为耕地的，应落实占补平衡。

三、各类设施农业用地规模由各省（区、市）自然资源主管部门会同农业农村主管部门根据生产规模和建设标准合理确定。其中，看护房执行“大棚房”问题专项清理整治整改标准，养殖设施允许建设多层建筑。

四、市、县自然资源主管部门会同农业农村主管部门负责设施农业用地日常管理。国家、省级自然资源主管部门和农业农村主管部门负责通过各种技术手段进行设施农业用地监管。设施农业用地由农村集体经济组织或经营者向乡镇政府备案，乡镇政府定期汇总情况后汇交至县级自然资源主管部门。涉及补划永久基本农田的，须经县级自然资源主管部门同意后方可动工建设。

各省（区、市）自然资源主管部门会同农业农村主管部门制定具体实施办法，并报自然资源部备案。《国土资源部　农业部关于进一步支持设施农业健康发展的通知》（国土资发〔2014〕127号）已到期，自动废止。

本通知有效期为5年。

自然资源部　农业农村部

2019年12月17日

中国人民银行、银保监会、证监会、财政部、农业农村部关于金融服务乡村振兴的指导意见

银发〔2019〕11号

中国人民银行上海总部，各分行、营业管理部，各省会（首府）城市中心支行、副省级城市中心支行；各银保监局、证监局；各省、自治区、直辖市、计划单列市财政厅（局）、农业农村厅（局）；国家开发银行，各政策性银行、国有商业银行、股份制商业银行，中国邮政储蓄银行；中国银行间市场交易商协会：

实施乡村振兴战略，是以习近平同志为核心的党中央作出的重大部署，是新时代做好“三农”工作的总抓手，是金融系统开展农村金融服务工作的根本遵循。按照《中共中央国务院关于实施乡村振兴战略的意见》和《乡村振兴战略规划（2018—2022年）》有关要求，现就做好金融服务乡村振兴工作提出如下意见：

一、总体要求、目标和原则

（一）总体要求。

以习近平新时代中国特色社会主义思想为指导，紧紧围绕党的十九大关于实施乡村振兴战略的总体部署，按照产业兴旺、生态宜居、乡风文明、治理有效、生活富裕的总要求，坚持目标导向和问题导向相结合、市场运作和政策支持相结合，聚焦重点领域，深化改革创新，建立完善金融服务乡村振兴的市场体系、组织体系、产品体系，完善农村金融资源回流机制，把更多金融资源配置到农村重点领域和薄弱环节，更好满足乡村振兴多样化、多层次的金融需求，推动城乡融合发展。

（二）工作目标。

到2020年，金融服务乡村振兴实现以下目标：

金融精准扶贫力度不断加大。2020年以前，乡村振兴的重点就是脱贫攻坚。涉农银行业金融机构在贫困地区要优先满足精准扶贫信贷需求。新增金融资源要向深度贫困地区倾斜，深度贫困地区贷款增速力争每年高于所在省（区、市）贷款平均增速，力争每年深度贫困地区扶贫再贷款占所在省（区、市）的比重高于上年同期水平。

金融支农资源不断增加。涉农银行业金融机构涉农贷款余额高于上年，农户贷款和新型农业经营主体贷款保持较快增速。债券、股票等资本市场服务“三农”水平持续提升。农业保险险种持续增加，覆盖面有效提升。

农村金融服务持续改善。基本实现乡镇金融机构网点全覆盖，数字普惠金融在农村得

到有效普及。农村支付服务环境持续改善，银行卡助农取款服务实现可持续发展，移动支付等新兴支付方式在农村地区得到普及应用。农村信用体系建设持续推进，农户及新型农业经营主体的融资增信机制显著改善。

涉农金融机构公司治理和支农能力明显提升。涉农金融机构差别化定价能力不断增强，农村金融产品和服务创新加快推进，涉农贷款风险管理持续改进，确保涉农不良贷款水平稳定在可控范围，县域法人金融机构商业可持续性明显改善，金融服务乡村振兴能力和水平持续提升。

中长期目标，到2035年，基本建立多层次、广覆盖、可持续、适度竞争、有序创新、风险可控的现代农村金融体系，金融服务能力和水平显著提升，农业农村发展的金融需求得到有效满足；到2050年，现代农村金融组织体系、政策体系、产品体系全面建立，城乡金融资源配置合理有序，城乡金融服务均等化全面实现。

（三）基本原则。

以市场化运作为导向。尊重市场规律，充分发挥市场机制在农村金融资源配置和定价中的决定性作用，通过运用低成本资金、增加增信措施等引导涉农贷款成本下行，推动金融机构建立收益覆盖成本的市场化服务模式，增强农村金融服务定价能力。

以机构改革为动力。持续深化全国政策性、商业性涉农金融机构改革，增强中长期信贷投放能力和差别化服务水平。规范县域法人金融机构公司治理，促进服务当地、支持城乡融合发展，增加农村金融资源有效供给。

以政策扶持为引导。加大货币政策支持力度，完善差异化监管，发挥财政资金对金融的引导和撬动作用。建立健全政府性融资担保和风险分担机制，发挥农业信贷担保体系和农业保险作用，弥补农业收益低风险高、信息不对称的短板，促进金融资源回流农村。

以防控风险为底线。金融机构要坚持信贷投放和风险防控两手抓，探索与服务乡村振兴相适应的资本补充渠道、合理回报机制和风险资本管理模式，提高法人治理水平，关注贷款质量，完善市场化风险处置机制，增强涉农业务风险防控能力，提高金融服务乡村振兴的可持续性。

二、坚持农村金融改革发展的正确方向，健全适合乡村振兴发展的金融服务组织体系

（四）鼓励开发性、政策性金融机构在业务范围内为乡村振兴提供中长期信贷支持。国家开发银行要按照开发性金融机构的定位，充分利用服务国家战略、市场运作、保本微利的优势，加大对乡村振兴的支持力度，培育农村经济增长动力。农业发展银行要坚持农业政策性银行职能定位，提高政治站位，在粮食安全、脱贫攻坚等重点领域和关键薄弱环节发挥主力和骨干作用。

（五）加大商业银行对乡村振兴支持力度。中国农业银行要强化面向“三农”、服务城乡的战略定位，进一步改革完善“三农”金融事业部体制机制，确保县域贷款增速持续高于全行平均水平，积极实施互联网金融服务“三农”工程，着力提高农村金融服务覆盖面和信贷渗透率。中国邮政储蓄银行要发挥好网点网络优势、资金优势和丰富的小额贷款专营经验，坚持零售商业银行的战略定位，以小额贷款、零售金融服务为抓手，突出做好乡

村振兴领域中农户、新型经营主体、中小企业、建档立卡贫困户等小微普惠领域的金融服务，完善“三农”金融事业部运行机制，加大对县域地区的信贷投放，逐步提高县域存贷比并保持在合理范围内。股份制商业银行和城市商业银行要结合自身职能定位和业务优势，突出重点支持领域，围绕提升基础金融服务覆盖面、推动城乡资金融通等乡村振兴的重要环节，积极创新金融产品和服务方式，打造综合化特色化乡村振兴金融服务体系。

（六）强化农村中小金融机构支农主力军作用。农村信用社、农村商业银行、农村合作银行要坚持服务县域、支农支小的市场定位，保持县域农村金融机构法人地位和数量总体稳定。积极探索农村信用社省联社改革路径，理顺农村信用社管理体制，明确并强化农村信用社的独立法人地位，完善公司治理机制，保障股东权利，提高县域农村金融机构经营的独立性和规范化水平，淡化农村信用社省联社在人事、财务、业务等方面的行政管理职能，突出专业化服务功能。村镇银行要强化支农支小战略定力，向乡镇延伸服务触角。县域法人金融机构资金投放使用应以涉农业务为主，不得片面追求高收益。要把防控涉农贷款风险放在更加重要的位置，提高风险管控能力。积极发挥小额贷款公司等其他机构服务乡村振兴的有益补充作用，探索新型农村合作金融发展的有效途径，稳妥开展农民合作社内部信用合作试点。

三、明确金融重点支持领域，加大金融资源向乡村振兴重点领域和薄弱环节的倾斜力度

（七）不断加大金融精准扶贫力度，助力打赢脱贫攻坚战。加大对建档立卡贫困户的扶持力度，用好用足扶贫小额信贷、农户小额信用贷款、创业担保贷款、助学贷款、康复扶贫贷款等优惠政策，满足建档立卡贫困户生产、创业、就业、就学等合理贷款需求。推动金融扶贫和产业扶贫融合发展，按照穿透式原则，建立金融支持与企业带动贫困户脱贫的挂钩机制。

（八）围绕藏粮于地、藏粮于技，做好国家粮食安全金融服务。以国家确定的粮食生产功能区、重要农产品生产保护区和特色农产品优势区为重点，创新投融资模式，加大对高标准农田建设和农村土地整治的信贷支持力度，推进农业科技与资本有效对接，持续增加对现代种业提升、农业科技创新和成果转化的投入。结合粮食收储制度及价格形成机制的市场化改革，支持农业发展银行做好政策性粮食收储工作，探索支持多元市场主体进行市场化粮食收购的有效模式。

（九）聚焦产业兴旺，推动农村一二三产业融合发展。积极满足农田水利、农业科技研发、高端农机装备制造、农产品加工业、智慧农业产品技术研发推广、农产品冷链仓储物流及烘干等现代农业重点领域的合理融资需求，促进发展节水农业、高效农业、智慧农业、绿色农业。支持农业产业化龙头企业及联合体发展，延伸农业产业链，提高农产品附加值。充分发掘地区特色资源，支持探索农业与旅游、养老、健康等产业融合发展的有效模式，推动休闲农业、乡村旅游、特色民宿和农村康养等产业发展。加大对现代农业产业园、农业产业强镇等的金融支持力度，推动产村融合、产城融合发展。

（十）重点做好新型农业经营主体和小农户的金融服务，有效满足其经营发展的资金需求。针对不同主体的特点，建立分层分类的农业经营主体金融支持体系。鼓励家庭农

场、农民合作社、农业社会化服务组织、龙头企业等新型农业经营主体通过土地流转、土地入股、生产性托管服务等多种形式实现规模经营，探索完善对各类新型农业经营主体的风险管理模式，增强金融资源承载力。鼓励发展农业供应链金融，将小农户纳入现代农业生产体系，强化利益联结机制，依托核心企业提高小农户和新型农业经营主体融资可得性。支持农业生产性服务业发展，推动实现农业节本增效。

（十一）做好农村产权制度改革金融服务，发展壮大农村集体经济。配合农村土地制度改革和农村集体产权制度改革部署，加快推动确权登记颁证、价值评估、交易流转、处置变现等配套机制建设，积极稳妥推广农村承包土地的经营权抵押贷款业务，结合宅基地“三权分置”改革试点进展稳妥开展农民住房财产权抵押贷款业务，推动集体经营性建设用地使用权、集体资产股份等依法合规予以抵押，促进农村土地资产和金融资源的有机衔接。结合农村集体经济组织登记赋码工作进展，加大对具有独立法人地位、集体资产清晰、现金流稳定的集体经济组织的金融支持力度。

四、强化金融产品和服务方式创新，更好满足乡村振兴多样化融资需求

（十二）积极拓宽农业农村抵质押物范围。推动厂房和大型农机具抵押、圈舍和活体畜禽抵押、动产质押、仓单和应收账款质押、农业保单融资等信贷业务，依法合规推动形成全方位、多元化的农村资产抵质押融资模式。积极稳妥开展林权抵押贷款，探索创新抵押贷款模式。鼓励企业和农户通过融资租赁业务，解决农业大型机械、生产设备、加工设备购置更新资金不足问题。

（十三）创新金融机构内部信贷管理机制。各涉农银行业金融机构要单独制定涉农信贷年度目标任务，并在经济资本配置、内部资金转移定价、费用安排等方面给予一定倾斜。完善涉农业务部门和县域支行的差异化考核机制，落实涉农信贷业务的薪酬激励和尽职免责。适当下放信贷审批权限，推动分支机构尤其是县域存贷比偏低的分支机构，加大涉农信贷投放。在商业可持续的基础上简化贷款审批流程，合理确定贷款的额度、利率和期限，鼓励开展与农业生产经营周期相匹配的流动资金贷款和中长期贷款等业务。

（十四）推动新技术在农村金融领域的应用推广。规范互联网金融在农村地区的发展，积极运用大数据、区块链等技术，提高涉农信贷风险的识别、监控、预警和处置水平。加强涉农信贷数据的积累和共享，通过客户信息整合和筛选，创新农村经营主体信用评价模式，在有效做好风险防范的前提下，逐步提升发放信用贷款的比重。鼓励金融机构开发针对农村电商的专属贷款产品和小额支付结算功能，打通农村电商资金链条。

（十五）完善“三农”绿色金融产品和服务体系。完善绿色信贷体系，鼓励银行业金融机构加快创新“三农”绿色金融产品和服务，通过发行绿色金融债券等方式，筹集资金用于支持污染防治、清洁能源、节水、生态保护、绿色农业等绿色领域，助力打好污染防治攻坚战。加强绿色债券后续监督管理，确保资金专款专用。

五、建立健全多渠道资金供给体系，拓宽乡村振兴融资来源

（十六）加大多层次资本市场的支持力度。支持符合条件的涉农企业在主板、中小板、

创业板以及新三板等上市和挂牌融资，规范发展区域性股权市场。加强再融资监管，规范涉农上市公司募集资金投向，避免资金"脱实向虚"。鼓励中介机构适当降低针对涉农企业上市和再融资的中介费用。在门槛不降低的前提下，继续对国家级贫困地区的企业首次公开募股（IPO）、新三板挂牌、公司债发行、并购重组开辟绿色通道。健全风险投资引导机制，积极引导风险资金投早投小，加大对初创期涉农企业的支持力度。鼓励有条件的地区发起设立乡村振兴投资基金，推动农业产业整合和转型升级。

（十七）创新债券市场融资工具和产品。鼓励地方政府发行一般债券，用于农村人居环境整治、高标准农田建设等领域。支持地方政府根据乡村振兴项目资金需求，试点发行项目融资和收益自平衡的专项债券。鼓励商业银行发行"三农"专项金融债券，募集资金用于支持符合条件的乡村振兴项目建设。加大对非金融企业债务融资工具的宣传力度，支持对优质涉农企业开辟注册发行绿色通道，在满足信息披露要求的前提下简化注册发行流程。

（十八）发挥期货市场价格发现和风险分散功能。加快推动农产品期货品种开发上市，创新推出大宗畜产品、经济作物等期货交易，丰富农产品期货品种。积极运用期货价格信息引导农业经营者优化种植结构，完善农产品期货交易、交割规则。创新农产品期权品种，改进白糖、豆粕期权规则，加快推进并择机推出玉米、棉花等期权合约，丰富农业风险管理手段。稳步扩大"保险＋期货"试点，探索"订单农业＋保险＋期货（权）"试点，探索建立农业补贴、涉农信贷、农产品期货（权）和农业保险联动机制，形成金融支农综合体系。

（十九）持续提高农业保险的保障水平。科学确定农业保险保费补贴机制，鼓励有条件的地方政府结合财力加大财政补贴力度，拓宽财政补贴险种，合理确定农业经营主体承担的保费水平。探索开展地方特色农产品保险以奖代补政策试点。落实农业保险大灾风险准备金制度，组建中国农业再保险公司，完善农业再保险体系。逐步扩大农业大灾保险、完全成本保险和收入保险试点范围。引导保险机构到农村地区设立基层服务网点，下沉服务重心，实现西藏自治区保险机构地市级全覆盖，其他省份保险机构县级全覆盖。

六、加强金融基础设施建设，营造良好的农村金融生态环境

（二十）在可持续的前提下全面提升农村地区支付服务水平。大力推动移动支付等新兴支付方式的普及应用，鼓励和支持各类支付服务主体到农村地区开展业务，积极引导移动支付便民工程全面向乡村延伸，推广符合农村农业农民需要的移动支付等新型支付产品。推动银行卡助农取款服务规范可持续发展，鼓励支持助农取款服务与信息进村入户、农村电商、城乡社会保障等合作共建，提升服务点网络价值。推动支付结算服务从服务农民生活向服务农业生产、农村生态有效延伸，不断优化银行账户服务，加强风险防范，持续开展宣传，促进农村支付服务环境建设可持续发展。

（二十一）加快推进农村信用体系建设。按照政府主导、人民银行牵头、各方参与、服务社会的整体思路，全面开展信用乡镇、信用村、信用户创建活动，发挥信用信息服务农村经济主体融资功能。强化部门间信息互联互通，推行守信联合激励和失信联合惩戒机制，不断提高农村地区各类经济主体的信用意识，优化农村金融生态环境。稳步推进农

户、家庭农场、农民合作社、农业社会化服务组织、农村企业等经济主体电子信用档案建设，多渠道整合社会信用信息，完善信用评价与共享机制，促进农村地区信息、信用、信贷联动。

（二十二）强化农村地区金融消费权益保护。深入开展“金惠工程”、“金融知识普及月”等金融知识普及活动，实现农村地区金融宣传教育全覆盖。加大金融消费权益保护宣传力度，增强农村金融消费者的风险意识和识别违法违规金融活动的能力。规范金融机构业务行为，加强信息披露和风险提示，畅通消费者投诉的处理渠道，构建农村地区良好的金融生态环境。

七、完善政策保障体系，强化政策激励和约束

（二十三）加大货币政策支持力度。发挥好差别化存款准备金工具的正向激励作用，引导金融机构加强对乡村振兴的金融支持。加大再贷款、再贴现支持力度。根据乡村振兴金融需求合理确定再贷款的期限、额度和发放时间，提高资金使用效率。加强再贷款台账管理和效果评估，确保支农再贷款资金全部用于发放涉农贷款，再贷款优惠利率政策有效传导至涉农经济实体。

（二十四）更好发挥财政支持撬动作用。更好地发挥县域金融机构涉农贷款增量奖励等政策的激励作用，引导县域金融机构将吸收的存款主要投放当地。健全农业信贷担保体系，推动农业信贷担保服务网络向市县延伸，扩大在保贷款余额和在保项目数量。充分发挥国家融资担保基金作用，引导更多金融资源支持乡村振兴。落实金融机构向农户、小微企业及个体工商户发放小额贷款取得的利息收入免征增值税政策。鼓励地方政府通过财政补贴等措施支持农村地区尤其是贫困地区支付服务环境建设，引导更多支付结算主体、人员、机具等资源投向农村贫困地区。

（二十五）完善差异化监管体系。适当放宽“三农”专项金融债券的发行条件，取消“最近两年涉农贷款年度增速高于全部贷款平均增速或增量高于上年同期水平”的要求。适度提高涉农贷款不良容忍度，涉农贷款不良率高出自身各项贷款不良率年度目标2个百分点（含）以内的，可不作为银行业金融机构内部考核评价的扣分因素。

（二十六）推动完善农村金融改革试点相关法律和规章制度。配合乡村振兴相关法律法规的研究制定，研究推动农村金融立法工作，强化农村金融法律保障。结合农村承包土地的经营权和农民住房财产权抵押贷款试点经验，推动修改完善农村土地承包法等法律法规，使农村承包土地的经营权和农民住房财产权抵押贷款业务有法可依。

八、加强组织领导，有效推动政策落实

（二十七）强化党对农村金融工作的领导。全面做好金融服务乡村振兴工作，要以习近平总书记关于“三农”工作、乡村振兴工作的重要论述为指导，切实加强党对农村金融工作的领导。各金融机构要切实加强组织领导，由总行（总部）一把手直接抓乡村振兴，各级分支机构一把手切实承担起政策落实的第一责任，为农村金融发展提供坚强组织保障。

（二十八）开展金融机构服务乡村振兴考核评估。根据乡村振兴战略目标，加强乡村

振兴领域贷款监测，在完善新型农业经营主体认定标准的基础上，探索建立家庭农场、农民合作社等新型农业经营主体贷款统计，及时动态跟踪金融机构服务乡村振兴的工作进展。建立金融机构服务乡村振兴考核评估制度，从定性指标和定量指标两大方面对金融机构进行评估，定期通报评估结果，并作为实施货币政策、金融市场业务准入、开展宏观审慎评估、差别化监管、财政支持等工作的重要参考依据。

（二十九）抓好推进落实和经验宣传。人民银行分支机构要会同银行保险监管、证券监管、财政、农业农村等部门，根据本意见细化辖区服务乡村振兴的目标任务和部门分工，扎实推进各项工作举措落地见效。鼓励具备条件的地区，加大农村金融改革力度，依照程序建设金融服务乡村振兴试验区，开展先行先试，加强典型经验宣传推广，确保政策惠及乡村振兴重点领域。

中国人民银行　银保监会　证监会
财政部　农业农村部
2019 年 1 月 29 日

图书在版编目（CIP）数据

2019年农业农村法律法规及文件汇编 / 农业农村部法规司编. —北京：中国农业出版社，2020.4
ISBN 978-7-109-26763-3

Ⅰ. ①2… Ⅱ. ①农… Ⅲ. ①法律—汇编—中国—2019 Ⅳ. ①D920.9

中国版本图书馆CIP数据核字（2020）第055470号

中国农业出版社出版
地址：北京市朝阳区麦子店街18号楼
邮编：100125
责任编辑：贾 彬
版式设计：王 晨 责任校对：刘丽香
印刷：中农印务有限公司
版次：2020年4月第1版
印次：2020年4月北京第1次印刷
发行：新华书店北京发行所
开本：787mm×1092mm 1/16
印张：21
字数：490千字
定价：80.00元